健美操教程

王　洪　编著

人民体育出版社

图书在版编目(CIP)数据

健美操教程／王洪编著
. —北京：人民体育出版社，2000（2019.10.重印）
ISBN 978-7-5009-2013-7

Ⅰ. 健…　Ⅱ. 王…　Ⅲ. 健美操-教材　Ⅳ. G831.3

中国版本图书馆 CIP 数据核字（2000）第 43131 号

*

人 民 体 育 出 版 社 出 版 发 行
北京虎彩文化传播有限公司印刷
新　华　书　店　经　销

*

850×1168　32 开本　16.75 印张　360 千字
2001 年 1 月第 1 版　2019 年 10 月第 16 次印刷
印数：82,371—82,970 册

*

ISBN 978-7-5009-2013-7
定价：73.00 元

社址：北京市东城区体育馆路 8 号（天坛公园东门）
电话：67151482（发行部）　　邮编：100061
传真：67151483　　邮购：67118491
网址：www.sportspublish.cn
（购买本社图书，如遇有缺损页可与邮购部联系）

内容提要

本书系统介绍了有关健美操的知识及学校健美操、竞技健美操、大众健美操、形体健美操、健美操与科学锻炼、健美操与音乐等方方面面的内容，并附大量图解。全书内容丰富全面，是健美操爱好者的必备读物。

说　明

根据国家体育总局的通知,从 2001 年 1 月开始在全国健美操竞赛活动中执行国际体联 2001~2004 年健美操评分规则。对本书中涉及到有关规则的内容,应以国家体育总局体操运动管理中心颁布的最新规则版本为准,特此说明。

2000 年 12 月

目录

第一章 健美操概述

第二章 学校健美操

第三章　竞技健美操

第四章　健美操与科学锻炼

第五章 大众健美操

第六章　形体健美操

第七章　健美操与音乐

第一章

健美操概述

健美操是集音乐、舞蹈、体操、美学于一体的新型体育项目。它以其自身固有的价值和魅力，风靡世界，深受广大青年学生及群众的喜爱。目前，健美操已列入我国学校体育教学大纲，成为学校体育教学的主要教材。本章重点阐述了健美操的起源与发展及健美操的概念、分类与特点以及健美操的锻炼价值，使学生对健美操的概况有一个基本的了解。

第一节　健美操的起源、发展与概念

一、健美操的起源与发展

(一)国际健美操的起源与发展

健美操的起源应追溯到两千多年前。古希腊人对人体美的崇尚举世闻名。他们认为,在世界万物之中,只有人体的健美才是最匀称、最和谐、最庄重、最有生气和最完美的。古希腊人喜爱采用跑跳、投掷、柔软体操和健美舞蹈等各种体育项目进行人体美的锻炼。他们提出了"体操锻炼身体,音乐陶冶精神"的主张。

古印度很早就流行一种瑜伽术,它把姿势、呼吸和意念紧密结合起来,通过调身(摆正姿势)、调息(调整呼吸)、调心(意守丹田入静),运用意识对肌体进行自我调节,健美身心,达到延年益寿。瑜伽健身术动作包括站立、跪、坐、卧、弓步等各种基本姿势。这些姿势与当前世界流行的健美操所常用的基本姿势是一致的。古代人对健身健美的追求,以及提倡体操与音乐相结合的主张是现代健美操形成与发展的基础。

进入欧洲文艺复兴时期,被遗忘的古希腊罗马等古典文化重新被振兴,人体美格外受到重视。许多教育家认为古希腊体操是健美人体最完整的体育系统,提倡开展体操运动。17 世纪意大利医生墨库里奥斯(1530 ~ 1606)在 1569 年出版的六卷《体操艺术》等著作中,详细论述了各种形式的体操动作。18 世纪德国著名体育活动家艾泽伦开设了培训体育师资的课程,创造了哑铃、吊环等运动。这些形式的锻炼,既是现代体操的雏形,也是现代健美操的起源。

以"体操运动之父"闻名的约翰·古茨·穆尔(1759 ~ 1839),对体操的发展有着深远的影响,许多国家翻译并运用了他的体操专著。他在著作中强调指出:体操应能使人感到愉快,体操练习应能使人得到全面发展。欧洲最著名的体操倡导者维特(1763 ~ 1816)采用游戏和娱乐的形式推广体操,增加了体操的趣味性。

19 世纪的欧洲，先后在法国、德国、瑞典、丹麦、捷克等地出现了各种体操学派。德国人斯皮斯(1760～1858)富有音乐天才，他把体操从社会引到学校，为体操动作配曲。他的体操是在音乐伴奏下进行的。丹麦体操家布克创造了“基本体操”，他把体操动作分成若干类，并编成适合不同性别、不同年龄的各种体操。在健美操研究中，有人提出：健美操是在“基本体操”的基础上发展起来的，确实有一定的道理。

瑞典体操学派的创始人佩尔·亨里克·林(1776～1836)他把解剖学、生理学的知识用于体操，强调身体各部位及身心应协调发展，培养健美体态。根据体操练习的功能将其分为教育、军事、医疗和美学四大类，他的理论为现代健美操的理论和实践奠定了坚实的理论基础。

弗朗索瓦·特尔沙特(1811～1871)为了帮助演员在表演中姿态自然，举止仪表富有表现力，在法国建立了德尔沙特体系。他赋予体操动作两个新的特征：美感和富于表情。由于他的体系重视优美和均衡，对发展健美形体作用较大，所以在 19 世纪末，他的体系在女子体操中非常流行。美国的热纳维芙·斯特宾斯女士，综合了德尔沙特体系和瑞典学派亨里克·林的体系，创造了自己的一套体操体系，目的是使身体训练成为一种可以表达优美艺术的有效工具。她的观点和方法，对发展欧洲现代健美操产生了强烈的影响。

瑞士教育家雅克·克尔克罗兹(1865～1950)设计了一种描述肌肉活动和音乐伴奏相结合的音乐体操。他所设计的成套练习是为了通过自然的身体活动来发展学生的音乐和节奏感。欣里希·梅道(1890～)也是达尔克罗兹体系的一位学者，他创编了一套适用于少女和成年女子的体操体系，认为该体系可以促进身体健康、姿态优美和举止高雅。他还认为音乐对于提高动作的节奏性和表现力是一个极为重要的因素。因此他在训练和正式演出中都采用了音乐。在教学活动中，他强调自然的全身动作，强调领略动作中的快感和美感。

埃丽·布若尔克斯登(1870～1947)女士是赫尔辛基大学的一位体操教师，她的体操宗旨是：不限于提供身体练习，而应该把人的思想、躯体和精神从紧张和抑制状态中解放出来，培养和谐的个性。

从上述各种体操流派的教育思想、教学方法和动作技术上看，都与现代健美操有着密不可分的联系，即注重人体健康和优美，注重自然的全身动作，注重动作节奏流畅性。这正是现代健美操发展的初级阶段。

现代健美操实际上是从60年代初开始萌芽的，最初是美国太空总署医生库帕博士为太空人设计的体能训练阿洛别克(Aerobic)项目，1969年杰姬·索伦森综合了体操和现代舞创编了健美操，这种操带有娱乐性，简单易学，深受人们的欢迎。70年代在美国迅速兴起，掀起热潮。

美国健美操代表人物——简·方达，为健美操在世界的推广作出了杰出的贡献。

简·方达1937年生于纽约，是70年代崛起的好莱坞电影明星，两次获得奥斯卡金像奖和金球奖，获得第30届戛纳国际电影节最佳女主角。简·方达从小并没有天赋的好身材，长到十二三岁时又矮又胖。为了苗条，她采用“节食”“呕吐”等方法进行减肥，后来她发现可卡因能减轻体重，兴奋不已，使用可卡因减肥，大量的可卡因损伤了她的胃口，医生告诉她利尿剂可以减肥，从此她整整服用了二十年。

为了苗条的体型，她坚持服用利尿剂，排除体内水分，以达到减肥目的，但她发现，体重减轻了，体力也下降了。而随着服药时间的增长，利尿剂的作用越来越小，不得不增大剂量。1976年英国伦敦的一位医生向她指出，长期服用利尿剂会造成身体缺钾，而引起严重的肌肉和肾脏功能衰竭，但这位医生并没有向她提供有效的方法帮她减肥。当时简·方达苦闷极了，她想喊：为什么没有一个医生在二十年前就告诉人们服用利尿剂减肥的害处？为什么没有一种好办法既能减肥又不损伤身体？在痛苦的失败中吸取教训，使她认识到“健康的美才是真正的美，持久的美”。从此，简·方达走上了体育锻炼的道路，通过健美操来保持身体的健康和体态苗条。简·方达成功了，为了向人们介绍健康减肥的方法，她根据自己从事健身操锻炼获得了健美形体的成功体验，撰写了《简·方达健身术》一书，以自己的名声和现身说法提倡健美操运动。该书自1981年首次在美国出版以来，一直畅销不衰，并被译成20多种文字，在世界30多个国家发行。这位好莱坞著名影星和现代健美操专家简·方达已成为80年代健美操杰出的代表。在她的感召和影响下，健美操在世界各地迅速兴起，健身俱乐部、健美操中心如雨后春笋般蓬勃发展。

美国创办了上千个健美操俱乐部、健身房，它为人们提供了从事健美操锻炼的场所。1984年美国约有7万人参加各种类型的健美操练习，用于体操、舞蹈和健美操的活动经费每年约二亿四千万美元。

1985年,美国首次举行阿洛别克(Aerobic)健美操比赛。来自全美各地、身体优美的男女健美操运动员,以极大的热情和充沛的体力,在5平方米的场地上,用一分半到两分钟的时间表演造型美观、力度明显、变化多样、流畅舒展的男女单人、混合双人、女子三人的成套健美操,受到参观者的热烈欢迎。比赛内容每套操包括俯卧撑4次,仰卧起坐4次,高踢腿4次,5秒钟连续原地跳四类规定动作,另外还有大量的徒手操动作,现代舞和民间舞蹈动作以及简单的技巧性动作如前滚翻、前软翻、劈叉等。动作设计绝大多数是对称性的,设计巧妙,造型美观,运动员在每10秒144~156拍的快节奏音乐伴奏下边舞边操,令人兴奋,充分显示了青春活力。正是通过这次比赛,健美操得到了迅速推广和发展,现已成为全球性的运动。

近十几年来,美国以健身、健美为主的健美操和以比赛为主的竞技健美操,一直处于世界领先地位,为世界的健美操发展作出了很大的贡献。

欧洲健美操的开展也很普及,法国做健美操的人已达400万人,仅巴黎就有1000个健美操中心,每星期日上午10点有500万法国人,随着电视中领操员的口令做一小时健美操。

德国人为了形体美不惜花钱,而意大利的罗马有40处健美操场所,每天做操的人从早到晚从不间断。

前苏联把健美操已列入大、中、小学校教学大纲中,并多次举办全国性教练员培训班,定期在电视台向广大健美操爱好者教授健美操。波兰、保加利亚等东欧国家的健美操开展情况与前苏联相似。

亚洲健美操发展也是风起云涌。早在1982年10月3日日本“国民体育大会”上就有 420 名 50 岁以上老人表演了“健身体操”。1984 年首届远东健美操大赛在日本举行。同时健美操在新加坡、韩国、香港地区以及东南亚国家和地区也迅速兴盛起来。1987 年日本成立了健美操协会。

(二)我国健美操的兴起与发展

健美操在我国并非无源之水、无本之木。早在两千多年前,中国古代导引图上,就彩绘着 44 个不同性别、不同年龄、栩栩如生、做着各种不同姿势的人物,有站、立、蹲、坐等基本姿势,臂屈伸、方步、转体、跳跃等各种动作,几乎和当今的健美操动作相仿。三国魏国大诗人曹植在《洛神赋》中描写了洛神的形体美时说:“襛纤得衷,修短合适,肩若削成,腰如东素”,就是说不胖不瘦,不高不矮,肩膀鲜明而圆滑,腰肢纤细而柔软。

1840 年鸦片战争之后,欧美各国体操相继传入我国。1905 年徐锡麟、陶成章在大通师范学堂开设了“体操专修科”。1908 年在上海创办了我国最有影响的第一所体操学校,教学的主要内容有徒手体操、器械体操、兵式体操、音乐体操和舞蹈等。1937 年由我国康健书局出版发行了马济翰先生写的《女子健美体操集》专著,该书以“貌美与健美”“妇女健康的运动”“中年妇女的美容操”“增进肌体美的五分钟美容操”“女子健康柔软操”共五章,阐述了人体美的价值、练习方法和要求。介绍了采用站立、坐卧做的各种健美操,并附有 30 多幅照片,其动作与现代女子健美操有许多相似之处。该书在摘要中介绍说:“本书所选欧美各国最新发明的体操动作数种,有适于少年妇女者,有适于中年妇女者,皆为驻颜之秘诀,增美之奇效。”后又相继出版了《男子健美体操集》，增加了哑铃等轻器械的练习内容，许多动作与现代健美操十分相近。这两本书说明我国早在30年代就已介绍和开展了欧美各国的健美操。

自1949年新中国成立后，我国首次推广的第一套广播体操至今的第八套韵律体操，都是把肢体活动与音乐节奏融为一体的健身体操。

现代健美操在我国的兴起应该是70年代末80年代初。1981年1月4日在《中国青年报》(星期刊)上发表了作者陆保钟、牛乾元的特约稿“人体美的追求”。1982年2月中国青年出版社出版了印数近29万册的《美·怎样才算美》一书，选登了陈德星编制的“女青年健美操”和牛乾元编制的“男青年哑铃操”。从此“健美操”一词迅速被广大体育工作者采用。在各种新闻媒体的大力宣传下，世界性的健美操在我国拉开了序幕。1982年底上海电视台录制了娄琢玉的形体健美操、持环健美操等专题节目，1983年人民体育出版社出版了体育报增刊《健与美》。从1984年，中央电视台相继播放了孙玉昆创编的“女子健美操”马华“健美5分钟”“美国健身术”“动感组合”等，为健美操在我国的宣传与普及起到了积极的引导作用。

1984年原北京体育学院成立了健美操教研室，接着上海体院也成立了健美操教研室，率先开设了选修和专修课。随着健美操的深入开展，健美操从社会进入了学校，并根据国家教委对体育教学的要求被列入各级学校体育大纲之中，目前健美操已成为我国各级各类学校体育课或课外活动中一项深受师生欢迎的教学内容和锻炼方法。

在我国健身健美操蓬勃发展的同时，以竞技为主要目的的竞技健美操也在迅速发展。1986 年 4 月 6 日在广州举办了首届“全国女子健美操邀请赛”。共有 8 省市 9 支代表队参加集体 6 人和个人两项比赛,这次邀请赛开创了我国竞技健美操的新路,探索了我国竞技健美操的比赛方法,展示了我国健美操的发展成果。1987 年 5 月,由康华健美康复研究所、原北京体育学院、中央电视台等 5 单位联合举办了我国首届正式的竞技健美操比赛——长城杯健美操邀请赛。这次比赛吸收了美国阿洛别克健美操的比赛项目,结合了我国健美操比赛特点,进行了男女单人、混双、男女 3 人、混合 6 人 5 个项目的比赛,每套操和美国的健美操比赛一样,有特定动作的要求和时间要求。这次比赛共有全国各省市 30 多个代表队,200 多名运动员参加,盛况空前。1989 年 1 月在贵州举行了第 3 届长城杯健美操邀请赛,正式使用了国家体委审定的具有中国特色的健美操竞赛规则,使我国竞技健美操的发展朝着国际方向又前进了一步。为了把我国健美操推向世界,1988 年 6 月由康华健美康复研究所和中央电视台联合举办了长城杯国际健美操邀请赛,有中国、美国、日本、香港、巴西、克拉克国际健美中心等 6 个国家和地区的 30 多名运动员参赛,同时在北京成立了国际健美操协会筹委会,以促进国际健美操运动的发展。

目前,国际上共有 7 个健美操组织。其中最有国际影响的是 IAF(国际健美操联合会),总部设在日本。FISAF(国际健美操健身联合会)总部设在美国。1994 年 FIG(国际体操联合会)这个资格最老的体育单项联合会成立了专门的健美操委员会,并于 1995 年 12 月在法国巴黎举办了首次比赛,中国代表队也首次走出国门,迈出了历史性的第一步。

历次全国健美操比赛

次	时间	地点	比赛名称
1	1987.5	北京	全国首届“长城杯”健美操友好邀请赛
2	1988.6	北京	全国“长城杯”健美操国际邀请赛
3	1989.1	贵州	全国健美操邀请赛
4	1990.5	昆明	全国健美操邀请赛
5	1991.6	北京	全国健美操锦标赛
6	1992.10	北京	全国健美操冠军赛
7	1993.8	南京	全国大学生健美操锦标赛
8	1994.5	南昌	全国健美操锦标赛
9	1995.5	厦门	全国健美(操)锦标赛
10	1996	沈阳	全国健美操锦标赛
11	1996.10	西安	全国大学生健美操锦标赛
12	1997	扬州	首届“春子杯”健美操运动会
13	1998	成都	第二届健美操运动会暨健美操锦标赛
14	1999.6	萧山	全国健美操锦标赛

二、健美操的概念

由于健美操是一项新兴的体育运动项目，且发展迅速，因此人们对健美操的认识理解各不相同，关于健美操的概念也众说纷纭。

瑞典著名现代体操家 Meekman 被称之为韵律体操的创始人，她主张韵律操动作的创造，“应将人体的运动规律融贯进动作中去”。韵律体操应体现“运动员的喜悦、动作的创造性和现代音乐与身心的结合”。韵律操“可当作节奏体操的新式动作形态体操”。

日本佐滕正子是瑞典体操家Meekman的推崇者。她认为健美操的定义应是:“将具有效果的爵士技巧中之独立性和多中心性,应用于身体运动上,并根据体操的原理,融于运动之中,使之成为体操之体系化上的一环。”

原苏联学者认为:“力量、耐力、柔软加上美就是健美操的公式。”

美国健美操代表人物简·方达认为健美操是一种“改变形体和心理感觉的体操”。

我国一些健美操专家,近些年来对健美操的定义也提出了各种各样的看法。

“健美操主要是以舞蹈和体操相结合,配以流行的节奏音乐,达到有氧训练目的的体操”。

“健美操是操化了的,为了人体健康而进行的动态选美比赛”。

“健美操是以人体自身为对象,以健美为目标,以身体练习为内容,以艺术创造为手段,融体操、舞蹈、音乐于一体的一项新兴体育项目”。

“健美操是根据人体的生理特点,为了追求人体美,在音乐伴奏下所进行的体操与舞蹈动作结合的边沿性综合运动项目”。

纵观健美操的特点与发展,结合专家的观点,健美操的概念应为:健美操是融体操、音乐、舞蹈、美于一体,通过徒手、手持轻器械和用专门器械的操化练习达到健身、健美和健心的目的的一种新兴娱乐、观赏型体育项目。

健美操顾名思议,是以健身美体为主要特点的运动项目,其内容丰富,简单易学,变化繁多,不受年龄、性别、场地、器械的限制,可使全身各类关节都得到充分的活动,各部位的肌肉得到均衡的发展,塑造出良好的体态。

健美操作为一种运动项目,除了具有一般体育活动共有的锻炼身体、增进健康、增强体质的作用外,对女子减肥和改善体形体态、提高韵律及身体协调性有着特殊的作用。它不仅强调“健”而且还强调“美”,把体育与美融为一体,可陶冶美好的情操。

第二节　健美操的分类与特点

一、健美操的分类

目前,世界健美操和我国健美操种类繁多,分类方法也各不相同,如果根据健美操活动的目的和所要解决的主要任务为标准来划分,归纳起来可分为健身健美操、竞技健美操、表演健美操三大类(见附表)。

(一)健身健美操

健身健美操也称大众健美操。是集健身、娱乐、防病为一体的群众性普及性健身运动。不同的年龄结构都可以参加学习和锻炼。健身健美操的主要目的在于健身。通过锻炼身体,可增强

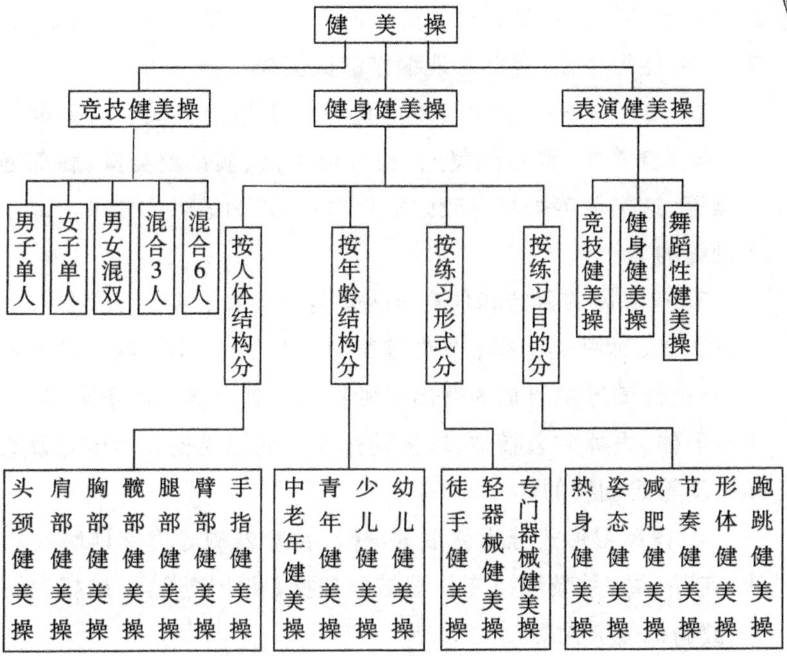

体质，促进身体全面发展，提高工作能力。在掌握健身练习基本方法的过程中，在欢快娱乐的操舞中调节身心，陶冶情操。从成套编排和动作设计来看，健身健美操的动作简单、活泼、流畅，讲究针对性和实效性，节奏感强，节奏速度适中，每 10 秒在 20 拍左右。健身健美操是在有氧供能条件下进行的练习，它的练习时间较长，运动强度中等，并按照一定的顺序来锻炼身体的各个部位，对健身强体、减少脂肪有明显作用。健身健美操可进行以下分类。

1. 按年龄结构分为老年健美操、中年健美操、青年健美操、少年健美操、儿童健美操、幼儿健美操等。这类健美操可称为年龄系统健美操。它是根据人的不同年龄阶段的不同生理、心理、体态、体能等特征，有针对地编排的健美操。

2. 按人体解剖结构活动部位分为头颈健美操、肩部健美操、胸部健美操、臂部健美操、腹部健美操、髋部健美操、腿部健美操等。这类健美操具有较强的针对性，是为锻炼人体某个部位而创编的。

3. 按练习的目的和任务分为热身健美操、姿态健美操、形体健美操、减肥健美操、节奏健美操、活力健美操、跑跳健美操等。这类健美操主要是为突出某种目的性如培养人的正确姿态、改善形体、去掉多余脂肪、增强动作节奏韵律或提高动作的力量和力度等而创编的。

4. 按练习形式分为徒手健美操、持轻器械健美操(哑铃、彩球、花环、绳、手鼓等)、专门器械健美操(垫上健美操、踏板健美操、健骑机健美操等)。

5. 按人数分为单人、双人、3 人、6 人、8 人和集体健美操。

6. 按性别分为女子健美操和男子健美操。

7. 按人名、音乐、舞蹈命名的各种形式的健美操如简·方达健美操、瑜伽健美操、斗牛士健美操等。

(二)竞技健美操

竞技健美操是根据竞赛规则与规程的要求组编的一套具有较高艺术性、以比赛取得优异成绩为主要目的的竞技健美操。竞技健美操只进行自编动作的比赛，自编动作必须符合规则要求。每套动作有规定的时间要求，成套动作根据基本规定动作、特色难度动作、完成情况、现场表现、体型、成套动作时间等因素进行评分。目前,我国大型竞技性健美操比赛有全国健美操锦标赛、全国大学生健美操锦标赛、冠军赛、精英赛等。竞技健美操可分为单人、混双、3 人、混合 6 人健美操。

(三)表演健美操

表演健美操主要目的是,在表演中展示自己的价值和魅力、在观赏中陶冶情操、净化心灵、促进健美操活动的广泛开展、满足人们展开和表现自我的需要。将健身健美操或竞技健美操作为表演操,在预定的某种活动、某种场合、某种节日庆典中进行表演,使之成为观赏、娱乐的体育节目。健身健美操用于表演极其普遍,竞技健美操用于表演时可不受规则的限制,用于表演的健美操人数、形式、规模比较自由,成套动作的设计和选择上侧重于艺术性、观赏性,体现健美操的健、力、美,它是人民群众喜爱的一种运动和娱乐形式,对于弘扬民族文化、艺术,促进两个文明的建设具有重要作用。

二、健美操的特点

(一)本能性

健美操不同于其他项目的一个显著特点是“以自然人体为对象,运用自己的力量把自身作为对象,实现自我塑造。健美操的自我塑造是遵循人体的可塑性,如肌肉的强弱、发达程度、脂肪的沉积程度以及脊椎和胸廓的形状、关节的灵活程度等这些决定身体姿态、体形改变的自我塑造的可变因素。

健美操是建立在美学等科学理论指导下的人体运动方式,讲究造型美,要求动作美观大方,准确到位。讲求有效地训练身体各个部位的正确姿势，使人体匀称和谐地发展，培养健美的体形和风度，塑造健美的自我。健美操是表现美的人体运动，美是健美操给人特有的感受。健美操既注意外在美的锻炼，又强调内在美的培养，较为明显地反映了健身、健心、健美的自然性整体效应。人体运动是受主观意识指挥的一种精神作用的外在表现，所以人体又能在运动中体现出思想、意志、道德、情操、情感、作风、气质等内在美。现代科学已证明，人体是身心辩证的统一体，人体动态所表现出的力与美既是外在美，又是内在美，构成健美操的自然美。

（二）力度性

生命的特性是动，动作是人生命的最基本表现形式。人体动的基本规律建立在人体动力学上，按照人体运动规律和人体运动时的自然法则而进行。健美操动作的基本规律是身体与空间、身体与时间的学问。身体与各部位之间的运动关系都是建立在不同方位、不同时空所组成的立体圆范围内的。健美操的运动方式所表现出的力与众不同，这是健美操的一个显著特点。

健美操以力量性为主的徒手动作为基础，它所表现的力是力量、力度、弹力、活力的综合。健美操动作要求的力度和力量性很强，不论是短促的肌肉力量、延续力量，还是瞬间的控制力量都展现较高的力度感。健美操的力量性与体操相比较，少些呆板、机械，趋于自由、自然；健美操力量性与舞蹈相比较，少些抒情、柔软，而趋于欢快、有力。由于身体动作的快速变化及脚下富于弹性、连续不断的跑跳，使全身充满着生命活力。健美操所形成的动作力量性风格，可充分表现出人体健的风采、美的神韵、力的坚韧。表现形式为狂热奔放，并伴有情感上的力度。健美操的力量性最能发挥人的个性，具有强烈的表现力、感染力和吸引力，这是它的生命力之所在。它以自身独有的力量性运动风格活跃于体坛。

（三）节奏性

节奏是宇宙自然现象的一个基本原则，宇宙的一切生息都遵循节奏的自然法则。人类和自然界的一切都是运动着的，无一不受节奏的制约。健美操运动同样充满节奏。健美操节奏性的特征表现在以下几个方面：1. 生理节奏（呼吸节奏、心率节奏，反映出一定负荷运动量）；2. 运动节奏（动作技术节奏中的速度快慢、力度强弱、幅度大小、强度的增减等）；3. 时空节奏（空间节奏、时间节奏）；4. 色彩节奏（服装、灯光的色彩、明暗节奏）；5. 音乐节奏（也是最重要的节奏）。

健美操是在节奏鲜明、欢快奔放的现代乐曲伴奏下进行的身体练习。音乐是人所创造的特有的表达手段，它可以用短暂的时间，在激励人的情绪上发挥出巨大的力量。练习者会因受音乐节奏的感染而情不自禁地自然地被卷入一种运动状态之中，随着振奋人心的节律，将上百个动作一气呵成并且始终保持精神饱满、情绪激昂。这一特殊锻炼身体的方式，是其他体育项目不能相比的。

健美操所有的动作均在一定的节奏下进行，它是将人体动作经过有节奏的组织和规范，使之摆脱自然状态，使人体的动作节奏化。健美操锻炼时的节奏感是通过身体运动表达的，节奏性运动使健美操能充分表现出人体运动的艺术美。

(四)创新性

由于人体结构复杂,动作多变,人的情绪丰富,性格迥异,因此决定了健美操动作的丰富性。健美操不仅保留了徒手体操中各种类型的基本动作，而且从相关的运动项目和艺术门类中吸收了诸多动作,经过加工、提炼、操化,使之成为具有健美操风格的动作。健美操每节操很少是单关节的局部运动,大多为多关节的同步运动。它不仅可使身体各关节的活动次数变化,而且可以变换运动组合形式,形成丰富多彩的动作。总之,人体运动是创编健美操取之不尽的源泉。

随着健美操运动的发展和变化，不断创编出独特新颖的具有显著特征的健美操动作,是健美操长盛不衰的显著特点。

第三节　健美操的作用

健美操是时代的产物,是基本体操艺术化、动力化、健身化趋势的反映,也是一项具有实用锻炼价值的运动项目。长期进行健美操锻炼，能够增进健康，增强体质，改善体形体态，矫正畸形,调节心理活动,陶冶美好情操,提高神经系统机能,培养顽强的意志品质。

一、增强体质,增进健康

经常从事健美操锻炼,对身体许多器官、系统会产生良好的影响。长期参加健美操锻炼可以使心肌增厚,心腔容量增大,血管弹性增强,进而提高心脏的功能,使心搏有力,心输出量增加,从而提高全身供氧能力。

健美操锻炼对呼吸系统的机能也有良好的影响。它能提高呼吸深度，增加每次呼吸时的气体交换量，这既有利于呼吸肌的休息又可提高呼吸系统的功能储备，从而保证在激烈运动时满足气体交换的需要，提高机能水平。

健美操锻炼还能提高消化系统的机能。因为肌肉活动可消耗大量能量，加之健美操的髋部全方位活动较多，刺激了肠胃蠕动，可增强消化机能，有助于营养物质的吸收和利用，从而提高对疾病的抵抗能力。

经常进行健美操锻炼，还可以提高关节灵活性，增强肌肉和结缔组织的弹性。

二、改善体形，培养端庄体态

体形主要是指全身各部位的比例是否匀称和谐，体态主要是指整个身体及各主要部位的姿态是否端庄优美。俗话讲“站如松，坐如钟”。如果长时间不注意体态端正，就可能影响某些骨骼的正常生长发育，造成如脊柱弯曲、含胸驼背等不良体态。

健美操的独到之处，是它可以对身体比例的均衡产生积极的影响，特别是能增加胸背肌肉的体积，消除腰腹部沉积的多余脂肪，使体态变得丰满、线条优美、秀丽动人。此外，通过经常性正确的形体动作训练，能矫正不正确的身体姿势，培养正确端庄的体态，使锻炼身体者的形体和举止风度都会发生良好的变化。

三、调节心理活动，陶冶美好情操

健美操是在音乐伴奏下进行的身体练习。通过健美操练习，不仅能形成美的体魄，而且对人的心理状态也有良好的影响。通过优美明快的音乐节奏、活泼愉快的形体动作，使人陶醉在美的韵律之中，很快排除掉心理上的紧张与烦恼，身心得到全面调节，精神面貌和气质修养都会有所改善和提高。特别是健美操是一种群体运动，在集体场所进行，能使练习者体验到个人与集体的关系，把"我"置于"我们"之中，起到协调人与人之间的关系的作用。通过集体配合练习，还有助于增进友谊，结交朋友，提高群体意识。

四、提高神经系统机能，发展身体素质

健美操是在中枢神经系统的支配调节下进行的。反过来，通过健美操锻炼也能提高中枢神经系统的机能水平。它能够提高神经过程的强度、集中能力、均衡能力和灵活性，使人的视野广阔，感觉敏锐，分析综合能力增强，生命力旺盛。同时，还可以提高人体的全面身体素质。健美操是一项要求力度和幅度的身体练习，经常参加健美操运动可使肌肉的力量得到增强，肌腱、韧带、肌肉的弹性得以提高，从而发展了人体的力量和柔韧素质。体育锻炼中肌肉经常要工作到极限，产生酸痛和疲劳，而健美操是在强劲的音乐伴奏下进行的，可以使人忘我投入，在不知不觉中提高了身体的多方面素质。健美操动作的路线、方向、速度、类型、力度等不断变化，可以加强人的动作记忆和再现力，提高神经系统的灵活性和均衡性，全面发展人的协调性。

健美操是具有较强艺术性的运动项目，经常从事该活动，可以增强节奏感、韵律感，提高认识美、鉴赏美、表现美和创造美的能力。

第二章

学校健美操

健美操是以人体为对象，以健美为目标，以肢体锻炼为内容,以艺术创造为手段,融体操、舞蹈、音乐为一体的体育锻炼项目。健美操的主要教学目的,是将丰富多彩的动作传授给学生,使之通过练习养成正确的身体姿态；发展学生的协调性、灵活性、柔韧性和耐久性；改善心血管系统功能,提高人体的有氧代谢能力;培养节奏感及现代美的气质。

随着社会的进步,改革开放的不断深入,现代学生参加体育锻炼过程中所表现出来的“求新心理”以及求趣、求知、求动的心理活动，使昔日的传统体育运动项目及教学已不能满足他们的要求，他们需要呼吸新的时代气息，需要尝试新的体育活动方式。而健美操作为一项正在我国蓬勃兴起的新兴体育运动项目,它以丰富的内涵以及运动性与艺术性的有机结合，加上鲜明的节奏、多变化的动作,满足了当今学生求新求异的心理特点及精神需求。

第一节　学校健美操的教学内容及目标

一、学校健美操的教学内容

学校健美操的教学内容包括理论课和技术课两部分。

（一）理论课

1. 向学生讲授健美操的基本理论知识，包括健美操的概述，特点，锻炼价值及竞赛规则，使学生对健美操有一个基本全面的了解。

2. 向学生讲授乐理常识，包括节奏、韵律、风格及如何欣赏音乐等。通过学习，使学生掌握音乐的一般基础知识及音乐对健美操的重要作用，为技术课的顺利教学创造有利的条件。

3. 向学生介绍健美操运动时的生理卫生和保健卫生知识及运动常识，为学生建立终身体育思想打下良好的基础。

（二）技术课

技术课内容包括徒手、器械两部分。

1. 徒手健美操：内容包括基础内容、组合动作和成套动作三部分。

(1)基础内容　主要目的在于培养学生对健美操动作的基本感觉和表现意识。内容包括基本动作、基本技术和乐感训练。

①基本动作和基本技术　健美操基本动作可分为4大类

(头颈部动作、躯干部动作、游离肢动作包括上、下两部分)、7个环节(头颈、上肢、肩、胸、腰、胯、下肢)动作。动作类型包括屈、伸、转、绕、绕环、移、提、沉、旋、含、展、举、踢、跑、跳等。教学中,教师结合以上所讲的基本动作,进行基本技术训练。它包括动作的力度训练、动作的控制训练(动作的部位、方向、路线的控制),动作发力部位的训练、动作受力的训练、动作时力的传递等训练。这种训练的目的,是为了培养学生对健美操动作的基本感觉。

②基本姿态　健美操基本姿态包括两个方面：一是动作时的身体姿势；二是动作时有意识表现出来的姿态，如动作的神态、动作时头部的表现及肢体动作的配合,还有动作的激情等。训练时,教师要结合具体动作,根据健美操的特点,对身体姿势提出严格的要求,并根据具体的动作,提出如何进行表现。目的在于培养健美操的表现意识。

③乐感训练　乐感是完成健美操动作的重要因素，也是基础训练中的关键要素。因此在训练中,教师应结合学生的实际水平和所采用的动作特点选择适宜的音乐进行训练。音乐结构不宜太复杂,速度不宜太快,逐渐引导学生尽快地适应健美操技术课的要求，使之对音乐知识及音乐在健美操中的作用有初步的了解,并建立对音乐的初步感受,为其以后的环节训练奠定基础。

(2)组合动作　组合动作是健美操教学的重要环节。其目的在于培养学生的协调能力和动作连接时的感觉，使其在基础训练中获得对基本动作的感觉和表现意识，并使乐感得到巩固和进一步发展,为成套动作的教学奠定必要的物质基础。

(3)成套动作　成套动作教学目的在于培养学生的全身协调能力和对健美操的表现能力,从而达到提高运动技能的目的。

2. 器械健美操：是指利用器械完成的操化练习，器械包括哑铃、踏板、体操垫等。

（1）哑铃　主要用以发展上肢肌肉力量。动作内容包括臂屈、伸、绕、绕环、举、振、扩、摆等，同时配以下肢步伐的练习。

（2）踏板　目的是发展下肢腿部肌肉力量、提高身体的协调性和灵敏性。其内容包括横板、纵板的上板、下板、左右端移动、转体、抬腿、踢腿、并步跳、分腿跳等动作，并配以手臂的练习。

（3）体操垫　主要以发展腹、背部肌肉力量和身体的柔韧性为目的。其内容包括腹肌练习、背肌练习、腹内外斜肌练习、臀大肌练习、压腿、踢腿等动作。

二、学校健美操的教学目标（见表）

单元 目标	健美操教学目标
身体发展目标	1. 形成正确的身体姿态 2. 发展学生健美操的综合素质，尤其在动作的协调性和灵敏性上得到加强和提高
技能发展目标	1. 培养学生参加健美操活动的运动能力 2. 掌握健美操的基本动作方法、教学方法和身体素质练习方法 3. 掌握 2～3 套成套健美操 4. 了解健美操的创编原则与方法，初步学会成套操的编排
认知发展目标	1. 了解健美操与健身之间的关系 2. 了解健美操的动作特点、表现形式及活动规律 3. 了解健美操的基本概念、术语，并能运用
感情发展目标	1. 培养学生不怕吃苦、持之以恒的精神 2. 培养学生的节奏感、韵律感和表现力，以及对健身运动的热爱
社会发展目标	1. 使学生具有参与和指导健身运动的意识 2. 建立和谐、愉快、活泼的教学气氛 3. 使学生勇于表现，善于表现，具有现代意识

第二节　学校健美操的功能、特点及要求

一、学校健美操的功能

(1)学校健美操拓展了传统的学校体育教学模式,改善和活跃了体育课堂气氛;能充分满足学生的生理、心理需求,引导学生积极参加体育锻炼，进一步促进学生身体正常发育和功能发展;可全面发展学生的协调性、柔软性、力量性、耐力等身体素质。

(2)可活跃校园文化生活,吸引众多学生加入到健美操行列中来,为学校体育增添新的内容,注入新的活力。

(3)可培养学生的良好身体姿态,塑造学生的形体美和表现动作美,还可以陶冶学生美的情操,进一步展示当代学生的健康美和时代美。

二、学校健美操的特点

(1)学校健美操介于大众健美操和竞技健美操之间,它既具有大众健美操强身健体的锻炼目的，又需要有多变化的身体动作;虽然没有竞技健美操那么高的动作难度及激烈的竞技形式,却具有竞技健美操的套路表演及竞技性质。

(2)学校健美操是以学习和掌握健美操的基本动作、基本技术、基本理论知识为目的,可以培养学生规范的健美操动作,提高学生生动的表现力及韵律感、节奏感,以及鉴赏美、创造美的能力。

(3) 小组合、短套路为学校健美操的主要教学手段(短套路为一分钟左右,长套路在5分钟之内)。使学生在短时间内既达到锻炼身体的目的,又满足了学生的表现自我的心理欲望。

三、学校健美操的要求

(一)规范

规范是对健美操动作完成质量的综合评定指标。它要求动作中的方法、姿态、位置、路线等应按照规定的标准完成。要求学生在初学健美操基本动作时就建立规范的意识,养成正确的身体姿势并随着教学的深入逐渐达到自动规范的程度。

(二)力度

力度是指肌肉用力程度的大小,它是衡量健美操动作质量的重要条件,是力量与速度的有机结合。健美操的力度主要表现在鲜明节奏背景中动作的刚健、有力、流畅而富有弹性上。动作有力度不等于僵硬。因此,在学校健美操中应把培养学生动作的力度做为一个重要的教学环节,充分体现健美操的"健、力、美"的特有风格。

(三)表现力

表现力是通过面部表情和身体动作来抒发内在情感的能力。健美操中的每一个动作都有其内在的表现内容,它不仅体现在动作的用力程度和幅度的大小以及全身的协调配合上,还表现出对音乐的感受、对动作及健美操的理解上。出色的表现力能给健美操注入生气和活力。所以在学校健美操教学中,表现力的培养是必不可少的。

(四)幅度

幅度是指身体活动范围的大小，是充分展示柔韧性的能力。尽最大幅度地完成动作是健美操的一大特色。人体各部位，尤其是颈部、上肢、胸部的充分伸展,对增大动作幅度、充分表现动作极为重要。在学校健美操教学中,应把加强上、下肢及躯干的幅度训练做为一个重要的环节。

第三节　健美操的创编原则与步骤

一套健美操是否能达到强身美体的功效取决于健美操本身的质量。要想编制一套较为理想的、科学性强、引人入胜、效果明显又易于推广的健美操,需要一个较为复杂的创编过程。除要求编操者要有现代健美操的理论知识和丰富的健美操实践经验外,还应具备一定的舞蹈、音乐、美学修养,尤其对当前健美操的发展动向和新的信息应了如指掌。在此基础上,根据健美操本身的规律及创编原则进行创编。

成功的健美操可以使练习者百练不厌,使观赏者赏心悦目,使参赛者尽情表现并获胜。

一、健美操的创编原则

(一)针对性

1. 因人而宜：健美操的创编应针对不同的任务、对象、年龄、性别、职业、身体状态、运动水平、文化层次以及练习者的生理、心理、爱好和接受能力、参与健美操活动的需求的不同,切合实际、有所侧重、有的放矢地进行健美操的创编,做到因人而宜。

风华正茂的大学生,文化素质高,接受能力强,有热情,体力充沛,精力旺盛。因此,在创编大学生健美操时应注意选择健美大方、充满青春活力、体现时代特征、富有艺术性和趣味性的动作。动作应幅度大,力度强,速度稍快,运动负荷较大。最好配以明快动听、节奏强劲的音乐。同时,由于这个时期男女特征已很鲜明,在创编男青年操时要选择和设计能体现男子阳刚之气、豪放之情,能展示男子强壮体魄、刚劲有力、健美性强的动作和造型,尤其强调力度、幅度,并要多编排些跳跃动作。在创编女青年操时,注意编排那些舒展、优美、柔中有刚、刚柔相济、小关节活动较丰富、舞蹈性强的操化动作,以展示女子矫健的身姿,满足其喜爱协调性活动的特点。同时还要特别注意多编排发展腰、腹部肌肉力量的动作。

在创编少年儿童健美操时,应针对他们的特点,比如少年儿童天真好动,表现欲强,正处于生长发育阶段,各器官尚未发育成熟,骨化未完成,肌肉力量弱等生理、心理特点,选择轻松活泼、自然愉快、形象、易于模仿的动作及有利于促进儿童生长发育、增强体质、培养协调性、节奏感的动作。

2. 有目的性:健美操可根据不同的锻炼目的分为形体健美操、减肥操、矫正操、保健操等,在创编时应针对练习者的不同目的有所侧重。如减肥操应以简单易学、重复性的有氧运动为主,使其达到消耗脂肪的目的;如果想培养良好的身体形态,使身体匀称发展,就应根据练习者的形体特点,有针对性地设计动作,使其达到匀称、完善、健美的形体；在创编预防脊柱侧弯的医疗保健操时，应多设计一些躯干动作，尤其是体侧屈、体转等动作，配以身体其他部位动作的全方位运动。

（二）科学性

每套健美操动作的创编都应严格遵循运动的生理解剖规律。每次运动的负荷应由小到大，动作由简到繁，强度由弱到强，逐步增加身体负荷。当达到和保持一定运动负荷后再逐步减小运动量，使心率变化由低到高，波浪形地逐渐上升，然后再逐渐恢复到平静状态，从而使心血管系统、呼吸系统、消化系统和内脏器官功能得到改善和提高。

一般成套健美操是由引导过渡、基本操和放松操三部分组成。第一部分为引导过渡，包括深呼吸、踏步、伸展等。目的是使身体、生理、心理为进入深的主体做好准备，同时了解音乐节奏、速度、风格，调适心理状态。第二部分为基本操，是成套健美操的主要部分，一般先从远离人体的头或足开始，即头颈→上肢→肩→胸→躯干→下肢→全身→跳跃，由局部到整体，高潮在跳跃运动。第三部分为整理放松动作，一般为踏步和全身放松调整。动作速度渐慢，伴以深呼吸，使心率逐渐恢复到安静状态。

目前国际流行的健美操——有氧操，它的动作设计也分为三个部分，第一部分热身。动作以踏步、并步、点地为主，配以缓慢的拉伸关节的屈伸。第二部分为基本操。以脚步变化组合为主，身体其他部位动作较简单。第三部分为拉长整理。以拉长身体各部分的肌肉作为放松身体的手段。

（三）全面性

科学实践证明：人体是在大脑皮层统一调节下的有机整体。人体各部位之间、各器官系统的机能之间是互相联系、互相制约的。为了达到全面发展身体的目的，在创编成套健美操时，要尽可能充分地动员整个机体参与运动，使身体各部位的肌肉、关节、韧带及内脏器官得到全面发展。成套健美操动作一般包括头、颈、肩、腰、髋、腹、背和上、下肢运动。在每个部位尽可能全面运动的基础上，应重视编排健美操的不对称动作。如 1 拍左臂肩上侧屈，右臂前伸；2 拍左臂上举，右臂肩上前屈等，它有助于改善神经系统功能状况，提高协调灵敏素质，对全面发展身体有积极的促进作用。

（四）创新性

创新是健美操的生命。没有创新就没有健美操的发展，因此，创新性是健美操创编的一项重要原则。首先要丰富自己，了解国内外健美操发展的现状和趋势，深刻理解健美操精髓。然后根据健美操的特点及编操的对象，创编出既有健身价值又有美学价值，既有观赏价值又有表演价值，新颖、独特的健美操。健美操的创新应从多方面着手，如动作的创新，包括方向的变化，对称与不对称动作；包括动作路线的变化，长短、曲直的搭配；包括音乐的创新（包括特殊制作，特殊合成）；还包括动作连接的创新及队形路线变化的创新及难度创新等。

（五）动作与音乐的一致性

一套健美操的特点和风格是通过与音乐的协调搭配而表现出来的。音乐是健美操的灵魂，健美操是表现音乐的一种手段。动作是解释音乐的一种身体语言，音乐的选择决定了整套操的风格。因此在创编健美操时，要根据音乐的背景、民族习俗、文化特点，尽量设计出既能充分说明音乐，又不失健美操特点的动作。使音乐旋律和风格与动作形象和风格融为一体，达到音乐和身体动作相互促进和表现的高度统一，否则就失去了健美操的艺术价值。

二、健美操的创编步骤

（一）创编前的准备

创编前的准备包括：①明确创编的目的、任务、要求。②了解练习者多方面的情况（年龄、性别、身体状况、运动基础等）。③了解锻炼时间、场地、器材设备等条件。④学习观看有关健美操的文字资料和音像资料。

（二）制定总体方案

在了解多方面情况的基础上，确定所编操的类别（健身、表演、竞赛）、风格（民族或爵士、优美或刚劲，活泼或刚健）、难度（大、中、小）、长度（若干个八拍）、速度（N 拍/10 秒）、设计操的结构顺序、主要动作类型（如头的屈、伸、绕、转及绕环）及高潮的安排等。

（三）选择音乐、编排动作

选择合适的音乐，通过剪裁和制作，使之适合总体设计方案要求。在比较熟悉、理解音乐后，根据健美操创编原则，实施编排成套健美操的具体动作，使所编动作与伴奏音乐和谐统一，并用速记或图解的方法记录下来。

（四）练习与调整

按设计好的动作进行练习。在练习过程中进行多方面的检查，包括运动量和强度的测试、对整套操结构顺序的合理性和艺术性的检查等。根据测试结果、练习者的反馈信息及创编者的观察研究，对操进行适当的修改和调整。

（五）撰写文字说明

此项是为了保留材料，以便在今后的教学研究或相互交流中采用。文字说明应简明扼要，术语正确，绘图应形象逼真，方向清晰。记录时最好文图并用。

第四节 健美操的教学方法

健美操教学方法是指在健美操教学中，为了完成健美操教学任务、提高教学质量，教师所采用的措施和方法。教学方法是根据教学内容、任务及学生的特点等来选用的，所以说健美操教学方法的使用合理与否是教师完成教学任务、学生掌握动作技术及技能的前提和保证。

一、记忆法

记忆法是为使学生尽快地掌握学习内容、熟记动作常采用的教学方法。

(一)念动法

念动练习是指学生有意识地、系统地在脑海中重复再现已形成的动作表象,熟练和加深动作印象的记忆方法。

(二)观察模仿法

分成组进行教学,一组做练习,一组观察练习并随其做模仿练习,加深记忆,熟练动作。观察模仿练习有助于建立和巩固正确动作的动力定型。

(三)简图强化法

布置课后作业,让学生把所学动作的名称、动作做法,逐拍用简图表示出来。在画简图的过程中,学生对动作的名称、顺序、要领、连接等多次在脑海中重复、再现、模仿、分析,这样可强化记忆,加速学习动作的过程,形成较牢固的动力定型。同时,能节省体力消耗,提高教学质量,熟练成套动作,改进动作技能,提高动作协调性和运动感觉能力。

运用记忆法时,应注意以下几点。

1. 记忆法一般在学生掌握动作的泛化阶段选用,这个阶段主要以记忆动作为主,因此,不要过多地讲解和提出对动作规格的要求,以保证学生记忆的连贯性和完整性。

2. 运用记忆法时，教师应帮助学生找到一种记忆动作的捷径，例如“一伸二转三踢腿”等简化动作名称的记忆法，这样可以提高学生记忆动作的速度。

二、手势提示法

手势是身体语言的一种，它是在健美操教学中，教师运用各种手势指导学生完成练习的方法。其特点是直观、简单、明了，有利于学生连贯完成动作。手势提示方法主要运用于成套操和一段操的复习及巩固阶段。通过手势引导，提示学生按顺序、方向、要点完成动作，保证学生能将整套操连贯、完整地完成。

运用手势提示法时应注意以下几点：

(1) 在健美操教学中，教师手势的运用要果断，有明确的目的性，做出什么样的手势，应做到心中有数。

(2)教师运用手势时，要注意时机和效果。也就是说在上一个动作没结束之前，即 7 ~ 8 拍时就应将下一个动作的要点、方向及时地用手势提示出来，帮助学生准确地完成动作。

(3) 教师掌握学生完成动作的情况，在易出现问题的地方，提前向学生发出准确信号，如击掌或口头提示，引起学生注意，然后给予手势提示。

三、示范讲解法

一般来说，为提高示范讲解法运用的效果，采用边示范、边讲解的方法效果最好。但根据实际情况，在运用时也有所不同。

(一)只示范,不讲解

如果学生有一定基础,动作又比较简单,可只示范,提出要求即可,不必讲明。

(二)只讲解,不示范或先讲解后示范

如果为了培养学生的独立思考能力,加深对动作的理解,亦可只讲解、不示范或先讲解后示范。

(三)先示范,后讲解

如果动作比较复杂,应首先让学生能建立起正确的动作表象,然后再讲解。

(四)一边慢动作示范,一边讲解

如果是对初学者,学习比较复杂或较困难的动作,可采用边慢示范、边讲要求、边让学生跟着模仿做的方法。

运用示范法时应注意以下几点:

(1)运用示范不讲解教学方法时,应采用背面示范,使学生清楚动作的路线、方向、出脚等,便于学生模仿。

(2)运用只示范,不讲解的教学方法时,动作应比正常速度稍慢些,便于学生加深对动作的印象。

(3)运用示范讲解法时,教师讲解的语言应简明、扼要,语言肯定,表达生动,比喻形象,这样会引起学生学习的兴趣和积极性,启发学生的思考。

(4)教师的示范要优美大方,有感染力,有激情,能调动学生的学习热情，提高学生学习的积极性、参与性和实践性。

四、激情法

激情法即是用直观的教学手段，激发学生学习情绪的一种方法。在健美操教学中常常采用以下几种。

（一）乐曲激情法

在教学开始时，教师选择优美、动听的乐曲让学生们听，同时讲解音乐，引导学生去欣赏音乐，了解音乐的风格，掌握音乐的节奏速度和节拍，使学生能理解音乐的特点，丰富对音乐的感受。

（二）健美激情法

教师在教学前，先在音乐的伴奏下，用优美大方、充满活力的动作把教学的内容或套路，完整地示范给学生，给学生以美的享受，激发学生的学习热情。

通过听和看，在学生脑海中对动作产生一个完整的印象，并有一种渴望学习、急于掌握动作技术的心理，这时再有顺序地进行教学，效果最佳。

运用激情法教学时，应注意以下几点：

(1)音乐的选择应符合学生的年龄心理特点及时代特征，真正能达到激发学生情绪的作用。

(2)教师的示范要有感染力，表现出健美操的动作特点和音乐风格，用教师特有的表演魅力，激发学生的学习欲望和表现欲望。

五、口令提示法

为了使学生更好地完成练习、活跃课堂气氛，在健美操教学中，加入一些调动性、指示性、警告性口令的方法。常用的调动性口令有“用力”“加油”等；指导性口令有“左二、三、四”“转二、三四”等；警告口令包括“直臂”“高踢”等。

运用口令提示法时，应注意以下几点：

(1) 口令要有号召性和鼓动性，教师生动的、带有鼓励性的口令，可以活跃课堂气氛，调动学生情绪。使学生在愉快、轻松的心境下学习健美操，能激励学生学习的自信心。

(2) 口令要与音乐节奏相吻合，要与音乐的韵律、节奏相一致。在健美操教学中，教师口令的音量、语调的轻重要适宜，恰到好处，不适宜的口令会削减学生学习的情绪和效果。

六、串连教学法

这是一种与国际化健美操教学接轨的教学方法。即把所要教的内容分成若干串，每一串为 4×8 拍，首先教第一串动作。其方法是，先教第一个八拍动作，掌握后再教第二个八拍的动作，然后把第一、第二个八拍动作连起来反复练习，然后教第三个八拍，掌握后教第四个八拍。第三、第四个八拍动作连起来反复练习。最后再把第一至第四个八拍串连起来反复练习。直至串起来所有的教学内容。

运用串连法教学时，应注意以下几点：

(1)运用串连法时，应保证从课的开始到结束使身体始终处于“动”的状态(脚始终在运动)，否则就失去了串连教学法的意义了。

(2) 运用串连法教学，音乐的选择最好是连奏或剪接成连奏，这样便于课的流畅、顺通，有利于练习者连续不断地锻炼，以达到良好的健身目的。

(3)为了保证健美操教学的顺利进行，在选用串连法进行教学时，应根据练习者的运动水平认真准备好每一节课，选编组合好每一串动作，尽量使每一串动作的内容类型变化新颖，以便调动练习者的兴趣，提高锻炼效果。

七、协调教学法

此教法是采用同一种下肢重复练习，配合不同的身体部位动作而组合成的练习方法。例如两腿始终做屈伸的重复动作，可配以身体的左右移动→左右提肩→两肩绕环→左右臂绕环→两臂绕环→左右臂上下摆动→两臂同时摆动→两臂左右摆等，都是在两腿屈伸时顺其自然完成练习。这种教学方法，适合于健美操初学者，可以避免初学者因动作不协调造成的手忙脚乱、不知所措而失去锻炼的信心。

运用协调教学方法时，应注意以下几点：

(1)根据练习者的运动水平和协调能力，合理安排协调动作的次数及内容。协调动作过多则显得练习单调乏味，动作过少则不利于练习者掌握动作。

(2) 要灵活采用协调法，当练习者动作逐渐协调、适应练习后，要及时变换练习内容，增加串连法，使练习者在短时间内达到最佳锻炼效果。

第五节　健美操的教学要求

健美操教学是教师按照教学计划的要求，向学生传授健美操的知识、技术、技能及发展他们的身体，并对其进行思想教育的过程。在教学中除必须遵循各项体育教学原则和正确运用教法外，根据健美操项目的特点，还应做到以下几个方面：

1. 由于健美操动作类型丰富多样，因此，教学中必须根据学生具体情况(年龄、性别、素质、技术等)，恰当合理地选择教材和运用教法，因人施教。教材内容一般应由易到难，由简到繁；动作速度由慢到快；先学单个动作，再进行组合练习；较复杂动作先分解教学，再完整练习。

2. 在教学中应重视教师自身表现和主导作用的发挥，这对学生获得健美操的直观感受有着重要作用。例如，教师饱满的精神面貌、整洁合体的运动服装、优美激情的动作示范、简练生动的要领讲解、准确清楚的拍节口令、及时的动作提示与错误纠正等等，对激发学生的学习兴趣、促进其对健美操的喜爱及顺利完成教学任务等都起着极为重要的作用。

3. 应重视表现力的训练。表现力是通过面部表情和身体动作两方面表现来完成的。一套完整优美的健美操如果缺乏生动的表现力，将失去健美操的生命力。纯朴、自然、真实、富有激情的表现力，能给人以美的享受，会起到感染人、激励人的作用。表现力的训练包括神态、气质和风格三个部分。训练手段有：①神态训练。主要指表情和身体姿态的完美统一，需要通过教师的启发，引导学生自身情感的投入，并经过艺术加工，使举止有情，动作有意。②气质训练。气质是内在的品质，其外部表现应该是刚强与柔韧的有机结合。健美操动作中很多具有“刚”与“柔”的双重性。如踢腿动作，既要快速有力，又要踢得高而富有弹性，同时上体挺拔，面带微笑，自然朴实，给人以刚毅和自信感。③风格训练。由于每个人所受的文化教育、地域风俗、民族特点的影响不同，其技术风格、操的风格也不相同。所以，我们要根据每个人自己的文化背景，扬长避短，突出其特点地进行训练，而这是优秀作品所必须具有的独特风格。

4. 应重视基本姿态训练。正确的身体姿态是表现健美操“健、力、美”的关键。在健美操教学中应严格训练身体各部位的基本姿态，使其符合健美操的要求。正确的动作姿态训练一般经过两个阶段。第一阶段，建立正确的动作姿态，使其形成动力定型。通过持之以恒地运用正确意念来控制动作的训练过程，使形成正确的动力定型。例如通过正确的脚背勾绷和上、下肢的屈伸等动作，建立准确的本体感觉。第二阶段，在通过健美操训练来塑造健美形体的同时，还要美化充实心灵，要求训练时寓情感于动作姿态之中，使其具有感染力。训练内容可借鉴交际舞、拉丁舞、时装表演等生活中富有情感的动作。训练手段包括：①身体各部位不同方向定位的本体感觉练习，如腿向不同方向的屈、伸、踢、旋、绕、弹动、跑和跳、髋部平移、转动、翻动、掀动、扭动；躯干部胸腰肌肉群紧张与放松；上肢屈、伸、摆、绕、旋转等练习，来建立身体各部位的准确姿势所必须具有的本体感觉。②把杆练习。紧密结合健美操项目的训练特点，重点应训练脚背的勾绷、下肢的延伸、挺拔和开度以及对身体各部位肌肉的控制和用力等练习。如借助把杆进行不同方向的踢腿、控腿、弹腿、身体屈伸、波浪、移动、转体等动作。③律动训练。通过屈伸、绕环、摆动、波浪、弹性、松弛等律动性强的基本练习，掌握全身各部位参与运动的正确方法和用力节奏，使身体动作的幅度增大，韵律感增强。④舞蹈训练。通过舞蹈基本步伐及动作训练，充分发挥胸、腰、髋部位潜在的表现力。在锻炼躯干部位灵活性的同时，培养优美的姿态、漂亮的手势、灵活的关节以及节奏感、音乐感和身体各部位的综合协调能力与表现能力的统一。

5. 应重视身体素质的训练。良好的身体素质是顺利完成健美操各类动作技术的基础。因此，在全面提高身体素质的同时，应着重健美操的专项素质训练，尤其是上下肢和躯干的力量，肩、躯干、腿的柔韧性，弹跳力及动作的灵敏性等。

6. 在健美操教学中，在掌握若干个单个动作的基础上，应重视并及时进行组合动作的教学。健美操各类组合练习可以培养学生的协调性、韵律感、表现力，是巩固和提高所学各类动作技术的有效手段。所编选的组合动作应符合教学任务及学生水平，如对初学者应编排以巩固基本动作为主的、简短的、有规律的组合；对有一定技术基础的学生，则可使组合的内容、结构及长短等都有所变化，难度有所提高。进行组合动作教学时，一般先分节(分段)教会，逐节(逐段)连接，再完整练习。

7. 应重视节奏感的训练。健美操是在音乐伴奏下进行的身体练习。节奏感好，可以保证动作的协调，省力，效果好。训练手段有：①识别音乐节奏和主旋律的练习。从学习乐理开始，进而听音乐节拍（重音），并按节拍做击掌或跳步练习。②在相同节拍、相同旋律的音乐伴奏下完成身体各部位不对称动作的组合练习。③组合动作不变，在各种音乐风格和不同主旋律伴奏下进行练习，使学生加深对节奏及其与动作关系的理解。④采用不同风格、不同节奏、不同特点的音乐伴奏，完成整套技术的动作练习，把音乐节奏特点与主旋律内涵通过动作表现出来，达到动作与意境的统一结合。⑤采用同样的音乐伴奏，同样的组合动作，对节奏进行不同的处理，使学生从多方面来理解音乐节奏及节奏与动作的关系。

第六节　学校健美操范例

一、短套路健美操

（一）规范操

预备姿势　直立（整套操为基本手型）

第一节　头颈运动（图 2－1）

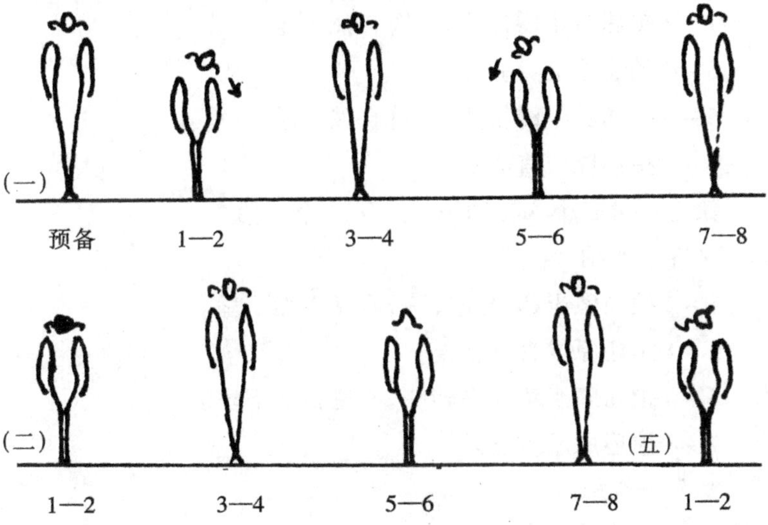

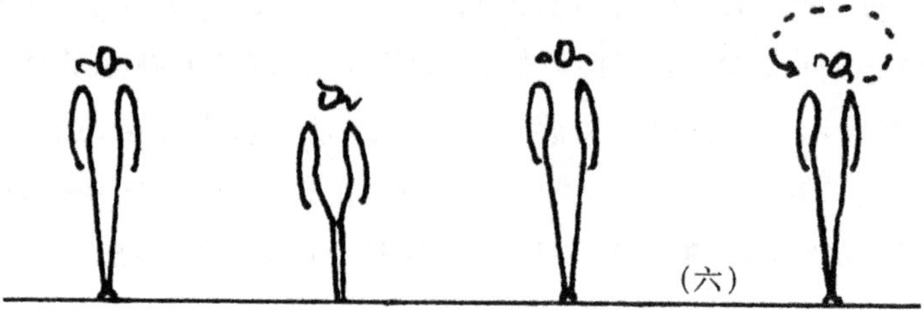

图 2－1

第一个八拍

1－2 拍屈膝半蹲,头左侧屈,两臂自然下垂。

3－4 拍还原成直立。

5－8 拍同 1－4 拍,方向相反。

第二个八拍

1－2 拍屈膝半蹲低头,两臂自然下垂。

3－4 拍还原成直立。

5－6 拍屈膝半蹲抬头,两臂自然下垂。

7－8 拍还原成直立。

第三—第四个八拍同第一—第二个八拍

第五个八拍

1－2 拍屈膝半蹲向左转头,两臂自然下垂。

3－4 拍还原成直立。

5－6 拍屈膝半蹲向右转头,两臂自然下垂。

7－8 拍还原成直立。

第六个八拍

1－8 拍头颈经左向右绕环一周。

第七—第八个八拍同第五—第六个八拍，方向相反。

第二节 四肢运动

第一个八拍(图 2－2)

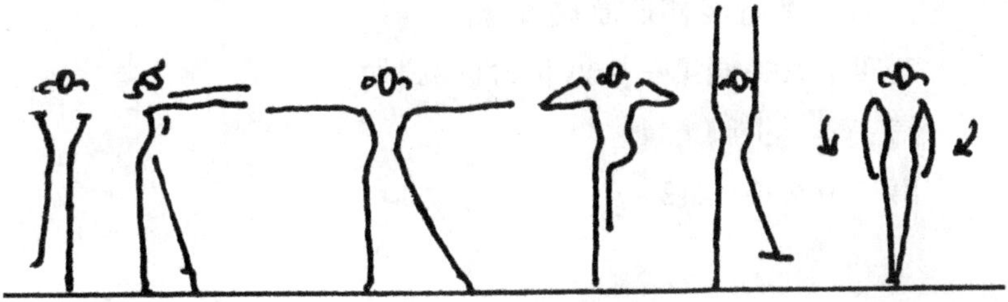

1—2　3—4　5　6　7—8

图 2－2

1－2 拍左脚前点地立，同时两臂前举。

3－4 拍左脚侧点地立，同时两臂侧举。

5 拍前吸左腿，同时两臂肩侧屈，指尖触肩。

6 拍左腿后伸脚尖点地，同时两臂上举。

7－8 拍两臂经侧还原成直立。

第二个八拍同第一个八拍，惟换腿做。

第三个八拍(图 2－3)

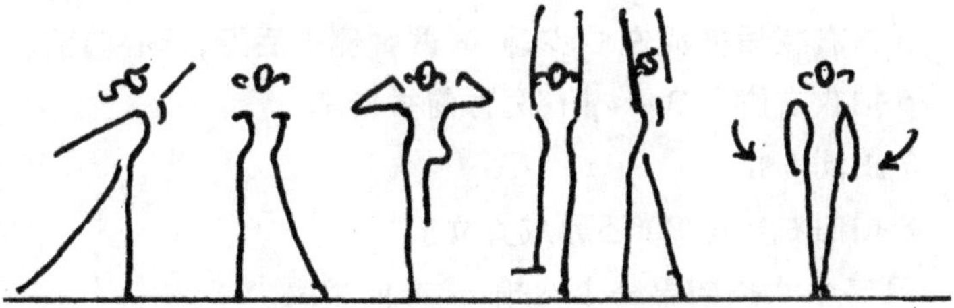

1—2　3—4　5　6　侧面　7—8

图 2－3

1－2 拍左脚后点地，同时两臂侧举。

3－4 拍左脚侧点地，同时两臂前举。

5 拍左腿前吸，同时两臂肩侧屈，指尖触肩。

6 拍左脚前点地立，同时两臂上举。

7－8 拍两臂经侧还原成直立。

第四个八拍同第三个八拍，惟换腿做。

第三节　扩胸运动

第一个八拍（图 2－4）

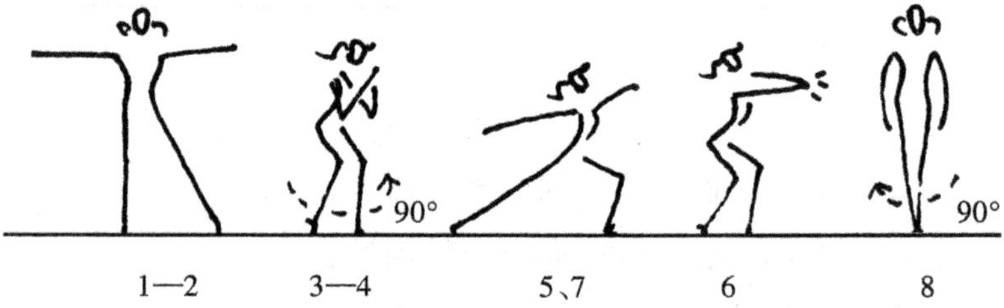

图 2－4

1－2 拍左脚侧出点地，同时两臂侧举。

3－4 拍向左转体 90°成半蹲，右脚点地，同时两臂胸前交叉屈，右臂在前，低头含胸。

5 拍右腿后伸成左弓步，同时两臂侧举后振，掌心向前。

6 拍收右脚同 3－4 拍，两臂前举击掌。

7 拍同 5 拍。

8 拍向右转体 90°还原成直立。

第二个八拍同第一个八拍，惟方向相反。

第三、第四个八拍同第一、第二个八拍。

第五个八拍(图 2－5)

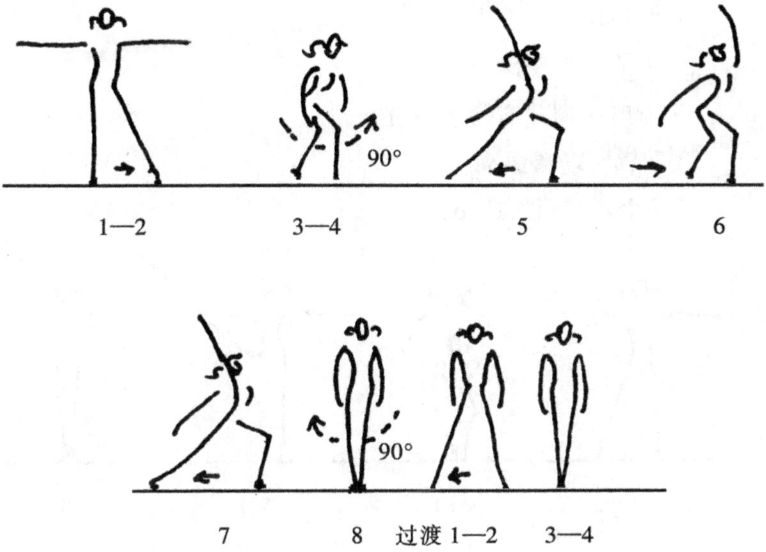

图 2－5

1－2 拍左脚侧出点地，同时两臂侧举。

3－4 拍向左转体 90°成半蹲，右脚尖点地，同时两臂下伸，低头含胸。

5 拍右腿后伸成左弓步，同时右臂上举后振，左臂下举后振。

6 拍收右脚同 3－4 拍，同时左臂上举后振，右臂下举后振。

7 拍同 5 拍。

8 拍向右转体 90°还原成直立。

第六个八拍同第五个八拍,惟方向相反。

第七个八拍同第五个八拍。

过渡四拍

1-2 拍右脚侧跨一步。

3-4 拍左脚并右脚成直立。

第四节　踢腿运动

第一个八拍(图 2-6)

图 2-6

1-2 拍左脚侧出一步点地立,同时两臂侧举。

3-4 拍左脚并于右脚，脚尖点地成半蹲，同时两臂经上交叉绕至体前交叉。

5 拍左腿侧踢,同时两臂侧摆。

6 拍同 3-4 拍。

7 拍同 5 拍。

8 拍还原成直立。

第二个八拍同第一个八拍,惟方向相反。

第三—第四个八拍同第一—第二个八拍。

第五个八拍(图 2-7)

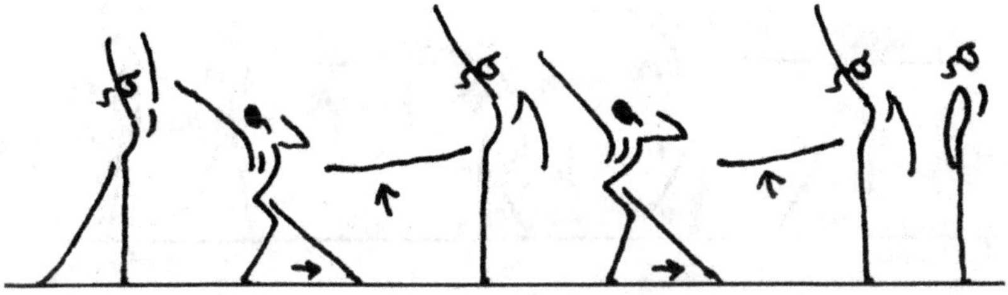

图 2-7

1-2 拍左脚后点地立,同时两臂上举。

3-4 拍右腿弯曲,左脚前擦点地,同时左臂侧上举,右臂胸前屈,头左转。

5 拍左腿后踢,右腿蹬直,同时左臂一位手,右臂三位手。

6 拍同 3-4 拍。

7 拍同 5 拍。

8 拍还原成直立。

第六个八拍同第五个八拍,惟方向相反。

第七—第八个八拍同第五—第六个八拍。

第五节　体侧运动

第一个八拍(图 2-8)

1-2 拍左脚侧出一步点地,同时两臂侧举。

3-4 拍重心移至左脚,右脚在左脚后侧点地,上体左侧屈,同时左臂下举,右臂上举,头左转,目视前下方。

5-6 拍两腿弯曲,上体左侧屈,右臂经右向下绕至体前。

7 拍两腿伸直,右臂继续绕至侧举,头右转。

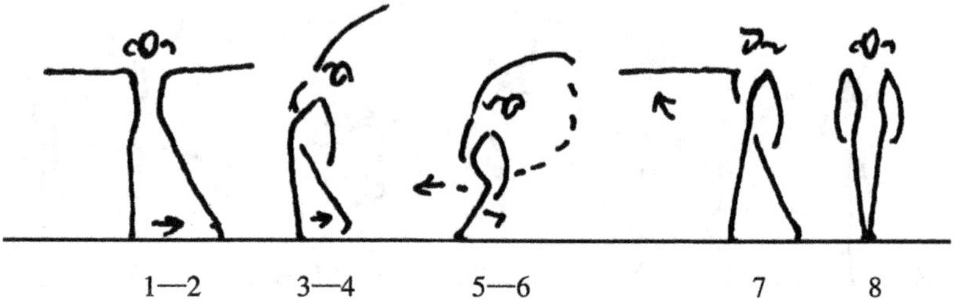

图 2－8

8 拍右脚并左脚还原成直立。

第二个八拍同第一个八拍,惟方向相反。

第三—第四个八拍同第一—第二个八拍。

第六节　体转运动

第一个八拍(图 2－9)

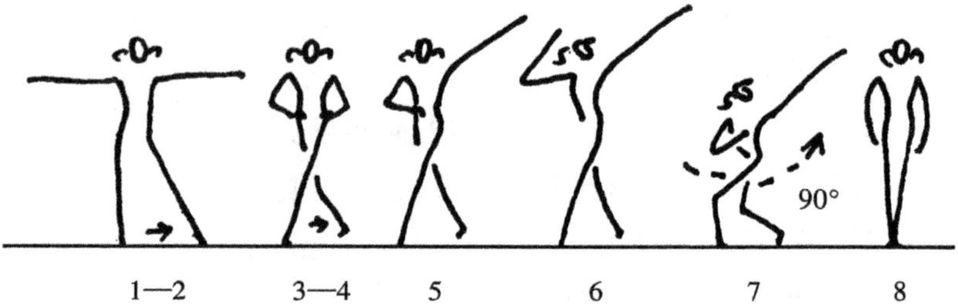

图 2－9

1－2 拍左脚侧出一步点地,同时两臂侧举。

3－4 拍重心移至左腿，右脚在左脚后侧点地，同时两手叉腰。

5 拍左臂侧上举,掌心向外。

6 拍右臂肩侧上屈，掌心向前，左臂不动，头左转。

7 拍上体左后转 90°同时屈膝，左臂不动，右臂胸前屈（掌心向下）。

8 拍右脚并左脚还原成直立。

第二个八拍同第一个八拍，惟方向相反。

第三—第四个八拍同第一—第二个八拍。

第七节　全身运动

第一个八拍（图 2－10）

1 拍前半拍重心下降半蹲，两臂体前交叉，右臂在前。

1 拍后半拍右脚蹬地，左腿侧摆跨跳，同时两臂侧摆。

2 拍落地同 1 拍前半拍。

3 拍同 1 拍后半拍。

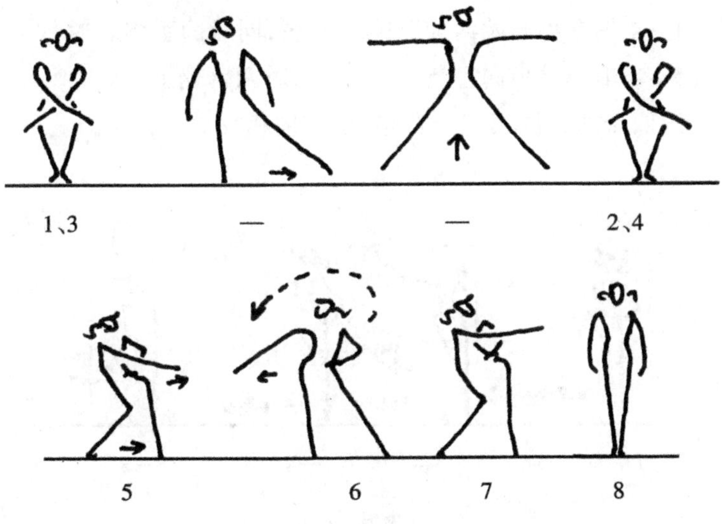

图 2－10

4 拍同 2 拍。

5 拍左脚侧出一步向左顶髋，同时左手插腰，右臂向左摆。

6 拍向右顶髋，同时右臂经上绕至侧下举，头右转。

7 拍向左顶髋，同时右臂经下绕至左前举(掌心向下)。

8 拍还原成直立。

第二个八拍同第一个八拍，惟方向相反。

第三、第四个八拍同第一、第二个八拍。

第八节　跑跳运动

第一个八拍(图 2 - 11)

1 - 4 拍左脚开始向前跑跳步四次，两手体后握。

5 - 8 拍跑跳步向左转体 360°，同时左臂经前向侧打开。

第二个八拍同第一个八拍，惟方向相反。

第三个八拍

1 - 4 拍左脚开始向前跑跳步四次，同时两手体后握。

5 - 8 拍跑跳步向左转体 360°，同时两臂侧上举。

第四个八拍同第三个八拍，惟方向相反。

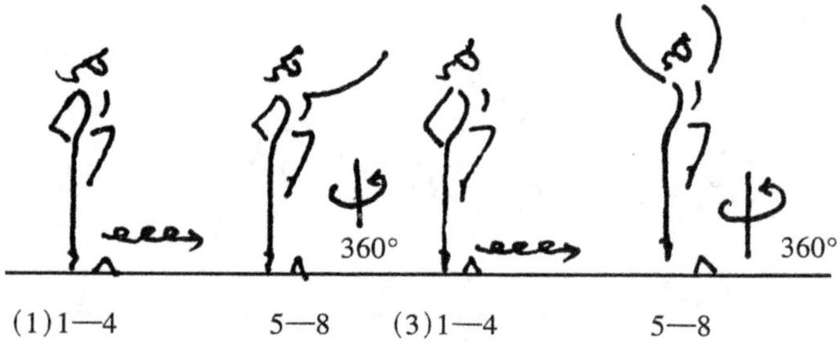

图 2 - 11

第九节　整理运动(图 2－12)

1－2 拍两臂侧上举。

3－6 拍下蹲抱膝，低头。

7 拍同 1－2 拍。

8 拍还原成直立。

图 2－12

(二)活力操

预备姿势　面对前方提踵半蹲，两臂前举握拳，目视前方。

第一节　伸展运动

第一个八拍(图 2－13)

1－4 拍半蹲脚跟压、抬四次，同时左臂经下后摆，眼随手。

图 2－13

5－8 拍脚的动作同上，左臂经下摆至预备姿势。

第二个八拍同第一个八拍，方向相反。

第三个八拍(图 2－14)

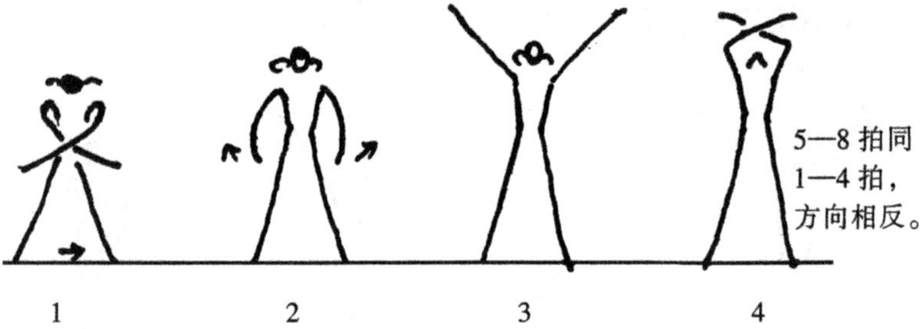

图 2－14

1 拍左脚侧出一步成开立，同时两臂体前交叉左臂在前，低头。

2 拍抬、压脚跟一次，同时两臂向侧摆。

3 拍弹压脚跟一次，同时两臂摆至侧上举。

4 拍弹压脚跟一次，同时两臂摆至头上屈臂交叉，右臂在前，抬头。

5－8 拍同 1－4 拍，方向相反。

第四个八拍同第三个八拍。

过门 4 拍(图 2－15)

1－2 拍左脚收回并于右脚，屈膝半蹲，同时两臂体前击掌。

3－4 拍两腿蹬直提踵，同时两臂经侧摆至三位手。

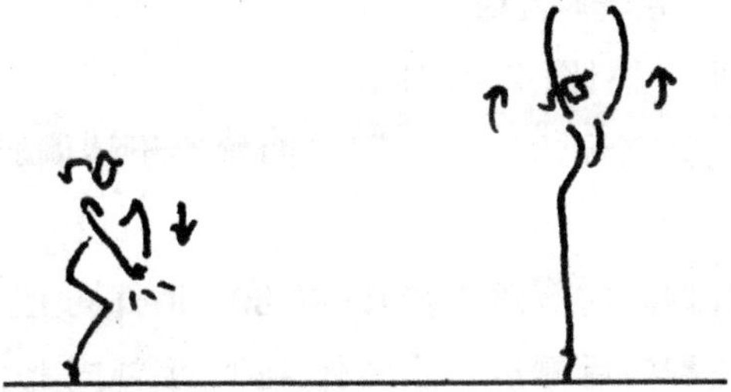

过门 1—2　　3—4

图 2－15

第二节　四肢运动

第一个八拍(图 2－16)

1－2 拍左脚向前侧方迈一步顶左髋，同时左手叉腰，右臂经后绕至前举。

3－4 拍左脚向右后方迈一步点地，重心落在右脚，同时右臂绕至三位手。

5－8 拍同 1－4 拍,惟 8 拍时成并腿提踵立。

第二个八拍同第一个八拍。

第三—第四个八拍同第一—第二个八拍,惟方向相反。

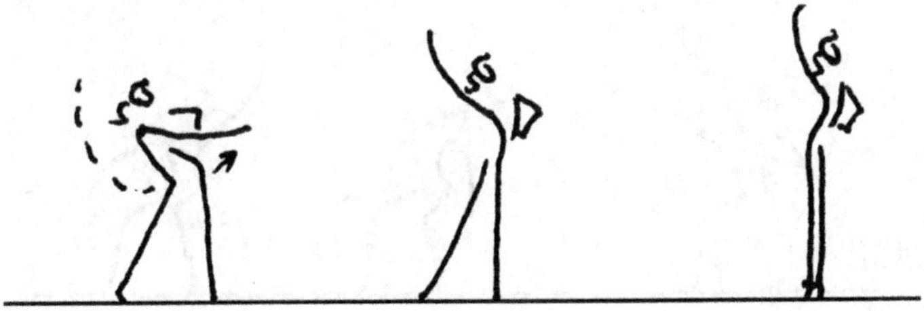

1—2　　3—4　　8

图 2－16

第三节 转体运动

第一个八拍(图 2－17)

1 拍左脚向侧迈一步，同时两臂置于体侧成弧形，头向左转。

2 拍右脚向左侧迈一步转体 180°,手臂同上。

3 拍左脚向后侧迈一步转体 180°,手臂同上。

4 拍左腿弯曲,右脚掌点地转体 90°,同时左臂三位手,右臂二位手。

5－8 拍同 1－4 拍,方向相反。

第二个八拍同第一个八拍。

过门四拍(图 2－17)

1－2 拍腿不动,两手胸前击掌。

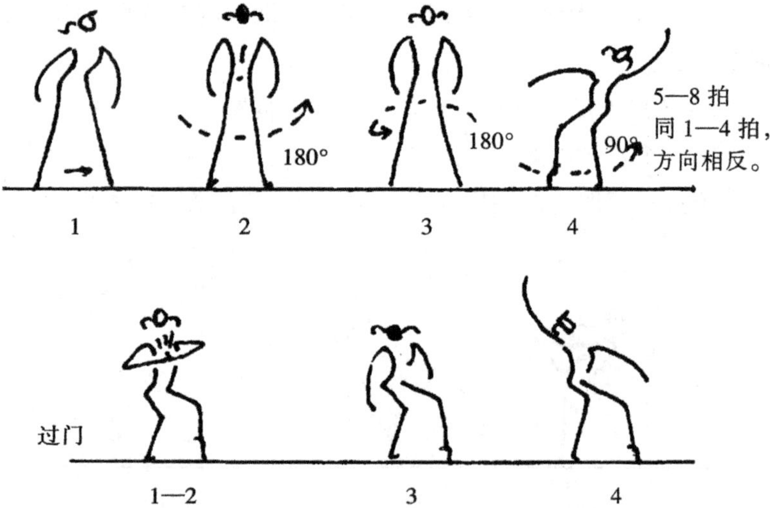

图 2－17

3－4 拍腿不动，两臂经体前摆至右臂三位手，左臂二位手。

第四节　跑跳运动

第一个八拍(图 2－18)

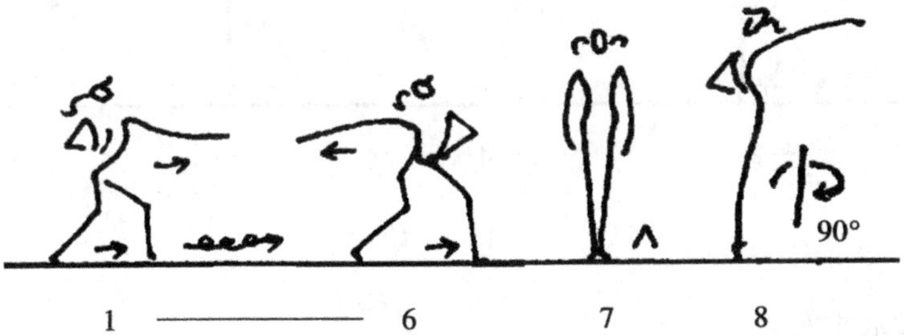

图 2－18

1 拍左脚向左前迈重心前移，同时左手叉腰，右臂前摆。

2 拍右脚向左前迈重心前移，同时右臂后摆。

3－6 拍动作同 1－2 拍。

7 拍向右跳转还原成直立，同时两臂置于体侧。

8 拍跳起向右转体 90°，同时右手叉腰，左臂后摆（掌心向下）。

第二个八拍

1－8 拍重复第一个八拍的 1－2 拍动作。

9－10 拍同第一个八拍的 7－8 拍。

第三—第四个八拍同第一—第二个八拍。

第五节　髋部运动

第一个八拍(图 2－19)

1－2 拍左脚向前一步顶髋，同时两臂经屈上伸（基本手型，

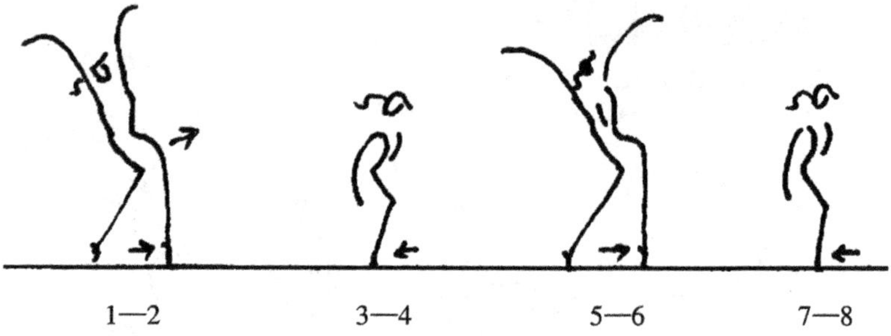

图 2－19

掌心向外)。

3－4 拍左脚收回半蹲,同时两臂下摆,低头。

5－8 拍同 1－4 拍,方向相反。

第二、三、四个八拍同第一个八拍。

过门(图 2－20)

1－2 拍直立,同时两臂前举握(掌心向下)。

3 拍半蹲,身体向左转,同时左臂经下后摆,眼随左手。

4 拍还原成直立。

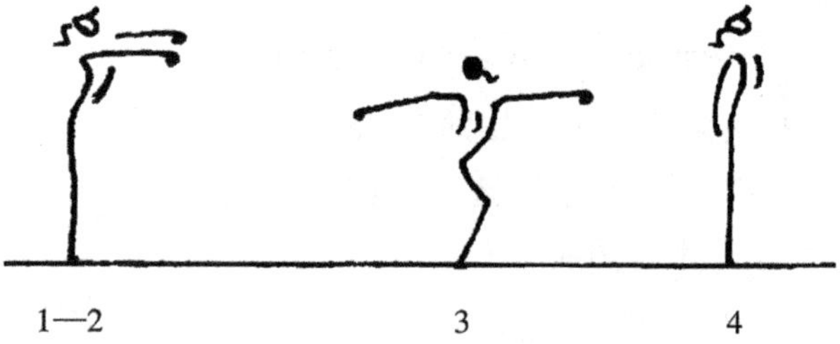

图 2－20

第五个八拍(图 2－21)

1－2 拍十字交叉步，同时两臂经体前交叉向侧打开，掌心相对。

3 拍左脚后退一步,同时两臂摆至侧举,掌心向上。

4 拍右脚后退一步成开立,两臂同 3 拍不动。

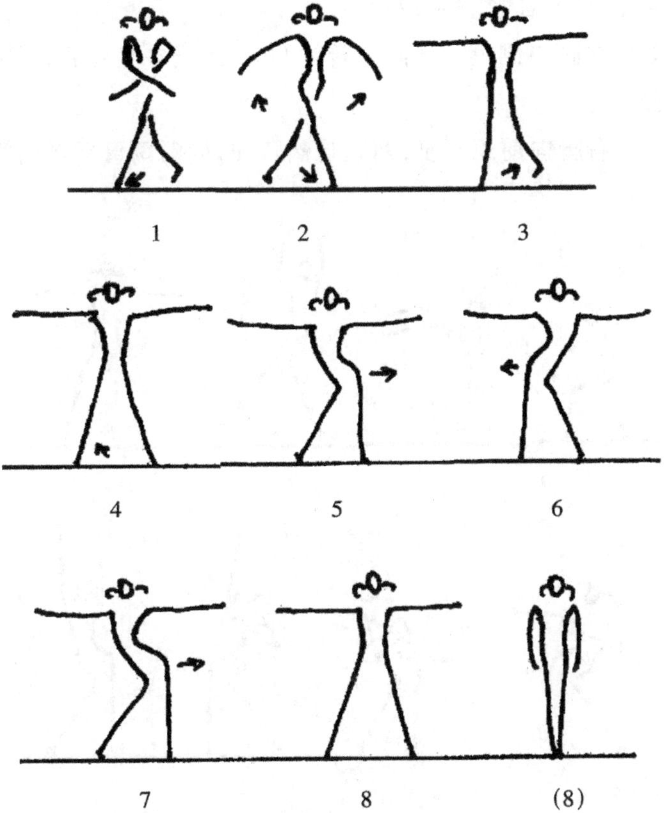

图 2－21

5 拍向左顶髋,两臂同上。

6 拍向右顶髋,臂同上。

7 拍向左顶髋,臂同上。

8 拍成开立,同时两臂侧举(掌心向下)。

第二、三、四个八拍同第一个八拍,惟第四个八拍的“8”时还原成直立。

第五个八拍(图 2 – 22)

1 拍左脚向侧迈一步向左转体 90°,两腿自然弯曲,同时两臂摆至前下举。

2 拍右脚向前迈一步,两腿自然弯曲,同时两臂摆至前举。

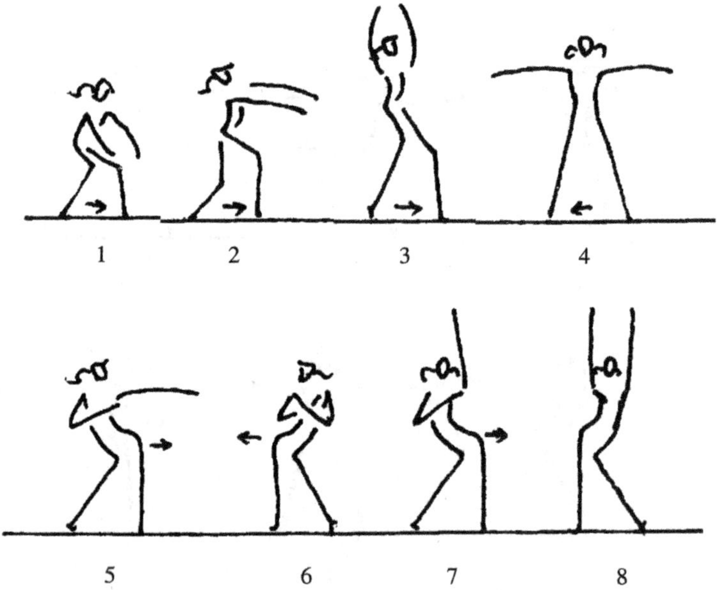

图 2 – 22

3 拍左脚向前迈一步，两腿自然弯曲，同时两臂摆至上举。

4 拍右脚向侧迈一步向右转体 90°成开立，同时两臂摆至侧举(掌心向上)。

5 拍向左顶髋，同时右臂胸前屈，手指触左肩。

6 拍向右顶髋，同时左臂胸前屈，手指触右肩。

7 拍向左顶髋，同时左臂上举(掌心向前)。

8 拍向右顶髋，同时右臂上举(掌心向前)。

第六个八拍同第五个八拍，方向相反。

第七、第八个八拍同第五、第六个八拍。

第六节　跳跃运动

第一个八拍(图 2－23)

1 拍前半拍，向左转体 90°，同时两臂右侧摆，头左转。

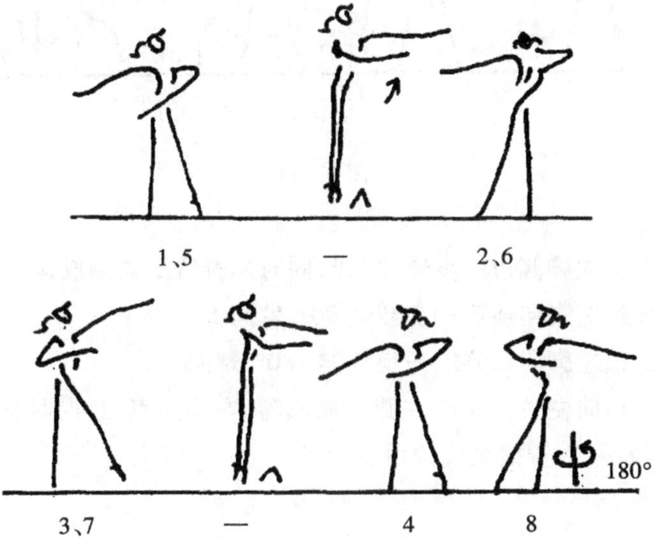

图 2－23

1 拍后半拍，左腿前擦并跳起，同时两臂经前向左摆。

2 拍重心落至左腿，右脚后点地，同时两臂摆至左侧举(掌心向下)。

3－4 拍同 1－2 拍，方向相反。

5－7 拍同 1－3 拍。

8 拍向左跳转 180°，成右腿支撑，左脚点地、两臂左侧举姿势。

第三、四、五个八拍同第一个八拍。

过门结束动作(图 2－24)

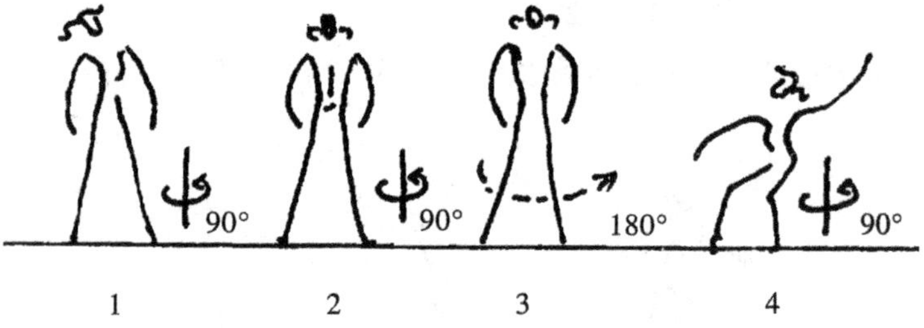

图 2－24

1 拍左脚侧迈一步转体 90°，同时两臂置于体侧成弧形。

2 拍右脚向前迈一步转体 90°，臂同上。

3 拍左脚向后侧退一步转体 180°，臂同上。

4 拍向左转体 90°，左腿弯曲成蹲，右脚尖点地，同时左臂摆至三位手，右臂摆至二位手。

(三)节奏操

预备姿势　直立

第一个八拍(图 2－25)

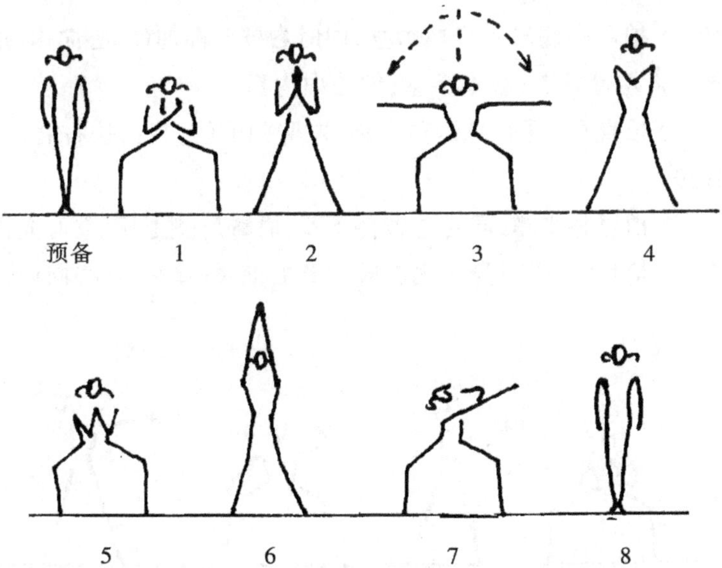

图 2－25

1 拍左脚侧出一步成蹲立，同时两臂胸前屈交叉(基本手型立掌，手背相对)。

2 拍直立，手背相贴。

3 拍屈膝半蹲，同时两臂经上摆至侧举。

4 拍直立，两臂前举，手指交叉相握。

5 拍屈膝半蹲，同时两臂胸前上屈，手指相握。

6 拍直立,同时两臂上举手指相握。

7 拍屈膝半蹲,同时向左转,左臂肩侧上屈(指尖向下),右臂前上举(掌心向下)。

8 拍左脚收回还原成直立。

第二个八拍(图 2－26)

1 拍左脚侧出一步成蹲立,同时右臂胸前屈(掌心向内,指尖向上),左臂后摆(基本手型,掌心向内)。

2 拍直立,同时身体稍右转,左臂胸前屈,指尖扶右肩,右臂后摆。

3 拍屈膝半蹲,同时左臂侧下举,右臂肩侧上屈,掌心向内。

4 拍直立,同时身体稍右转左臂右前举(撑掌,掌心向内),右

图 2－26

臂右前上举(撑掌,掌心向内)。

5 拍屈膝半蹲,同时两臂胸前屈交叉,右臂在前(握拳,拳心相对)。

6 拍直立,同时两臂脸前平行屈,右臂在上(拳心向外)。

7 拍屈膝半蹲,同时两臂拉至肩侧屈(撑掌,指尖相对,掌心向外)。

8 拍直立,左臂胸前屈(基本手型,掌心向内,指尖向上),右臂下举(基本手型,掌心向内)。

第三个八拍(图 2-27)

1 拍右腿支撑,左腿向右侧吸,同时头向右转,右臂握拳屈肘左上摆(拳心向内),左臂握拳置于体侧。

图 2-27

2 拍左腿落至开立，同时右臂肩上侧屈，拳心向内，左臂不动。

3 拍左腿支撑,右腿向左侧吸,同时头向左转,两臂握拳屈肘右上摆(拳心向内)。

4 拍成开立,同时两臂肩侧上屈,拳心相对。

5 拍屈膝半蹲,同时抬头,两臂上举撑掌(掌心向前)。

6 拍直立,同时低头,两臂胸前屈握拳(拳心向后)。

7 拍屈膝半蹲,同时抬头,两臂内旋下伸(撑掌,掌心向后)。

8 拍跳成并立,同时两臂摆至胸前屈(拳心向后)。

第四个八拍(图 2－28)

1 拍左脚侧迈一步,同时两臂上举(撑掌,掌心向前)。

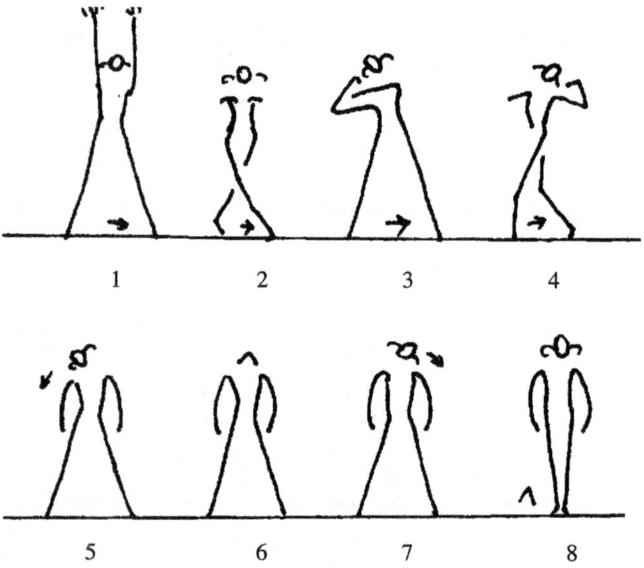

图 2－28

2 拍右脚在左脚前交叉，同时两臂前举(撑掌)。

3 拍左脚侧迈一步，同时左臂右前举，右臂肩侧屈，指尖向下，头右侧屈。

4 拍右脚在左脚后交叉，同时右臂前举，左臂肩侧屈，指尖向下，头左侧屈。

5－7 拍左脚侧出一步成开立，同时头由右向后绕环一周。

8 拍跳成并立，两臂自然下垂。

第五个八拍(图 2－29)

1－2 拍左脚侧出一步，脚尖点地，同时左臂经前向上大绕环 2 周至体侧(基本手型)。

3 拍重心移至左腿，身体稍左转，同时前吸右腿，两臂下举。

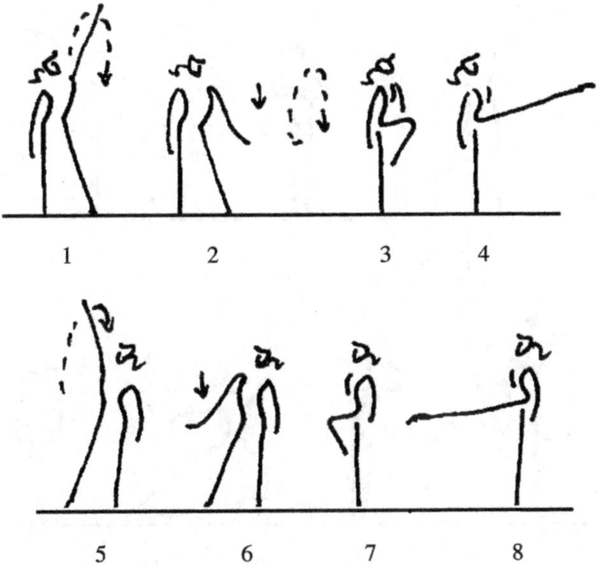

图 2－29

4 拍右腿向左前方弹踢,手臂不动。

5－8 拍同 1－4 拍,方向相反。

第六个八拍(图 2－30)

1 拍左脚侧出脚尖点地，同时右臂摆至侧上举，拳心向外，左臂摆至侧下举,拳心向内。

2 拍左脚在右脚旁点地,同时两臂向内摆至胸前平屈,左臂在上(基本手型,掌心向下)。

3－4 拍同 1－2 拍,方向相反。

5 拍左脚侧出一步展胸,同时两臂向侧打开,左臂摆至侧下举(握拳,拳心向内),右臂经下绕至侧上举(拳心向外)。

6 拍向右转体 90°，左脚在右脚旁点地，同时两臂向后绕经

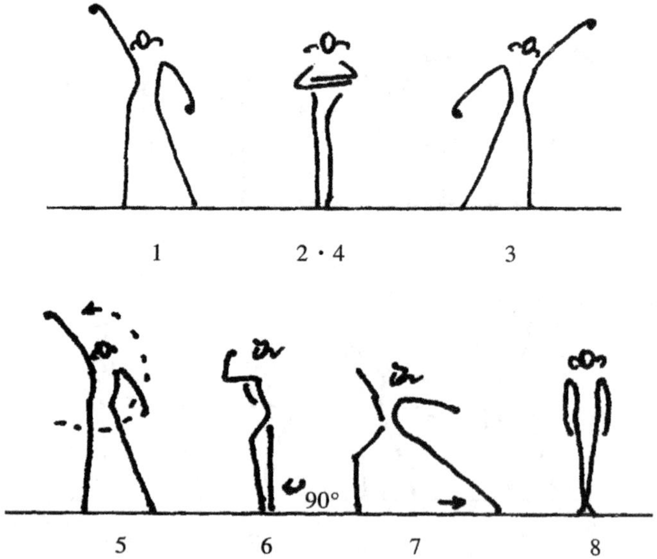

图 2－30

下至胸前上屈(拳心向后)。

7拍左脚向后一步成右腿前弓步,同时两臂侧举后振(基本手型,掌心向前)。

8拍左脚并于右脚还原成直立。

第七个八拍(图2-31)

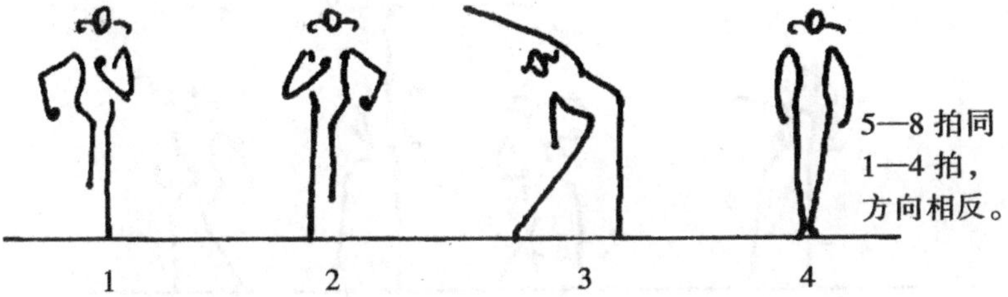

图2-31

1-2拍由右脚开始踏步两次,两手握拳,屈肘,前后自然摆臂(拳心向上)。

3拍右脚向侧点地,同时上体右侧屈,右臂下举,左臂上举右侧伸(基本手型)。

4拍右脚并于左脚成直立。

5-8拍同1-4拍,方向相反。

第八个八拍(图2-32)

1拍前半拍左脚向侧一步成半蹲,同时两臂旋内下伸(握拳,拳心向后)。

1拍后半拍起立,同时重心落至右腿,左脚尖侧点地,左髋向上提,上体向左拧转90°,两臂旋外屈肘(拳心向后)。

2拍半蹲,同时上体转回,两臂旋内下伸。

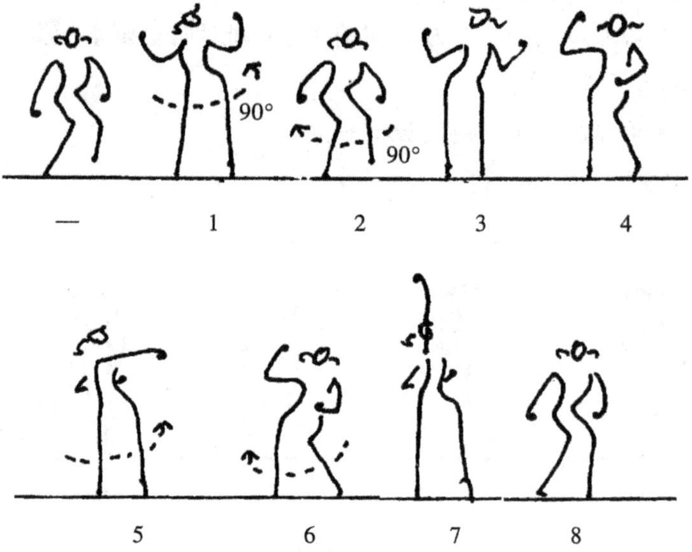

图 2－32

3 拍同 1 拍的后半拍，方向相反。

4 拍半蹲，同时上体转回，左手握拳置于腰际(拳心向上)，右臂旋外屈肘收至肩侧上屈(拳心向内)。

5 拍起立，重心落至右腿，左脚侧点地，左髋向上提，同时上体向左扭转 90°，左手置于腰际(拳心向上)，右臂旋内向前冲拳(拳心向下)。

6 拍半蹲，同时上体向右转回，左臂不动，右臂旋外屈肘收至肩侧屈(拳心向内)。

7 拍同 5 拍，惟右臂伸直上举，拳心向外。

8 拍同 2 拍。

第九个八拍同第八个八拍，方向相反。

第十个八拍(图 2-33)

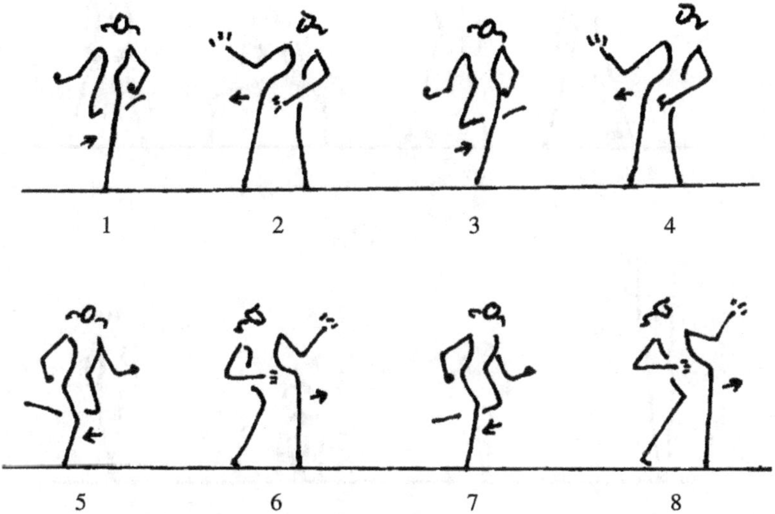

图 2-33

1 拍左腿支撑,右小腿后踢,身体稍右转,同时两手握拳,屈肘后摆。

2 拍右腿伸直,脚尖向右落地,同时上体右转,左腿微屈,向右顶髋,两臂屈肘向右侧摆(撑掌,掌心相对)。

3-4 拍同 1-2 拍。

5-8 拍同 1-4 拍,方向相反。

第十一个八拍(图 2-34)

1 拍右脚向侧一步, 同时右臂经上向后绕至体侧 (基本手型),左臂下举。

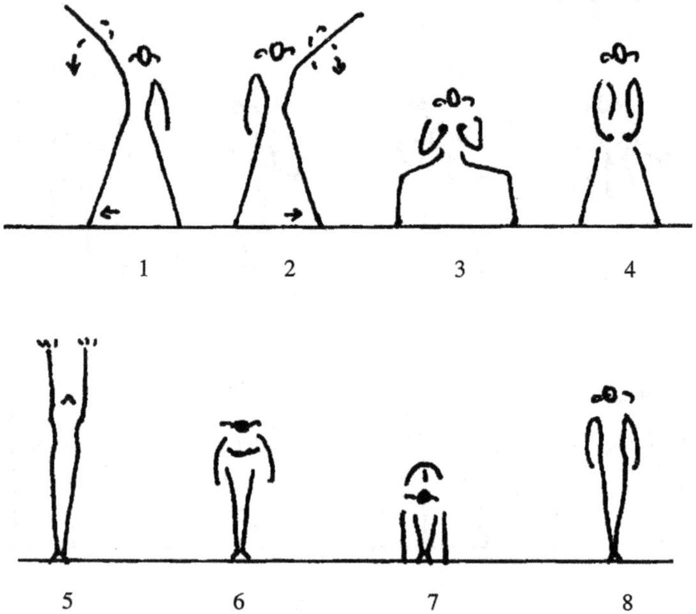

图 2－34

2 拍左脚向侧一步，同时左臂经前向上绕环一周至体侧（基本手型）。

3 拍屈膝半蹲，同时两臂握拳胸前屈（拳心向后）。

4 拍两腿伸直成开立，同时两臂体前下举（握拳，拳心向上）。

5 拍左脚并于右脚成直立，同时两臂上举撑掌，掌心向前，抬头。

6－7 拍上体前屈，同时两臂直臂经前至下举，指尖触地。

8 拍还原成直立。

第十二个八拍(图 2－35)

1－2 拍屈膝并腿跳两次，同时两臂屈肘置于腰侧，随跳动上下自然摆动(握拳,拳心向上)。

3 拍跳成开立，同时两臂伸直旋内绕至侧上举，拳心向下。

4 拍跳成并立,同时两臂旋外收至体侧。

5－8 拍同 1－4 拍。

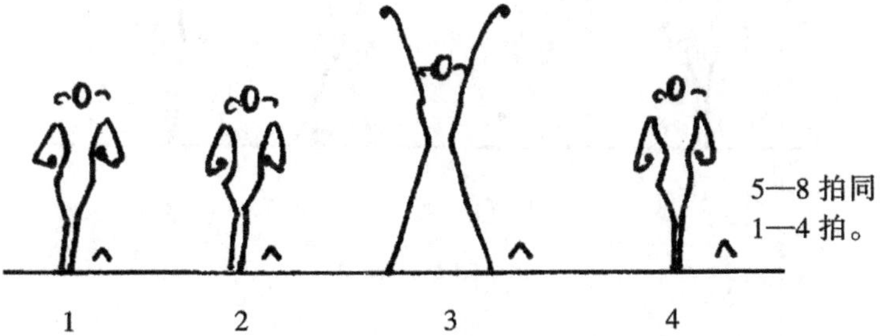

图 2－35

第十三个八拍(图 2－36)

1－2 拍屈膝并跳两次，同时右手插腰，左臂屈肘向内绕至肩侧上屈(握拳,拳心向内)。

3 拍跳成左腿屈膝、右腿伸直(脚跟点地)的左后弓步,同时左臂伸肘旋内成侧上举(拳心向外),头稍左倒。

4 拍跳成并立,同时左臂屈肘下摆(拳心向上)。

5－8 拍同 1－4 拍,方向相反。

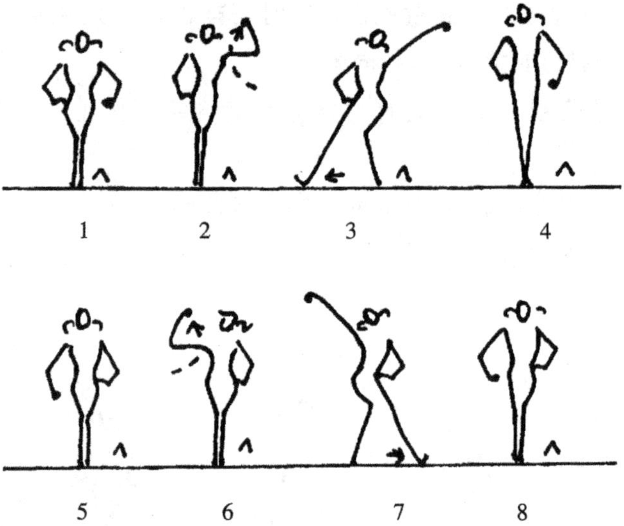

图 2－36

第十四个八拍(图 2－37)

1 拍两脚蹬地跳同时左腿屈膝上提，两臂胸前平屈（握拳，拳心向下）。

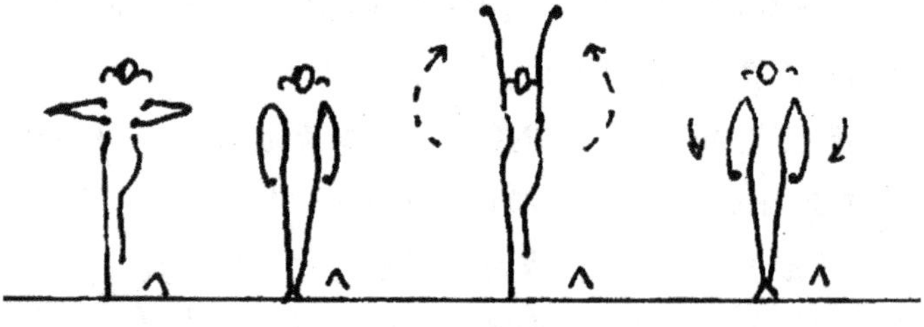

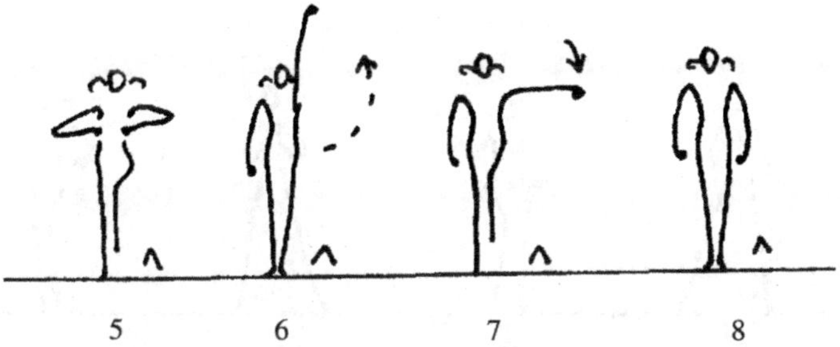

图 2－37

2 拍跳成并立，同时两臂下伸至体侧(拳心向内)。

3 拍腿的动作同 1 拍，两臂经侧摆至上举(拳心向外)。

4 拍跳成并立，同时两臂经侧摆至下举(拳心向内)。

5 拍同 1 拍。

6 拍跳成并立，同时左臂旋内上举(拳心向外)，右臂下伸至体侧(拳心向内)。

7 拍腿的动作同 1 拍，同时左臂下摆至侧举(拳心向下)。

8 拍跳成并立，同时左臂摆至体侧(拳心向内)。

第十五个八拍同第十四个八拍，方向相反。

第十六个八拍(图 2－38)

1 拍右脚侧出一步，同时两臂屈肘前摆(拳心向后)。

2 拍左脚在右脚旁点踏，同时两臂屈肘后摆两拳置于腰侧(拳心向上)。

3－4 拍同 1－2 拍，方向相反。

5 拍右脚侧出一步，同时两臂前伸(握拳)。

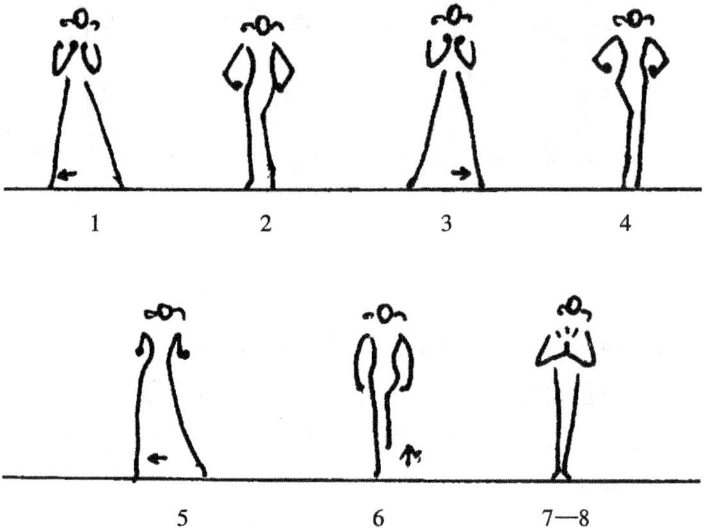

图 2－38

6 拍左膝前抬,同时两臂自然后摆。

7－8 拍左脚落并于右脚,同时两臂胸前击掌两次。

第十七个八拍(图 2－39)

1－4 拍右脚侧出一步成右侧弓步，同时左臂经体侧绕至上举侧伸(掌心向下)，右手扶右腿，上体右侧屈，头右转，眼下看。

5－6 拍重心移至两腿之间成大开立半蹲，上体前屈，低头含胸,同时左臂绕至体前,右臂同 1－4 拍。

7－8 拍右脚并于左脚还原成直立。

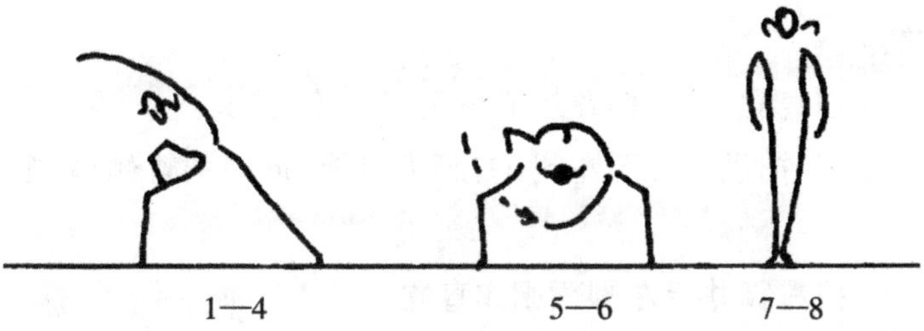

图 2－39

第十八个八拍(图 2－40)

1－3 拍左脚侧出一步成开立，同时两臂经体前下摆交叉向外绕至三位手。

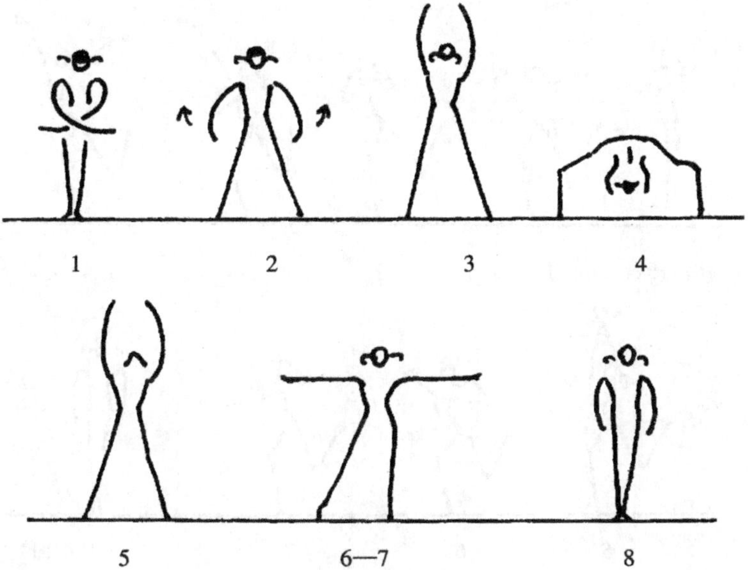

图 2－40

4 拍屈膝半蹲，同时上体前屈，两臂自然放松向两腿之间后方摆。

5 拍直立，同时两臂经前摆至三位手，抬头。

6－7 拍重心移至左腿，右脚尖点地，同时两臂侧举，掌心向上。

8 拍右脚并于左脚还原成直立。

（四）跑跳操

预备姿势　直立

第一个八拍（图 2－41）

1 拍左脚向前跑，右腿后屈，同时左臂摆至胸前屈（握拳，拳

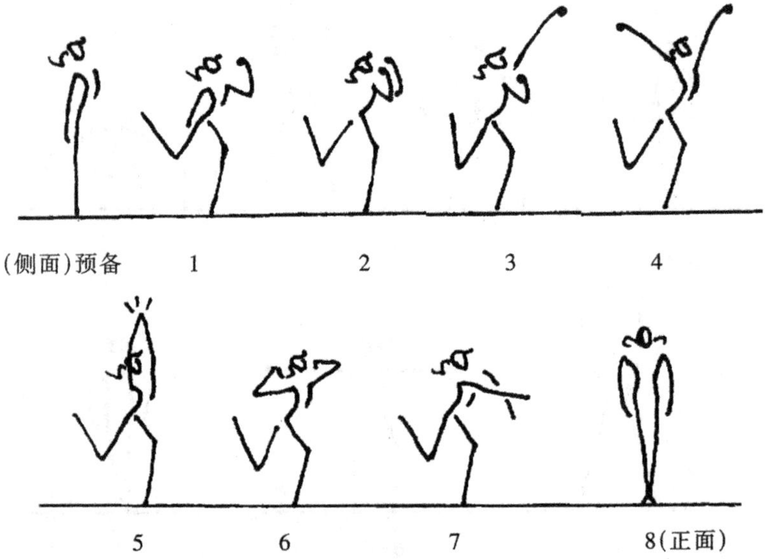

图 2－41

心向后)。

2 拍右脚向前跑,左腿后屈,同时右臂摆至胸前屈(握拳,拳心向后)。

3 拍左脚向前跑, 右腿后屈, 同时左臂内旋向侧上方冲拳(拳心向外)。

4 拍右脚向前跑, 左腿后屈, 同时右臂内旋向侧上方冲拳(拳心向外)。

5 拍左脚向前跑,右腿后屈,同时两臂头上击掌。

6 拍右脚向前跑,左腿后屈,同时两臂肩侧屈(指尖触肩)。

7 拍左脚向前跑, 右腿后屈, 同时两臂前伸交叉, 右臂在上(基本手型)。

8 拍右脚并于左脚成直立。

第二个八拍(图 2-42)

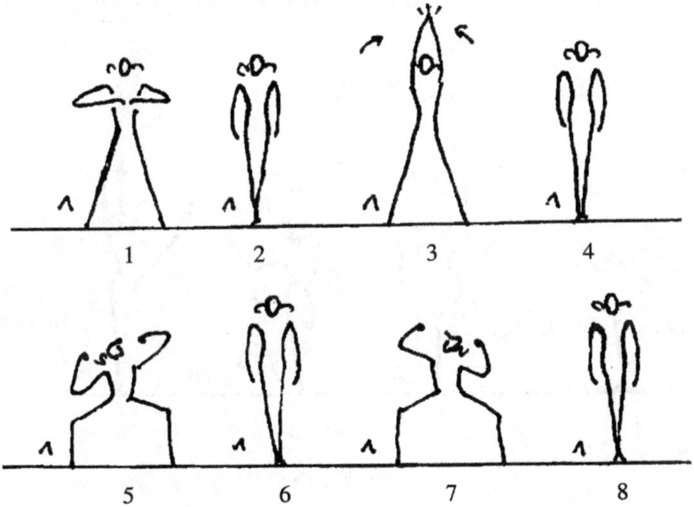

图 2-42

1 拍跳成开立,同时两臂胸前平屈(基本手型,掌心向下)。

2 拍跳成并立,同时两臂下伸置于体侧。

3 拍跳成开立,同时两臂经侧摆至头上击掌。

4 拍跳成并立,同时两臂经侧还原成下举。

5 拍跳成分腿蹲立, 同时上体左转, 两臂摆至肩侧上屈 (握拳,拳心向内),头左转。

6 拍跳成并立,同时两臂还原成下举。

7－8 拍同 5－6 拍,方向相反。

第三个八拍(图 2－43)

1 拍左脚向前跑,右腿后屈,同时左臂屈前摆外旋,右臂屈后摆内旋(握拳)。

2 拍同 1 拍,方向相反。

3 拍同 1 拍,惟向右转体 180°。

4 拍左脚蹬地跳, 同时右腿前踢, 两臂上摆 (撑掌, 掌心向前)。

5－8 拍同 1－4 拍,方向相反。

图 2－43

第四个八拍(图 2－44)

1－2 拍左脚蹬地，右腿侧摆跳一次，同时左臂肩侧下屈，右臂体前下伸(撑掌、掌心向后)。

3－4 拍同 1－2 拍，方向相反。

5－8 拍同 1－4 拍。

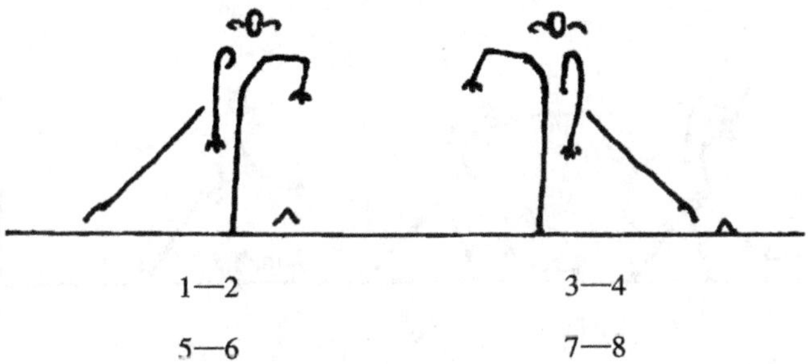

图 2－44

第五个八拍(图 2－45)

1 拍左脚向前跑，右腿后屈，同时两臂经胸前屈向侧打开至肩侧屈(握拳，拳心向内)。

2 拍右脚向前跑，左腿后屈，同时两臂屈肘内收至胸前(拳心向后)。

3 拍同 1 拍。

4 拍同 2 拍，惟击掌。

5 拍向后跳成左腿屈，右脚跟前点地的后弓步，同时两臂摆至上举。

6 拍向后跳成右腿屈，左脚跟前点地的后弓步，同时两臂摆

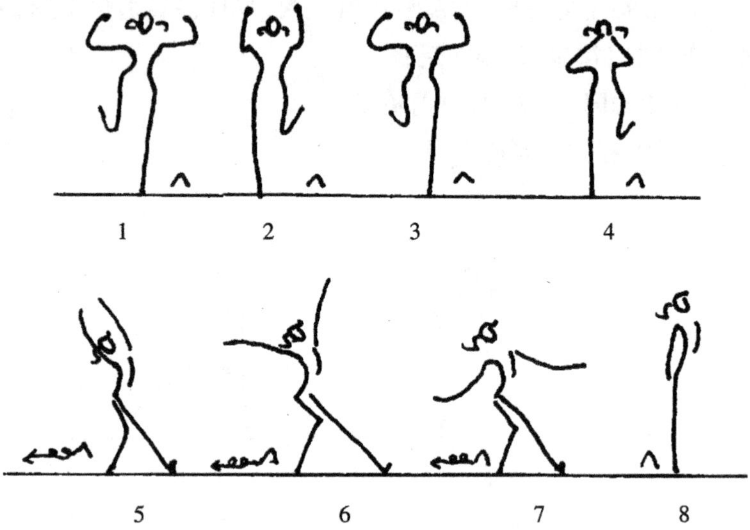

图 2－45

至侧上举(掌心向外)。

7 拍同 5 拍,惟两臂摆至侧下举(掌心向下)。

8 拍跳成并立,同时两臂还原成下举。

第六个八拍(图 2－46)

1 拍前半拍屈膝,同时两臂体前交叉,左臂在上(低头,基本手型)。

1 拍后半拍跳成开立,同时两臂绕至侧上举。

2 拍同 1 拍前半拍。

3－4 拍同 1－2 拍。

5 拍跳成开立,同时两臂前举,掌心向下。

6 拍跳成并立,同时两臂下举。

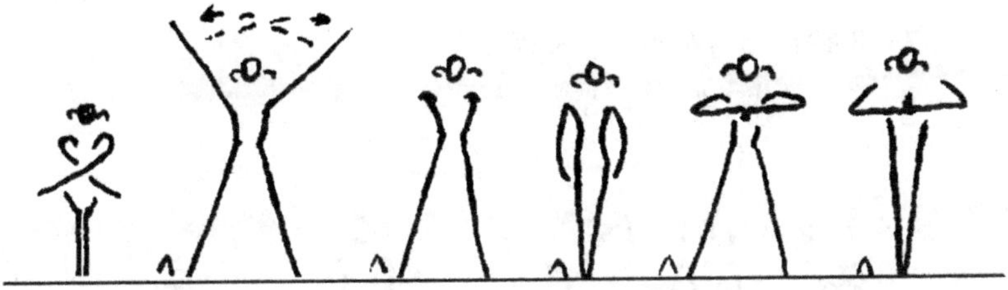

1拍前半拍 1、3 5 6 7 8
2、4

图 2－46

7拍跳成开立，同时两臂胸前平屈（屈腕，手背相对，指尖向下）。

8拍跳成并立，同时两手合掌于胸前。

第七个八拍（图 2－47）

1拍跳成开立，同时两臂上伸（两手保持合掌）。

2拍跳成并立，同时两臂胸前平屈合掌。

3－4拍同1－2拍。

5拍跳成开立，同时合掌推至右侧。

1、3 2、4 5 6、8 7

图 2－47

6 拍同 2 拍。

7－8 拍同 5－6 拍,方向相反。

第八个八拍(图 2－48)

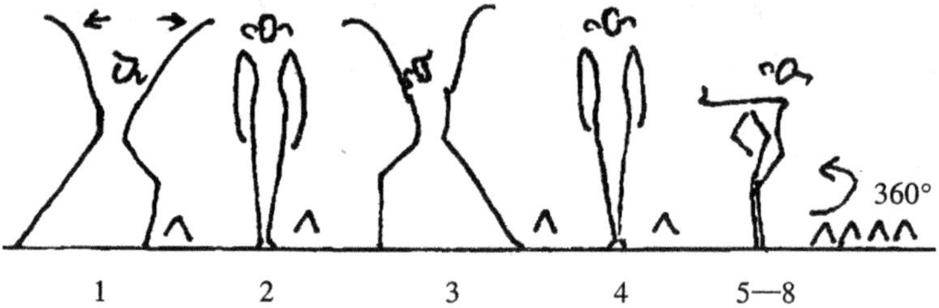

图 2－48

1 拍跳成左侧弓步，同时两臂经上绕至侧上举（掌心向外，头右转)。

2 拍跳成并立,同时两臂经侧成下举。

3－4 拍同 1－2 拍,方向相反。

5－8 拍屈膝，向左跳转 360°，同时左臂前举立掌，右手叉腰。

第九个八拍(图 2－49)

1 拍左脚向前一步重心下降，同时两臂屈肘后摆（基本手型,掌心向下)。

2 拍向前蹬跳起,同时并腿击掌。

3－4 拍同 1－2 拍,换腿做。

5 拍跳成左侧弓步,同时左臂胸前平屈,右臂前侧举,头左转(掌心向下)。

6 拍跳成并立,同时胸前击掌。

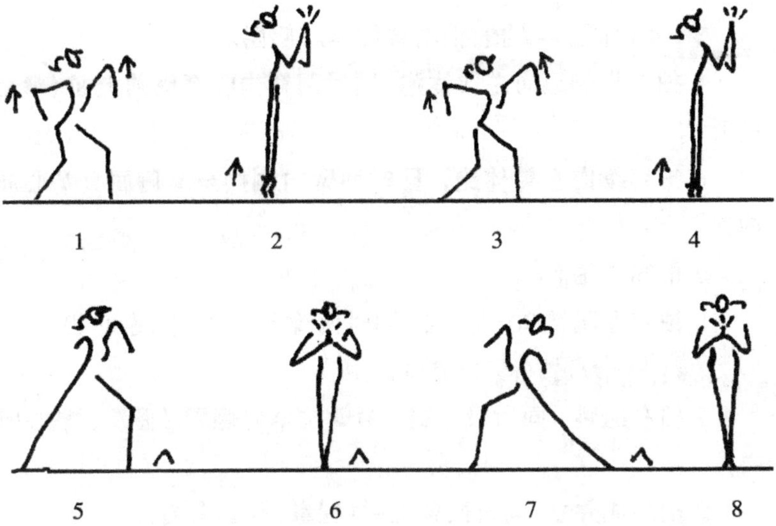

图 2－49

7－8 拍同 5－6 拍，方向相反。

第十个八拍(图 2－50)

1－2 拍左右交替后踢腿跑，同时左臂向内绕至肩侧屈（握

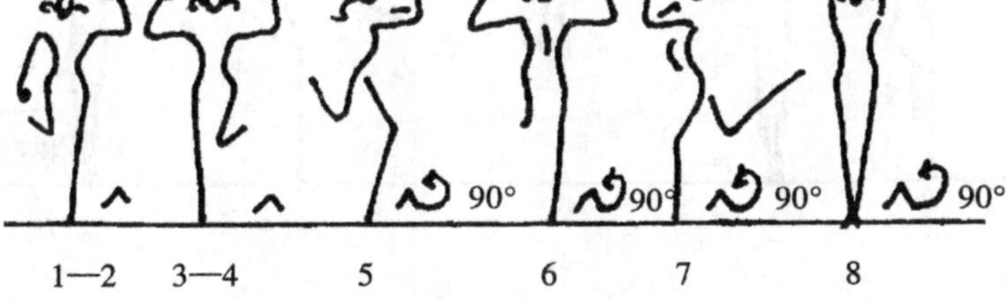

图 2－50

拳,拳心向内)。

3－4 拍同 1－2 拍,惟右臂绕至肩侧屈。

5 拍左脚侧迈向左转体跑,同时两臂内收至胸前上屈(拳心向后)。

6 拍继续向左转体跑，同时两臂向侧摆至肩侧屈（拳心向内)。

7 拍同 5 拍。

8 拍向左跳转 90°成并立,同时两臂上举(握拳,拳心相对)。

第十一个八拍(图 2－51)

1 拍右腿跳，同时吸左腿，两臂拉至肩侧屈（握拳，拳心向内)。

2 拍跳成并立,同时两臂上举(握拳,拳心向内)。

3 拍右腿跳,同时左腿向前上方踢起,两臂摆至侧举(撑掌,掌心向前)。

4 拍跳成并立,同时两臂摆至上举(握拳,拳心向内)。

5－8 拍同 1－4 拍,换腿做。

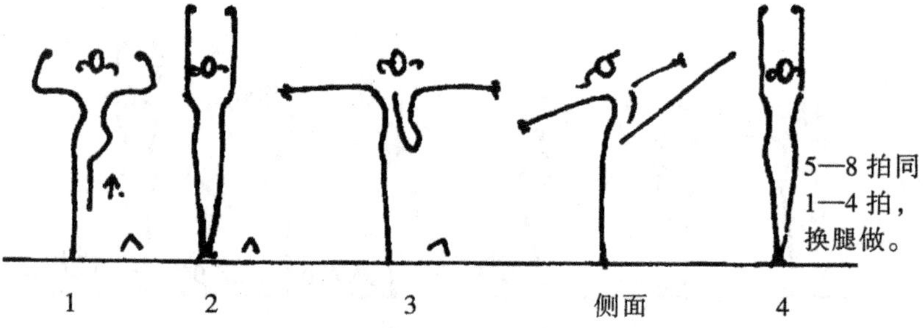

图 2－51

第十二个八拍(图 2 - 52)

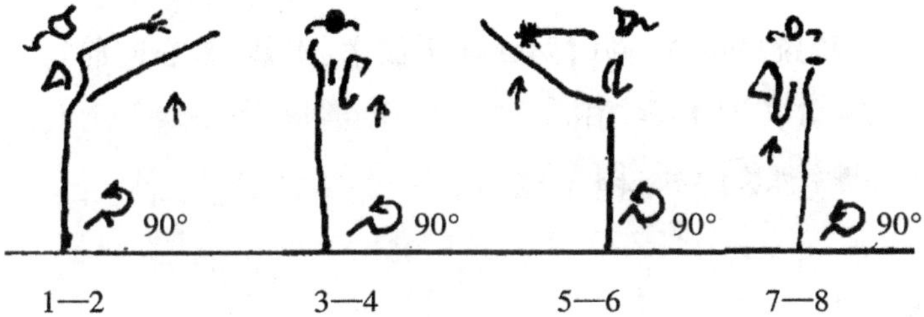

图 2 - 52

1 - 2 拍右脚跳起向左转体 90°，同时左腿前踢，右臂前伸(撑掌,掌心向内),左臂腰侧屈(手背贴于腰)。

3 - 4 拍左脚跳起向左转体 90°，同时右腿前踢，左臂前伸(撑掌,掌心向内),右臂腰侧屈(手背贴于腰)。

5 - 8 拍同 1 - 4 拍。

第十三个八拍(图 2 - 53)

1 拍跳成屈膝半蹲，同时两臂胸前屈臂交叉(握拳，拳心向后)。

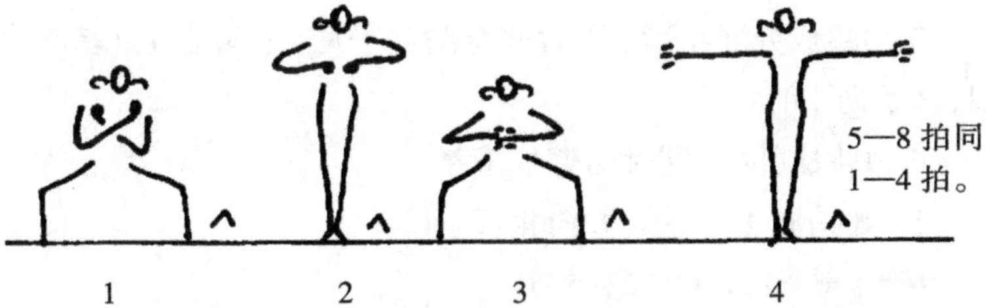

图 2 - 53

2 拍跳成并立，同时两臂胸前平屈(握拳，拳心向下)。

3 拍跳成屈膝半蹲，臂不动而手由拳变撑掌(指尖相对，掌心向内)。

4 拍跳成并立，同时两臂摆至侧举(撑掌，掌心向前)。

5－8 拍同 1－4 拍。

第十四个八拍(图 2－54)

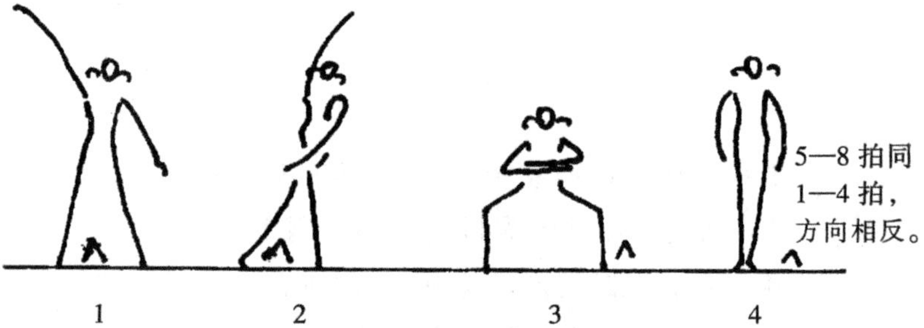

图 2－54

1 拍跳成开立，同时左臂侧上举(基本手型，掌心向外)，右臂侧下举(基本手型，掌心向内)。

2 拍跳成左脚后点地，右脚在前的交叉腿立，同时左臂向右下摆，右臂向左上摆。

3 拍跳成分腿半蹲，同时两臂胸前平屈，右臂在上 (基本手型，掌心向下)。

4 拍跳成并立，同时两臂成下举。

5－8 拍同 1－4 拍，方向相反。

第十五个八拍(图 2－55)

1 拍右脚向前跳成弓步，同时两臂上举(撑掌，掌心向前)。

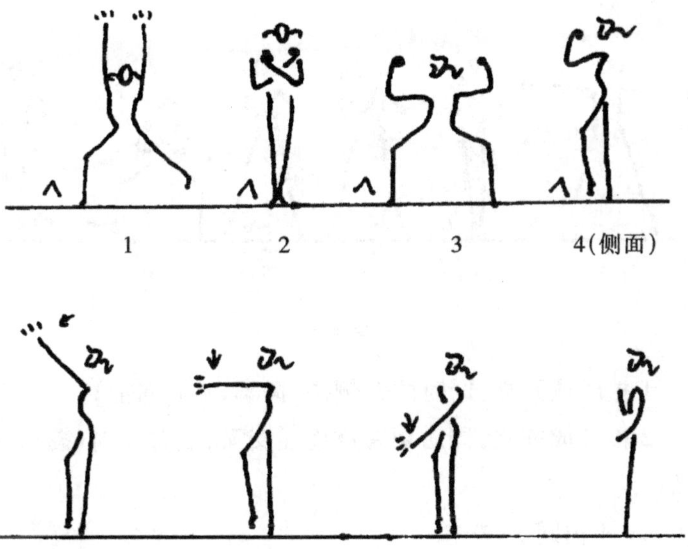

图 2－55

2 拍跳成并立，同时两臂胸前屈交叉，左臂在外（握拳，拳心向后）。

3 拍跳成分腿半蹲，同时两臂拉至肩侧屈（拳心向内），头右转。

4 拍跳成右腿支撑，左腿屈膝，脚掌前点地，同时两臂内收至胸前上屈（拳心向后）。

5－7 拍左右腿交换三次（左右左），同时两臂伸直经前上举至前下举（撑掌，掌心相对）。

8 拍还原成直立。

第十六个八拍(图 2-56)

图 2-56

1 拍跳成开立,同时两臂侧举(撑掌,掌心向前)。

2 拍跳成并立,同时两臂胸前屈交叉,右臂在前(握拳,拳心向后)。

3-4 拍同 1-2 拍。

5 拍右脚向右侧迈一步,同时右臂向前冲拳(拳心向下),左臂保持不动。

6 拍同 5 拍,方向相反。

7 拍跳成分腿半蹲,同时两臂胸前屈交叉,右臂在前(握拳,拳心向后)。

8 拍跳成并立,同时两臂还原成下举。

第十七个八拍(图 2-57)

1 拍并腿跳一次,同时两臂体前击掌。

2 拍跳成开立,同时两臂摆至侧举(撑掌,掌心向前)。

3-4 拍同 1-2 拍。

5-8 拍向左跑四步转体 360°,同时两臂置于体侧。

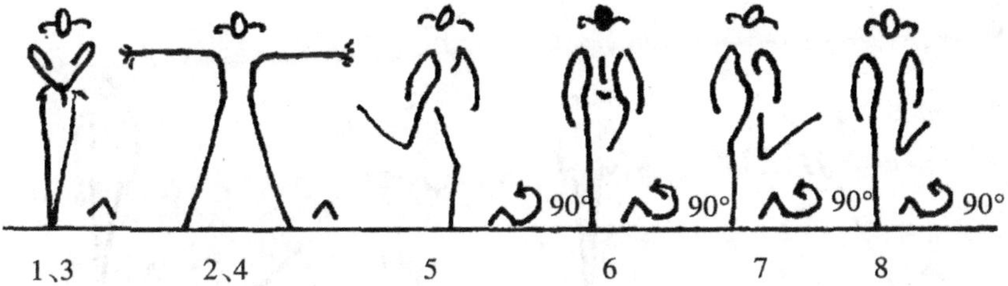

图 2－57

第十八个八拍(图 2－58)

1 拍左脚原地跑,右腿后屈,同时两臂体前交叉(撑掌,掌心向后)。

2 拍右脚原地跑,左腿后屈,同时两臂旋外摆至侧下举(掌心向前)。

3 拍脚同 1 拍,两臂肩侧屈,屈腕指尖向下。

4 拍脚同 2 拍,两臂侧上举(撑掌,掌心向前)。

5－8 拍同 1－4 拍,惟 8 拍时成并立。

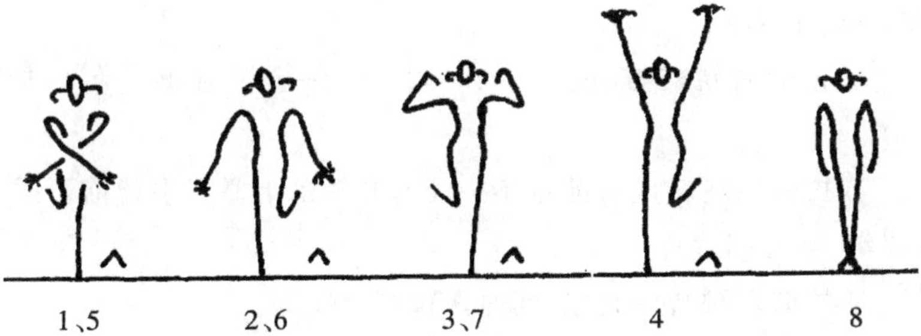

图 2－58

第十九个八拍(图 2－59)

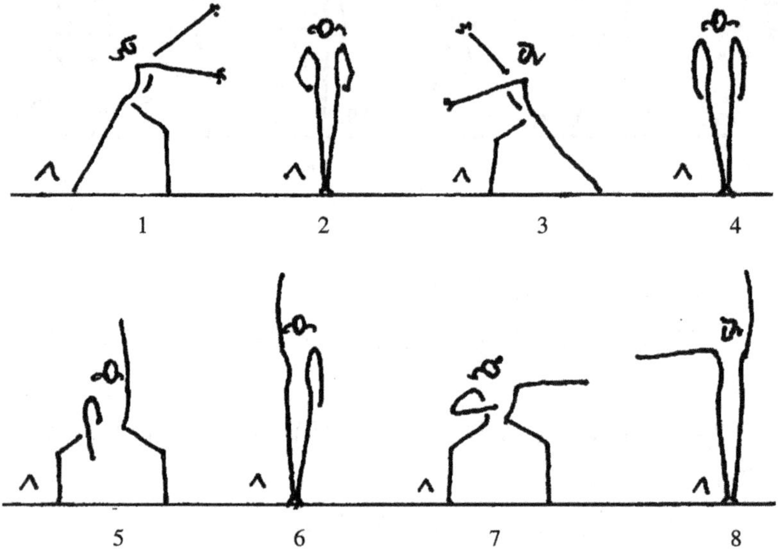

图 2－59

1 拍向左跳转成左前弓步，同时左臂前上举，右臂前举（撑掌，掌心相对）。

2 拍向右跳转成并立，同时两手握拳置于髋侧（拳心向上）。

3 拍向右跳转成右前弓步，同时右臂前上举，左臂前下举（撑掌，掌心相对）。

4 拍向左跳转成并立，同时两臂摆至体侧。

5 拍跳成分腿半蹲，同时左臂上举，右臂体前下举（基本手型，掌心向内）。

6 拍跳成并立，同时右臂上举，左臂下举（掌心向内）。

7 拍跳成分腿半蹲，同时左臂侧举，右臂胸前平屈（掌心向下），头左转。

8 拍跳成并立，同时左臂上举（掌心向内），右臂侧举（掌心向下）。

第二十个八拍（图 2－60）

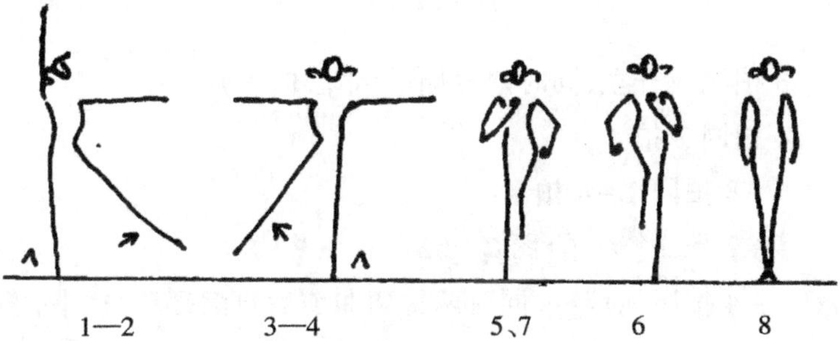

图 2－60

1－2 拍右脚跳起，左腿侧摆，同时左臂侧举（基本手型，掌心向下），右臂上举（基本手型，掌心向内），头左转。

3－4 拍同 1－2 拍，惟右臂摆至侧举。

5－7 拍右脚开始原地走三步，同时两臂弯曲，前后自然摆动（握拳，拳心向上）。

8 拍还原成直立。

第二十一个八拍（图 2－61）

1 拍跳成开立，同时两臂前举（基本手型，掌心向下）。

2 拍跳成并立，同时两臂还原。

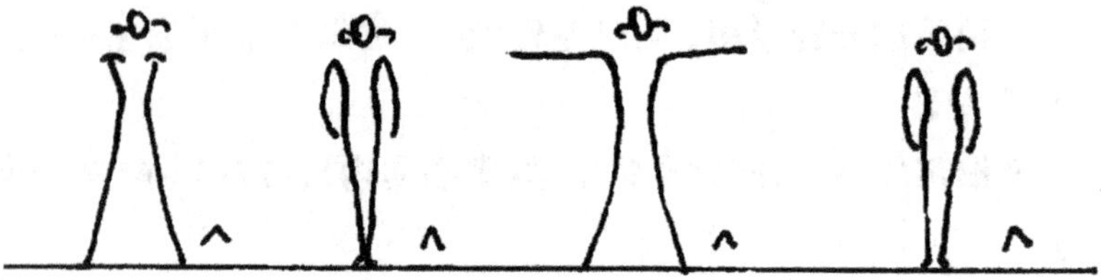

图 2 – 61

3 拍跳成开立,同时两臂侧举(掌心向下)。

4 拍同 2 拍。

5 – 8 拍同 1 – 4 拍。

第二十二个八拍(图 2 – 62)

1 – 4 拍原地踏步,同时两臂弯曲前后自然摆动(握拳,拳心向上)。

5 拍左脚侧点地成右侧弓步,同时两臂侧下举(基本手型,掌心向内)。

6 拍左脚并于右脚,同时两臂上举击掌。

7 – 8 拍同 5 – 6 拍,方向相反。

图 2 – 62

第二十三个八拍(图 2-63)

1-6 拍两腿自然弯曲轻轻跳起,同时两手叉腰。

7-8 拍还原成直立。

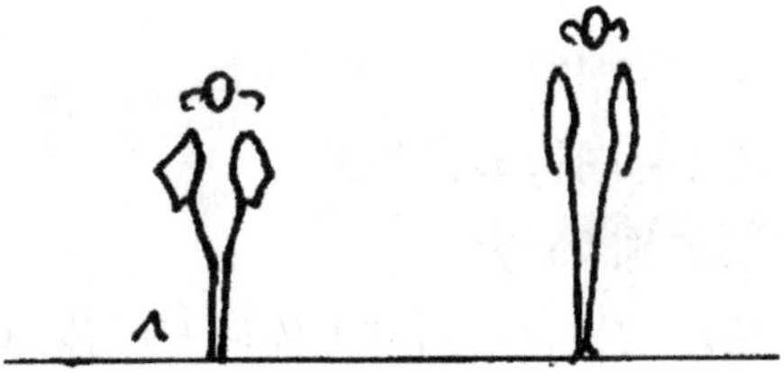

图 2-63

二、长套路健美操

(一)韵律健美操

预备姿势　直立

前奏　二个八拍保持直立。

第一节　伸展运动(8×8 拍)

第一个八拍(图 2-64)

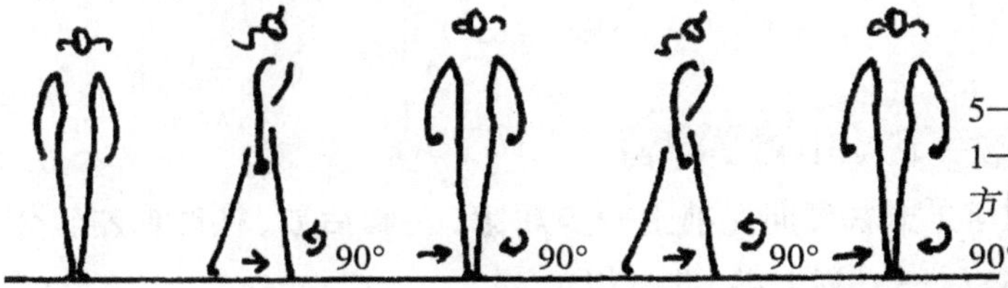

图 2-64

1 拍左脚向侧出一步，同时上体向左转体 90°，目视前方，两手握拳，两臂经提肘前臂内绕下伸(拳心向后)。

2 拍右脚向左脚并一步，还原成面向前直立，同时手臂动作同 1 拍。

3 – 4 拍同 1 – 2 拍。

5 – 8 拍同 1 – 4 拍，方向相反。

第二个八拍(图 2 – 65)

1 拍左脚向左侧一步，同时上体向左转体 90°，目视前方，握拳两臂经肩侧上伸，拳心向下。

2 拍右脚并于左脚，还原成面向前直立。

3 – 4 拍同 1 – 2 拍。

5 – 8 拍同 1 – 4 拍，方向相反。

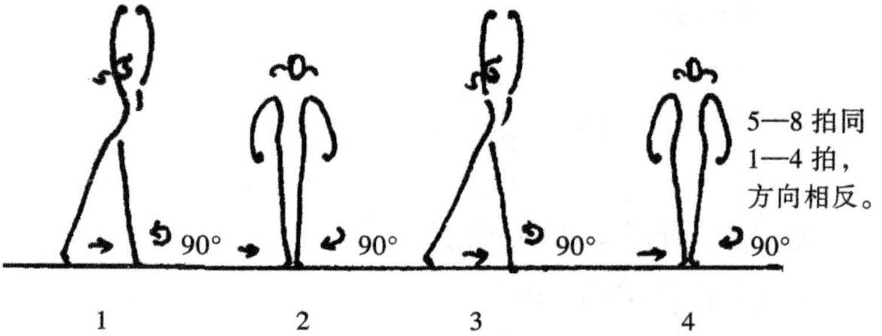

图 2 – 65

第三个八拍(图 2 – 66)

1 – 2 拍右脚向左前上一步屈膝，左腿后屈，同时向左转体，两臂经前摆至侧上举，掌心相对。

3 拍左脚下落两腿屈膝，重心后移至两腿之间，手臂保持

图 2－66

1－2 拍动作。

4 拍右脚并于左脚旁，同时向右转体，两臂经前还原成直立。

5－8 拍同 1－4 拍,方向相反。

第四个八拍重复做第二个八拍动作。

第五个八拍(图 2－67)

1－2 拍左脚向左侧一步成开立，同时两臂经体前交叉向外摆至侧上举。

3－4 拍开立直臂头上击掌。

图 2－67

5－6 拍屈膝低头含胸，同时两肘平屈于头后插指扶头。

7－8 拍直膝，两臂伸直上举，两手插指，掌心向上。

第六个八拍(图 2－68)

1 拍上体前屈下振一次，同时两臂经侧举摆至体前交叉，掌心向上。

2 拍上体再振一次，同时两臂外摆。

3－4 拍上体直立，同时两臂侧举。

5－8 拍左脚向右脚并拢还原成直立。

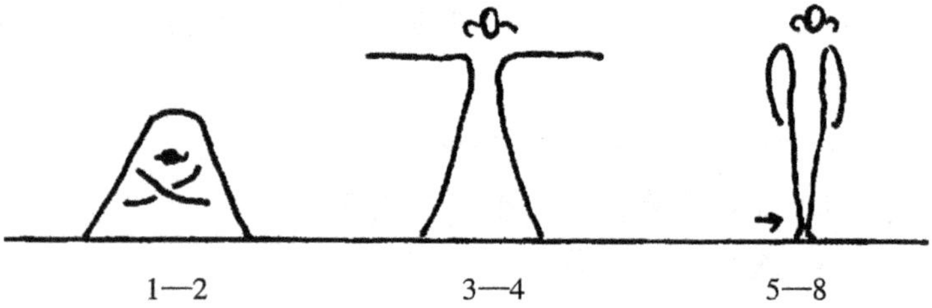

图 2－68

第七个八拍(图 2－69A)

1－8 拍立正不动。

图 2－69A

第八个八拍(图 2－69B)

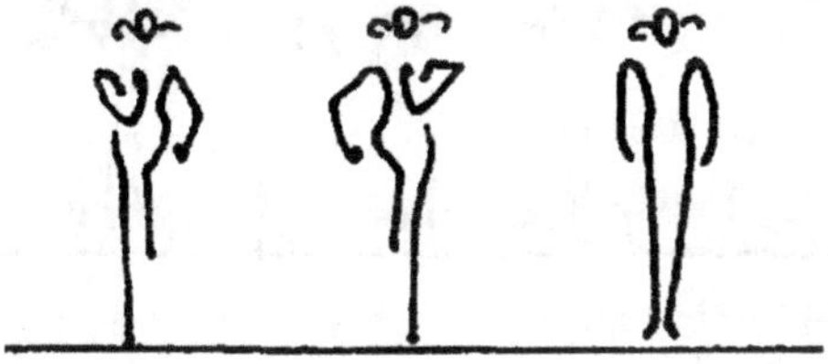

图 2－69B

1－7 拍原地左右脚开始踏步,一拍一动,同时两臂屈肘握拳前后摆。

8 拍右脚并于左脚成直立。

第二节　头部运动

第一个八拍(图 2－70)

1 拍两手叉腰,左脚向侧出一步成半蹲,同时头向左转 90°。

2 拍两手叉腰,左脚向右脚并拢站立,同时头向前转 90°。

3－4 拍同 1－2 拍,方向相反。

5 拍两手叉腰,右腿直立,左膝前屈,脚尖在右脚旁点地,同时头前屈。

6 拍还原成两手叉腰站立。

7 拍两手叉腰,左腿直立,右膝微屈,脚尖在左脚旁点地,同时头后屈。

8 拍同 6 拍。

第二个八拍重复做第一个八拍的动作。

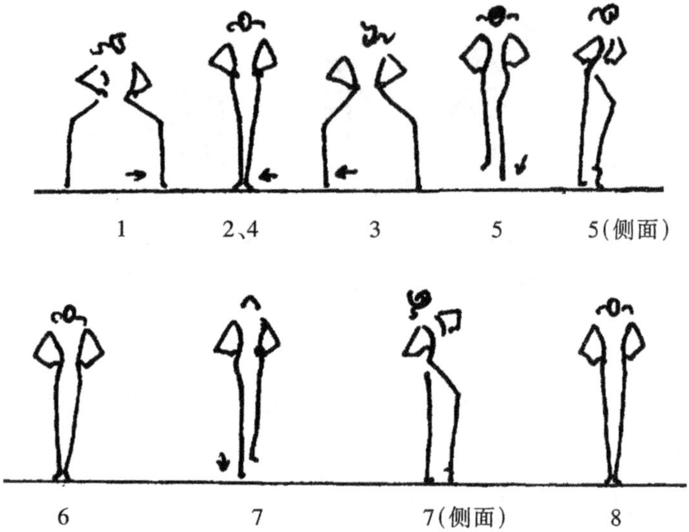

图 2－70

第三个八拍(图 2－71)

1 拍两手叉腰,左脚向左侧一步,屈膝,同时头向左侧屈。

2 拍两手叉腰,腿伸直成开立,同时头还原。

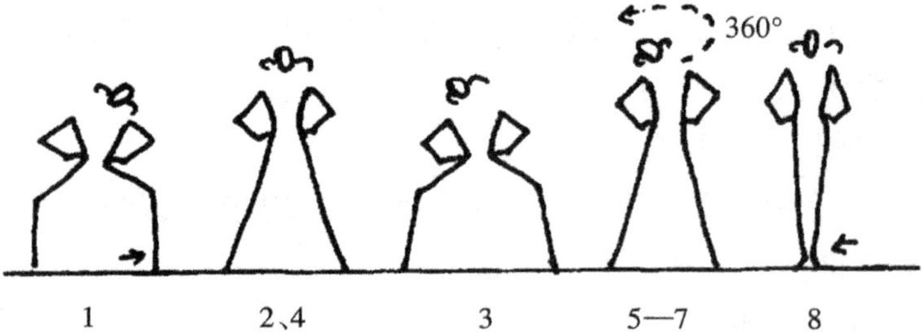

图 2－71

3－4 拍同 1－2 拍，方向相反。

5－7 拍两手叉腰，开立，头由右向前、左、后绕环一周。

8 拍两手叉腰，左脚向右脚并拢成站立。

第四个八拍

1－7 拍重复第三个八拍 1－7 拍的动作方向相反做一周。

8 拍还原成开立。

第三节　肩部运动

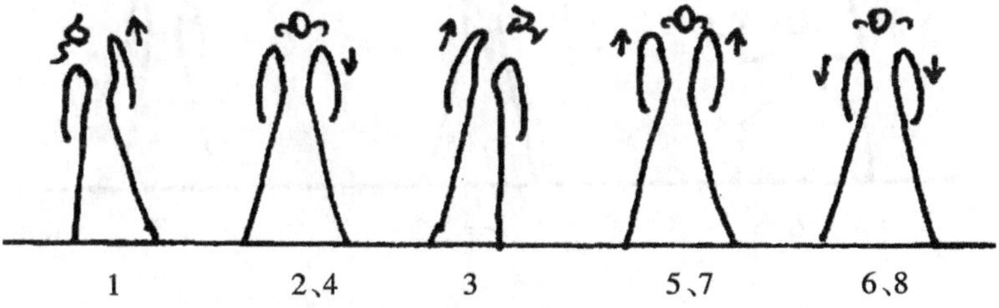

图 2－72

第一个八拍(图 2－72)

1 拍重心移至右腿，左脚侧点地，同时左肩上提。

2 拍还原成开立。

3－4 拍同 1－2 拍，方向相反。

5 拍开立，提双肩。

6 拍开立，肩还原。

7－8 拍同 5－6 拍。

第二个八拍同第一个八拍

第三个八拍(图 2-73)

图 2-73

1-2 拍重心移至右腿，左脚侧点地，同时左臂肩侧屈指尖触肩。

3 拍同 1 拍动作,方向相反。

4 拍两腿弯曲,同时两臂肩侧屈。屈腕低头。

5 拍腿伸直,同时两臂上举,掌心相对。

6-7 拍同 4-5 拍。

8 拍开立,两臂经侧至下举。

第四个八拍重复第三个八拍动作。

第五个八拍(图 2-74)

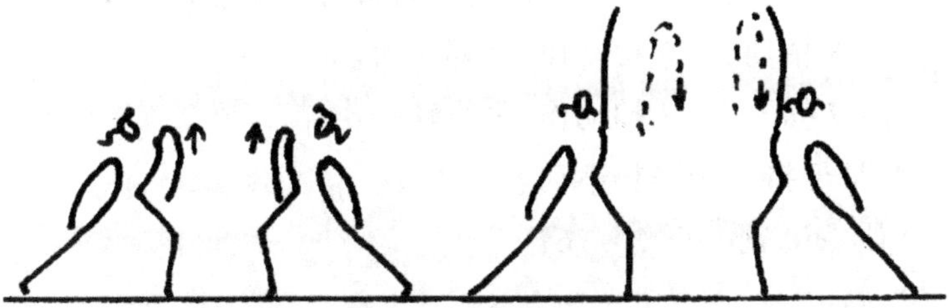

图 2－74

1－2 拍左腿弯曲,右脚侧点地,同时左肩向后绕环一周。

3－4 拍同 1－2 拍,方向相反。

5－6 拍左腿弯曲，右脚侧点地，同时左臂由前经上向后绕环一周,右臂在体侧。

7－8 拍同 5－6 拍,方向相反。

第六个八拍重复第五个八拍动作。

第七个八拍(图 2－75)

1 拍开立,双膝屈伸一次,同时两臂经下前交叉向上绕至侧上举(掌心相对)。

图 2－75

2-3 拍双膝屈伸一次,同时两臂向外经下绕环一周。

4-5 拍同 2-3 拍动作,绕环一次。

6-7 拍同 2-3 拍动作,再绕环一次。

8 拍保持 1 拍姿势不动。

第八个八拍(图 2-76)

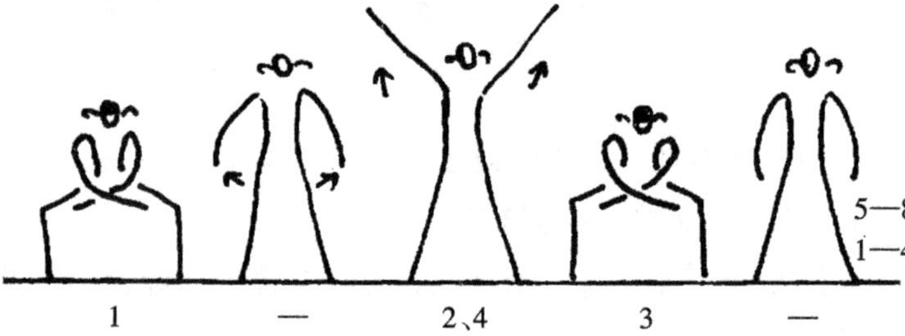

图 2-76

1 拍开立,双膝屈伸一次,同时两臂由上经体前向内绕至侧下举,掌心向内。

2-3 拍开立,双膝屈伸一次,同时两臂由上经体前向内绕环一周。

4-5 拍同 2-3 拍动作,绕环一次。

6-7 拍同 2-3 拍动作,再绕环一次。

8 拍开立,两臂侧举,掌心向前。

第四节　胸部运动

第一个八拍(图 2-77)

1-4 拍屈膝,同时低头含胸,两臂经前交叉抱肩,低头。

5-8 拍直膝,同时展胸抬头,两臂经前向侧外展至侧举,掌

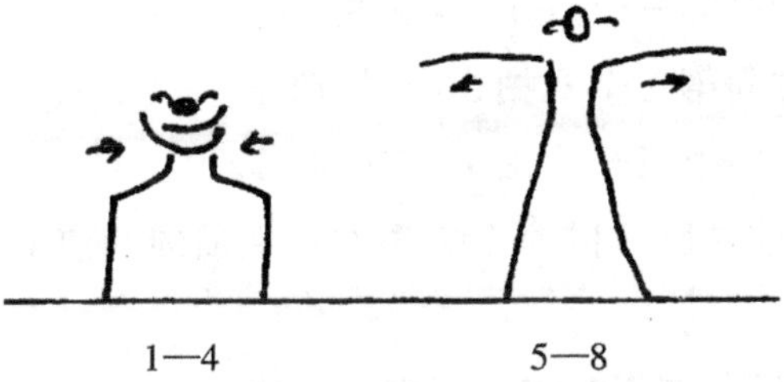

图 2－77

心向后。

第二个八拍重复做第一个八拍动作。

第三个八拍(图 2－78)

1 拍向左转体 45°稍屈膝，含胸，做左前臂在内的胸前交叉，拳心向后。

2 拍腿伸直成右腿直立，左脚前点地，同时展胸，两臂伸至左臂侧举(拳心向下)，右臂侧上举(拳心向外)。

3－4 拍同 1－2 拍动作。

5－8 拍同 1－4 拍，方向相反。

第四个八拍

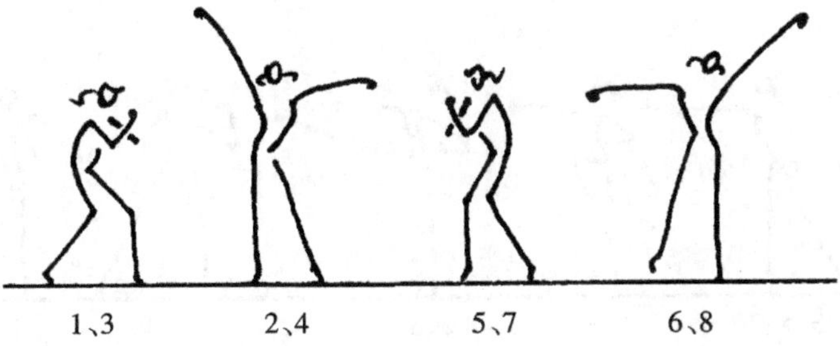

图 2－78

1－2 拍同第三个八拍 1－2 拍动作。

3－4 拍同第三个八拍 5－6 拍动作。

5－6 拍同第三个八拍 1－2 拍动作。

7 拍向前屈膝，同时含胸做右臂在前的胸前交叉，拳心向后。

8 拍右脚向左脚并拢成正立。

第五节　踢腿运动

第一个八拍(图 2－79)

1 拍左脚向前一步,同时左臂屈肘握拳于腰际,拳心向上,右臂向前冲拳。

2 拍向前弹踢右腿,同时左臂向前冲拳,右臂屈肘握拳在腰际。

3 拍还原成 1 拍动作。

4 拍上体向右转体,成右腿直立,左脚尖点地,同时右臂肩侧下屈握拳,拳心向内,右臂内旋侧下举。

5 拍同 1 拍动作。

6 拍同 2 拍动作。

图 2－79

7 拍同 1 拍,惟两臂屈肘握拳置于腰际,拳心向上。

8 拍左脚并拢成握拳直立。

第二个八拍

1 – 7 拍重复做第一个八拍的 1 – 7 拍动作,方向相反。

8 拍右脚向左脚并拢,屈肘握拳置于腰侧。

第三个八拍(图 2 – 80)

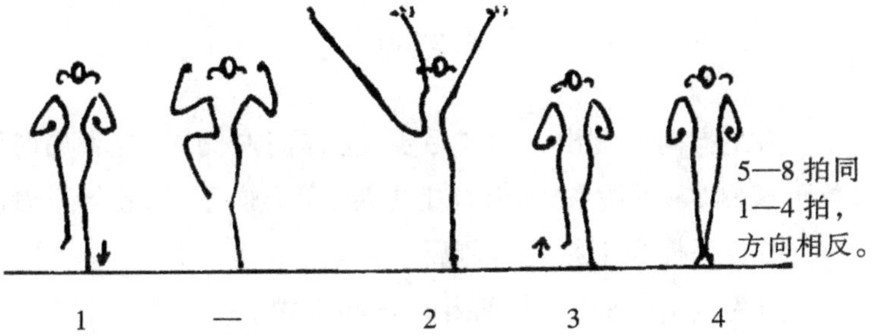

图 2 – 80

1 拍左脚向前方上一步, 同时两手握拳置于腰际屈肘向后。

2 拍向侧弹踢右腿, 同时两臂经肩侧屈上举 (撑掌, 掌心向前)。

3 拍右脚向后撤一步,同时两臂向后屈肘握拳置于腰际(拳心向上)。

4 拍左脚向右脚并拢成握拳直立。

5 – 8 拍同 1 – 4 拍,方向相反。

第四个八拍重复做第三个八拍动作。

第六节 体侧运动

第一个八拍(图 2-81)

图 2-81

1 拍左脚向左侧出一步成弓步,上体向左侧屈,左臂屈肘握拳置于髋侧,右手握拳,右臂向上方伸,拳心向下,头左转下看。

2 拍右手握拳下拉至肩侧屈。

3 拍两腿动作同 2 拍,两臂动作同 1 拍。

4 拍同 2 拍。

5 拍右腿弯曲成侧弓步,右手握拳置于髋侧,左手握拳,左臂向上伸。

6-7 拍同 2-3 拍,方向相反。

8 拍两腿伸直,同时两臂侧举,掌心向下。

第二个八拍(图 2-82)

1 拍两腿屈膝,同时上体左侧屈,左臂在体前弧形下举,右臂弧形上举。

2 拍腿伸直,同时两臂还原成侧举,掌心向上。

3 拍同 1 拍,方向相反。

4 拍同 2 拍。

5-7 拍同 1-3 拍。

图 2－82

8 拍腿伸直成开立，两臂胸前屈交叉右臂在前，掌心向后，撑掌。

第三个八拍(图 2－83)

1－2 拍屈膝，同时上体左侧屈，左臂侧伸，右臂向下屈肘(掌心向后，撑掌)，头左转。

3－4 拍腿伸直，上体直立，同时两臂屈肘于胸前交叉(掌心向后，撑掌)。

5－8 拍同 1－4 拍，方向相反。

第四个八拍同第三个八拍，一拍一动，第 8 拍还原成直立。

图 2－83

第七节　体转运动

第一个八拍(图 2－84)

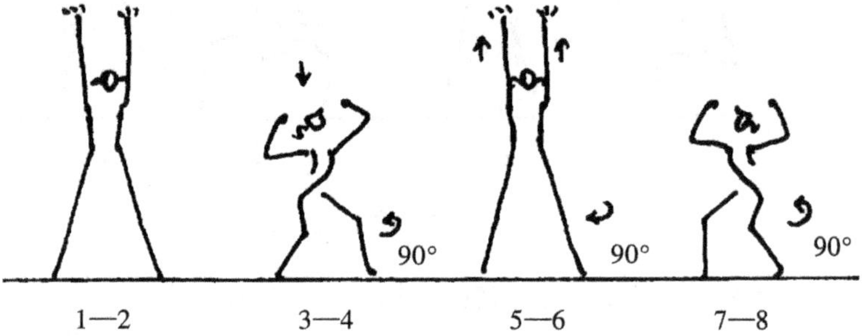

图 2－84

1－2 拍两臂经肩侧屈上伸(撑掌,掌心向前)。

3－4 拍屈膝,同时左转 90°,两臂肩侧屈两手握拳,拳心向内,目视左前方。

5－6 拍还原成 1－2 拍的动作。

7－8 拍同 3－4 拍,方向相反。

第二个八拍重复做第一个八拍动作,一拍一动。

第三个八拍(图 2－85)

1－2 拍两腿弯曲,上体向左转,同时左臂肩侧上屈,握拳,右

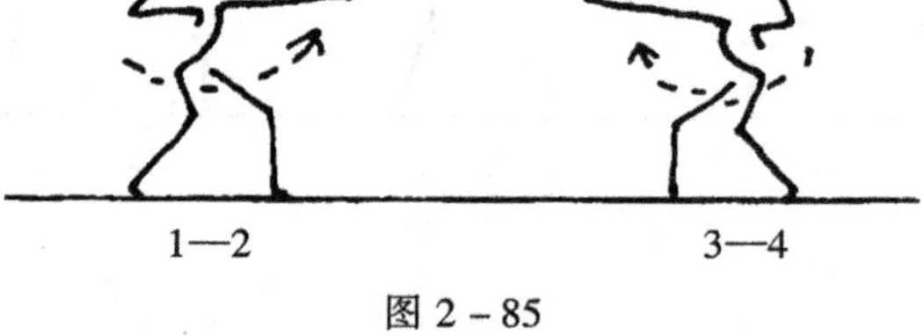

图 2－85

臂向左前伸，掌心向下基本手型，向左前方看。

3－4 拍同 1－2 拍，方向相反。

5－8 拍同 1－4 拍，一拍一动。

第四个八拍

1－7 拍重复做第三个八拍的动作。

8 拍还原成开立。

第五个八拍（图 2－86）

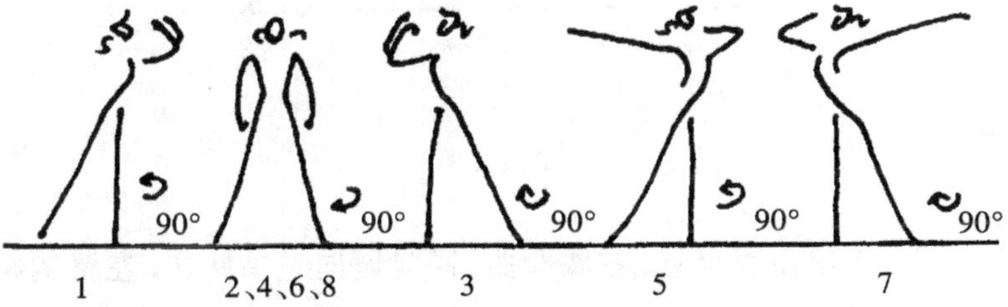

图 2－86

1 拍上体向左转体 90°成左腿直立，右脚后点地，同时两臂经下摆至胸前上屈，拳心向后。

2 拍两腿屈膝弹动上体转向前，同时握拳两臂于体侧下垂。

3 拍同 1 拍，方向相反。

4 拍同 2 拍。

5 拍上体向左转体 90°成左脚站立，右脚后点地，同时右臂摆至胸前平屈（掌心向下），左臂摆至侧举（掌心向下）。

6 拍两腿屈膝弹动上体转向前，同时两臂还原至体侧。

7－8 拍同 5－6 拍，方向相反。

第六个八拍同第五个八拍。

第八节　髋部运动

第一个八拍(图 2－87)

图 2－87

1－2 拍左腿直立，右膝弯曲，同时髋向左顶两次，左臂侧屈外旋，右臂内旋侧下举，两手握拳，头左转。

3－4 拍同 1－2 拍，方向相反。

5 拍同 1－2 拍。

6 拍同 3－4 拍。

7 拍同 5 拍

8 拍左脚并于右脚成直立，同时两手叉腰。

第二个八拍

1－7 拍重复做第一个八拍 1－7 拍动作。

8 拍左脚并于右脚成直立。

第三个八拍(图 2－88)

1 拍两手叉腰，左脚向左一步，同时向左摆髋，头左转。

2 拍两手叉腰，右脚向左脚并拢，同时头还原。

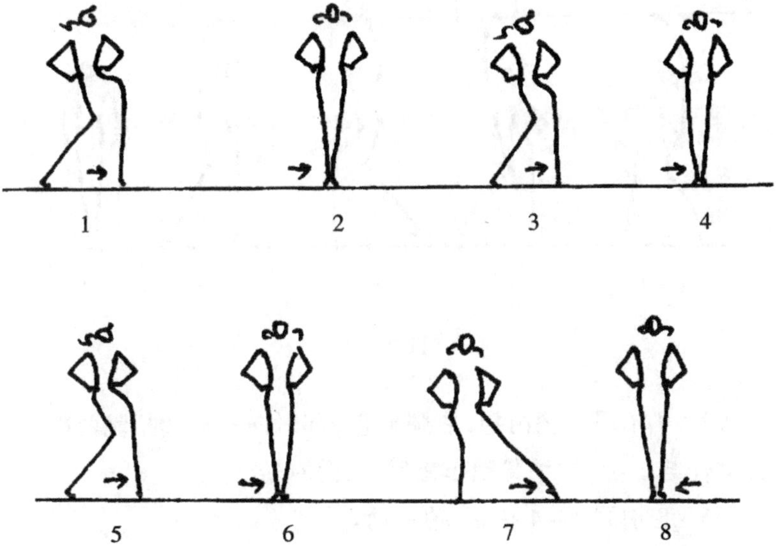

图 2－88

3－4 拍同 1－2 拍。

5－6 拍同 1－2 拍。

7 拍左脚向左侧点地成右侧弓步，叉腰。

8 拍左脚向右脚并拢成直立，叉腰。

第四个八拍

1－8 拍重复第一个八拍 1－8 拍动作，方向相反。

第五个八拍(图 2－89)

1－2 拍左脚向左侧出一步，右膝稍内扣同时向左连续扭髋两次，左臂屈肘置于腰际，拳心向内，右臂经肩侧屈上伸至上举，拳心向内，头左转向前看。

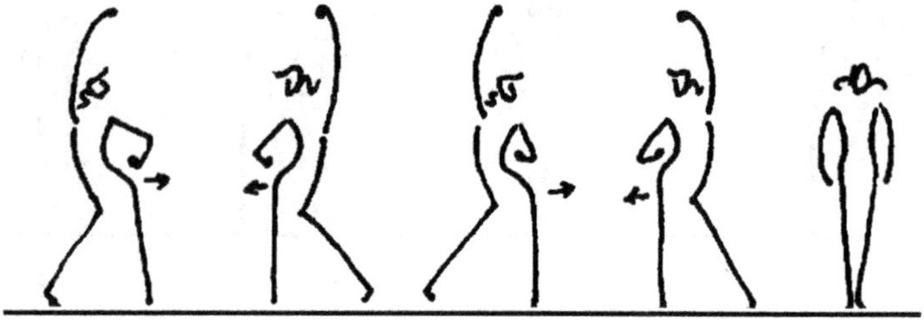

图 2－89

3－4 拍屈左膝内扣，右腿伸直，同时向右连续扭髋两次，手臂动作与 1－2 拍手臂动作相反，头向右转。

5－8 拍同 1－4 拍，一拍一动。

第六个八拍

1－7 拍重复第五个八拍的 1－7 拍动作。

8 拍左脚向右脚并拢还原直立，两手握拳。

第七个八拍(图 2－90)

1 拍左脚向左出一步，右腿屈膝点地向左摆髋，两臂经肩侧屈上伸至上举，拳心相对。

2 拍右脚并于左脚，两臂经肩侧屈下伸，拳心相对。

3 拍同 1 拍。

4 拍同 2 拍。

5 拍左脚向左一步，向左舞髋，两臂侧举拳心向下。

6 拍右脚并于左脚，同时两臂下举握拳，拳心相对。

7 拍左腿侧伸点地，同时两臂侧举，拳心向下。

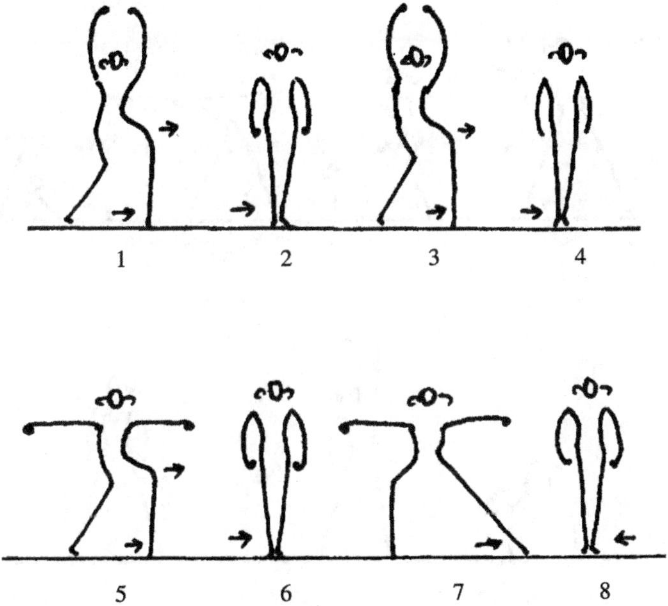

图 2－90

8 拍左脚向右脚并拢，还原成直立握拳。

第八个八拍同第七个八拍，方向相反。

第九节 腹背运动

第一个八拍（图 2－91）

1 拍左脚向左出一步，同时两臂侧举掌心向下。

2 拍向左转体 90°成屈膝半蹲，同时两臂摆至体前下举。

3 拍两腿屈伸同时身体左转前屈，两臂经下右臂前摆，左臂后摆。

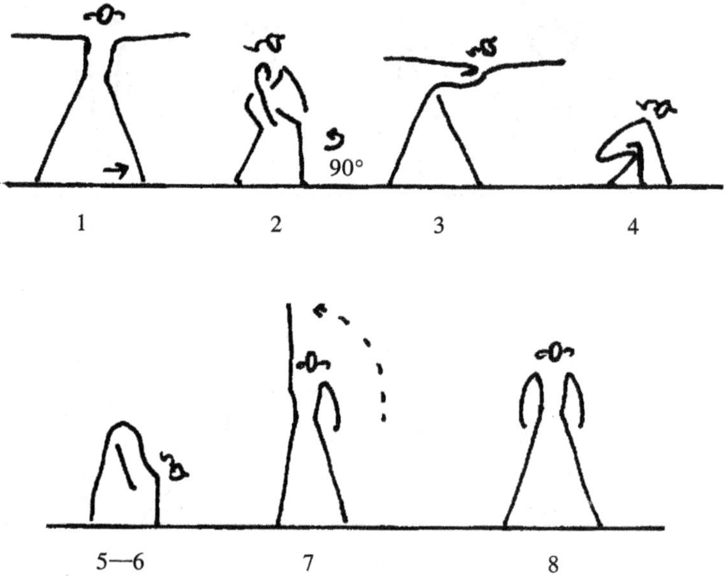

图 2－91

4 拍屈膝全蹲,同时两臂前伸指尖触地。

5－6 拍两腿伸直,同时指尖触地。

7 拍向右转体 90°成开立，同时右臂由下向摆至上举，掌心向前,左臂下举。

8 拍两脚成开立,同时右臂经前下摆至体侧。

第二个八拍(图 2－92)

1 拍上体前屈 90°挺胸,同时两臂前伸至前举,立掌,指尖相对。

2 拍身体不动,两臂收回肩侧,立掌屈臂肘外展。

图 2 - 92

3 拍同 1 拍。

4 拍同 2 拍。

5 - 6 拍体前屈，指尖触地。

7 - 8 拍左脚收回还原成直立。

第三个八拍同第一个八拍，方向相反。

第四个八拍同第二个八拍，方向相反。

第十节　全身运动

第一个八拍(图 2 - 93)

1 - 4 拍左脚开始踏步四次，两臂同时做屈肘的前后弹性摆臂。

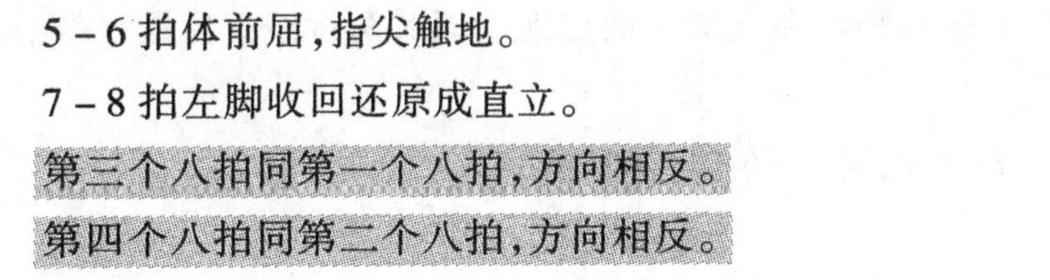

图 2 - 93

5 拍左脚向左出一步,同时左臂屈后摆,右臂屈前摆。

6 拍右脚跟在左脚前点地,左臂屈前摆,右臂屈后摆。

7－8 拍同 5－6 拍,方向相反。

第二个八拍同第一个八拍。

第三个八拍(图 2－94)

1 拍左脚向前迈一步,同时两臂握拳前伸,拳心向下。

2 拍右脚向前迈一步,同时两臂后下伸,拳心向后。

3－4 拍同 1－2 拍。

5 拍左脚向左侧出一步,同时两臂向前冲拳(拳心向下)。

6 拍右脚跟在左脚尖前点地,同时两臂经下后摆(拳心向内)。

7－8 拍同 5－6 拍,方向相反。

(侧面图)1　2　3　4

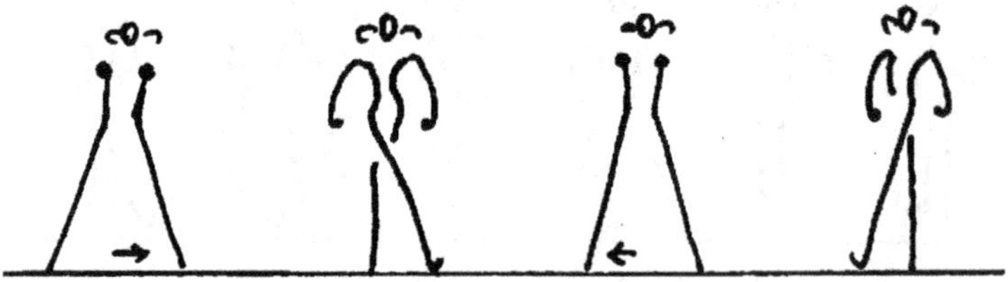

(正面图)5　6　7　8

图 2－94

第四个八拍同第三个八拍，向后走做。

第五个八拍(图 2-95)

1 拍左脚向左侧出一步，同时两臂上伸，拳心相对。

2 拍右脚并于左脚，两臂下伸，拳心相对。

3-4 拍同 1-2 拍。

5 拍右脚向右侧出一步成左侧弓步，同时上体左转 45°向前倾，左臂屈肘握拳置于腰际，右手握拳向前上伸(拳心向下)。

6 拍右腿并于左腿旁，拳置于腰际。

7-8 拍同 5-6 拍。

第六个八拍同第五个八拍，方向相反。

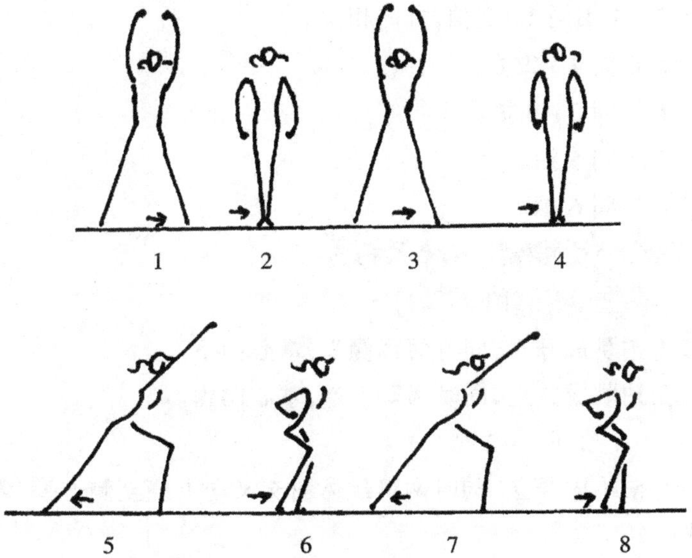

图 2-95

第十一节　原地点地跳

第一个八拍(图 2－96)

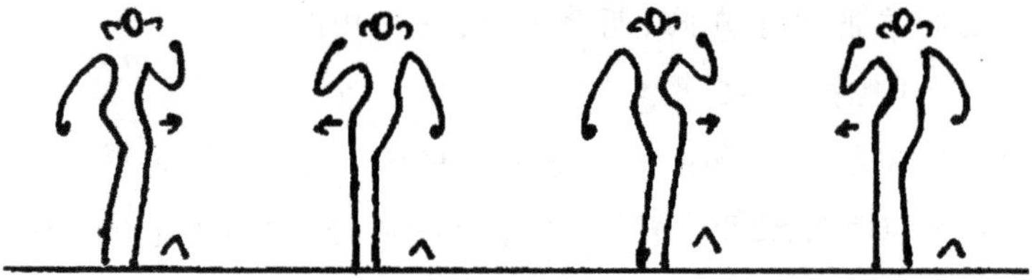

图 2－96

1－2 拍左脚蹬地，右腿屈膝脚尖点地原地小跳两次，同时左臂屈并外旋，右臂侧下举内旋，握拳。

3－4 拍同 1－2 拍，方向相反。

5 拍同 1－2 拍。

6 拍同 3－4 拍。

7 拍同 5 拍。

8 拍同 6 拍。

第二个八拍同第一个八拍。

第三个八拍(图 2－97)

1 拍跳成开立，同时两臂侧举，掌心向下。

2 拍跳成并立，同时两臂下举，掌心向内。

3－4 拍同 1－2 拍。

5 拍跳成开立，同时两臂经体前交叉向上绕至侧上举，掌心向外。

6 拍跳成并立，同时两臂经侧摆至体前交叉，右臂在前。

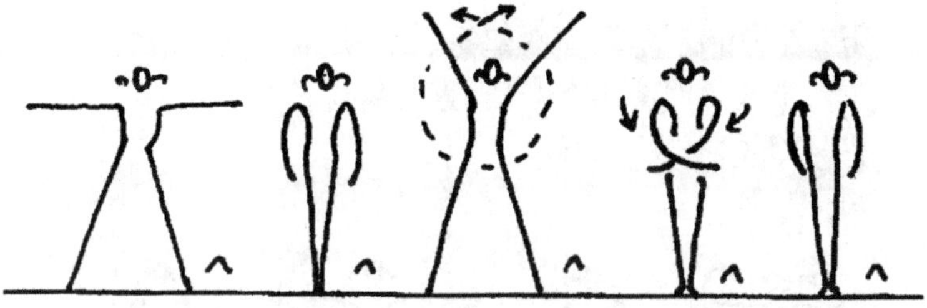

图 2－97

7 拍同 5 拍。

8 拍跳成并立，同时两臂经侧还原成直立。

第四个八拍(图 2－98)

1－4 拍左转 45°，同时由左脚开始左膝屈向前滚动步四次，两臂胸前平屈，拳心向下。

5 拍右脚向前一步向左转体 90°，同时，左臂握拳前伸，右臂屈肘握拳置于腰际。

6 拍向左后转体 90°，两臂落于体侧。

7 拍右脚向前一步继续向左转体 90°，两臂在体侧。

图 2－98

8 拍向左转体 45°,同时右脚并于左脚,两臂置于体侧。

第五个八拍同第三个八拍。

第六个八拍同第四个八拍,方向相反。

第七个八拍(图 2－99)

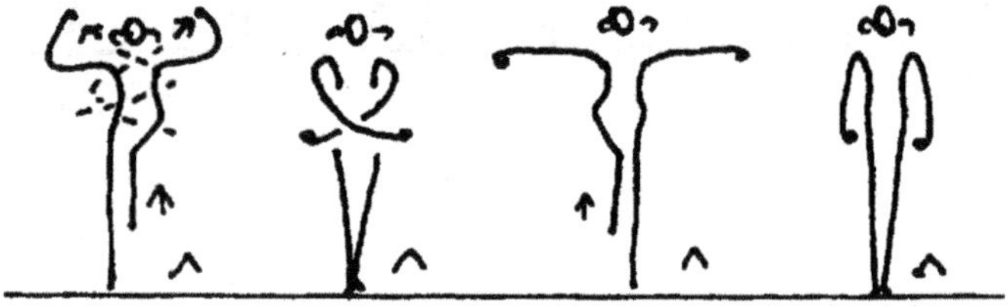

图 2－99

1 拍提左膝跳, 同时两臂由下经体前交叉向外绕至肩侧上屈,拳心相对。

2 拍左腿下落跳,同时两臂下摆至体前交叉,拳心向后。

3 拍提右膝跳,同时两臂绕至侧举,拳心向下。

4 拍左腿下落同 2 拍。

5 拍同 1 拍。

6 拍同 2 拍。

7 拍同 3 拍。

8 拍还原成直立握拳。

第八个八拍(图 2－100)

共转 360°,每次转 90°。

1－2 拍左腿经掖腿向侧跳成开立同时向右转体 90°, 右手叉腰,左臂经内向外绕至肩侧上屈,拳心向内。

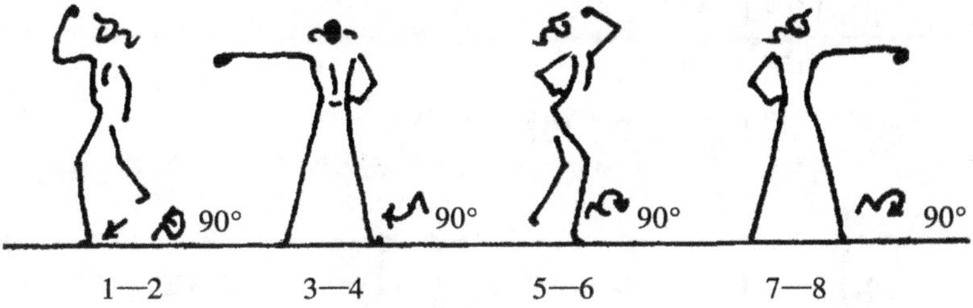

图 2－100

3－4 拍脚下动作同 1－2 拍，左臂绕至侧举，拳心向下，继续右转 90°。

5－6 拍同 1－2 拍，继续右转 90°。

7－8 拍同 3－4 拍，继续右转 90°，面向前方。

第九个八拍同第七个八拍。

第十个八拍同第八个八拍，方向相反。

第十一个八拍(图 2－101)

1 拍左右开腿跳，同时两臂侧上举，拳心向外。

2 拍右腿后屈跳，同时两臂体侧屈，肘向后拳心向上。

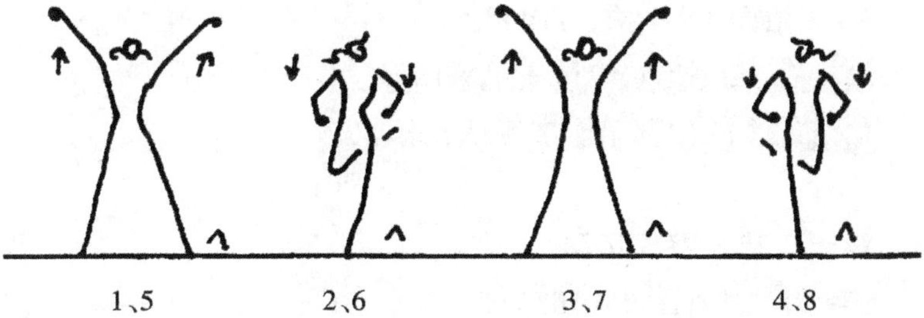

图 2－101

3 拍同 1 拍。

4 拍同 2 拍，屈左腿跳。

5－8 拍同 1－4 拍。

第十二个八拍(图 2－102)

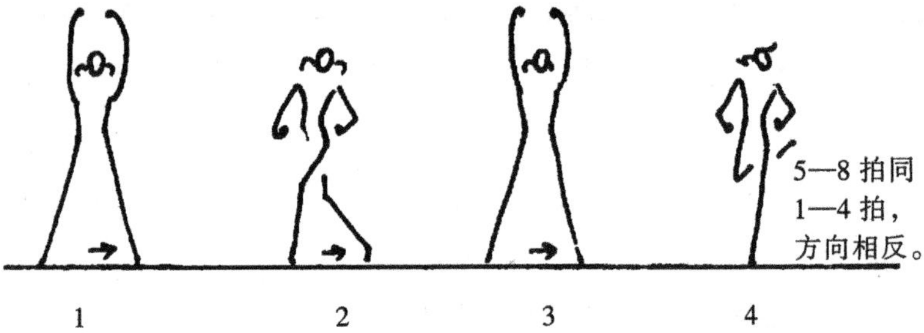

图 2－102

1 拍左脚向左侧走一步，同时两臂上伸，拳心相对。

2 拍右脚在左脚后交叉走，同时两臂下拉至后屈肘握拳于腰际。

3 拍同 1 拍。

4 拍右腿后屈跳，同时两臂下拉至后屈肘握拳于腰际。

5－8 拍同 1－4 拍，方向相反。

第十三个八拍同第十一个八拍。

第十四个八拍同第十二个八拍。

第十二节　整理运动

第一个八拍(图 2－103)

1－8 拍由左脚开始，原地踏步八次，同时两臂屈肘握拳，前

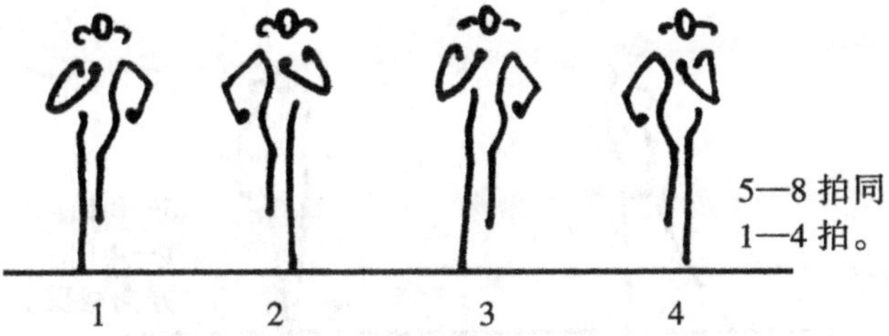

图 2－103

后摆动，拳心向上。

第二个八拍(图 2－104)

1 拍左脚向侧一步，同时两臂侧下举(握拳，拳心相对)。

2 拍右脚跟在左脚前点地，同时左臂肩侧下屈，拳心向后，右臂向后伸，拳心向内，头左转。

3－4 拍同 1－2 拍，方向相反。

5－8 拍同 1－4 拍。

第三个八拍同第二个八拍。

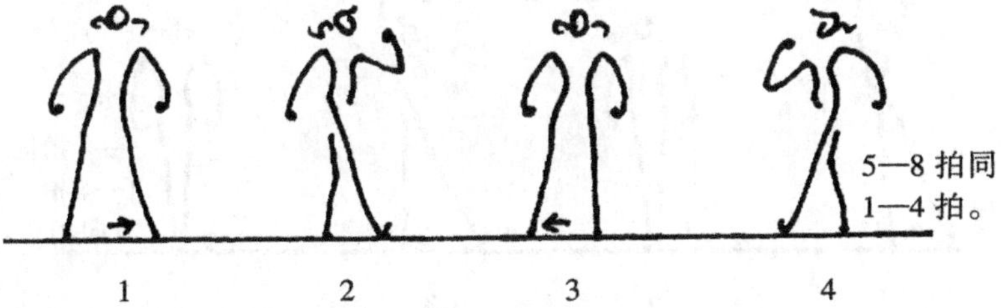

图 2－104

第四个八拍(图 2－105)

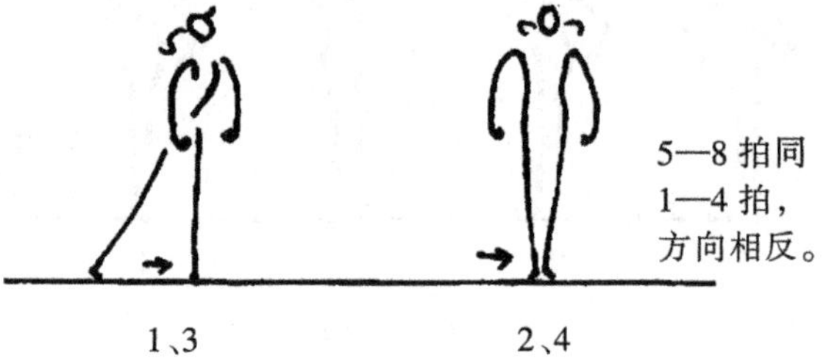

图 2－105

1 拍左脚向侧出一步,同时上体左转 90°,目视左前方,两臂提肘下臂向内绕下伸,拳心向后。

2 拍右脚向左脚并拢,面向前,手臂同 1 拍动作。

3－4 拍同 1－2 拍。

5－8 拍同 1－4 拍,方向相反。

第五个八拍(图 2－106)

1 拍左脚向侧出一步,同时上体左转 90°,目视前方,两臂经肩侧屈上伸,拳心向内。

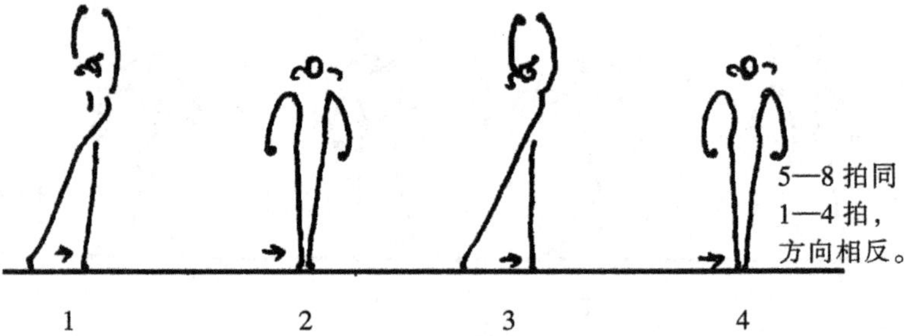

图 2－106

2 拍右脚并于左脚还原成直立握拳。

3 – 4 拍同 1 – 2 拍。

5 – 8 拍同 1 – 4 拍,方向相反。

第六个八拍(图 2 – 107)

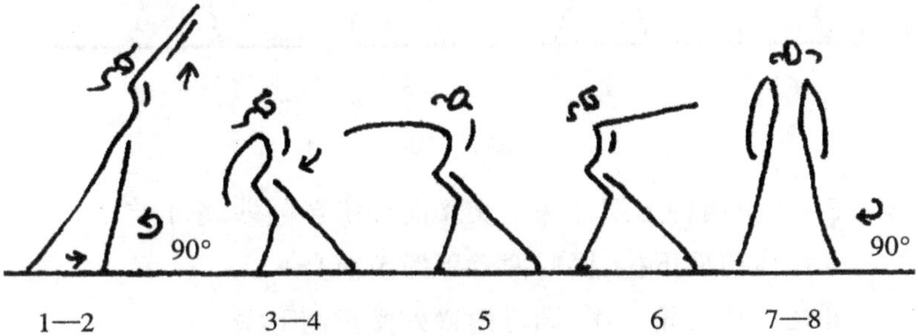

图 2 – 107

1 – 2 拍左脚向侧出一步,同时上体左转 90°,两臂前摆至前上举,掌心向内。

3 – 4 拍屈右膝成后弓步,同时两臂经体侧后摆至后下举。

5 – 6 拍两脚保持 3 – 4 拍动作, 同时右臂以肩为轴由侧向前绕至前举。掌心向外,左臂下举。

7 – 8 拍两腿伸直右转 90°面向前方, 同时右臂向下摆至下举。

第七个八拍同第六个八拍,方向相反。

第八个八拍同第六个八拍。

第九个八拍同第七个八拍。

第十个八拍(图 2 – 108)

1 – 2 拍两臂经体前交叉向外绕至侧上举掌心向外。

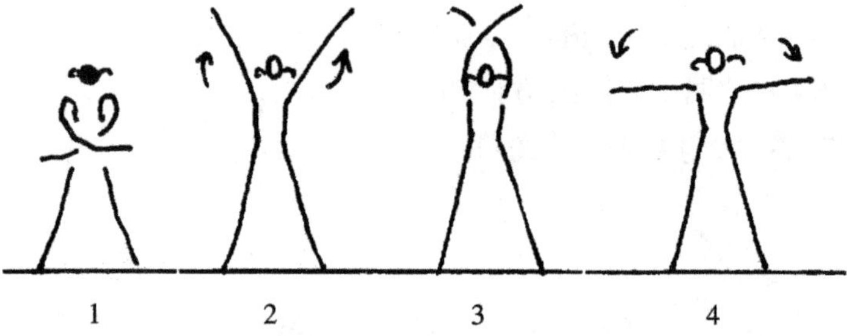

图 2－108

3－4 拍两臂上摆经头上交叉向外绕至侧举，掌心向上。
5 拍体前屈下振，同时两臂下摆至前交叉。
6 拍上体再振一次，同时两臂外摆至侧下举。
7－8 拍上体直立，同时两臂外摆至侧举。
结束动作(图 2－109)

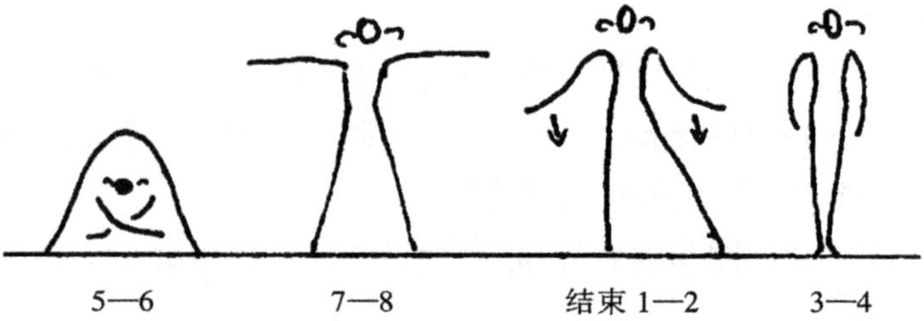

图 2－109

1－4 拍左脚向右脚并拢，同时两臂还原成直立。

(二)快乐健身操

预备姿势　背对前方，分腿开立，两臂上举交叉，左臂在后

(撑掌,掌心向前)。

前奏(图 2-110)

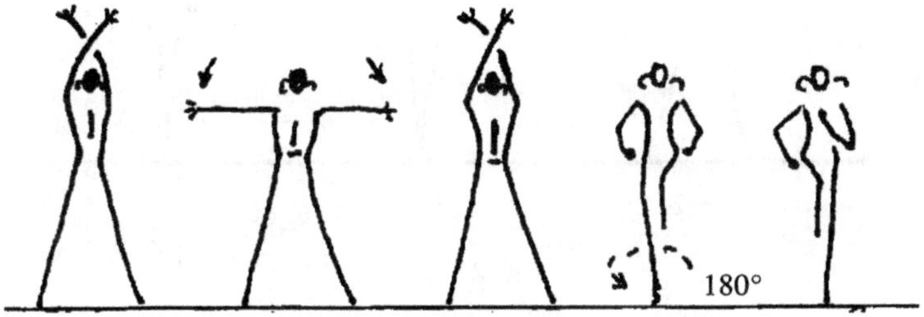

图 2-110

第一个八拍

1 拍两臂侧举(手型不变)。

2 拍同预备姿势。

3 拍同 1 拍。

4 拍以右脚掌为轴向左转体 180°,同时两臂屈肘握拳,置于腰际(拳心向上)。

5-8 拍原地踏步四次,两臂前后自然摆臂(拳心向上)。

第二个八拍

1-8 拍同第一个八拍的 5-8 拍,踏步八次。

第一节

第一个八拍(图 2-111)

1-2 拍左右脚依次侧出一小步,同时两臂经前向侧摆至侧举(撑掌,掌心向前)。

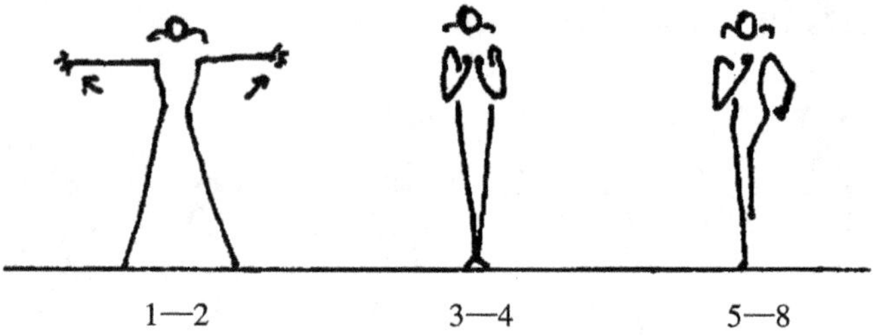

图 2 - 111

3 - 4 拍左右脚依次收回成并立，同时两肘内收至胸前上屈(握拳，拳心向后)。

5 - 8 拍左脚开始原地踏四次，两臂前后自然摆臂（拳心向上)。

第二个八拍(图 2 - 112)

1 拍左脚向前迈一步，同时左臂摆至胸前屈（拳心向后)，右臂置于体侧。

2 拍右脚并于左脚自然屈膝，同时右臂摆至胸前屈（拳心向后)。

3 拍左脚后退一步，同时两臂屈肘后振(拳心向上)。

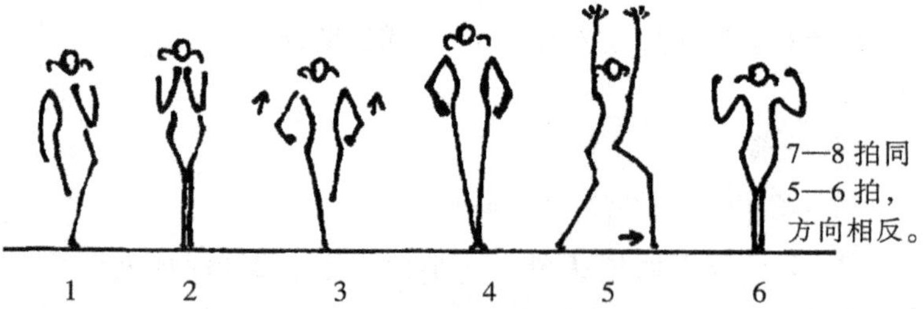

图 2 - 112

4 拍同 3 拍，惟退右脚。

5 拍左脚侧出一步两腿自然屈膝，同时两臂上举（撑掌，掌心向前）。

6 拍右脚并于左脚成半蹲，同时两臂拉至肩侧屈（握拳，拳心相对）。

7－8 拍同 5－6 拍，方向相反。

第三个八拍（图 2－113）

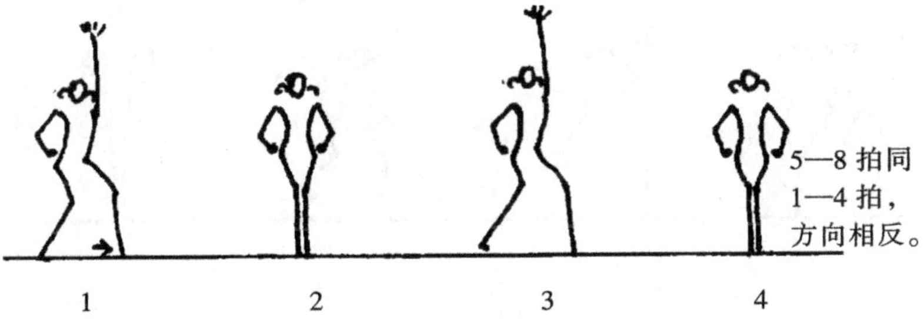

图 2－113

1 拍左脚侧出一步两腿自然弯曲，同时左臂上伸（撑掌，掌心向前），右臂屈肘握拳置于腰侧（拳心向上）。

2 拍右脚并于左脚成半蹲，同时左臂屈肘握拳置于腰侧（拳心向上）。

3－4 拍同 1－2 拍。

5－8 拍同 1－4 拍，方向相反。

第四个八拍（图 2－114）

1－4 拍左脚开始向前“V”字步走一次，同时两臂屈肘前后自然摆臂（握拳，拳心向上）。

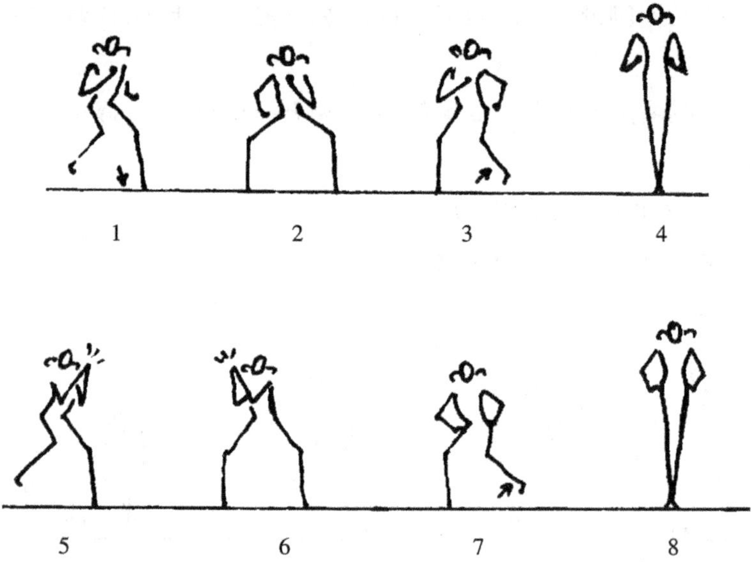

图 2－114

5－8 拍脚同 1－4 拍，惟 5－6 拍向左右肩侧各击掌一次；7－8 拍两手叉腰。

第二节

第一个八拍(图 2－115)

1－3 拍左脚开始向前走三步，同时两臂伸直经侧向上绕环一周至头上击掌。

4 拍右脚并于左脚成直立，同时两臂经侧摆至下举。

5 拍右脚蹬跳同时吸左腿，两臂胸前屈(握拳，拳心向后)。

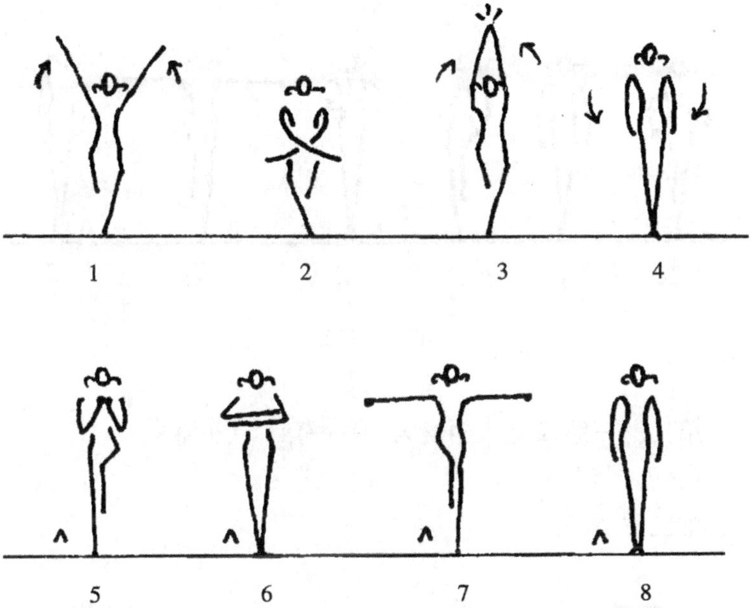

图 2-115

6 拍跳成并立,同时两臂胸前平屈,右臂在上(基本手型,掌心向下)。

7 拍左脚蹬跳同时吸右腿，两臂经前向侧打开成侧举（握拳,拳心向下)。

8 拍跳成并立。

第二个八拍(图 2-116)

1-3 拍向后退走三步,同时两臂屈肘前后自然摆臂(握拳,拳心向上)。

4 拍右脚并于左脚还原成直立。

5-8 拍同第一个八拍 5-8 拍,惟先吸右腿;6 拍时左臂在上。

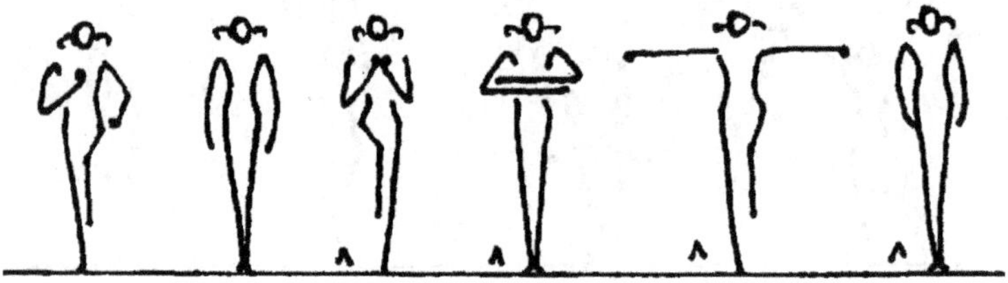

图 2－116

第三——第四个八拍同第一——第二个八拍。

第三节

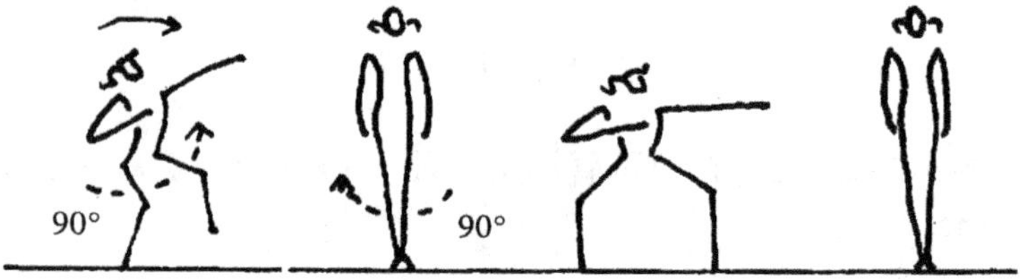

图 2－117

第一个八拍(图 2－117)

1－2 拍向右转体 90°,同时左脚侧出一步成分腿半蹲,两臂经右向上绕至左臂侧举,右臂胸前平屈(基本手型,掌心向下),头左转。

3－4 拍向左转体 90°,同时左脚并于右脚还原成直立。

5－8 拍同 1－4 拍，惟不转体。

第二个八拍(图 2－118)

1 拍左脚侧出一步两腿自然弯曲，同时两臂前举（掌心向下）。

2 拍右脚向左侧迈一步在左脚后交叉，两腿自然弯曲，同时两臂下摆至体侧。

3 拍同 1 拍。

4 拍右脚并于左脚还原成直立。

5 拍右脚蹬跳同时左腿侧摆，右臂侧上举（基本手型，掌心向外），左臂侧下举（基本手型，掌心向内），头左转。

6 拍右脚蹬跳同时左腿向右侧摆，左臂侧上举（掌心向外），

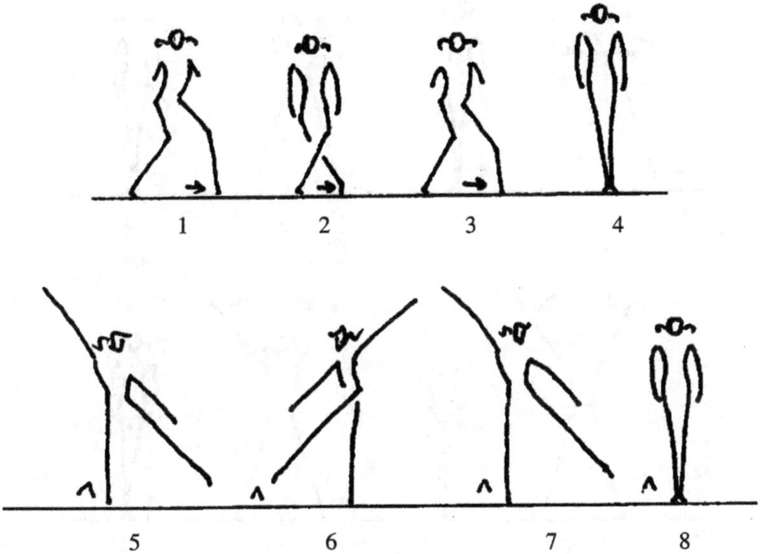

图 2－118

右臂前下举,掌心向下。

7 拍同 5 拍。

8 拍跳成并立还原。

第三——第四个八拍同第一——第二个八拍,方向相反。

第四节

第一个八拍(图 2 - 119)

1 拍跳成开立,同时两臂胸前平屈(基本手型,掌心向下)。

2 拍跳成并立,同时两臂还原成直立。

3 - 4 拍同 1 - 2 拍。

5 拍跳成开立,同时两臂向内绕至侧上举(掌心相对)。

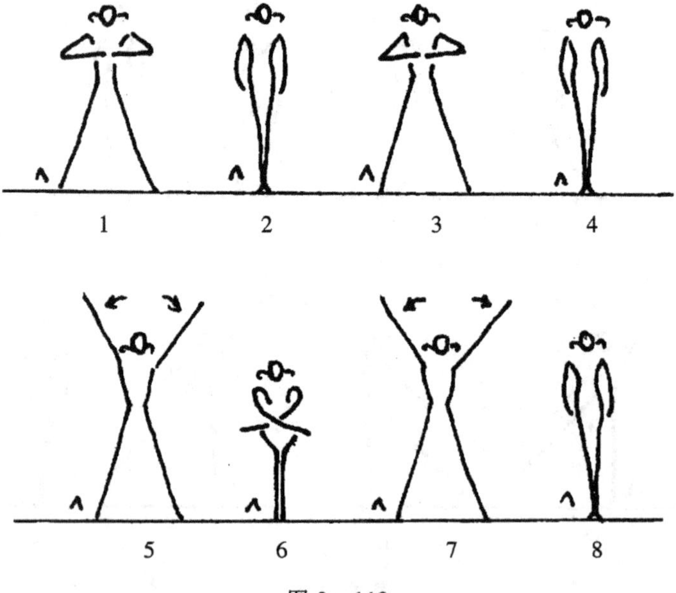

图 2 - 119

6 拍跳成屈膝并立，同时两臂经侧绕至体前交叉（掌心向后）。

7 拍同 5 拍。

8 拍跳成并立还原成直立。

第二个八拍(图 2 – 120)

1 拍左脚向侧一步,两腿自然弯曲,同时左臂侧举,右臂胸前平屈,头左转(基本手型,掌心向下)。

2 拍右脚向左迈一步在左脚后交叉,两腿自然弯曲,同时两臂向右侧摆至左臂胸前平屈,右臂侧举,头右转(掌心向下)。

3 拍同 1 拍,惟左臂下举,右臂上举(掌心向内)。

4 拍右脚在左脚后成半蹲，同时向左转体 45°，两手握拳置

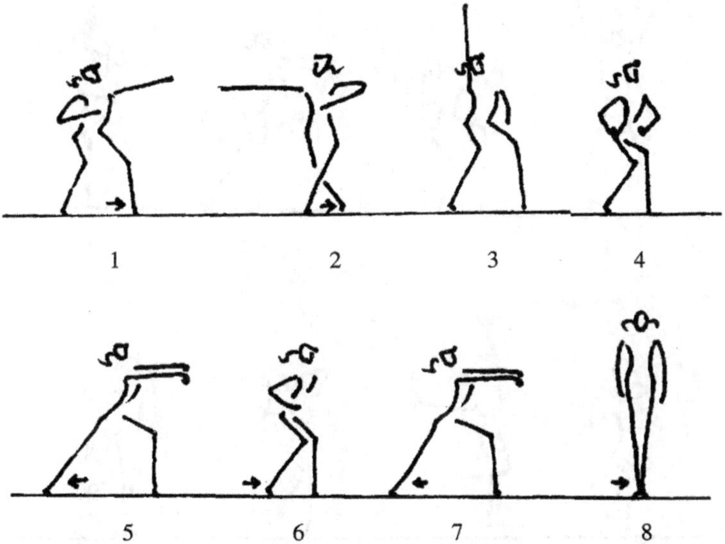

图 2 – 120

于腰侧。

5 拍右腿后伸成左前弓步，同时向前冲拳(拳心向下)。

6 拍同 4 拍。

7 拍同 5 拍。

8 拍右脚并于左脚，同时向右转体还原成直立。

第三——第四个八拍同第一——第二个八拍，方向相反。

第五节

第一个八拍(图 2－121)

1 拍左脚侧出一步成开立，同时两臂侧上举（撑掌，掌心向前）。

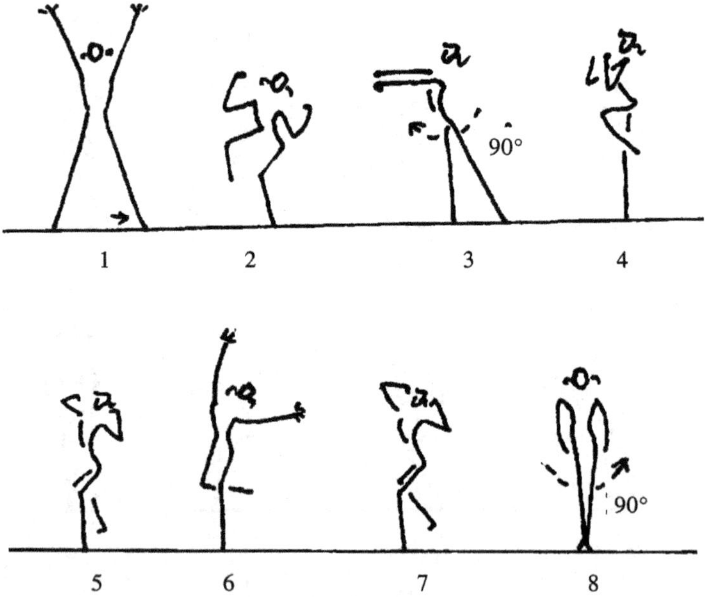

图 2－121

2 拍左腿屈膝支撑，右腿屈膝提起，同时两臂拉至肩侧屈(握拳,拳心相对)。

3 拍右脚侧迈一步,同时向右转体 90°,重心在右腿,左脚后点地,两臂向前冲拳(拳心向下)。

4 拍右腿支撑，左腿前吸，同时两臂胸前屈交叉，左臂在前(拳心向后)。

5 拍左脚侧出一步成分腿半蹲,同时两臂肩侧屈(屈腕,指尖向下)。

6 拍重心移至左腿,右腿屈膝后举,同时上体转向前方,左臂侧举,右臂上举(撑掌,掌心向前)。

7 拍同 5 拍。

8 拍向左转体 90°左脚并于右脚还原成直立。

第二个八拍(图 2－122)

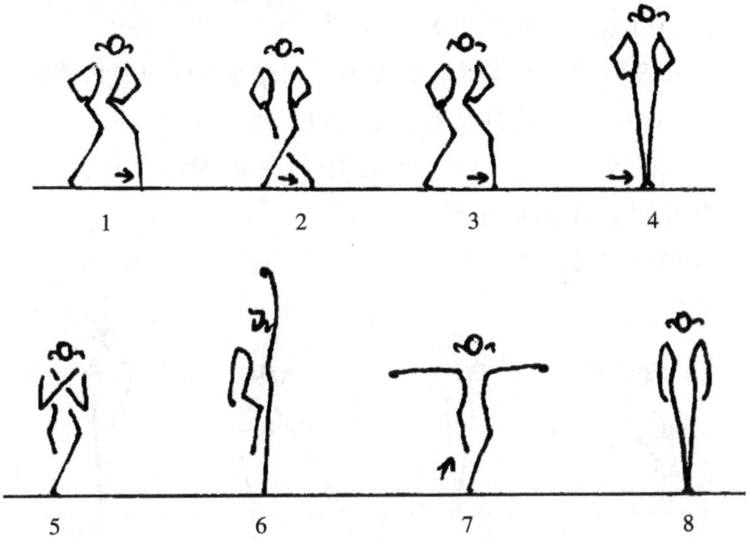

图 2－122

1 拍左脚侧出一步,两腿自然弯曲,同时两手叉腰。

2 拍右脚向左侧迈一步在左脚后交叉,手同 1 拍。

3 拍同 1 拍。

4 拍右脚并于左脚成直立。

5 拍左脚向前一步,同时两臂胸前屈交叉(握拳,拳心向后)。

6 拍左腿蹬直,右腿前吸,同时左臂上举(拳心向内),右臂下举(拳心向内),头右转。

7 拍右腿后伸成左前弓步,同时两臂侧举(拳心向下)。

8 拍左脚并于右脚还原成直立。

第三——第四个八拍同第一——第二个八拍,方向相反。

第六节

第一个八拍(图 2-123)

1 拍左脚侧出一步成右侧弓步,同时左臂经屈肘内旋绕至侧上举(握拳,拳心向外),右手扶大腿上部,头右转。

2 拍还原成直立,同时两臂腰侧屈(握拳,拳心向上)。

3 拍同 1 拍,方向相反。

4 拍还原成直立。

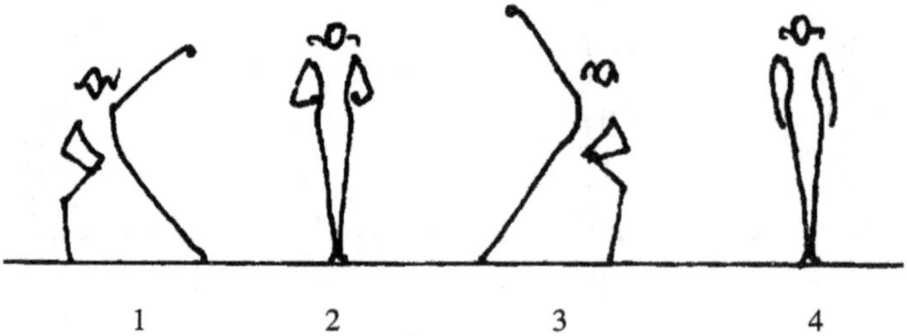

图 2－123

5 拍左腿后伸成右腿前弓步，同时两臂胸前上屈(握拳，拳心向后)。

6 拍还原成直立。

7－8 拍同 5－6 拍，换腿做。

第二个八拍(图 2－124)

1－4 拍左脚开始原地踏四次，同时两臂屈肘前后自然摆臂(握拳，拳心向上)。

5 拍跳成开立，同时左臂向上冲拳(拳心向内)，右臂屈肘置于腰际(拳心向上)。

6 拍跳成并立，手臂同 5 拍，方向相反。

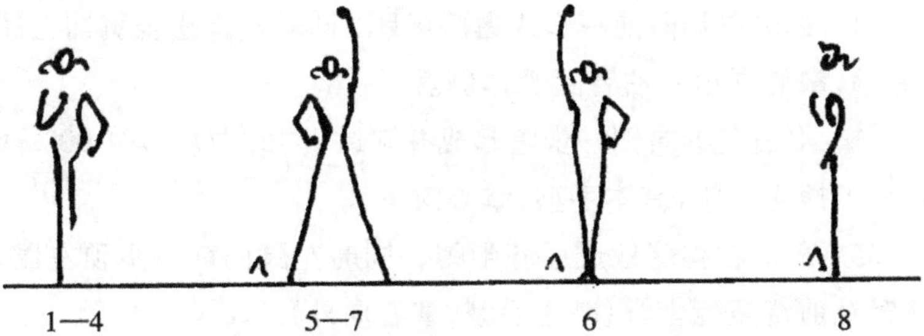

图 2－124

7 拍同 5 拍。

8 拍跳成并立同时向右转体 90°，两臂下举。

第三个八拍(图 2－125)

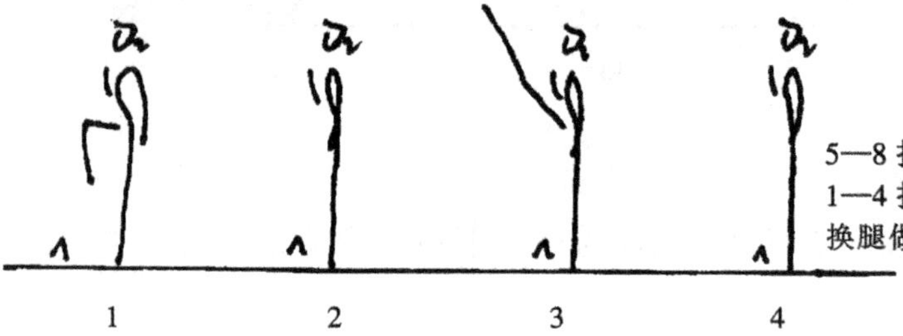

图 2－125

1 拍左脚蹬跳同时右腿屈膝前抬，两臂下举（基本手型，掌心向后）。

2 拍跳成并立。

3 拍左脚跳起，同时右腿前踢，手臂同 1 拍。

4 拍同 2 拍。

5－8 拍同 1－4 拍，方向相反。

第四个八拍(图 2－126)

1－2 拍左脚向前一步成屈膝半蹲，同时左臂摆至胸前上屈（握拳，拳心向后），右臂置于体侧。

3－4 拍左脚向侧一步蹬起成并腿跳，同时向左转体 90°，两臂经下摆至侧举（基本手型，掌心向下）。

5－6 拍右脚落地成屈膝半蹲，同时左脚向前一步顶左髋，两臂经前绕至侧上举（基本手型，掌心向外）。

7－8 拍向左转体 90°同时左脚并于右脚，两臂下举（掌心向

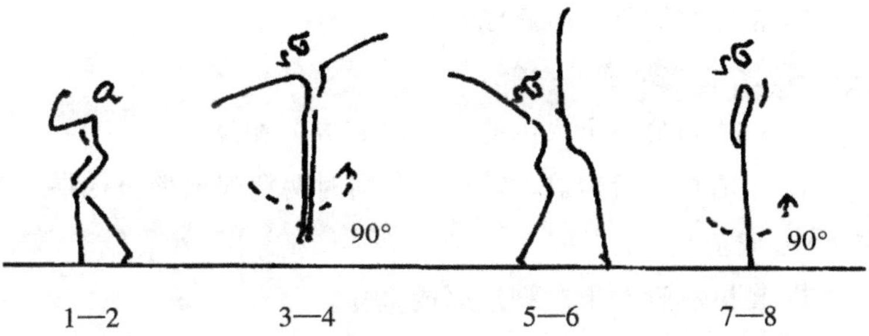

图 2－126

后)。

第五——第六个八拍同第三——第四个八拍,方向相反。

第七节

第一个八拍(图 2－127)

1－2 拍左右脚依次踏步，同时两臂屈肘前后自然摆臂（握拳,拳心向上)。

3－4 拍同 1－2 拍,惟向左转体 90°。

5－6 拍左脚向前一步成半蹲，同时两臂向前冲拳（拳心向下)。

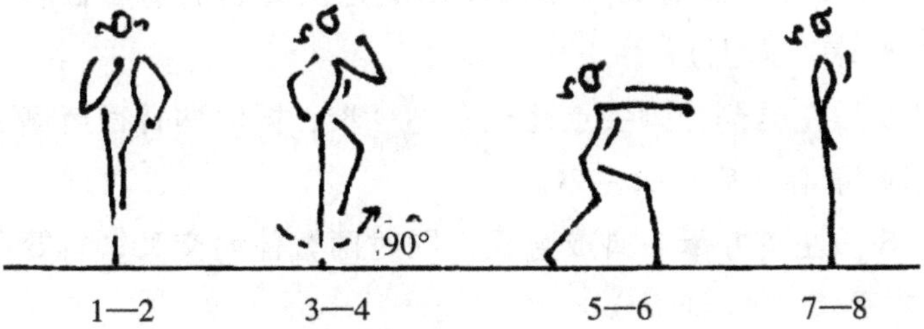

图 2－127

7－8 拍左脚收回还原成直立。

第二个八拍(图 2－128)

1－4 拍同第一个八拍的 1－4 拍,方向相反。

5－6 拍右腿后伸成左前弓步，同时两臂经前摆至侧举（撑掌,掌心向前)。

7－8 拍右脚并于左脚还原成直立。

第三——第四个八拍同第一——第二个八拍,方向相反。

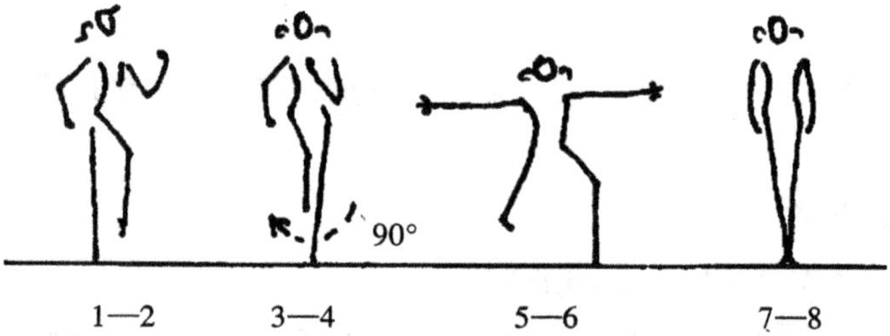

图 2－128

第八节

第一个八拍(图 2－129)

1－4 拍左脚开始原地踏步四次，两臂屈肘前后自然摆动(握拳,拳心向上)。

5 拍左腿侧伸脚尖点地成右侧弓步，同时两臂摆至侧下举(撑掌,掌心向后),头左转。

6 拍左脚并于右脚成直立，同时两臂体前交叉，右臂在前(基本手型,掌心向后)。

7 拍同 5 拍,方向相反。

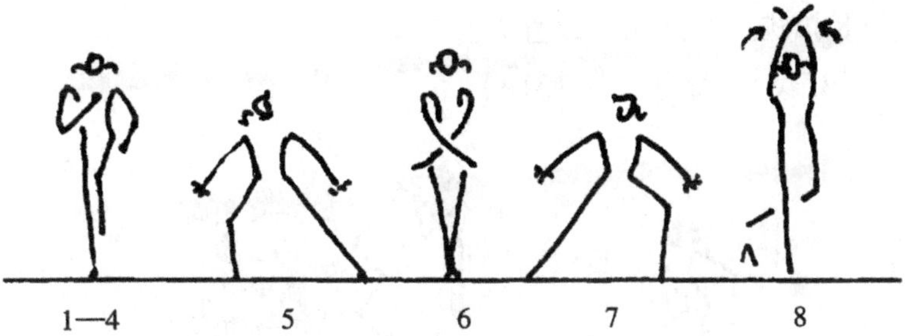

图 2－129

8 拍两脚蹬跳,右脚落地支撑,同时左腿在右腿后屈膝,两臂摆至上举交叉,右臂在前(基本手型,掌心向前)。

第二个八拍(图 2－130)

1 拍右脚跳起,同时左腿向侧弹踢,两臂摆至侧举(撑掌,掌心向前)。

2 拍同第一个八拍的 8 拍动作。

3 拍同 1 拍。

4 拍同 2 拍,换腿做。

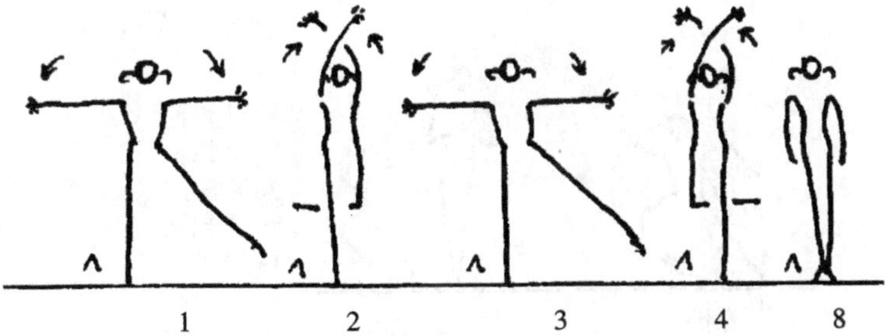

图 2－130

5－7 拍同 1－3 拍,方向相反。

8 拍跳成并立还原成直立。

第三个八拍(图 2－131A)

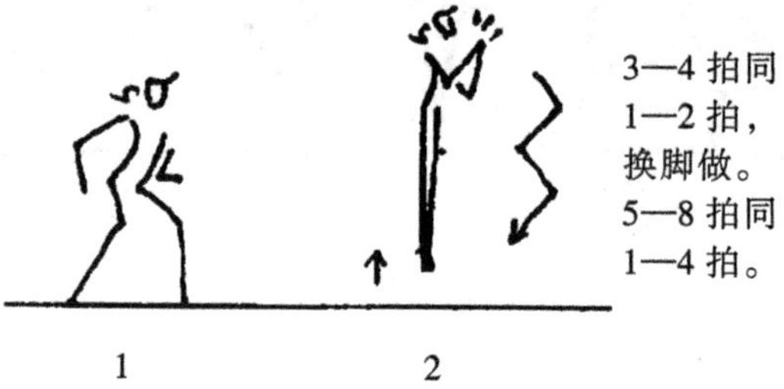

图 2－131A

1 拍左脚向左前侧方迈一步成屈膝半蹲，同时两臂屈肘后摆(基本手型,掌心相对)。

2 拍两脚蹬地成并腿跳,同时两臂胸前击掌。

3－4 拍同 1－2 拍,换脚做(右前侧方)。

5－8 拍同 1－4 拍。

第四个八拍(图 2－131B)

图 2－131B

1 拍左脚向左侧后方迈一步成左侧后弓步，同时两臂后摆扩胸(基本手型,掌心向下)。

2 拍右脚并左脚成直立,同时胸前击掌。

3－4 拍同 1－2 拍,换腿做(右侧后方)。

5－8 拍同 1－4 拍。

第九节

第一个八拍(图 2－132)

1 拍右脚向前跑跳，左腿后屈，同时左臂向内绕至侧上举(基本手型,掌心向内)。

2 拍左脚向前跑跳，右腿后屈，同时右臂向内绕至侧上举

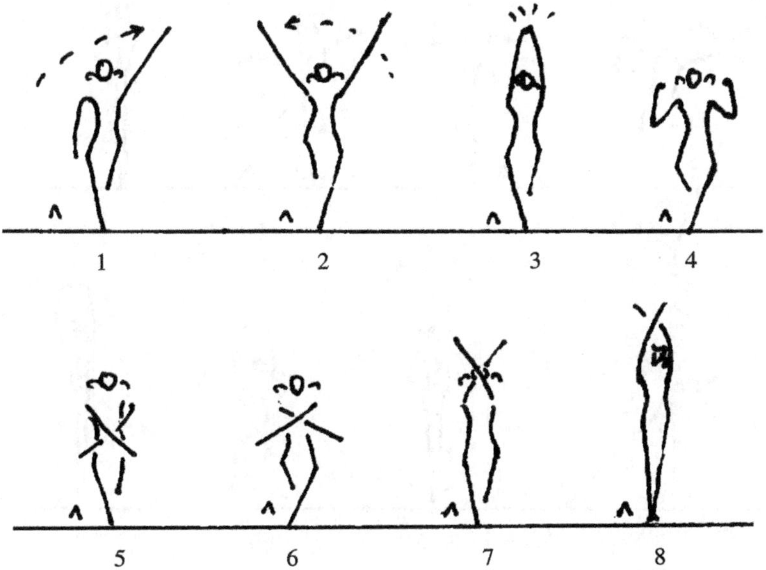

图 2－132

(基本手型,掌心向内)。

3拍右脚向前跑跳,左腿后屈,同时两臂上举击掌。

4拍左脚向前跑跳，同时两臂拉至肩侧屈（握拳，拳心向内)。

5－7拍右脚开始向前跑三步，同时两臂伸直依次交叉摆至前下举、前举、前上举(基本手型,掌心向下)。

8拍跳成并立，同时两臂摆至头上交叉，右臂在前（基本手型,掌心向下),头右转。

第二个八拍(图2－133)

1－2拍右脚向右前方并步跳一次，同时两臂拉至肩侧屈(握拳,拳心相对)。

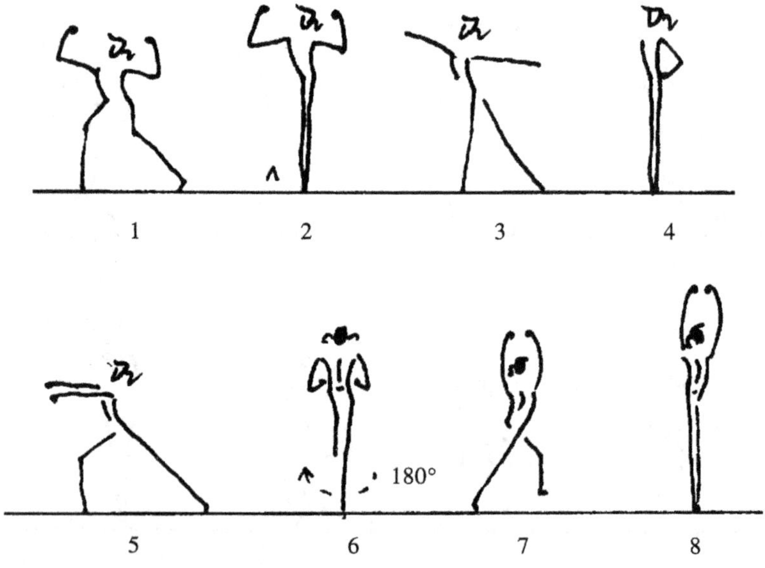

图2－133

3 拍左脚向前一步，同时两臂侧举（基本手型，掌心向下）。

4 拍右脚并于左脚成直立，同时两臂屈肘握拳置于腰际（拳心向上）。

5 拍左脚后伸成右前弓步，同时两臂向前冲拳（拳心向下）。

6 拍右脚支撑向右转体 180°，同时前吸左腿，两臂屈肘置于腰际（握拳，拳心向上）。

7 拍左脚向右前方迈一步成左前弓步，同时两臂三位手握拳（拳心相对）。

8 拍右脚并于左脚成直立，手臂同 7 拍。

第三个八拍同第二个八拍。

结束动作（图 2－134）

1 拍右脚侧出一步成分腿半蹲，同时两臂拉至肩侧屈（握拳，拳心向内）。

2 拍重心移至右腿，左腿在右腿后屈膝，同时胸前击掌。

3 拍左腿向侧迈一步成分腿半蹲，同时向左转体胸前击掌，头左转。

4 拍两腿伸直成开立，同时左臂体前下伸（基本手型，掌心向下），右臂肩侧上屈（撑掌，掌心向前，手指触头）。

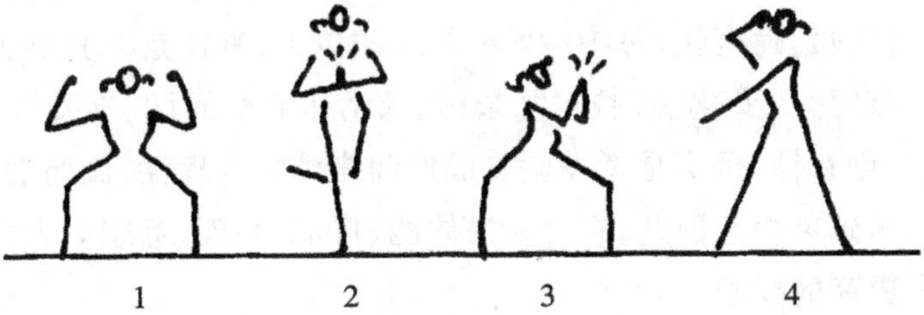

图 2－134

第三章

竞技健美操

竞技健美操是以竞赛夺冠、争取优胜为直接目的的高水平健美操比赛。它是在健身健美操的基础上发展起来的，属于提高范畴。竞技健美操受竞赛规则的限制，它有特定的竞技规则，必须按照特定的规则要求组织编排、进行训练和比赛。

竞技健美操虽然同健身健美操一样都有增强体质、美化形体、陶冶情操的功效，但它更有其自身的特点：首先竞技健美操是有氧和无氧代谢运动的结合，并以无氧代谢为主，运动强度大，时间短，速度快，每 10 秒钟在 24 拍以上；其次是竞技健美操动作难度大、变化多、技术复杂；追求动作的全面性、准确性、艺术性、创新性；再次是竞技健美操强调编排的合理性、流畅性，富有艺术感染力。因此，它对人的体能、技术、心理、意志等方面提出了更高的要求。

国际健美操运动发展十分迅速，国际体操联合会正在大力宣传，力争在2004年将健美操列入奥运会比赛项目。

竞技健美操在我国开展得较晚，目前与世界先进的国家相比，还有一定的差距，但随着这几年国内外赛事的不断增多和规则的日趋完善，正逐渐走向成熟，水平明显提高，已接近世界先进国家。

第一节　竞技健美操的发展趋势

一、竞技健美操技术的发展趋势

音乐的新颖、动作连接的巧妙与难度动作的有机统一，是当前健美操发展的主要特征和趋势。

(一)音乐新

音乐是健美操的灵魂，是夺冠取胜的重要因素之一。根据动作曲调设计动作已满足不了当今求新的创编需要，请专家根据动作特点、运动员的个性制作新颖、独特、动人、符合竞赛规则的音乐，已成为健美操发展的趋势。制作音乐更能发挥教练员的想像力、创造力及运动员的表现力，使健美操的动作、风格、音乐浑然一体，突出健美操的特点。

(二)难度动作类型新

规则是技术发展的杠杆，新的难度动作的出现是规则要求的产物，是健美操发展到一定时期的必然结果，是取胜的物质基础。难度动作是运动员综合素质的体现，只有在素质能力达到一定水平的情况下，才能选择与其相适应的动作，起到画龙点睛的作用。难度动作的发展，一定要考虑一个"新"字。要与众不同，花色品种要多样化、出人意料。难度动作的选择应是全方位的，既有上肢力量动作，又有下肢和腰腹力量动作；既有静力性力量、柔韧性动作，又有动力性力量、柔韧性动作，只有这样，才能符合当今健美操的发展要求。

（三）连接动作新

动作连接巧妙、流畅也是动作创新的途径，特别是当难度动作发展到一定高度和水平时，新的连接方法尤为重要。连接的不同，效果各异，可以起到事半功倍的作用。在创编健美操时，虽然主要动作都是一样的，但由于连接的不同，却能取得不同的效果，同时又能提高该动作的难度价值。

（四）配合动作新

通过 2 人、3 人、6 人的巧妙配合，使成套健美操动作达到高潮，给观众和裁判留下深刻的印象，是健美操发展的一大特点。配合动作的设计要符合运动员的特点，扬长避短，动作的配合要默契，好似一个有机的整体，而不能看做是单个动作的独自完成，配合动作要干净利落，连接流畅，过渡自然。

二、竞技健美操对运动员能力的要求

所谓竞技能力是指运动员参加运动竞技比赛所具有的创造一定运动成绩的能力，它是运动员体能、技能、智能以及心理活动能力的综合表现。一名秀的健美操运动员必须具备全面的体能、精湛的技能、良好的智能及稳定的心理平衡能力。

(一)全面的身体素质能力

就是运动员在完成成套动作时必须具备的耐力素质、力量素质、柔韧素质。

1. 良好的耐力素质是完成成套动作的基础，目前健美操比赛选用的音乐节奏都是在每 10 秒钟 25 ~ 28 拍之间，心率在每分钟 180 ~ 200 次。在快节奏的音乐伴奏下，要想完成高难度、高质量的成套动作，必须要有良好的耐力素质作基础。

2. 力量素质是竞技健美操比赛取得好成绩的关键所在，一切高难度动作的完成都必须由各部分的力量素质作保障，没有力量就没有难度动作，更没有高难的创新动作。尤其是女运动员在比赛中所完成的难度动作不亚于男运动员，这就对女运动员的力量素质要求更高。

3. 没有柔韧性就没有动作的幅度。动作幅度能使动作达到完美的技术效果。过去在一套动作中，体现较高柔韧性的动作是女运动员所为，而从现在的竞技健美操发展趋势来看，男运动员也选择柔软性难度动作，如前（侧）扳腿站立平衡前倒抱腿劈叉再转体 360°；起跳纵劈叉交换腿落地成劈叉等也是很有潜力的。

(二)精湛的技术能力

健美操的基本动作主要体现在操化动作的力度和特定动作的规范化上。而力度是健美操区别于其他动作的主要标志，是评价一套健美操动作质量的核心。所谓力度是运动员的外在表现，是运动员在大幅度地、准确地完成动作的过程中，肌肉快速用力、动作变化的速度及动作熟练程度的外在表现。健美操动作要求刚劲有力，积极快速，无论上肢、下肢和躯干的动作要有明显的“加速”和“制动”，以充分体现力度水平。动作力度的训练是一个长期的训练过程，必须贯彻于训练的始终，只有这样，才能在比赛中表现出萧洒、自如、技术高超，从而实现健美操健与美的统一。

(三)良好的智能

影响运动员智能的因素是多方面的。运动员脑的结构和机能是智力发展的物质基础。知识的掌握和运动员智能的发展是相互联系、相互促进的。知识是发展智力的基础，智力是获得知识的条件。健美操运动员必须具备敏锐的观察力、良好的记忆力、动作的模仿力和对音乐的理解力。运动员学习动作的过程首先是对动作的全面观察，然后才是对动作进行模仿，再根据动作的顺序逐一进行记忆。成套动作中有刚有柔、有快有慢、有动有静，运动员则是通过对音乐的理解和教练的意图去完成成套动作的，因此，要求健美操运动员必须具有良好的智能，才能在竞技比赛中把自己真实水平发挥得淋漓尽致。

(四)稳定的心理平衡能力

稳定的心理平衡能力来自长期的心理培养和训练之中，通过各种训练手段，有意识地对运动员心理过程施加影响和训练，使运动员达到具有健康、良好的心理素质的要求。心理训练的过程同时也是运动员学习调节自己心理状态的各种方法的过程。

通过心理训练，使运动员学会自我调节心理平衡能力的方法，从而获得最佳的心理状态，以便在竞赛中能充分发展自我的各种能力，出色地完成动作，取得优异的成绩。

竞技健美操是一项难而复杂的运动，对运动员的要求相当高，目前国外一些运动员是由体操、舞蹈等专业而改行搞健美操的。虽然我国健美操动作难度也在努力向国际水平靠拢，但终因缺少良好的运动素质而力不从心。可见，健美操运动需要很好的功底。因此我们要从小抓起，抓好运动员早期的系统化训练，全面提高身体素质，同时培养吃苦耐劳精神，从而使健美操动作完成得更加完美和更具有观赏性。

三、竞技健美操对教练员的要求

随着健美操技术的快速发展及高科技的现代化训练手段，对健美操教练员提出了全新的要求。

健美操教练员除了具有强烈的敬业精神外，还必须具有强烈的科研意识，钻研科学的训练方法，要有吸取和获得大量最新信息的本领，能以敏锐的目光跟踪国内外训练理论、方法、技术发展的新动向。除此之外，教练员还应具有创新意识。要具有丰富的想像力、深厚的知识功底，用洞察秋毫的眼力，去捕捉突发的灵感和偶现，来进行多方位、多角度的思维探索。另外，教练员必须要精通规则，深刻挖掘规则潜力。只有这样，才有可能走出国门超越世界先进水平。

第二节 竞技健美操的特定动作及特殊要求

根据竞技健美操竞赛规则的要求，运动员在比赛中必须完成一些特定的、不同类型的难度动作(动力性力量、静力性力量、跳跃、踢腿、平衡、柔韧)和具有健美操特色的操化动作及基本步伐。这些特定动作的选择与完成,不仅体现了运动员完成健美操技术的能力,也直接影响着运动员的比赛成绩。因此,明确特定动作及特殊要求,是取胜夺冠的关键。

一、静力性力量

(一)支撑类

1. 一般描述

支撑类动作是力量的显示,在完成支撑类动作时,身体重心应落在支撑手上。作为静力性动作，每一个动作必须停止 2 秒钟,腿必须伸直。

支撑类动作包括：分腿支撑、单臂分腿支撑、单臂分腿支撑转体半周、单臂分腿支撑转体一周、直角支撑、直角支撑转体 360°、分腿锐角支撑、锐角支撑、单臂分腿锐角支撑、高锐角支撑、水平肘撑、单臂分腿水平肘撑、单臂水平肘撑、水平支撑、单臂分腿水平肘撑转体半周、单臂分腿水平肘撑转体一周。

2. 最低要求

对整类动作的最低要求是：每个支撑动作必须保持 2 秒钟；支撑转体时必须完整；所有的直角支撑动作，腿必须垂直；高锐角支撑动作，后背必须与地面平行；所有的水平支撑动作，身体不能高于水平45°。

3. 常见错误

整类动作的常见错误有：在动作的任何阶段屈腿；直角支撑转体360°时，手交换超过四次；直角支撑时，腿未夹紧；支撑动作未保持2秒钟；分腿姿态时小于90°(水平支撑除外)；转体时，自由臂或腿接触地面；转体不完全；腿未与地面平行；水平支撑时，身体或腿未与地面平行，身体倾斜超过30°。

二、动力性力量

(一)俯卧撑类

1. 一般描述

单手或双手支撑地面，肘关节伸直，肩部平直，垂直于地面，头部处于背部的延长线。屈臂时，肘关节必须保持45°的最小角度(俯卧撑飞起和俯卧撑转体360°可允许最小90°角)，俯卧撑的起落必须有控制。

俯卧撑类动作包括：侧倒俯卧撑、后倒俯卧撑、单臂俯卧撑、单臂侧倒俯卧撑、俯卧撑飞起、俯卧撑转体一周成俯卧撑、俯卧撑推起空中转体一周成俯卧撑。

2. 最低要求

对整类动作的最低要求是：上臂和前臂的角度不能超过90°，或胸部与地面的距离不能超过10cm；在整个动作过程中，身体必须保持完美的固定伸直姿态；单臂俯卧撑肘关节必须向着脚；侧倒俯卧撑，肘关节必须向侧；所有的侧倒或后倒俯卧撑必须清楚显示四个阶段；侧倒或后倒俯卧撑，两腿必须夹紧。

3. 常见错误

整类动作的常见错误有:不正确的身体姿态;身体离地距离大于10cm;起落时,肩部位置不正;抬头或低头;身体任何部位接触地面(除手和脚以外);单腿支撑时,支撑腿弯曲或脚处于不正确位置;双脚触地时宽于肩。

(二)自由落体类

1. 一般描述

起始位置是站立,身体必须夹紧,头与脊柱为一直线。身体倒向地面,并以俯卧撑姿态结束,落地必须有控制和缓冲。任何旋转都必须出现在身体倒地过程中(边倒边转),腾空动作手、脚必须同时落地。

自由落体类动作包括:前倒成俯卧撑、前倒成单臂俯卧撑、转体半周成俯卧撑、转体一周成俯卧撑、空中转体一周成俯卧撑、空中转体两周成俯卧撑、团身跳成俯卧撑、前摆转体半周成俯卧撑、俯平衡转体一周成俯卧撑、前摆转体一周半成俯卧撑。

2. 最低要求

对整类动作的最低要求是:在落地过程中,身体必须保持完美的固定伸直姿态;必须在转体出现前清楚地展示倒地动作;空中动作手和脚必须同时落地;所有带转体的自由落地动作,转体必须完全。

3. 常见错误

整类动作的常见错误有:开始或结束时抬头、低头;分腿或屈腿;空中动作手和脚未同时落地(通常合并身体弯曲);落地时胸触地面;平衡转体和跳起转体时身体未伸直并未与地面平行。

(三)旋腿类

1. 一般描述

开始姿势——双手体前触地,腿的姿态依动作而变化。

旋腿类动作包括:单腿摆越一周、双腿摆越半周、托马斯全旋、双腿全旋、俯卧撑分腿摆越、俯卧撑分腿摆越成直角支撑、俯卧撑分腿摆越转体半周成俯卧撑。

2. 最低要求

对整个动作类型的最低要求是:在完成动作过程中,脚不能触地;圆(半圆或一周)必须完整。

3. 常见错误

整个动作类型的常见错误有:在动作的任何阶段摆动腿弯曲;在动作过程中,摆动腿接触地面;动作不完全(少于半周或一周);在伸展阶段臀部未提起;单腿摆动时,摆动腿未与地面平行;全旋时,双腿未夹紧。

(四)屈体类

1. 一般描述

屈体类动作以俯卧撑姿态开始,在动作过程中,臀部提起,因此,头、手和脚相接。屈体姿态要求直腿和直臂。头部必须同手臂和脊柱为一直线。

屈体类动作包括:支撑提臀起、单臂支撑提臀起、推起屈体成俯卧撑、推起屈体转体半周成俯卧撑、无支撑提臀起。

2. 最低要求

对整类动作的最低要求是:屈体时,腿必须达到垂直位置;在完成无支撑提臀起和推起空中屈体动作时,手和脚必须同时开始,同时落地。

3. 常见错误

整类动作的常见错误有：未完成屈体动作；在动作过程中，臂、腿弯曲；完成空中动作时，手、脚未同时触地；开始或结束时抬头或低头；完成空中动作落地时，胸部触地。

(五)搭肘俯卧撑类

1. 一般描述

搭肘俯卧撑类动作的正确完成要求髋部有极好的柔韧性。所有的动作都是双手支撑,腿处于劈叉姿态,同时完成一次俯卧撑。

搭肘俯卧撑类动作包括：纵分腿搭肘俯卧撑、纵分腿俯卧撑、抬起纵分腿搭肘俯卧撑、双腿搭肘俯卧撑。

2. 最低要求

对整类动作的最低要求是：必须完成一次俯卧撑；前腿不能触地；在完成无支撑劈叉俯卧撑时，前腿不能接触手臂；在完成抬起搭肘俯卧撑时，抬起腿不能接触地面。

3. 常见错误

整类动作的常见错误有：当单腿搭在肘上时，腿弯曲或脚处于难看的姿态；抬头或低头；腿搭在三角肌下部；未完成俯卧撑。

三、跳跃

1. 一般描述

跳跃动作应展示极充分的爆发性动作，跳或跃或单脚或双脚起跳，也可单脚或双脚落地，当用双脚落地时，两脚必须夹紧，落地必须缓冲。落地姿势的变化还包括劈叉或俯卧撑。以劈叉姿势落地时，手可触地。纵叉的前腿应膝关节向上，后腿膝关节向下。当以俯卧撑姿势落地时，手臂必须缓冲，身体从头至脚应是完美的直线姿态，并且脚和手必须同时落地。空中保持身体姿态(单个或复合)，除非已阐明，手臂姿势任选。

跳跃类动作包括：分腿跳、分腿跳转体半周、分腿跳转体一周、分腿跳转体一周半、分腿跳转体一周成俯卧撑、分腿跳成纵叉，分腿跳成俯卧撑、分腿跳转体半周成俯卧撑、分腿跳转体180°成纵叉、屈体跳、屈体跳成俯卧撑、屈体跳转半周成俯卧撑、跨跳、劈叉跳等。

2. 最低要求

对整类动作的最低要求是：屈体和分腿位置至少要达到水平,并且躯干和大腿的角度必须小于90°。单腿分腿跳转体180°成俯卧撑除外;劈叉必须达到170°。剪式跳转体180°、360°成俯卧撑除外;转体必须完整完成;击足跳的主动腿必须水平。

3. 常见错误

整类动作的常见错误有：劈叉中腿的姿势不正确（小于180°);分腿或屈体姿势不正确;俯卧撑姿势落地时,手脚未同时触地;俯卧撑姿势落地时,除手和脚以外的身体任何其他部位触地;脚落地或劈腿落地时没有控制;转体不完全;动作不充分;在做联合动作时,保持身体姿势的能力差;在做分腿、屈体、劈叉跳和空中转体时,双脚未同时落地(劈叉和分腿落地除外);在做空中转体时,两腿未夹紧。

四、踢腿

1. 一般描述

踢腿须展示极充分的爆发性动作，所有的踢腿动作必须在空中完成(蹁踢腿除外)。

踢腿类动作包括：弹踢交换腿跳、剪式跳、后踢跳、蹁踢腿、双蹁腿跳、双蹁腿跳转体半周。

2. 最低要求

整类动作的最低要求是：摆动腿高度不得低于肩（高于150°）；后踢跳除外；蹁踢腿必须展示一个完整的圆；所有的踢腿动作都必须在空中完成（蹁踢腿除外）；后踢跳空中必须展示团身和半劈腿姿势。

3. 常见错误

整类动作的常见错误有：落地无控制；幅度小；转体不完整(1/2)；伸展腿高度不够(小于150°，后踢腿除外)；团身姿势不正确；半劈腿姿势不正确。

五、平衡

平衡包括静力性平衡和动力性平衡。

(一)静力性平衡类

1. 一般描述

完成的主要标准是保持单足平衡姿势2秒钟。静力性平衡类动作包括：前扳腿平衡、燕式平衡、前控腿平衡、侧扳腿平衡、侧平衡、侧控腿平衡。

2. 最低要求

对静力性平衡类动作的最低要求是：必须保持至少2秒钟；抬起腿至少同肩高；燕式平衡必须水平。

3. 常见错误

静力性平衡类动作的常见错误有：平衡脚不稳定(无控制)；未保持2秒钟；抬起腿高度低于150°；身体姿态不正确。

(二)动力性平衡类

1. 一般描述

所有的转体必须在同一位置开始和结束、没有移动，并且转体必须完整(360°或720°)，髋部平直无倾斜。

动力性平衡类动作包括：转体一周、转体两周、平衡转体一周、平衡转体两周。

2. 最低要求

对动力性平衡类动作的最低要求是：身体必须处于垂直位置；所有的转体必须完整；平衡转体抬起腿至少同肩高。

3. 常见错误

动力性平衡类动作的常见错误有：未在同一位置开始和结束；平衡或落地时不稳定(无控制)；抬起腿高度低于要求；不正确的身体姿态。

六、柔韧

1. 一般描述

所有动作过程中均必须展示完全劈叉(180°)，分腿坐肩转360°成俯撑和劈叉转体除外。腿必须伸直。

柔韧类动作包括：垂直劈叉、伊柳辛、无支撑垂直劈腿、无支撑伊柳辛、纵劈叉、纵劈叉滚动、横卧劈叉、横劈腿成俯卧、劈叉转体、分腿坐肩转360°成俯撑。

2. 最低要求

对柔韧类动作的最低要求是:两腿间的角度必须是 180°,分腿坐肩转 360°成俯撑和劈叉转体除外;在完成纵叉滚动时,滚动必须完整;在完成劈腿转体、分腿坐肩转 360°成俯撑、伊柳辛时,圆必须完整;在完成伊柳辛时,转体(360°)必须完全;在完全劈叉转体时,腿必须靠近脸部;在完成分腿坐肩转 360°成俯撑时,腿在开始阶段必须靠近脸部。

3. 常见错误

整类动作的常见错误有:劈叉姿势时屈腿;劈叉开度不够(小于 180°);伊柳辛或分腿坐肩转 360°成俯撑时转体不完全;横卧劈叉时臀部(骨盆)抬起;劈叉转体时腿不能靠近脸部;劈叉转体、分腿坐肩转 360°成俯撑、伊柳辛时不能展示最大幅度的圆。

七、基本步伐

健美操规则不仅规定了难度动作的类型及种类,还对七种基本步伐提出了特殊的要求。

1. 吸腿跳

上体(头至臀)正直,吸腿(膝关节可用不同角度),脚尖必须伸直,正确的落地技术是从脚尖过渡到脚跟,高、低或超低冲击力。

2. 踢腿

只在髋部前或侧运动(允许一些向外旋转),支撑腿可轻微弯曲,踢起腿必须伸直(脚可绷直或弯曲),高、低或超低冲击力。

3. 开合跳

分腿时,髋部外开,膝关节在同方向弯曲,并腿时,脚可平行落地或外开,并腿动作不可突然(要有控制),落地必须缓冲,高冲击力或超低冲击力。

4. 弓步跳

身体重心必须在两腿之间，脚向前或平行（不能外翻），膝关节在主力腿的脚上面，幅度可变化，脚后跟不需要着地，高、低或超低冲击力。

5. 弹踢腿跳

低的膝关节伸展跑，膝关节和髋关节运动，伸展要有控制（不生硬），高冲击力。

6. 踏步

柔软的脚尖到脚跟落地动作，超低冲击力。

7. 跑跳

髋和膝在一条线上，脚在后面，高冲击力。

第三节　竞技健美操竞赛规则简介

一、总则

1. 比赛项目

(1)我国健美操比赛项目有女子单人，男子单人，混合双人，三人和六人(三男三女)。

(2) 世界健美操锦标赛有女子单人，男子单人，混合双人和三人。2001 年世界健美操比赛将增加团体六人项目，男女不限。

2. 成套动作时间

成套动作的时间为 1′45″，有加减 5″的宽容度。

3. 竞赛场地

(1) 比赛场地　健美操比赛场地为 $7 \times 7m^2$。

(2)赛台　赛台高 100～150cm，后面有背景遮挡，赛台不得小于 $9 \times 9m^2$，并清楚的标出 $7 \times 7m^2$ 的比赛场地，标记带为 5cm 宽的红色带，标记带包括在 7m 宽的场地内，也就是说，标记带是场地的一部分。

(3)座位区　艺术裁判，完成裁判和难度裁判将坐在赛台正前方，视线员座位安置在赛台的 2 个对角，总裁判和裁判长坐在艺术裁判、完成裁判与难度裁判正后方的高台上。

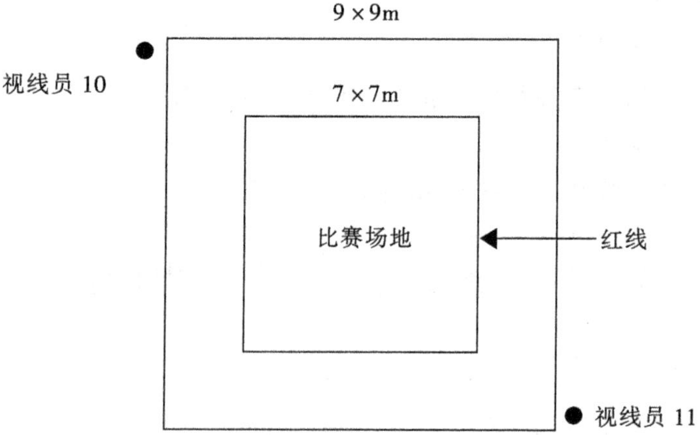

裁判组 A								
艺术 1	完成 4	难度 7	艺术 2	完成 5	难度 8	艺术 3	完成 6	难度 9

裁判组 B								
艺术 1	完成 4	难度 7	艺术 2	完成 5	难度 8	艺术 3	完成 6	难度 9

裁判组 A		总裁			裁判组 B	
计时员	裁判长	成员	主席	成员	裁判长	计时员

(4) 限制　在没有叫到之前，教练员和运动员禁止进入等候场地，在运动员比赛时，教练员必须留在等候场地。教练员和运动员禁止进入裁判区，违反规定者将由裁判长取消其比赛资格。

4. 着装与仪容

(1) 外表　总的感觉应当是整洁大方，头发必须梳系于脑后，鞋带必须系好，不允许使用悬垂饰物，例如：皮带、飘带和花边，也不许使用道具(拐杖、皮筋、重物等)。

(2)着装　女运动员着一件(套)紧身衣和肉色连裤袜，紧身衣可前或后开口，但上下必须在同一处合拢(上部与躯干处不得仅用绳子或带子连接)。不得露肚脐，紧身衣在大腿根部的开口不得超过腰部以上，外面的接缝处必须盖过髂骨脊，禁用带子。男运动员必须着一件(套)连衣裤或背心、短裤及合体的内衣，背心的前后不得开口。任何时候都必须穿着保护下体的短裤。比赛时必须穿整洁的健美操鞋。

(3)饰物　禁止带首饰；可以使用疏散的小亮片。

5. 音乐伴奏

(1)音响设备　音响设备应达到专业水准，包括常规设备和如下特殊装置：运动员专用音箱、常规放音设备以及带音调控制的数码放音设置。

(2)录音　可以使用一首或多首乐曲混合的音乐，也可使用原作音乐和加入特殊音响效果，音乐要录在普通或数码磁带的A面开头。自备两盘比赛用带。

(3)音质　磁带录制必须达到专业化水准。

6. 成绩

(1) 成绩公告与发放　每个裁判员给每个运动员的分数和

最后成绩必须公之于众。在预赛结束后,各参赛协会必须得到完整的成绩复印件,结果中必须标出各裁判员的评分。在整个比赛结束后,各参赛协会还将得到一份完整的成绩公告。

(2)抗议　对评分和结果不接受,可提出抗议。

(3)最后成绩　预赛成绩不带入决赛,决赛中得分高者名次列前。若得分相等,名次将按顺序取决于下列标准:最高艺术分,最高完成分,最高难度分。若成绩仍相等,所有相关运动员将保持他们的同等名次。

7. 出场顺序

(1)抽签　预赛出场顺序由抽签决定,抽签在比赛前六星期由中间人担任。决赛出场顺序由预赛名次决定,得分低者先出场。

(2) 弃权　运动员在开赛叫到后20秒钟不出场,将由裁判长减0.5分,60秒钟后不出场为弃权,宣布弃权后运动员将失去比赛资格。

8. 比赛日程

世界健美操锦标赛大体安排如下:

	第一天	第二天	第三天
	预赛		决赛
下午	男子单人	女子单人	男单/混双
晚上	混双	三人	女单/三人

预赛可在一整天内完成,但不得早于上午9:00开始和晚于22:00结束。比赛日程必须经健美操委员会认可。

二、特殊要求

(一)艺术性

1. 成绩动作艺术性的要求是:充满活力,有创造力,以健美操方式表现动作设计和流畅的过渡动作。

2. 成套动作必须显示身体双侧的力量和柔韧性而不重复同一动作。

(二)完成

1. 任何未按定义完成的动作将被扣分。

2. 混双和三人成套中最多允许四次托举或支撑配合动作,包括开始和结束。

(三)难度

1. 至少有每类难度动作各一个。

2. 最多难度动作为 16 个。

3. 难度分将是 12 个最高难度动作的总分。

(四)成套内容

1. 成套动作必须表现出健美操动作类型(高和低动作的组合)、风格和难度动作的均衡性。

2. 健美操动作的姿态要求是躯干直,呈一直线位置,臂腿动作有力,外形清晰。

3. 合理利用全部空间、地面以及空中的动作。

（五）难度动作

成套动作必须包括下列各类难度动作各一个：

1. 动力性力量
2. 精神力性力量
3. 跳跃(爆发力)
4. 踢腿(动力性力量)
5. 平衡
6. 柔韧

动作的难度任选，但最多不得超过16个，只计算12个难度动作分。

（六）难度动作与分值

1. 结构

难度动作分为以下六类：动力性力量；静力性力量；跳跃(爆发力)；踢腿(动力性力量)；平衡；柔韧。难度动作被分为从A－G七个水平，目前G组为最高难度。

2. 新难度动作及未列入表中的难度动作。

未列入表中的其他难度动作，将由难度裁判现场评价。

难度裁判员只被允许现场评判A－C组新难度动作和已列入表中的A－F组各种难度动作。

高于C组的新难度动作将由健美操委员会在世界锦标赛前八周得到书面申请及动作录像后作出评判，此类申请必须寄至国际体联秘书处，国际体联秘书处将每年公布一次新难度动作表。

现场评判的难度动作和各种已确认的难度动作可被列入难度分。

三、裁判

(一)裁判组成

1. 总裁判　由健美操委员会3名指定成员组成。

2. 裁判组

艺术裁判	3人	裁判号码	1–3
完成裁判	3人	裁判号码	4–6
难度裁判	3人	裁判号码	7–9
视线裁判	2人	裁判号码	10–11
裁判长	1人		
共计	12人		

(二)裁判的职责与减分标准

1. 总裁判

(1)监督整个比赛情况,处理影响比赛进程的违纪情况或特殊情况。

(2) 对在裁判工作中有一项或几项重大失误的裁判作出考虑。

(3)查看裁判员的评分,对在裁判工作中表现不佳或倾向性打分的裁判员提出警告。

(4)更换被警告后仍表现不佳的裁判员。

2. 裁判长

(1)职责

裁判长记录下全部比赛动作。

包括那些未列入难度表中而必须由难度裁判现场评价的动作。这类动作的评价仅限于A－C组，难度裁判必须以裁判长的立场列出所有现场评判动作的草案。

裁判长必须把所有现场评判的动作报告给健美操委员会，委员会予以审核，并列入每年评分规则的难度动作表中。

裁判长负责以下减分：超过四次托举；超过三人的三角高度；表演的中断或停止；时间偏差或错误；20秒钟内未出场；弃权；着装问题；纪律处罚。

(2). 标准

①托举　托举以及完全支撑一个同伴是允许的，但不允许推进。推进是指由同伴抛起或借助同伴力量弹起至腾空位置。腾空是指一个人不触及地面或同伴。

当最后的托举完成，被托举者不允许其身体任何部位接触地面直到成套动作结束。最后的托举可以包括违例动作，但不能腾空。被托举者在完成动作过程中必须与同伴保持接触。

站立托举，例如：一个人托两个人，其造型不能超过两个人的高度。

②动作中断

动作中断是指运动员停止动作2～10秒钟的时间，然后继续做动作。

动作停止是指运动员停止表演并不能继续做动作。

③拖延出场

运动员被叫到后20秒钟内未出场，将由裁判长减0.5分。

运动员被叫到后60秒钟内未出场，将被视为弃权。一旦宣布弃权,运动员将失去本项目的参赛权。

④时间错误

时间偏差是指成套动作的时间太短或太长(1′35″～1′40″或1′50″～1′55″)。

时间错误是指成套动作的时间少于1′35″或多于1′55″，这将导致失去比赛资格。

计时由第一个可听到的声音开始(不包括提醒记号)。

⑤着装问题

运动员出场着装完全不符合规定,将被取消比赛资格。

⑥纪律处罚

警告或取消资格将依据评分规则中有关纪律处罚的规定。

3. 裁判员

A　艺术裁判

职责:艺术质量的评分取决于下列因素:动作设计;表现;音乐;配合。艺术裁判还可予以加分:创造性(独特性)加分,最多1分。

减分标准

1. 动作设计

1.1 健美操特色内容

●成套动作必须包括一系列传统的健美操动作形式，动作和造型必须忠实地表现出健美操的项目特色。

●所有的连接动作,包括难度动作的准备,必须确实表现出健美操特色。

减分

●其他形式的动作和造型（例如:健美操风格动作、芭蕾手型等)每次扣0.2分。

●难度动作前后的过渡动作没有很好地表现健美操风格每次扣0.2分。

1.2 过渡动作或连接动作

●流畅地连接健美操基本步伐、动作组合、难度和托举的能力。

●灵活和流畅的空中、地面相互转换。

减分

●健美操基本步伐、动作组合、难度和托举的连接不流畅每次扣0.1分。

●空中、地面动作的转换缺乏灵活和流畅每次扣0.1分。

1.3 多样性

●成套动作中必须展示出不同形式的健美操特色的上、下肢动作。

●成套动作中必须表现出不同节奏的动作，以及与之完美结合的动作。

●成套动作中的运动形式与难度动作的选择必须均衡，在强调力量或柔韧时，展示肢体的一侧，也要展示同等难度水准的另一侧。

减分

●重复相同的健美操操化动作，相同的过渡路线。

●只用一种基本的音乐节奏。

●选择相同级别的难度动作，或缺乏展示不同身体部位的难度动作(上肢或下肢)。

1.4 比赛场地的使用

●成套动作必须充分体现对场地三维空间的运用。

●至少有五种方向的移动(前、后、侧、对角、弧线)。

减分

●成套动作没有充分体现三维空间面的运用 2×8 拍扣 0.1 分。

●没有使用五种不同的移动方向及图中阴影部分(见图)每一方向、每一区域扣 0.2 分。

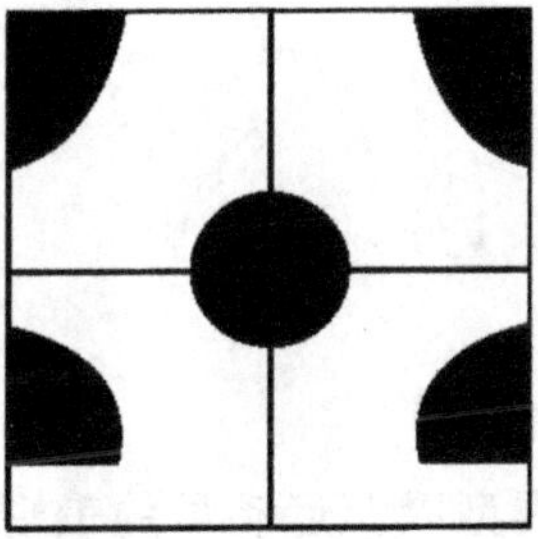

1.5 开始与结束

成套动作的开始与结束的 8 拍动作必须合适地、很好地和整套动作与音乐连接和融合在一起。

减分

不适宜的开始与结束动作，开始与结束动作没有被很好地连接,结束动作准备过程超过 1×8 拍,每次扣至 0.2 分。

2. 表现

2.1 表现力

运动员通过自己的活力、热情、技巧和外貌来吸引观众的能力。

减分

缺乏表现力(缺乏热情与活力)共扣0.5分。

2.2 感染力

运动员持续感染观众的能力（眼睛的交流、面部表现与体能)。

减分

缺乏感染力每次扣0.1分。

2.3 自信

具有自信的表现。

减分

缺乏自信每次扣0.1分。

3. 音乐

3.1 音乐的适宜性

●动作的风格与类型以及运动员的表现必须和音乐的特色完美结合;风格、节奏、乐句、重音、高低音、乐器、音响效果以及方式。

●音响效果必须是高质量的，并有足够的音量和运动员的成套动作相配合。

减分

●动作风格与运动员表情和音乐类型、特征不符，最多扣0.5分。

●音响效果质量差或音响效果与音乐和动作不适宜，每次扣0.2分。

3.2 时间

运动员的动作必须与音乐相符,并配合乐句。

减分

动作与音乐不符每次扣 0.1 分；未配合乐句每次扣 0.1 分。

3.3 质量

音乐的录制必须是高质量的。

减分

录音质量差,扣至 0.5 分。

4. 配合

●两名或三名运动员之间的动力性配合必须至少出现两次。运动员之间的配合要求默契，成套动作必须融合所有成员(混双或三人)的创造性并注重质量。

●必须充分利用多人优势(地面组合的变化,位置变化形成的队形、托举、造型等)。

●在完成各种步伐和难度动作时,必须充分利用地面组合、各队型、场地、位置、距离和空间。

●托举与支撑必须流畅地完成,不可打断成套动作。

减分

运动员之间缺乏配合扣 0.2 分;少于 5 个(三人)与 3 个(双人)队形共减 0.2 分。

●在完成健美操步伐和难度动作时，未合理使用各队形和地面动作、场地位置、距离和空间,每 3×8 拍扣 0.1 分。

●间断完成托举、支撑动作每 1×4 拍扣 0.1 分。

5. 加分和标准(创造性)

●整套动作必须是令人难忘的和与众不同的。它必须是表现力、音乐、动作设计和配合的独特的、创造性的结合。

●创造新的移动、过渡动作、托举或支撑。

●特殊的、创造性的、独一无二的表现力，成套动作的风格与类型是创造性的和独特的。

加分

●整个成套动作的编排表现出独创的音乐内涵与独特的动作设计，共加 0.4 分。

●创造性的表现和表现力，共加 0.2 分。

●新的移动、托举、支撑、双人和三人间创造性的配合，每次加 0.2 分。

●成套动作中任何部分的新连接。

2×8 拍的新的健美操动作组合。

总共加分不得超过 1.0 分。

评分

艺术质量的评分是减分制。例如：从 10 分开始，对艺术错误进行减分。

创造性的评分是加分制，从 0 分开始加分，但最高限于 1.0 分。

B 完成裁判

职能　完成裁判的评分取决于下列各项：

协调性；强度、技术技巧；一致性(双人和三人)。

标准和减分

1. 协调性

无错误地完成复杂的健美操步伐、动作组合的能力。协调性根据整套动作评定。

协调性取决于下列标准：

●包括身体的部位：身体部位与关节在动作组合中参与的越多，被视为难度越大。身体的部位包括：头、上臂、前臂、躯干、腿和脚。

●不对称动作：头、双臂和双腿同时做相互不同的动作。不对称动作可用下列方式创造：

(1)面：双臂和双腿以不同的面运动。

(2)速度变化：双臂和双腿或身体其他部位以不同的速度运动。

(3)反向运动：两臂之间、两腿之间或臂与腿之间向相反方向运动(前、后，弯曲、伸展，向下、向上)。

(4)方向变化：在移动和完成复杂的动作组合以及一串动作的同时，转向另一方向。

减分(协调性)：

●不同身体部位的静止，头、手、臂或腿的非积极性运动；手和腿缺乏连续运动，每 1×8 拍扣 0.1 分。

●缺乏不对称动作(面、速度和相反方向运动)，每 1×8 拍扣 0.1 分。

●移动时总是面对同一方向，每 1×8 拍扣 0.1 分。

2. 强度

强度取决于下列因素：

(1)动作频率：以高速度完成动作，展示做复杂、快速和突然的新动作的能力。

(2)速度、幅度(有关动作范围的速度)：以高速度和大幅度完成动作。

(3)耐力：在整套动作中(无间歇)保持心血管系统运动强度

的能力。

(4) 肌肉运动：做动作时收缩肌肉的用力程度和这种用力(等张和等长收缩及小腿肌肉负荷)的重复。在成套动作中应有控制地完成动作。

(5)重力(抵抗重力的运动)：爆发力、腾空高度，特别是完成连续的空中动作时。

移动：当连续完成难度、健美操步伐和动作组合时，从一个地方移动到另一个地方。

减分(强度)

①动作的低频率，每 2×8 拍扣 0.1 分。

②缺乏强度或速度，以低或超低强度做动作，每 2×8 拍扣 0.1 分。

③降低动作强度，每 2×8 拍扣 0.1 分。

④运动范围过小(短杠杆)，每 2×8 拍扣 0.1 分。

⑤缺乏爆发力和腾空高度，每次扣 0.1 分。

⑥未在移动中完成难度动作、健美操步伐与健美操动作组合，每 2×8 拍扣 0.1 分。

3. 技术技巧

以最少的体力和时间完成最精确的动作。

3.1 姿态

在完成难度动作、困难的健美操步伐、动作组合和连接动作时，保持正确身体姿态的能力。

●躯干、腰、小腹的位置和稳固性，以及腹肌的收缩。

●上体的姿态，颈、肩、头和手臂相对于脊柱的位置。

●脚相对于踝、膝和髋关节的位置。

●所有关节的正确位置。

●脊柱的直线、平衡和有控制的姿态，以及相对于脊柱的身体重量的正确分配。

3.2 准确性

动作范围和完成程度的一致性。

在完成动作时，肌肉必须有控制地收缩与放松。

●动作幅度大并交代清楚开始与结束。

●动作方向的完美控制。

●动作缓冲阶段的控制，不可落地无缓冲或直腿起跳。

3.3 平衡(动力性力量与静力性力量)

●在难度动作、过渡动作、起跳与落地以及健美操动作组合中应保持正确的平衡。

●静力性平衡动作与静力性力量动作必须保持2秒钟。

减分(技术技巧)

①小错误，每次扣0.1分。

②中错误，每次扣0.2分。

③大错误，每次扣0.3分。

④失误，每次扣0.5分。

小错误是指几乎没有错误，微小的错误与轻微地偏离正确的完成。

中错误是指明显地偏离正确的完成。

大错误是指严重地偏离正确的完成。

姿态

各部位的不正确姿态：背、腰、小腹、头、颈、肩、臂、手、腿、膝、足、全部关节(过分伸展与过分弯曲)、腹肌收缩。

准确性

①动作缺乏清晰的开始与结束。

②动作方向不清楚或不准确。

平衡

①失去平衡。

②静力性动作的完成时间不足。

4. 一致性(混双和三人)

作为一个整体完成所有动作的能力。

在时间上和技巧上能充分配合地完成动作。

(1)技巧:以同一运动范围、动作幅度、腾空高度和准确性完成动作的能力。

(2)一致与均衡的运动强度。

减分

①运动范围不一致(力量、柔韧、幅度、准确性),每次扣0.1分。

②缺乏一致与均衡的运动强度,每次扣0.1分。

评分

完成情况以扣分的方式评分,例如:从10分起评,根据错误程度减分。

C 视线员

职责 出界由坐在场对角的视线员评判,每一视线员负责两条线。标志带是比赛场地的一部分,因此触线是允许的,但身体任何一部位接触线外的地面将被减分。肢体在空中出线不予扣分。

减分

任何运动员单独或与他人一起触及线以外的场地，每次扣0.5分。

D 难度裁判

职责　难度裁判记录所有的难度动作，并对每一个完成的难度动作给予评价。评价参照裁判指南的最低要求给出。数出难度动作的数量并给出12个最高难度的分值，对违例动作、难度动作缺类以及超过16个以上的难度动作予以减分。

标准

1. 难度动作的评价

分值根据难度动作表评定（仅限于达到裁判指南所述最低要求的难度动作），未列入难度表的动作将现场评定（仅限A－C组）。

对于高于C组的难度动作，应在赛前八周以书面形式提出申请，并将动作录像交与国际体联秘书处，由健美操委员会予以评定。

对混双和三人也适用上述标准。但难度动作必须同时或依次完成，并且运动员之间无接触。所有运动员必须以同方向或不同方向完成同一难度动作。如果以不同方向做，镜面动作将被认为是同一难度动作。

2. 违例动作

违例动作在评分规则的违例动作表中列出，或者根据如下准则：

(1)不利于健美操运动未来发展的其他项目的表现形式。

(2)脊柱无支撑的过度伸展；任何时候都应保持脊柱的自然曲线。

3. 超过16个难度动作

超过16个难度动作以上的每一个难度动作都将给予减分，难度数量只包括那些具有分值的难度动作。

4. 难度动作的缺类

六类难度动作中，每缺一类将予以减分(只有有分值的难度动作才算数量)。

减分

违例动作每个扣1.0分；动作缺类，每类扣1.0分；超过16个难度动作，每超过一个扣1.0分。

评分

1. 难度动作根据难度水平给分。

2. 12个最高难度分相加：

对男单、女单、混双和由三名男运动员组成的三人，总分将被2除；

对由一名女运动员和两名男运动员组成的三人，总分将被1.8除；

对由三名女运动员或由两名女运动员和一名男运动员组成的三人，总分将被1.7除；所得结果即为难度分。得分保留小数点后三位。

3. 违例动作、缺类动作以及超过16个难度动作的减分相加被2除为难度裁判减分，减分保留小数点后两位。

四、评分

(一)一般原则

1. 艺术质量分　去掉最高分与最低分，所剩分数为最后艺术质量分。

2. 创造性加分　去掉最高分与最低分，所剩分数为最后创造性加分。

3. 完成分　去掉最高分与最低分，所剩分数为最后完成分。

4. 难度分　去掉最高分与最低分，所剩分数为最后难度分。

5. 总分　艺术质量分、创造性加分、完成分与难度分相加为总分。

6. 最后得分　从总分中减去难度裁判、视线员与裁判长减分为最后得分；若一名裁判未给分或根本未打分，平均分将取代遗漏分数。

（二）评分方法

艺术质量分是按照减分的方法评分，从 10 分起评，对每个艺术错误给予减分。

创造性加分是按照加分的方法评分，从 0 分起评，但最多不得超过 1.0 分。

完成分是按照减分的方法评分，从 10 分起评，对每个完成错误给予减分。

难度分是按照加分的方法评分，从 0 分起评。

减分从总分中扣除。

(三)评分表

1. 得分

	单人	混双和三人
艺术质量分		
每名裁判的最高分值	10	10
创造性加分		
每名裁判的最高分值	1	1
完成分		
每名裁判的最高分值	10	10
难度分		
例如:难度分为:	2. 10	1. 941
总分	23. 1	22. 941

2. 评分例样

	1 号裁判	2 号裁判	3 号裁判	得分	
艺术质量分	8. 5	8. 0	8. 3	8. 3	=8. 3
创造性加分	0. 4	0. 6	0. 4	0. 4	=0. 4
完成分	9. 1	9. 2	8. 8	9. 1	=9. 1
难度分	1. 944	2. 0	1. 944	1. 944	=1. 944
					总分 =19. 744
难度裁判减分	1. 0	1. 0	1. 0	1. 0	= -1. 0
出界	1 ×0. 5				= -0. 5
时间	OK				
超过四次托举	1 ×1. 0				= -1. 0
着装错误	1 ×0. 5				= -0. 5
					最后得分 =16. 744

五、违例动作与纪律处罚

1. 违例动作

健美操以起源于健身健美操的七种基本动作为基础。为了保持健美操的项目特点，下列来自其他项目的动作或相似的变化被禁止使用：

A 体操动作

桥；躯干后屈；前滚翻及鱼跃前滚翻；倒立；前软翻或前空翻；侧手翻或侧空翻；踺子；屈伸起（头或颈）；前手翻；后手翻；旋子；空翻（各式）；托马斯全旋（> 1 周）；双腿全旋（> 1 周）

B 艺术体操和舞蹈动作

挺身跳；劈叉后屈体跳；鹿结环跳；站立后扳腿劈叉；接环平衡；转体（> 2 周）；膝转；颈转；背转（> 1 周）

C 技巧动作

推进同伴

D 武术动作

侧踹；抽踢

E 其他

飞空死螺旋；躺地翻臀；跪足尖起

2. 纪律处罚

A 警告

对以下情况予以警告：

- 出现在禁止场地
- 赛台上的不适当举止
- 不尊重裁判员与官员

●非运动员举止

●开闭幕式未穿本国出场服

运动员第一次违反规定将给予警告，第二次将被取消比赛资格。

B 取消资格

以下情况将被取消资格：

●着装严重违反规则规定。

●严重违反国际体联章程、技术规程和评分规则。

●音乐时间少于1′35″或多于1′55″。

●动作停止。

●弃权。

六、特殊情况

以下被视为特殊情况：

●播放错音乐带。

●由于音响设备而出现的音乐问题。

●由于设备问题引起的干扰——灯光、赛台、会场。

●其他任何异物进入比赛场地。

●运动员责任外的特殊情况而引起的弃权。

运动员在遇到以上任何特殊情况发生时，应立即停止做动作，若比赛以后提出抗议将不被接受。

根据裁判长的决定，运动员在问题解决后可重做，原先分数无效。

上述情况以外的问题，将由总裁判根据情况解决。总裁判的决定为最后裁决。

七、健美操比赛常用速记符号

(一)基本规定动作符号

1. 开合跳：
2. 俯卧撑：
3. 仰卧起坐：
4. 高踢腿：

(二)特色、难度动作

1. 八拍组合：8
2. 高腾空跳：△
3. 劈叉：

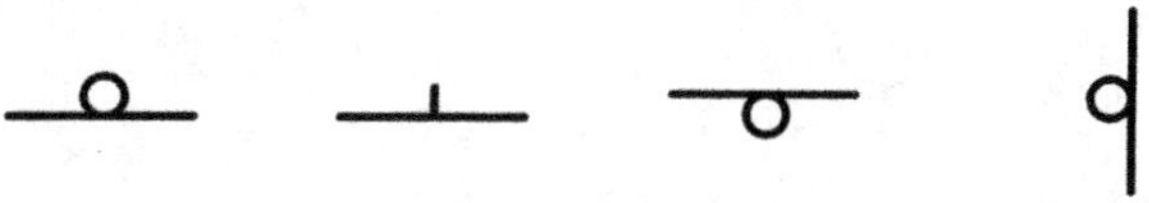

纵叉　横叉　仰卧叉　站立分腿

4. 俯卧撑：

单臂　移动　飞起　分叉　波浪

5. 支撑：

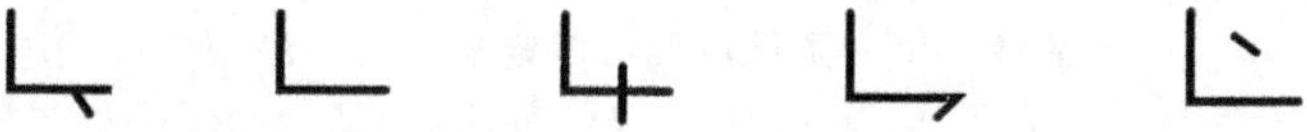

侧撑　直角并腿　直角分腿　交叉腿　分腿撑

(三)一般动作符号

1. 转体：

360°　　720°　　720°以上　　跳转

2. 踢腿：

剪绞踢腿　　踢腿方向变化

3. 违例动作： 

4. 平衡： 

5. 连接类　…+…例 

(四)完成情况

力度　　幅度　　准确性　　熟练性

S　　=　　⊥　　…

灵活性　　一致性　　落地　　停顿

(五)体型

▽	∝	(〉
健美型	一般型和瘦弱型	粗壮型和肥胖型

(六)编排

||	□	𝄞
素材单调重复	场地利用	音乐

(七)其他

↑↓	m
表现力	优美性

第四节　等级健美操动作及评分

一、三级健美操规定动作

预备动作:背向、两脚开立、稍宽于肩

第一个八拍(图 3－1)(第一线 5×8 拍)

1－2 拍经半蹲,重心右移,以右脚为轴向左转体 180°,同时

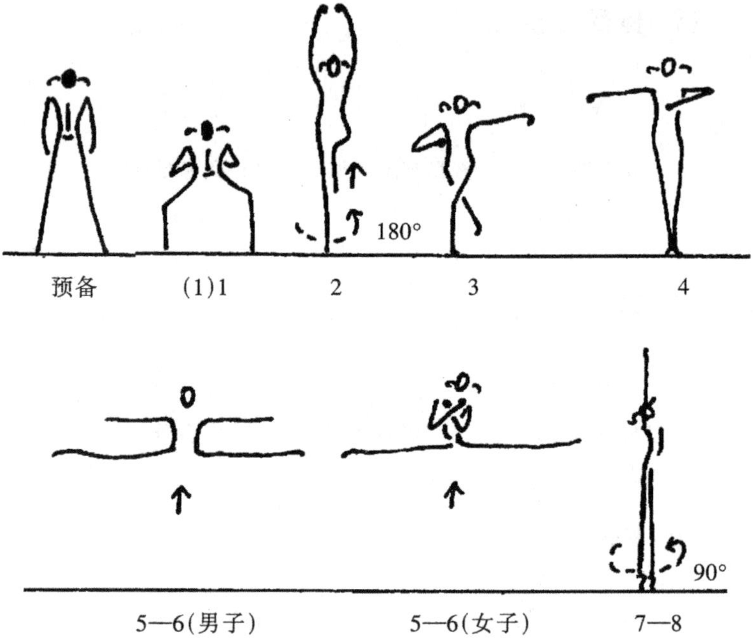

图 3－1

提左膝,大腿与地面平行,左脚尖靠于右膝内侧,右脚提踵,两臂经肩侧屈至上举,握拳,拳心相对。

3 拍左脚向前一步,同时右脚掌点地,两膝稍屈,左臂侧举,右臂胸前平屈,拳心向下。

4 拍右脚上步成直立,同时左臂胸前平屈,右臂侧举。

5－6 拍男:原地屈体分腿跳,同时两臂侧举,掌心向下,上体稍前倾;女:向右转体 45°,同时右腿在前原地纵分腿跳,两臂胸前屈交叉,握拳,拳心向内。

7－8 拍男:向左转体 90°;女:左转 135°成直立,同时两臂上举，掌心向前。

第二个八拍(图 3 - 2)

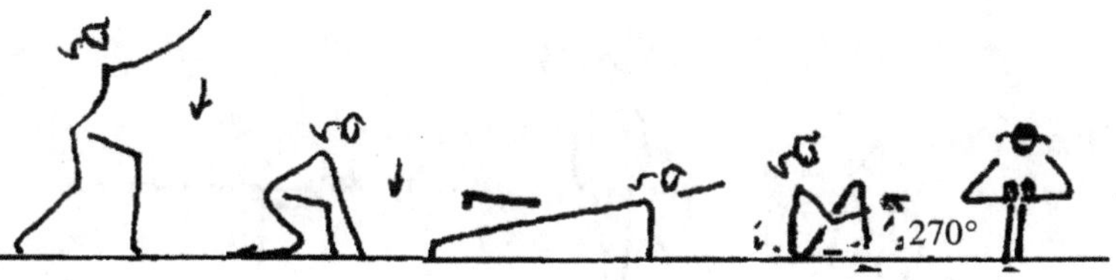

图 3 - 2

1 - 2 拍左脚向前一步屈膝成单膝跪立，同时两臂经前落下至手触地，低头。

3 - 4 拍向右转体 90°跳成右臂支撑的分腿俯撑，两脚稍宽于肩，同时左臂前上举，五指分开，掌心向下，抬头。

5 - 8 拍向右侧坐接左臀转体 270°，同时两臂经侧至胸前抱膝，低头含胸。

第三个八拍(图 3 - 3)

1 - 2 拍左腿向侧伸直，脚面向上，右腿向侧屈膝坐成半劈腿，同时两臂经前至侧举，掌心向上。

图 3 - 3

3－4 拍成左手在体前，右手在体后的半劈腿支撑。

5－8 拍保持支撑姿势。

第四个八拍（图 3－4）

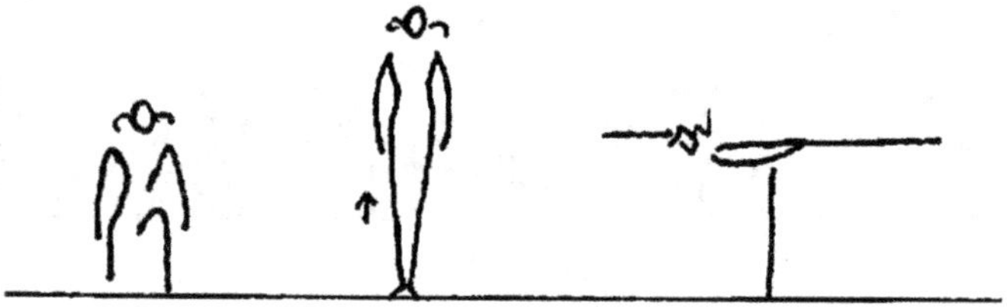

图 3－4

1－4 拍屈膝下落，左脚向前一步成直立。

5－8 拍以右脚为轴向右转体 90°，左腿后举成水平俯式平衡，头与身体成一直线，同时右臂经前至上举，掌心向下，左臂贴于体侧。

第五个八拍

过渡（图 3－5）

1－2 拍向左转体 90°，落左脚成开立，同时两臂前上举屈

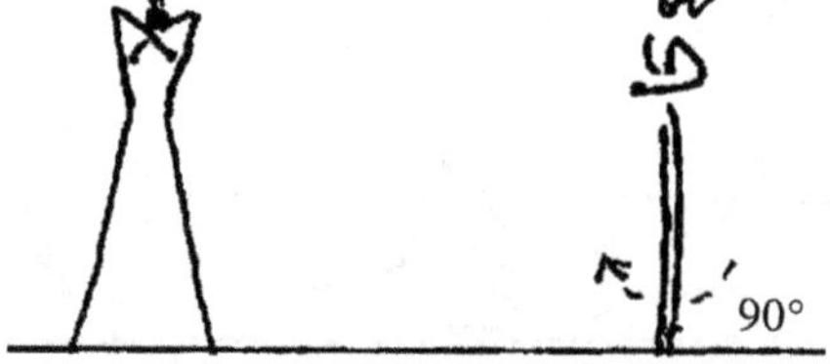

图 3－5

肘，头前交叉，握拳，拳心向前。

3－4 拍收左脚同时向右转体 45°成直立，两臂腰侧屈，两手握拳，拳心向上。

第六个八拍(第二线 1×8 拍)(图 3－6)

1－2 拍后屈膝跳同时两臂经肩侧屈至上举握拳，拳心相对。

3－4 拍左脚向左一步稍屈膝，右脚侧点地(拖步)，同时左臂胸前平屈，右臂侧下举，两手五指分开，掌心向下，头向右转。

5－6 拍向左转 45°，右脚开始向前方走两步，同时左臂经前水平摆至腰侧屈，右臂经头水平绕至侧下举。

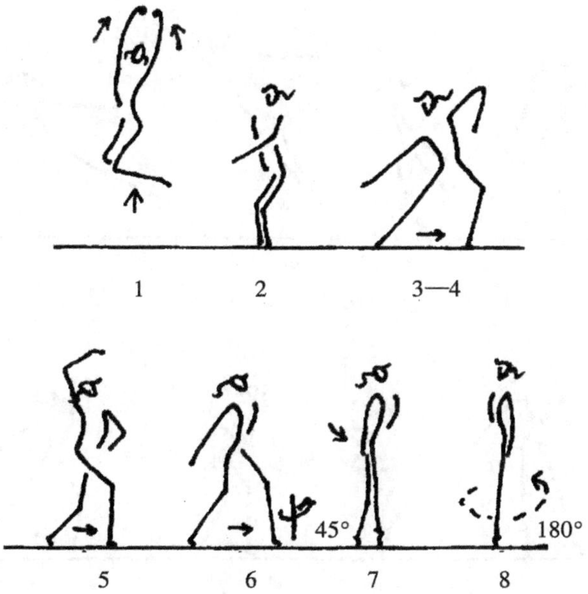

图 3－6

7－8 拍右脚向前一步，左脚并于右脚，同时向左转体 180°成直立,立踵,两臂垂于体侧。

第七个八拍(第三线 1×8 拍)(图 3－7)

1－2 拍左腿开始向前走两步,同时两臂前后摆动。

3 拍左脚屈膝上步,同时向左转体 90°,右腿侧摆,蹬地击足跳一次,同时左臂侧上举,右臂侧举,两掌心向下。

4 拍左脚落地稍屈膝,保持其他部位姿势。

5－6 拍向右转体 90°,右脚上步屈膝提左膝,大腿与地面平行,左脚尖靠于右膝内侧,左臂经上、前至腰侧屈,右臂腰侧屈,两手握拳,拳心向上,低头含胸。

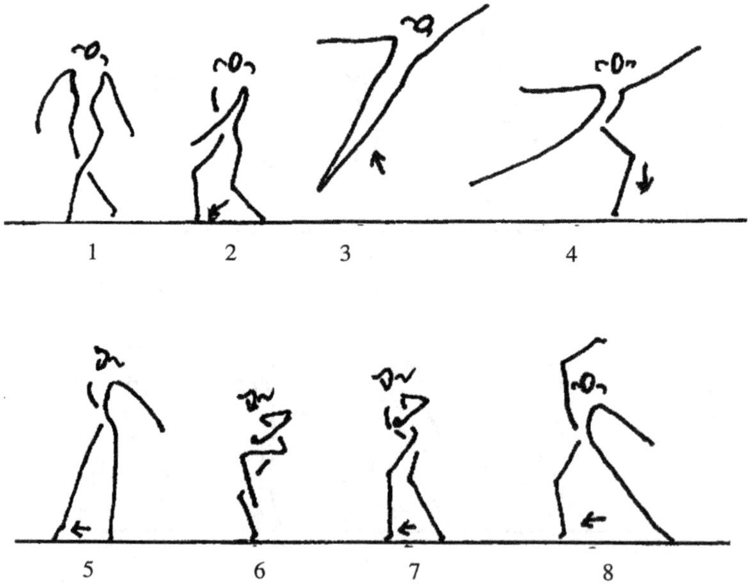

图 3－7

7－8 拍左脚向前半步，右脚再向前一步成前弓步，左脚尖点地，同时左臂侧下举，右臂侧上举向内屈肘手至头上。

第八个八拍（第四线 2×8 拍）（图 3－8）

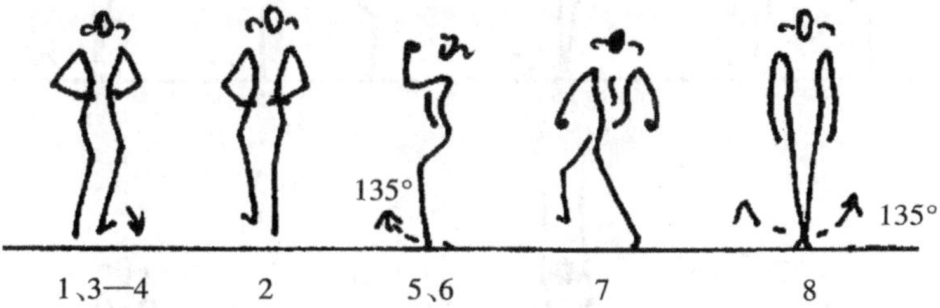

图 3－8

1 拍右脚向后小跳一次，左膝向前屈伸一次（勾脚），同时两手叉腰。

2 拍同 1 拍，方向相反。

3－4 拍同 1 拍动作。

5－6 拍两腿半屈膝小跳两次，同时向右转体 135°，两臂胸前屈，前臂向上，两手握拳，拳心向后。

7 拍右脚向前一步，同时两臂后摆，拳心相对。

8 拍以右脚为轴向左转体 135°，左脚并于右脚成直立，同时两臂自然下垂，掌心向内。

第九个八拍（图 3－9）

1 拍跳成分腿半蹲，同时左臂侧举，拳心向下。

2 拍跳成并立，同时左臂肩侧屈，前臂上举，拳心向内。

3 拍跳成分腿半蹲，同时右臂侧举，握拳，拳心向下。

4 拍跳成并立，同时右臂肩侧屈，前臂向上，拳心向内。

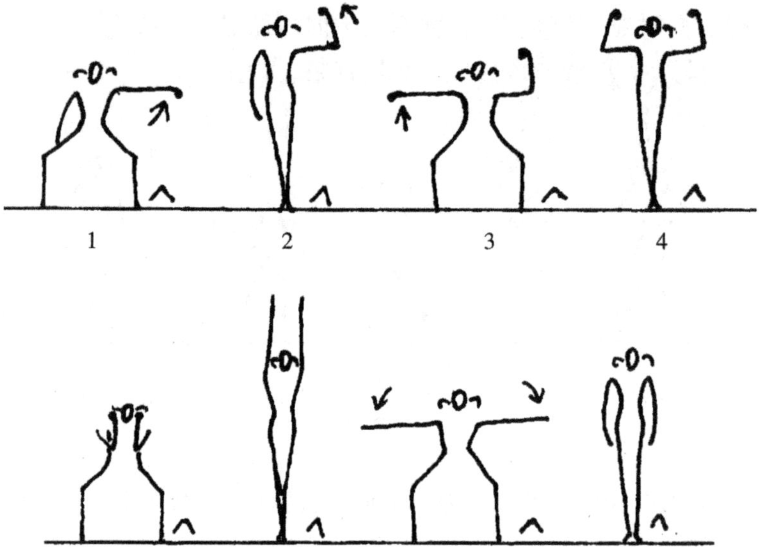
1 2 3 4 5 6 7 8

图 3－9

5 拍跳成分腿半蹲，同时两臂胸前屈，前臂向上，拳心向后。

6 拍跳成并立，同时两臂上举，五指并拢，掌心相对。

7 拍跳成分腿半蹲，同时两臂侧举。

8 拍跳成立正姿势。

第十个八拍（第五线 2×8 拍）（图 3－10）

1－2 拍由左脚开始向前做一次跳跃华尔兹步，左脚并于右脚成前后提踵立，同时两臂经前至侧举，掌心向上。

3 拍左脚小跳一次，同时右腿向右前方大踢，掌心向前。

4 拍左脚小跳一次成立正姿势，落右腿。

5－7 拍左脚向左侧一步，微屈膝，右腿在左腿后交叉，稍屈

图 3－10

膝，左脚再向侧一步（侧交叉步），同时两臂由右向左水平摆动，五指分开，掌心向下。

8 拍以左脚为轴向左转体 90°，同时收右脚成直立，两手腰侧曲，握拳，拳心向上。

第十一个八拍(图 3－11)

1 拍左脚小跳一次，同时右腿向前大踢，两臂前举握拳，拳心向下。

2 拍向右跳转 90°成右脚在前的两腿屈膝半蹲，同时左臂上举，右臂下举，变掌，两掌心向内。

3 拍左腿向左侧大踢，同时右脚小跳一次，左臂向下摆至体

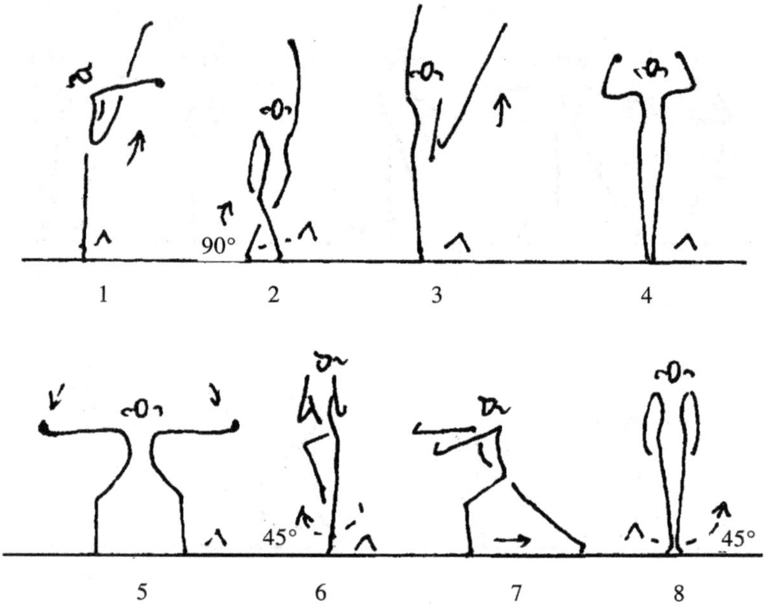

图 3－11

侧,右臂经前摆至上举。

4 拍跳成直立,同时两臂肩侧屈,两手握拳,拳心向内。

5 拍跳成分腿半蹲,同时两臂侧举,拳心向上。

6 拍左脚向右跳转 45°,提右膝,大腿与地面平行,同时两臂肩侧屈,掌心向前。

7 拍左脚小跳一次,屈膝,右腿后伸成前弓步,同时两臂前伸至前举,掌心向前。

8 拍向左跳转 45°成立正姿势。

第十二个八拍(第六线 1×8 拍)(图 3－12)

1 拍向后跳成分腿半蹲,同时两臂肩侧屈,两手握拳,拳心向

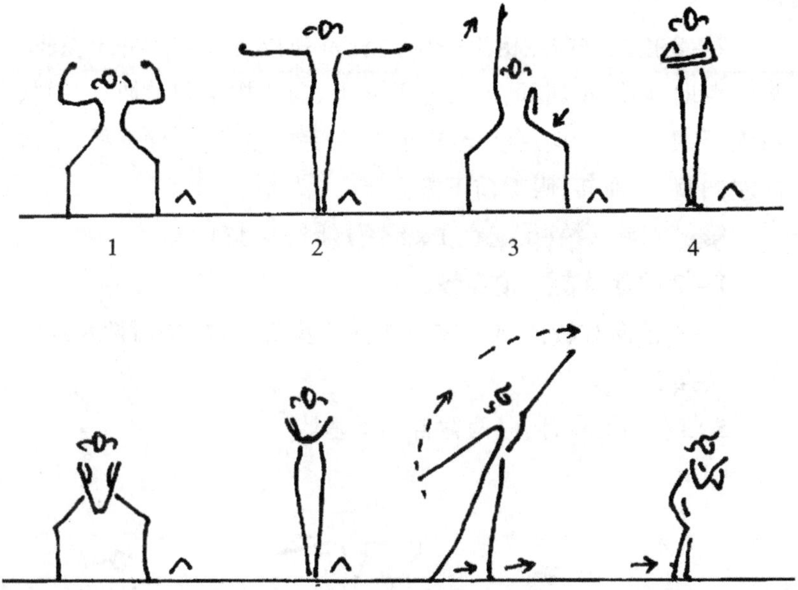

图 3－12

内。

2 拍向后跳成并立,同时两臂侧举,拳心向上。

3 拍向后跳成分腿半蹲,同时左臂前举,右臂上举,五指并拢,掌心向内。

4 拍向后跳成并立,同时两臂成右臂在上重叠的胸前平屈,掌心向下。

5 拍向后跳成分腿半蹲,同时两臂在体前向下伸直,右手握左手,掌心向下。

6 拍向后跳成并立,同时两臂前举,右手握左手背,掌心向前。

7－8 拍左脚向左侧出一步，重心移向左腿，右脚并于左脚，脚尖点地，两腿稍屈膝，同时左臂向上、向前摆至胸前屈，左手扶右腋下，右臂经下向后绕至胸前屈，右手扶左肩，两臂重叠，上体向左侧倾，头左转，眼看前下方。

第十三个八拍(第七线 1×8 拍)(图 3－13)

1－2 拍保持前一拍姿势。

3－4 拍向右转体 90°，左脚向前并步跳一次，同时两臂经体前交叉摆至侧举。

5 拍左脚上步，同时两臂自然下垂。

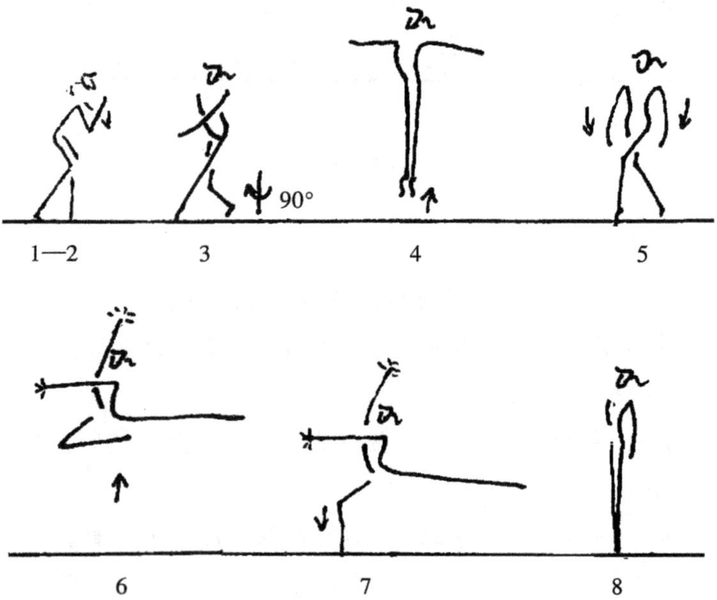

图 3－13

6 拍右脚在前的鹿跨跳，同时左臂前举，右臂上举，五指分开，掌心向内。

7 拍右脚落地屈膝缓冲，左腿后举，手臂保持不动。

8 拍左腿并于右腿成立正姿势。

第十四个八拍(第八线 2×8 拍)(图 3-14)

1-3 拍向左转体 45°，左脚向侧做后交叉步，同时两臂由肩侧屈向上经前下摆，两手五指分开，掌心向前。

4 拍向左转体 45°，右腿并于左腿成直立，同时两手在胸前击掌，两肘稍外开。

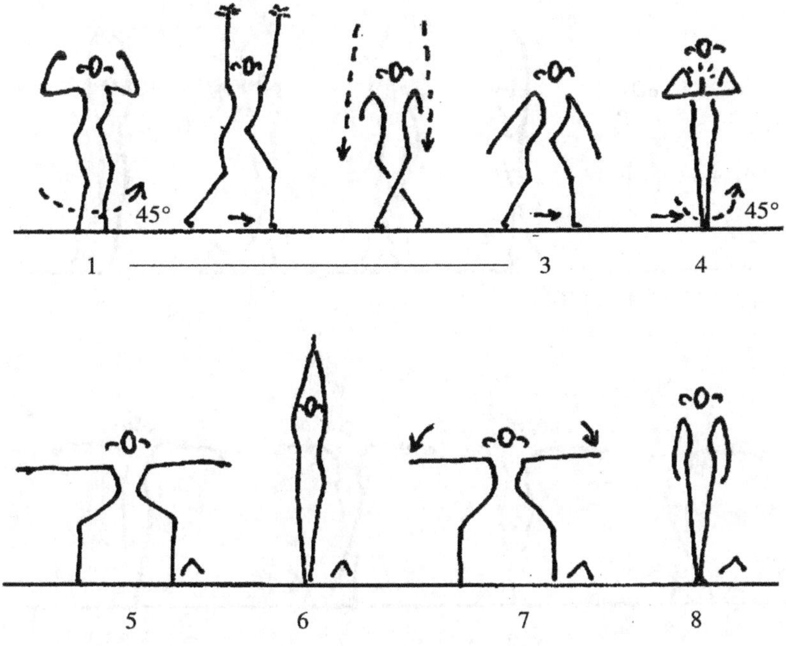

图 3-14

5 拍跳成分腿半蹲，同时两臂侧举。

6 拍跳成并立，同时两臂上举于头上击掌。

7 拍同 5 拍。

8 拍跳成立正姿势。

第十五个八拍

同第十四个八拍，方向相反，但第 1 拍向左转体 45°，第 8 拍跳成右脚站立，左腿向后屈膝，同时两臂腰侧屈握拳，拳心向上。

第十六个八拍(图 3－15)

1 拍右脚向前小跳一次，同时向左转体 45°，左腿向右前下

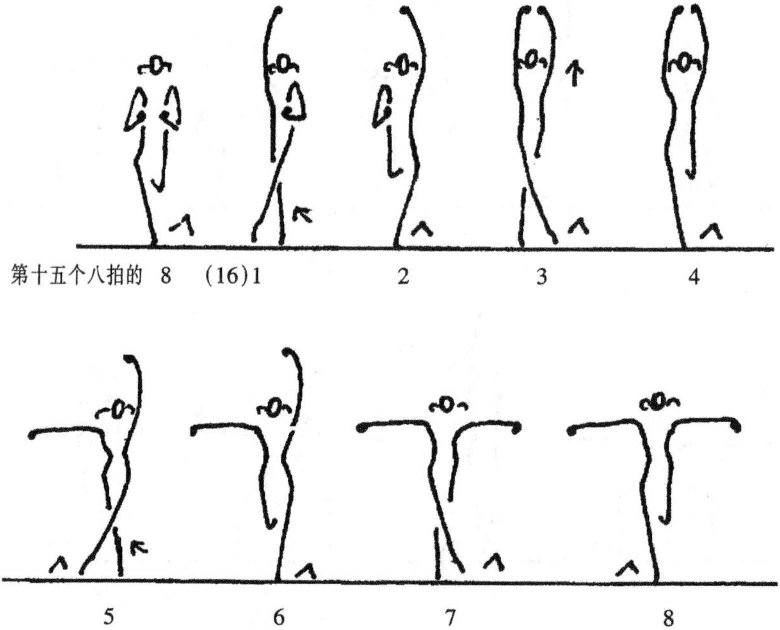

图 3－15

方弹踢,右臂经肩侧屈上举,拳心向内,左臂腰侧屈。

2 拍左脚落地同时右腿向后屈膝,臂同 1 拍,方向相反。

3－4 拍下肢同 1－2 拍，方向相反，同时右臂经肩侧屈上举,拳心向内。

5－6 拍下肢同 1－2 拍,同时右臂经胸前平屈摆至侧举,拳心向下。

7－8 拍下肢同 3－4 拍,同时左臂经胸前平屈摆至侧举,拳心向下。

注:做弹踢同时向场地左前角移动。

第十七个八拍(图 3－16)

1 拍以右脚为轴向左跳转 45°, 同时左腿经后屈膝向侧弹踢

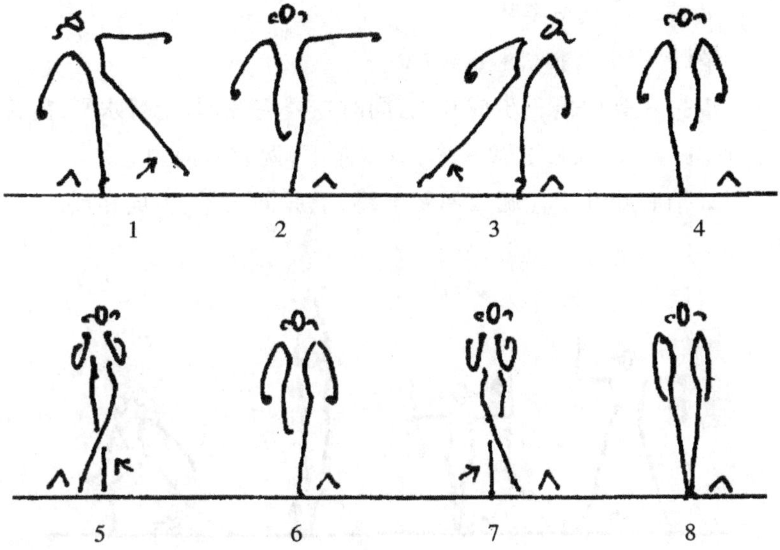

图 3－16

一次，两腿夹角45°，右前臂旋内至下举，拳心向后，头左转。

2拍左脚落地，同时右腿向侧后屈膝，左前臂旋内至侧举，拳心向下。

3拍左脚小跳一次，同时右腿经侧后屈膝向右侧弹踢一次，两腿夹角45°，左前臂绕至侧下举，右臂保持不动，头右转。

4拍右脚落地同时左腿向后屈膝，同时两臂下举，拳心相对。

5拍右脚小跳一次，同时左脚向前弹踢一次，两臂前摆至胸前屈，前臂靠紧上臂，拳心向后。

6拍左脚落地，同时右腿向后屈膝，两臂经前向后摆，拳心相对。

7拍同5拍，方向相反。

8拍跳成立正姿势。

第十八个八拍(图3-17A)

1拍左脚向侧一步成开立，同时左臂肩侧屈，上臂水平，前臂上举，右臂肩侧屈，上臂水平，前臂向下，两掌心向内。

2拍右腿并于左腿成屈膝半蹲，上肢同1拍，方向相反。

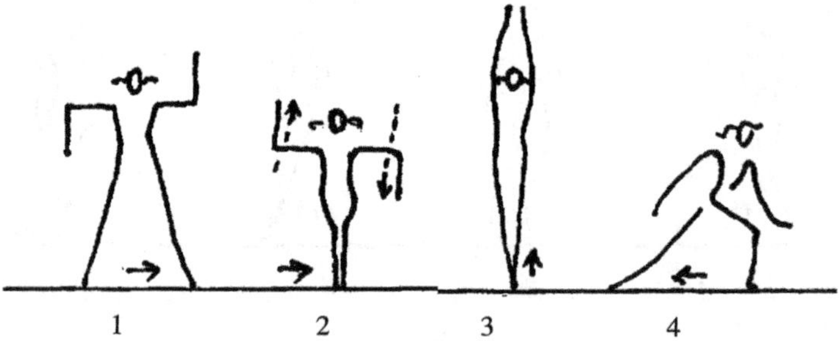

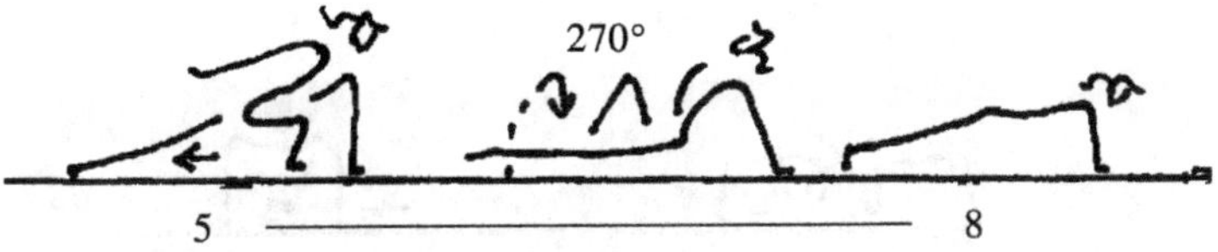

图 3－17A

3 拍提踵直立，同时两臂上举，掌心相对。

4 拍左腿向右后方伸出，右腿屈膝，同时上体前倾右转 90°，左臂前下伸，右臂侧下举。

5－8 拍左手撑地向右转体 270°，两臂依次支撑，两腿并拢成俯撑，手指向前，身体自然平直，头颈以背延长姿势前伸。

第十九个八拍俯卧撑一次（图 3－17B）

1－4 拍双臂屈，身体保持正直。

5－8 拍双臂推起成俯撑。

第二十个八拍同第十九个八拍。

图 3－17B

第二十一个八拍(图 3-18)

图 3-18

1-4 拍左手、左脚同时向左移动半肩宽成屈臂分腿俯卧。

5-8 拍右手、右脚同时向左移动推起成并腿直臂俯撑。

第二十二个八拍(图 3-19)

1-2 拍收腿成双膝跪，两手膝前撑地，上体稍前屈，低头含胸。

3-4 拍立上体同时向右转体 90°，左臂胸前平屈，掌心向内，右臂侧举，掌心向下。

5-7 拍以肩带动立腰向左转体 360°成直立，同时两臂经侧

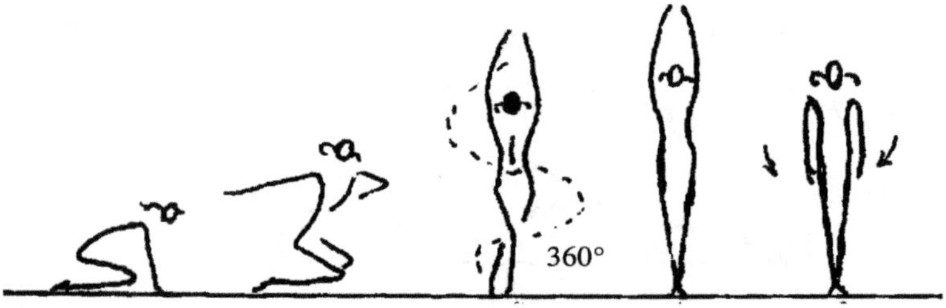

图 3-19

摆至上举，两臂自然弯曲，掌心相对。

8 拍两臂经侧落至下垂。

第二十三个八拍(第十线 2×8 拍)(图 3－20)

1 拍右脚向后跳半步成右腿支撑，左腿在前屈膝点地，同时两臂经前举交叉摆至左臂侧举，拳心向下，右臂肩侧出，拳心向内。

2 拍跳成直立，同时两臂前举，拳心相对。

3 拍左脚小跳一次，右腿向前方大踢，两臂侧举，五指分开，掌心向前。

4 拍跳成立正姿势。

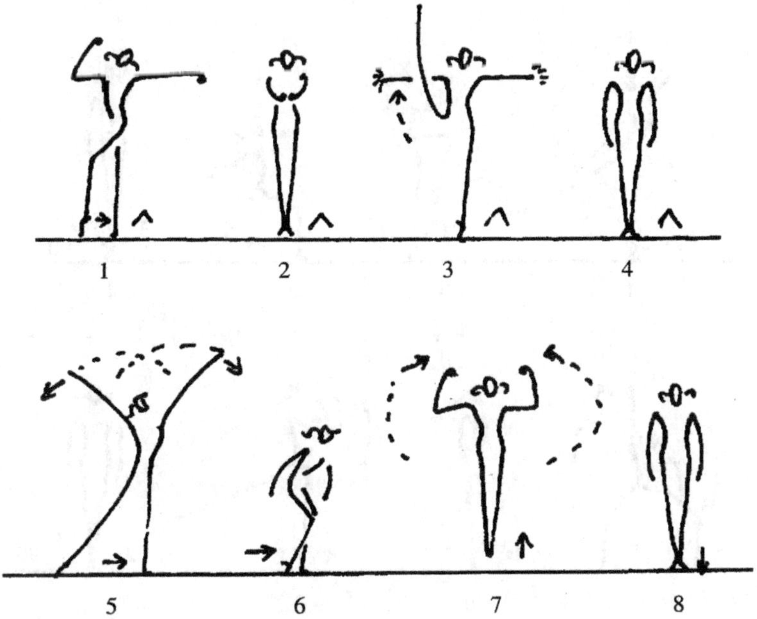

图 3－20

5－6 拍左脚向侧一步，右腿随之并于左腿成屈膝半蹲，同时两臂向内大绕环一周至体侧，掌心向内，稍含胸低头。

7 拍并腿纵跳一次，同时两臂肩侧屈，拳心向内。

8 拍落成立正姿势。

第二十四个八拍同第二十三个八拍，方向相反。

第二十五个八拍（第十一线 2×8 拍）（图 3－21）

1 拍右脚小跳一次，同时向右转体 45°，左腿后下举，右臂向内绕至侧上举，掌心向外，上体稍右转，左臂侧下举。

2 拍右脚小跳一次，向右跳转 45°，左腿屈膝前抬，大腿水平，两臂胸前屈，两手握拳，拳心向后。

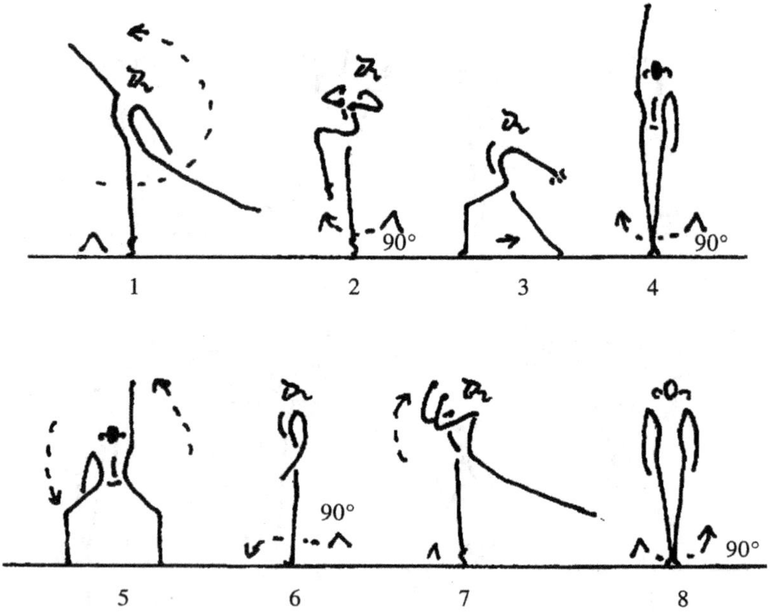

图 3－21

3拍右腿后伸成左腿在前的弓步，同时两臂侧举，五指分开,掌心向前。

4拍向右跳转90°成直立,同时右臂上举,掌心向前,左臂于体侧下垂,五指并拢,掌心向前。

5拍跳成分腿半蹲，同时右臂经侧落至体侧，掌心向内，左臂经侧摆至上举,掌心向前。

6拍向左跳转90°成立正姿势。

7拍右腿小跳一次,同时左腿后举,两臂摆至胸前上屈,两手握拳,拳心向后。

8拍向左跳转90°成直立。

第二十六个八拍

同第二十五个八拍,方向相反。

注第二十五至第二十六个八拍,向后移动。

第二十七个八拍(第十二线6×8拍)(图3-22)

1拍左脚向侧一步,右脚尖点地,同时两臂经前举交叉至胸前平屈,两手握拳,拳心向下,头左转。

2拍向左转体45°，同时右腿并于左腿，脚掌点地成两腿屈膝半蹲，左臂肩侧上屈，拳心向内，右臂胸前平屈，拳心向下。

3拍以左脚为轴提踵向右转体45°，同时右脚向侧一步，左臂落至前下举,掌心向后,右臂摆至上举,掌心向前,两手五指分开。

4拍左腿并于右腿，脚掌点地，两腿屈膝半蹲，同时左臂高提肘，前臂向下，右臂经前至前下举，两手五指分开，掌心向后。

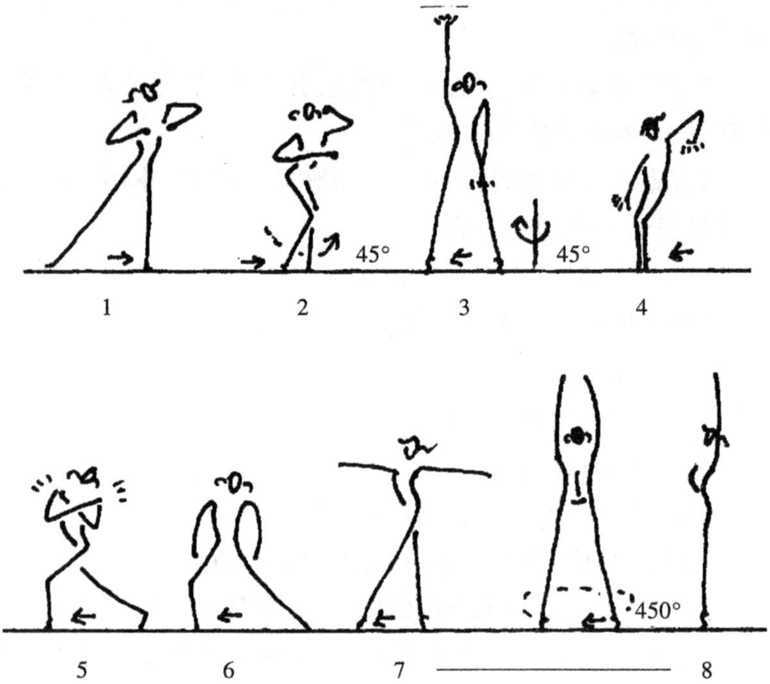

图 3－22

5 拍左脚向右前方一步成弓步，两脚提踵同时两前臂胸前交叉并左右晃动两次，掌心向后。

6 拍右脚向侧迈出成弓步，左脚尖点地，同时两臂落于体侧。

7－8 拍左脚向右侧迈步，右脚并于左脚同时向右转体 450°，两臂经侧至上举，掌心相对。

第二十八个八拍(图 3－23)

1－4 拍左腿后伸成右腿在前的纵劈叉，两手在体侧撑地。

图 3－23

5－8 拍左臂前举，五指分开，右臂不动，头向左转。

第二十九个八拍

过渡四拍(图 3－24A)

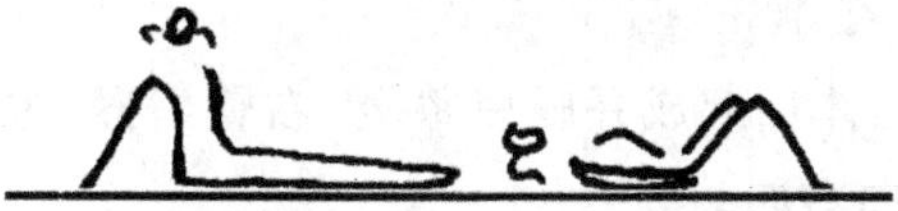

图 3－24A

1－2 拍向左转臂 180°，两手体后撑地，左腿并于右腿成坐。

3－4 拍上体后倒成仰卧屈体，分腿同肩宽，大小腿夹角 90°，两臂置于体侧，掌心向下。

第三十个八拍(仰卧起坐)(图 3－24B)

1－4 拍上体逐渐抬起，同时两臂经前举屈肘至胸前屈，两

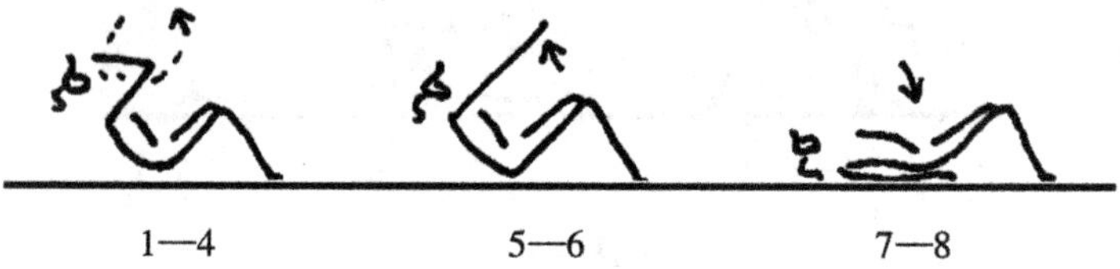

图 3-24B

手自小指向大拇指依次收拢成拳,拳心向后。

5-6 拍上体抬起，但腰部着地，同时两前臂向内经下绕至前举,变掌,掌心向下。

7-8 拍上体后倒着地,两臂落于体侧,掌心向下。

第三十一个八拍同第三十个八拍。

第三十二个八拍(图 3-25)

1-2 拍上体抬起成并腿屈膝坐,右臂后撑,左臂胸前上屈,拳心向后,头向右转。

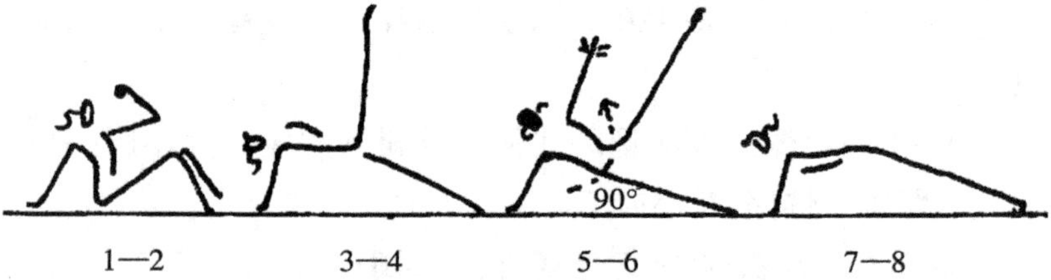

图 3-25

3－4 拍两臂后撑成右腿前举、两腿夹角 90°的仰撑。

5－6 拍以左肩为轴向左转体 90°成左臂左腿支撑，右臂右腿侧举，右手五指分开，掌心向前。

7－8 拍继续向左转体 90°成俯撑。

第三十三个八拍

过渡四拍(图 3－26)

图 3－26

1－2 拍左腿上步成直立。

3－4 拍提左膝，大腿与地面平行，同时两臂侧举，五指分开，掌心向下，上体左转 90°。

第三十四个八拍(第十三线 1×8 拍)(图 3－27)

1－3 拍左脚开始向左前交叉步走三步，两腿自然弯曲，右臂自上经前至侧下举，五指分开，掌心向内，左臂 1 拍时落至体侧，2－3 拍不动，头右转。

4 拍右腿并左腿成直立，同时两臂胸前屈前臂交叉，右臂在前，头左转，眼看下方。

5－7 拍右脚开始向右前交叉走三步，同时两臂胸前屈臂交

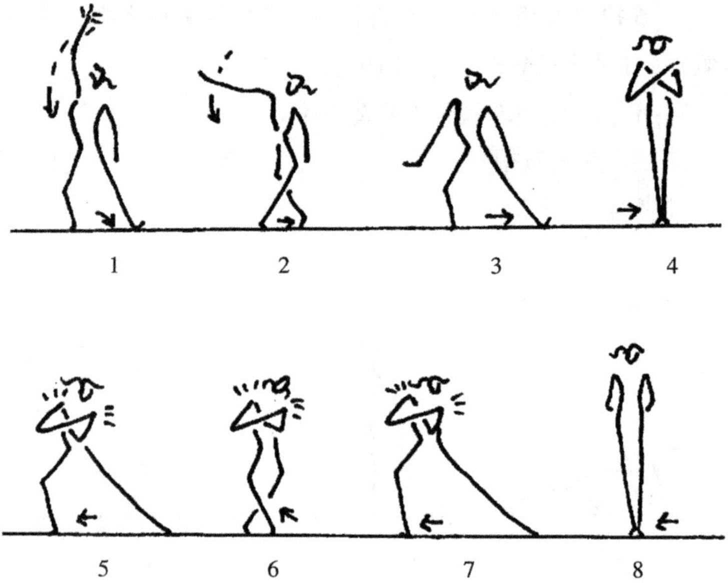

图 3－27

叉、上抬，随之下落肘，手拍肩三次，头左转。

8 拍左腿并于右腿成直立，同时两臂落至腰侧，两肘尽量后夹，头左转，眼看下方。

第三十五个八拍(第十四线 3×8 拍)(图 3－28)

1 拍向左侧跳成分腿半蹲，同时两臂侧举，掌心向上。

2 拍向左侧跳成直立，两臂保持不变。

3 拍向左侧跳成分腿半蹲，同时两臂胸前平屈，左腕伸，右腕屈，两手指尖相对，立撑。

4 拍向左侧跳成直立，同时上肢同 3 拍，方向相反。

5 拍向左侧跳成分腿半蹲，同时左臂侧下举，拳心向内，右臂

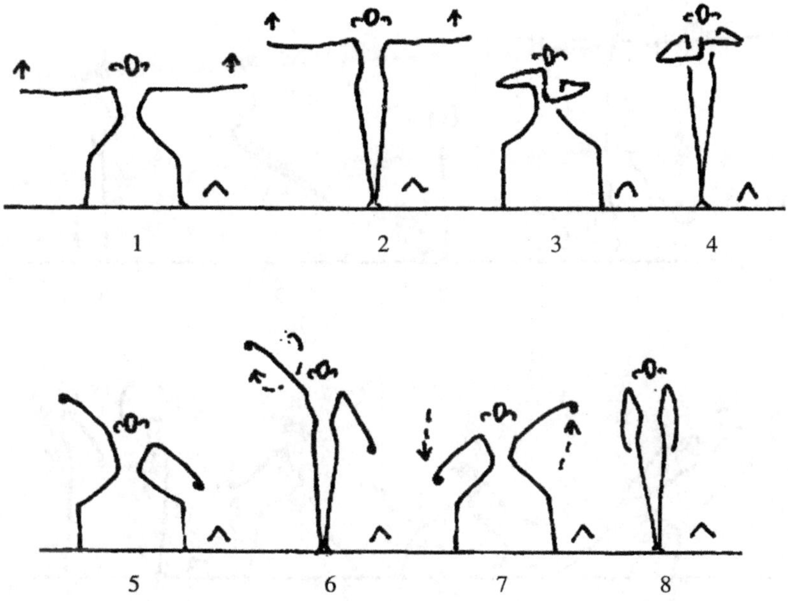

图 3－28

侧上举，拳心向外。

6 拍向左侧跳成直立，同时右上臂固定，前臂向内绕环一周至侧上举，拳心向外。

7 拍向左侧跳成分腿半蹲，上肢同 5 拍，方向相反。

8 拍向左侧跳成直立。

第三十六个八拍(图 3－29)

1 拍以左脚为轴向右跳转 90°，同时右腿勾脚前下举，左臂向后绕至上举，伸腕屈指掌。

2 拍两脚落地成直立，同时左臂经前绕至体侧。

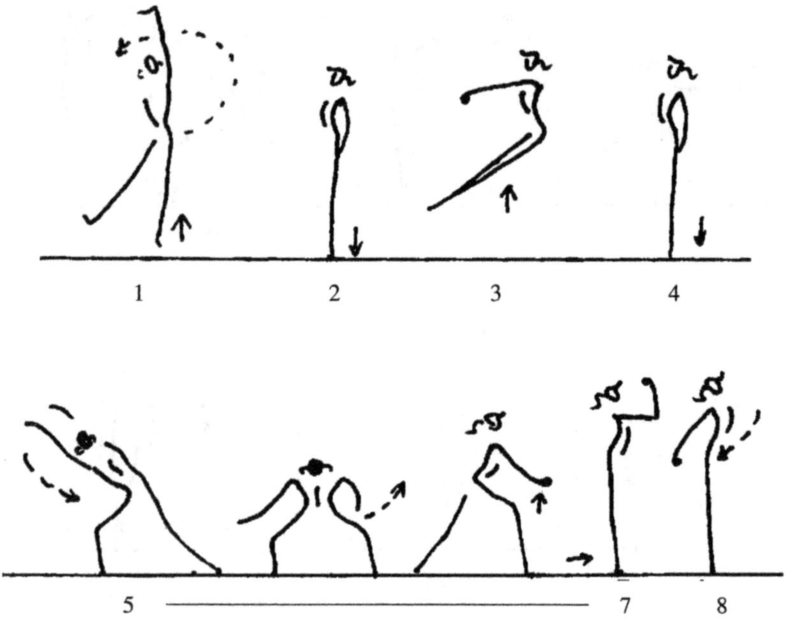

图 3－29

3 拍直腿屈体小跳，同时两臂前举，拳心向下。

4 拍落成直立。

5－7 拍右腿后伸成左腿在前的弓步，接着以右脚为轴向右转体 90°成分腿半蹲，再向右转体 90°成右腿在前的弓步，同时两臂经左向右绕环一周至胸前上屈，两手握拳，拳心向后，左腿并于右脚成直立。

8 拍两臂经下摆至后举，拳心向前。

第三十七个八拍(图 3－30)

1 拍右脚小跳一次，同时提左膝，大腿与地面平行，两臂保持

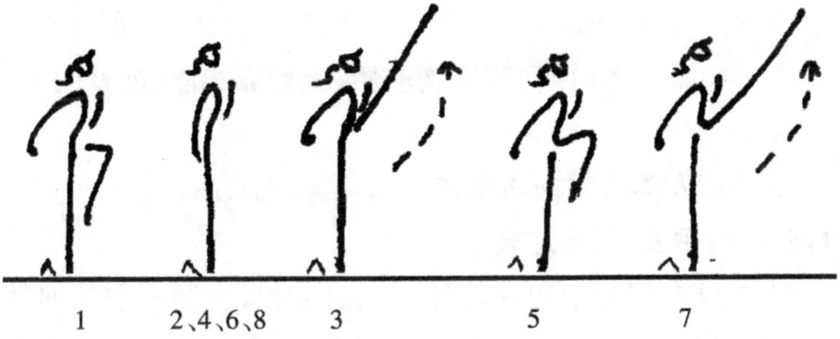

图 3－30

不动。

2 拍右脚小跳一次,同时落左腿成并立。

3 拍右脚小跳一次,同时左腿向前大踢。

4 拍右腿小跳一次,同时左腿并成直立。

5－8 拍同 1－4 拍,换右腿踢。

第三十八个八拍(第十五线 1×8 拍)(图 3－31)

1 拍左腿前弓步小跳一次,同时右腿后举,两臂前举,两手相

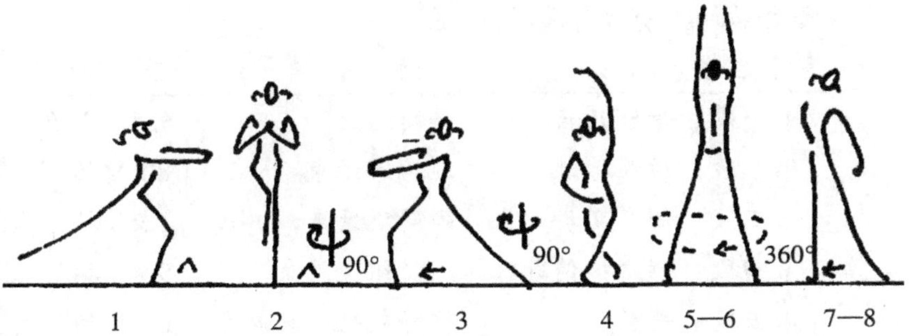

图 3－31

握。

2 拍以左脚为轴向右跳转 90°，同时提右膝，大腿与地面平行，右脚尖靠左膝内侧，两臂胸前屈，上臂靠身体，前臂向上，两手互握。

3 拍以左脚为轴向右跳转 90°，同时成右腿在前的弓步，两臂前举，两手互握，头左转。

4 拍以右脚为轴向左转体 90°，同时成左膝在前的屈膝半蹲，两膝外展，左臂自然弯曲上举，右臂自然弯曲前下举，掌心向上。

5－6 拍向右转体 360°，同时两臂自然上举，掌心相对。

7－8 拍右脚向侧迈步成开立，重心在右腿，左脚尖后点地，两臂自然弯曲后举，拳心相对，头左转，眼看前方。

动作说明

规定动作共计 36.5×8 拍，时间为 1 分 55 秒，音乐速度为 26 拍/10 秒，其特点为欢快，活泼，令人兴奋，节奏感强。

整套动作共分六个段落，15 条线。

段落名称	开始	结束	节拍
第一段	音乐开始	平衡结束	4.5×8 拍
第二段	后屈膝跳	鹿跨跳结束	8×8 拍
第三段	侧交叉步	弹踢跳结束	4×8 拍
第四段	倒立接俯卧撑	八拍组合结束	9×8 拍
第五段	平转	仰卧起坐结束站立	6×8 拍
第六段	侧交叉步	音乐结束	5×8 拍

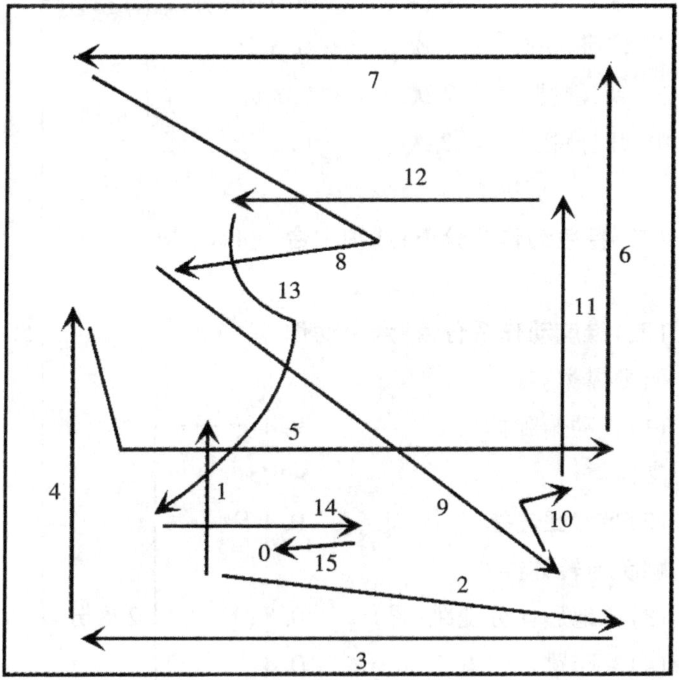

动作路线图

二、规定动作分值分配

此套为三级规定动作，采用 10 分制评分法，裁判员的评分精确到 0.1 分，具体分配如下：

(一)基本规定动作及分值

1. 俯卧撑　　4 次　　0.3 分
2. 仰卧起坐　　4 次　　0.3 分
3. 吸、踢腿　　2 次　　0.3 分
4. 开合跳　　2 次　　0.3 分

1.2 分

1.0 分

(二)特色动作及分值:八拍组合　4×8 拍

5.0 分

(三)难度动作及分值:六个动作

俯卧撑类:

(1)移动俯卧撑　　0.4 分

支撑类:

(2)半劈腿支撑　　0.4 分

跳跃与转体类:

(3)原地屈体分腿跳(男)　　0.8 分

(4)鹿跨跳(女)　　0.4 分

平衡、劈叉、控腿类:

(5)后举腿水平俯平衡 2 秒　　0.4 分

(6)纵劈叉　　0.4 分

2.8 分

(四)完成情况　　5.0 分

1. 动作技术的准确性;
2. 动作方向、路线变化的准确性;
3. 动作的熟练性;

4. 动作的幅度；

5. 动作与音乐的配合；

6. 表现力、感染力；

7. 动作的配合。

三、评分细则

（一）未完成有分值的动作（含组合动作）扣去该动作的分值

（二）未完成无分值的动作

1～2 个动作	扣 0.1 分
3 个以上动作	扣 0.2～0.3 分

（三）完成动作过程中出现的动作技术和姿态错误、配合的合理性分别按轻微、显著、严重三种错误进行扣分

轻微错误：0.1～0.2 分

显著错误：0.3～0.4 分

严重错误：0.5～0.6 分

（四）改变动作

1. 改变了有分值的动作	扣去分值
2. 改变了无分值的动作	
每个	扣 0.1 分
每组	扣 0.2 分

(五)改变动作顺序

1. 改变了有分值的动作　扣去分值
2. 改变了无分值的动作

动作顺序与规定不符,每出现一次　扣0.3分

(六)改变动作方向和路线

每出现一次方向或路线错误　扣0.2分

(七)漏做动作

1. 漏做有分值的动作　扣去分值
2. 漏做无分值的动作

　　每个　扣0.1分

　　每组　扣0.2分

(八)附加动作

在同一处出现多余的单个或组合动作均为附加动作

1. 附加有分值的动作　扣去分值
2. 附加无分值的动作

每出现一次(含组合)　扣0.1分

(九)动作熟练性不够

1. 个别动作不熟练　扣0.1~0.2分

2. 动作不熟练　每 1×8 拍　　扣 0.3 分
3. 成套动作不熟练　　扣 0.5 分

(十)动作幅度不够

1. 个别动作幅度小　　扣 0.1 分
2. 动作幅度小　每 1×8 拍　　扣 0.2 分
3. 全套动作幅度不够　　扣 0.5 分

(十一)动作与音乐不合

1. 1~2 个动作　　扣 0.1 分
2. 3 个以上　　扣 0.2 分
3. 全套动作与音乐不合　　扣 0.3~0.5 分

(十二)表现力

1. 缺乏表现力与感染力　　每次扣 0.1 分
2. 缺乏自信　　每次扣 0.1 分
3. 每 2×8 拍缺乏表现力　　扣 0.2 分

四、判断未完成动作的标准

(一)改变了动作的性质;

(二)平衡及静止动作时间不足 2 秒;

(三)大跳高度重心低于腰部,分腿跳的开度不得小于 90°;

(四)未完成规定的数量。

五、三级运动员身体素质测定标准

(一)技术规格

1. 纵劈腿:前、后两腿伸直,后腿大腿根部距地面的距离小于15厘米,上体正直。

2. 俯卧撑:仰卧屈腿,支撑臂同宽,手指向前,身体自然平直,头颈以背延长姿态前伸,屈臂时,肩与肘同高,臀部稍翘,与肩起落平行,胸腹离地不少于10厘米,推撑保持身体姿态。

3. 仰卧起坐:仰卧屈腿,脚触地,分腿同肩宽,大小腿夹角90°;起坐时,两腿固定,腹肌收缩,腰部着地;仰卧时,双肩胛骨触地,两手头后屈。腹肌运动不能借助大腿后肌群的力量。

4. 跳绳:单人一摇一跳,跳法不限,中断可继续跳,1分钟内完成110次。

(二)未完成界限

1. 纵劈叉:后腿大腿根部距地面的距离大于15厘米。

2. 俯卧撑:身体不直,屈臂时肩高于肘或胸腹触地。

3. 仰卧起坐:起坐时,靠头、臂带动上体,腰部离开地面或肩胛骨未离地。

4. 跳绳:1分钟内未达到110次。

第四章

健美操与科学锻炼

科学实践证明，体育锻炼是促进人体发展的积极手段和重要方法。“生命在于运动”这句名言，深刻地说明了身体锻炼的作用和意义。如何进行科学的健美操锻炼，达到增强体质、增进健康、防病治病、延年益寿的目的，是每一位健美操锻炼者首先要明确的问题。要想达到良好的锻炼效果，必须依据人体生理变化规律，掌握身体锻炼的基本原则和方法，同时加强自我医务监督。违反健美操锻炼规律的冒险蛮干，只能是适得其反，甚至还会引起伤病事故。

第一节　健美操锻炼的生理负荷

健美操锻炼的最终目的是为了取得最佳的锻炼效果。这种最佳的锻炼效果的取得是要有科学依据的。从生理学角度看，只有适宜的负荷刺激才能达到增强体质的目的。负荷过大,刺激量超过了身体所承受的范围，不但不能健身健体，反而对身体有害;负荷过小,不能引起身体的适应性变化,就起不到强身健体的作用。因此,科学地确定适合于自己身体情况的锻炼负荷,是获得健美操锻炼效果的前提。

确定健身者的锻炼负荷主要有两种方法:

1. 用锻炼时的心率确定运动负荷

(1)对没有训练基础的人

220 次/分 - 年龄 = 最高极限心率

这个公式是由美国空军医生库博提出来的，他将运动强度量化了,这是他的一大贡献。

例如:45 岁的人其最高心率为:

220 次/分 - 45 = 175 次/分，即 45 岁的人最大心率为 175 次/分。

(2)有训练基础的人

205 次/分 - 年龄的一半 = 最高极限心率

以上是计算运动强度的极限指标，那么健身的心率范围多大为适宜呢?

美国健身研究协会推荐的健身指标区是:

最大心率 × 65% ~ 80%

美国人心脏学学会推荐的健身指标区是:

最大心率 × 60% ~ 75%

美国运动医学院推荐的健身指标区:

最大心率 × 65% ~ 90%

心率在上述指标范围内是属有氧运动。故称健身指标区。而百分比的指数越高，对身体的影响就越大，锻炼的效果就越明显，如果百分比指数超过上述范围则是无氧训练。对一般健身无益。但过低对身体又不起作用，只能是一般的活动而已。因此，只有确定适合于自己的负荷，才能收到最佳的锻炼效果。

2. 用锻炼时的感觉确定运动负荷

在锻炼中经常自测心率是很麻烦的。为此，瑞典生理学家Bong又设计出用运动感觉确定运动负荷的新方法。这种方法是用主观心理用力感觉等级表(简称RPE)作为运动时心理负荷的标志(见表)。该表按自我感觉分为6～20级，并以RPE值乘以10为接近当时负荷者的心率水平。许多学者对运动试验时的RPE与各项客观检查指标如心率、血乳酸、最大吸氧量等作了比较，发现主观用力感觉和上述生理指标相关密切，RPE与心率之间的相关系数为0.80～0.90。进行健美操锻炼也可参照此量表。

主观用力感觉等级表(RPE)

自我感觉	等级	自我感觉	等级
非常轻松	6、7、8	累	15、16
很轻松	9、10	很累	17、18
尚轻松	11、12	精疲力竭	19、20

第二节　健美操锻炼的自我监督体系

健美操的自我监督是在健美操锻炼时对自己的身体健康状况和功能状况经常进行自我观察的一种方法。它不但能科学地保证锻炼者的健康和健美，而且也是自我评价运动负荷大小的一种方法。

自我监督的内容包括自我感觉和自我监测两个方面。

一、自我监督

(一)良好的自我感觉

参加健美操锻炼后，感觉身体轻松，心情愉快，性格开朗，食欲好，睡眠沉且无梦，精力充沛，记忆力提高，身体充满活力，皮肤光泽有弹性。锻炼后身体有轻微的疼痛，清晨起床后症状消失，并有强烈的活动欲望。这些都是良好的锻炼后反应。

(二)不良的自我感觉

在健美操锻炼过程中，若出现下列现象，应引起重视，及时进行调整。

1. 当锻炼过程中出现头痛、恶心、头晕、气喘、胸痛、心悸或其他部位的疼痛时，可能是没有做热身运动，突然活动，身体没有及时的适应或运动量过大所造成的，应逐渐减小运动量或用放松走动等形式给以调整、缓冲，不要惊慌。若持续时间较长，应停止运动或请教医生。

2. 若锻炼后出现精神萎靡不振、四肢软弱无力、倦怠、容易激动，则可能是教学方法不当或疲劳的象征，应停止锻炼，休息1~3天或调整锻炼负荷、缩短锻炼时间，当症状全部消失后再循序渐进地锻炼。

3. 健美操锻炼后，若出现失眠、屡醒、多梦、嗜睡、清晨起床后头晕昏沉、精神不好、食欲减退等症状，则说明：①初学者还没有适应这种运动；②运动量过大，应作适当的调整，但不宜停止锻炼。

4. 若近期锻炼，突然大量排汗，除运动量过大外，则是身体功能状况不良、健康状况下降的反应，应及时调整运动强度和时间，注意观察，必要时应到医院进行检查。

二、自我监测

在健美操锻炼中，脉搏和体重是监测人体机能状况的客观而简捷的两项指标。

1. 脉搏：脉搏与参加健美操锻炼者的训练水平有关。经常参加健美操锻炼的人，安静时的脉搏较慢，间断地或很少参加健美操锻炼的人心率较快。当训练水平提高或下降时，脉搏也将发生相应的变化。

在自我医务监督中，常用清晨卧位脉搏频率来评定训练水平和身体功能状况。据调查，清晨卧位脉率若下降或不变，即说明身体功能反应良好，有潜力；若每分钟增加 12 次以上，说明机体反应不良，可能与睡眠不好或患病等因素有关，必须分析原因及时处理。在排除其他原因后，清晨卧位脉搏率仍保持较快的水平，则可能与过度训练有关。此外，清晨脉率与自我感觉之间有一定关系。有人调查，当晨脉率每 10 秒增加 1 次时，有 20% 的人自我感觉不良；若每 10 秒增加 2 次时，有 40% 的人自我感觉不良，若每 10 秒增加 3 次时，有 100% 的人自我感觉不良，若发现脉搏节律不齐或停跳现象时，必须做进一步检查。

在测定清晨卧位心率时，一般记录 10 秒内的脉搏次数，但需以其稳定值为标准，即连续测量两次的数值是一样的，否则重测，也可以测量 30 秒钟内的脉搏次数，然后再计算每分钟的心率数。

在自我监督中，检查心率变化的规律时，还必须注意年龄、性别差异和体温状况。中国学生体质健康调查组提供：我国 18～20 岁的城市青年学生的心率，男生平均为 75.2 次/分，女生为 77.5 次/分。心率与体温的关系也非常密切，体温每升高 1℃，心率约增加 8～12 次/分。

2. 体重：系统地参加健美操锻炼后，体重的变化可分为三个阶段。

第一阶段：体重有逐渐下降的趋势，这是机体失去多余水分和脂肪的缘故。这个阶段持续 3～4 周或更长时间。对于胖型或较少锻炼者体重下降幅度要更大一些。

第二阶段：体重稳定阶段，运动后减轻的体重完全恢复。这个阶段能持续 5～6 周以上。

第三阶段：即由于肌肉等组织逐渐发达，体重有所增加并保持在一定的水平上。

进行自我监测时，每周可测量体重 1～2 次，应在同一时间内进行(最好在早晨)。此外，还可测定运动前后的差数，以观察运动对机体的影响。如果出现体重“进行性下降”，身体有其他异常征兆时，可能是过度训练或患有慢性消耗性疾病，应查明原因。

为了便于自我监督，可采用以下自我监督表，根据实际情况，在有关栏内打“√”即可。

自我监督表

年级：　　班级：　　姓名：　　　年龄：　　性别：

项目	内容	自我评定	日期																		
自我感觉	一般感觉	良好																			
		平常																			
		不好																			
	练习心情	很想																			
		愿意																			
		不想																			
		厌倦																			
	不良感觉	头痛																			
		头晕																			
		恶心																			
		气喘																			
		心痛																			
	睡　眠	良好																			
		一般																			
		入睡迟																			
		易醒																			
		多梦																			
		失眠																			
	食　欲	良好																			
		平常																			
		减退																			
		厌食																			
		平常																			
	排汗量	减少																			
		增多																			
		盗汗																			
	心率(次/分)	清晨卧位																			
		练习前																			
		练习后																			
	体重(千克)	晨起																			
		练习前																			
		练习后																			

三、疲劳的判断

疲劳程度可分为轻度、中度和非常疲劳三种(见表)。一般情况下,可以通过健身者的自我感觉(如疲乏、头痛、心悸、恶心等)和某些外部表现(如面色、排汗量、呼吸、动作、注意力等)来判断疲劳的程度。有时也可以测定某些生理指标以做判断疲劳程度的依据。

应根据疲劳程度的标志安排训练。如果是轻度疲劳可以继续练习;如果是中度疲劳,要适当减少运动量;如果是非常疲劳,则要完全停止一段时间的练习,必要时还需请医生治疗。

疲劳程度的标志

内容 \ 程度	轻度疲劳	中度疲劳	非常疲劳
自我感觉	无任何不舒服	疲乏、腿痛、心悸	疲乏、腿痛、心悸、同时伴有头痛、胸痛、恶心甚至呕吐等现象。这些征象保持相当久
面色	稍红	相当红	十分红或苍白,有时呈紫蓝色
排汗量	不多	甚多,特别是肩带部分	非常多,尤其是躯干部分,在颞部及汗衫和运动衣上可出现白盐渍
呼吸	中度加快	显著加快	显著加快,并且浅(其中有少数深呼吸出现),有时呼吸节律紊乱
动作	步态轻稳	步伐摇摆不稳定	摇摆现象显著,在行进时掉队,出现不协调动作
注意力	比较好,能正确执行指示	执行口令不准确,改变方向时发生错误	执行口令缓慢,只有大声口令才能接受

第三节 健美操的科学锻炼方法

一、循序渐进 持之以恒

众所周知，健美操锻炼可以强身健体，健康减肥。这个质的变化不是一朝一夕可以达到的，需要一个由量变到质变的过程。人体结构的改变，运动能力的提高，内脏循环功能的改善，都是由于神经系统通过对运动系统及其他内脏、循环系统反复多次调节而形成的适应性反应。这种适应性不是靠几次锻炼就可以实现的，而是一个相当复杂的协调过程。只有长期积累，经常坚持，才能达到良好效果。因此，参加健美操锻炼，首先应该有信心和持之以恒的精神，尤其是对初学者和减肥者，切忌心急，应遵守科学的锻炼方法及循序渐进的原则，避免造成半途而废及不良的身体反应。

二、灵活掌握 及时调整

在健美操锻炼时，若身体健康状况欠佳，有炎症或出现疲劳症状(四肢无力、疲倦、头晕、恶心、心悸等)时，应立即停止锻炼，不要勉强。我们知道，当身体状况不好时，人的中枢神经系统对身体的控制能力大大下降，有机体对外界环境的适应能力和有机体的协调关系出现失调现象。如果此时勉强锻炼，不仅不利于健身，反而会给身体健康带来不良影响。若出现疲劳症状较轻，可以采用适当的休息或调整锻炼负荷及缩短锻炼时间等方法进行调节缓冲。要注意区分疾病性和运动性的疼痛，若是肌肉的酸疼、胀疼,则不必停止锻炼,应尽量坚持,作适当的调整与放松,通过超量恢复,会使机体得到进一步的改善与提高。若是疾病性的疼痛,应及时到医院进行检查治疗。

三、热身运动

在健美操锻炼之前,首先要进行热身运动，然后才能转入正式锻炼的内容，其目的是使健身者从生理和心理上做好充分准备，使机体从平静的抑制状态逐渐过渡到活动的兴奋状态，促使心脏功能逐渐加强，使血液循环和气体交换得到改善，新陈代谢旺盛，更好地适应锻炼时的生理要求。同时使肌肉、韧带、关节得到活动，神经系统的兴奋性得到提高，使整个机体由安静状态逐步进入工作状态，为即将进行的较为剧烈的身体活动做好各种准备，从而提高机体的工作效率，预防运动创伤。

一般热身运动以伸、拉动作为主，运动负荷不宜过大，避免做跳跃运动。热身的时间长短、活动量的大小应根据天气情况而定。热天时新陈代谢旺盛,身体容易活动开,热身运动的时间可以短些；冷天时血液循环比较缓慢，肌肉、韧带和关节均较僵硬，不够灵活，因此，活动时间要稍长些。一般情况下，热身运动的时间应控制在总锻炼时间的20%左右，做到身体感觉发热、微微出汗为宜，这时全身各部位机能已被调动起来，中枢神经系统的兴奋性提高了，关节的灵活性和肌肉的弹性增加了，各器官系统的活动也加强了。此时进入较大强度的运动，才能避免可能出现的肌肉拉伤或关节扭伤的现象，确保正式锻炼的内容顺利完成。

四、放松运动

放松运动是健美操的内容之一,决不是可有可无的,应引起健美操教练员及广大健身者的高度重视,通过放松运动可以达到以下目的。

1. 放松运动可使静脉血液较快地回流到心脏,使心脏较快地恢复到正常工作状态。

2. 放松运动可使神经系统和其他内脏器官由紧张的工作状态,逐步转入正常状态,从而促进整个机体能较快地得到恢复。

3. 放松运动能加速乳酸的消除,可避免肌肉充血、僵硬。如不注意放松,肌肉的收缩能力会下降,弹性会减弱,以致影响力量的提高,妨碍肌肉的增长。

因此,参加健美操锻炼,必须做放松运动。

第四节　健美操锻炼的营养与卫生

一、健美操锻炼与营养

营养和体育运动都是促进人体健康的重要因素。营养是构成机体组织的物质基础,体育运动可以增强机体的机能。两者科学的配合,可更有效地促进身体发育和提高健康水平。只注意营养而缺乏体育锻炼,会使肌肉松弛,肥胖无力,机能减弱;若只注重体育锻炼而缺乏必要的营养保证,体内的物质能量消耗就得不到应有的补偿,身体的健康和发育就会受到不良影响。

要做到科学、正确地选择食物，充分发挥食物的营养作用，必须懂得营养知识。人体所需要的营养素有糖、脂肪、蛋白质、维生素、矿物质和水六类。

（一）蛋白质

蛋白质由许多氨基酸构成，它具有构成机体组织、调节生理机能、供给身体热能的功能。蛋白质与人体运动能力有密切关系。肌纤维增粗、力量增大，必须依靠肌肉中蛋白质的含量增加；血红蛋白和肌红蛋白的增加，对改善运动时体内的物质代谢有着十分重要的作用。蛋白质长期供给不足，机体将发生蛋白质缺乏症，表现为因血浆蛋白浓度下降而出现的浮肿、酶的活性降低和机能减弱、球蛋白减少、抵抗力下降等。儿童则表现为生长发育迟缓，甚至妨碍智力发育；成年人则出现体重下降、肌肉萎缩、贫血等症状；妇女还可能使月经发生紊乱。但过多摄入蛋白质对身体也无益，它在代谢和排泄中会增加肝脏和肾脏负担，尤其在膳食热量不足时，这种危害作用更大。因此，在进行健美操锻炼时，要注意合理地补充蛋白质，既不要过量，又不能缺乏。一般瘦肉、鱼、蛋、花生、大豆及豆制品含蛋白质较高。

（二）脂肪

脂肪主要由脂肪酸构成，脂肪酸的种类很多，可分为饱合脂肪酸与不饱合脂肪酸两类。在常用的食物中如奶油、猪油的脂肪含量较高。脂肪具有供给热能、构成组织及供给脂溶性维生素，并协助其吸收利用的功能。

人体对于脂肪的实际需要量并不高，一般认为每天 50 克就足够了。过多地摄入脂肪对机体不利，一则脂肪在体内代谢耗氧较多，再则过多的脂肪，尤其是动物性脂肪，常是导致肥胖、高血脂和动脉硬化的主要原因之一。并且高脂肪膳食还可引起高血脂症，使毛细血管内血液流动缓慢，红细胞的气体交换功能受影响。因此，膳食中的脂肪不宜过多。

体内脂肪是长时间运动时的主要能量来源，但脂肪必须在氧充足的情况下才能被氧化放能。所以，选择有氧健美操运动来消耗和减少脂肪是最科学、安全的方法。

(三)糖

糖又称为碳水化合物。就其分子结构的简繁分为单糖(如葡萄糖、果糖)、双糖(如蔗糖、麦芽糖)与多糖(如淀粉、糖元)。各种糖的功能基本一样，主要是被人体消化吸收的快慢不一样。所有的糖都在消化道内分解成单糖后才被机体吸收，所以单糖的吸收速度比多糖快。

糖主要的功能是供给热能，维持中枢神经的机能及构成组织。糖的来源很广，应以淀粉为主，谷米与根茎类食物的淀粉含量很高，是糖的主要来源。蔗糖是最普遍的食用糖。我国的膳食结构是高糖膳食，从膳食中摄入的糖量已不少。因此，在膳食充足的情况下，没有必要另外补充糖。食入过多的糖，可使糖在体内转化成脂肪储存起来，导致肥胖、糖尿病、心血管疾病等，不利于健康。

由于糖在体内的代谢有耗氧少、供能快等特点，在进行健美操锻炼前，体质弱者可适当地吃一些糖，可以节省体内糖元和防止低血糖，从而可减轻或延迟疲劳的发生，有利于提高锻炼效果。

(四)维生素

维生素是维持人体生命和正常机能不可缺少的营养素。它的种类很多,主要有维生素A、D、E、B_1、B_2、C等。维生素A、D、E属于脂溶性维生素,不溶于水,不能从尿中排出。而B_1、B_2、C等属水溶性维生素,多余的可从尿中排出。维生素在体内不能合成或合成量甚微,不能满足需要,因此,必须经常从食物中摄取。若维生素的供给量不足,人体内的含量减少,正常代谢和生理机能就会受到影响,严重的可发生维生素缺乏症。人体摄取维生素必须适量,少了会发生缺乏症,多了对人体不仅无益,而且有害,特别是脂溶性维生素,如果摄入过多,甚至还会中毒。一般情况下,人体所需的维生素主要应由食物供给,在食物供给充分的情况下,不必另外补充维生素制剂。

1. 维生素A

功能:维持正常视力,保护眼睛;维持上皮组织的功能;维持正常生长发育。各种动物肝脏与蛋黄中含量较多,黄色与绿色蔬菜中含维生素A元较多。

2. 维生素D

功能:维生素D能促进钙的吸收,对人体内的钙磷代谢和骨骼、牙齿的生长发育极为重要。缺乏时,骨发育受影响,发生佝偻病。

维生素D的来源主要不靠食物,因为皮肤受日光照射后,皮下的η-脱氢胆固醇可变成维生素D,经常照射日光所形成的维生素D就能满足身体的需要。只有一些特殊情况的人才有必要特殊补充维生素 D。含维生素 D 较多的食物有鱼肝油、肝、蛋黄等。

3. 维生素 E

功能：维生素 E 对人体的作用是多方面的，它可以保护细胞，减缓机体的衰老过程。维生素 E 还可以使血管扩张，改善组织的代谢过程，增加氧的利用率，促进肌肉的营养代谢，从而可提高机体的运动能力。维生素 E 在食物中分布较广，一般不会缺乏。麦胚芽油和玉米油中的维生素 E 含量较多。

4. 维生素 B_1

功能：促进糖元在肝脏和肌肉中积聚，辅助糖代谢，在能量代谢过程中加速糖元和磷酸肌酸分解，有利于肌肉运动；维护神经系统的机能，加强胃肠蠕动和消化液分泌，促进食欲。

维生素 B_1 的主要来源是粮食。维生系 B_1 多含在胚芽和上皮部分，粮食经加工后，维生素 B_1 有所损失，加工愈精，损失愈多。此外，在绿叶蔬菜、酵母、肉类、动物的心、肝、肾中都含有。摄入过多的维生素 B_1 不会在体内储存，多余的则会从尿中排出。

5. 维生素 B_2

是体内酶的重要成分。若机体内维生素 B_2 缺乏，物质代谢就不能正常进行，可发生口角炎、舌炎、阴囊皮炎、皮脂溢出性皮炎等病症；维生素 B_2 还可参与蛋白质代谢。促进蛋白质合成，对发展肌肉有重要作用。

维生素 B_2 在食物中的分布不广泛。动物性食物中含量较高，其中动物内脏、奶、蛋含量较多，豆类和新鲜绿叶菜中含有少量。由于维生素 B_2 在食物中含量较少，所以容易缺乏。

6. 维生素 C

功能：促进体内氧化过程，使组织利用氧的能力加强，并能改善组织的营养代谢，从而提高机体的工作能力；促进胶元组织的形成，保持细胞的完整。缺乏时细胞间质不能形成，发生坏血病，主要表现为毛细血管壁脆性增加因而易出血，以牙龈出血最常见；有促进创伤愈合及骨折愈合的作用；促进血液中的抗体生成和白细胞的噬菌能力，从而提高机体对传染病的抵抗力。

维生素 C 主要含在植物性食物中，分布很广，几乎所有蔬菜和水果中都含有。含量较高的有枣、山里红、辣椒、油菜、圆白菜等，新鲜蔬菜中含量较高，蔬菜的叶都比茎部的含量高。维生素 C 易受烹调和储存环境的破坏，所以蔬菜、水果应尽可能保鲜。

(五)矿物质

人体内矿物质元素种类很多，其中含量较多的有钙、镁、钾、钠、磷、硫、氯等，其他如铁、碘、氟、硒、锌等含量很少，称为“微量元素”。人体在物质代谢中每天有一定的矿物质从各种途径排出体外，因而必须从食物中得到补充。矿物质在食物中分布很广，一般都能满足机体的需要，其中较易发生缺乏的是钙和铁。

1. 钙

营养功能：是构成骨骼和牙齿的主要成分，可维持肌肉的正常兴奋性，帮助血液凝固。缺钙时肌肉容易痉挛。

含钙较多的食物有海带、虾皮、豆类及油菜、雪里红等绿色蔬菜。菠菜含钙虽多，但因其含有较多的草酸，草酸与钙结合成草酸钙,不易被人体吸收利用。

2. 磷

营养功能：与钙结合成磷酸钙构成骨和牙齿；参与形成酶；在物质代谢中有重要作用,形成三磷酸腺苷和磷酸肌酸,供给肌肉收缩的能量；形成血中磷酸盐，维持酸碱平衡；与脂肪合成磷脂,是神经系统的重要物质。

磷在食物中分布较广,正常膳食中不会缺乏。乳类、蛋、肉、豆类和绿色蔬菜中含磷较多。

3. 氯化钠

钠有维持机体水平衡、渗透压和酸碱平衡的作用;钠可以增加神经肌肉的兴奋性,缺乏时肌肉软弱无力,容易疲劳。氯是合成胃酸的主要成分，对消化有重要作用；此外，氯化钠有调味作用,可增加食欲。氯化钠的主要来源是食盐。

4. 钾

钾可以调节细胞内外的水平衡;促进糖元合成;参与能量代谢；促进肌凝蛋白质的合成；维持神经肌肉的应激性，缺乏时神经传导减弱,反应迟钝。

钾普遍存在于各种食物中,水果蔬菜的含量较多,是钾的主要来源,而水果中钾的吸收率较多,易被机体吸收利用。

5. 铁

铁的主要功能是构成血红蛋白,缺乏则发生贫血。缺铁性贫血是最常见的。

含铁较多的食物有：动物肝脏、瘦肉、豆类、绿色蔬菜和粮食的外皮部分。动物性食物中铁的吸收率较高。

(六)水

水是机体的重要成分，水占成人体重的60%～70%，儿童可占80%以上；水参与物质代谢过程；物质在体内的消化、吸收、氧化及排泄等过程都需要水参与才能进行；水的热容量较大，使体温易于保持稳定，水的蒸发散热是调节体温的重要方式。水还可保持腺体的正常分泌。

体内的水分必须保持衡定。正常情况下，体内水分的出入量是平衡的，体内不储存多余的水分，也不能缺少。需水量受气候等因素的影响。出汗较多时，需水量增加，能量消耗与需水量成正比，多消耗1千卡热能，需增加水1毫升。

健美操锻炼属于有氧运动，主要是消耗体内热量，只要不偏食，就可以满足日常生活和锻炼所需要的营养物质。但对于减肥者而言，讲究营养、科学饮食就更为重要了。许多肥胖者为了减肥，往往盲目节食，结果是不仅没有达到减肥目的，还会影响身体的健康。“吃得少不如吃得巧”，只有合理的营养搭配，调整饮食习惯，配合科学的健美操锻炼，才能达到真正的减肥目的。肥胖者的生活习惯大都相同，喜吃甜食及高热量食物，不爱运动。若想健康减肥，必须在做健美操运动的同时，调整饮食结构，在保证营养素丰富的前提下。逐渐减少肥肉、奶油及花生等含脂肪多的食物的摄入量，多吃牛奶、鸡蛋、瘦肉、豆制品、蔬菜和水果。尤其是蔬菜和水果的发热量低，维生素和矿物质的含量高，而且纤维多，体积大，有利于解除饥饿感，是很好的减肥食物。不要忌口，应在量上调整，另外，“早吃好，午吃饱，晚吃少”是有科学道理的，饭后不要久坐或久卧，应做一些轻微活动或散步。总之，相信科学、尊重科学，才能有一个健康的身体，苗条的身材。

二、健美操锻炼与卫生

（一）生理卫生

1. 月经期的体育卫生

月经期是否能参加健美操锻炼，应因人而异。最好根据健身者的健康状况、身体训练水平以及月经期对健美操活动的适应程度而决定。

一般情况下，身体健康、月经正常者，在月经期是可以进行健美操锻炼的，但应注意运动量不宜过大，伸拉动作幅度不易过长，避免过多的跳跃运动及垫上动作。对于健美操初学者，月经期应进行适应性锻炼，开始时运动量不宜过大，时间不宜过长，当身体逐渐适应运动后再逐渐增加锻炼的时间及强度。

对于在月经期之前或月经期间有强烈的身体反应和心理反应（头痛、腹疼、浮肿、易怒、疲倦、精神不振）的健身者，也应适应性地进行健美操锻炼，因为月经期间，肾上腺分泌醛甾酮，卵巢分泌孕酮，这两种激素造成水和盐分在体内滞留，造成脑组织和身体其他部分组织肿胀等不良反应。在月经期进行健美操锻炼，通过大量的出汗，可以使体内过多的水和盐分排出体外，减轻身体负担及上述症状。同时通过优美抒情的音乐，可以调节中枢神经系统，陶冶情操，使健身者沉浸在欢乐的音乐之中，放松身心，调节神经，舒筋活血，分散疼痛的注意力，起到减缓症状的作用。

2. 饮食卫生

参加健美操锻炼，必须注意运动前后的饮食卫生。一般进食后间隔1.5～2.5小时才可进行健美操锻炼。因为进食后的一定时间内，胃中食物充盈，横膈膜上顶，影响呼吸，不利于运动。而且此时运动可使消化器官的血液供应减少，机能减弱，这不仅影响食物的消化，还易发生腹痛、呕吐等症状。若时间短，可食量少一些，原则上是运动前的一餐食量不宜过多，而且应吃易于消化、含有较多糖、维生素和磷的食物，尽量少吃含脂肪、纤维素及刺激性、过敏的食物，总的来说，糖类最易消化，蛋白质次之，脂肪最难消化，运动后应休息30分钟以上再进食。

3. 饮水卫生

进行健美操锻炼，不仅消耗大量热能，同时也失去大量的水分。当失水量为体重的4%～5%时，可使肌肉工作能力下降约20%～30%；当失水量为体重的10%时，会引起循环衰竭。所以在健美操锻炼过程中应注意及时补充体内流失的水分，以保证身体健康和正常的机体需要。

失水造成生理机能改变的主要机制是血容量减少，不能满足机体的需要。机体在运动时需要充分的血液量，一方面是要加强对肌肉组织的血液供应，以保证其物质代谢的进行；另一方面是运动时机体产生大量的热，需要血液将多余的热带到体表散发，以维持正常体温。当血容量减少时，就不能同时满足上述两方面的要求，从而导致机能下降，主要体征是心率加快，体温升高。所以在健美操运动中，特别是在夏天，及时补充水分是十分重要的。

补充水的方法最好是少量多次，运动中每 15～20 分钟饮水 100～150 毫升。这样既可以随时保持体内水的平衡，又不增加心脏和胃的负担。一次大量饮水对身体不好，因为大量水分骤然进入体内，可使血液稀释和血量增加，这样会增加心脏的负担。此外，大量的水进入胃中，由于不能及时被机体吸收（以吸收水的速度每小时最多 800 毫升），就会造成水在胃中贮留，稀释胃液，影响消化。若大量饮水后继续运动，水在胃中晃动，使人不舒服，容易引起呕吐。

一般在开始运动前 10～15 分钟，可饮 400～600 毫升水，以增加体内水的临时储备。对维持运动时的生理机能有良好作用。运动后饮水也应采用少量多次的方法。

值得一提的是，减肥者不应因为肥胖而少饮水，因为能量的消耗与水成正比，多消耗 1 千卡热量，就需加水 1 毫升，所以保持体内水分有利减肥。

（二）个人卫生

1. 健美操的服装

参加健美操锻炼，有条件时最好穿专门的健美操服装，若没有条件的可选用：①有足够弹性、纯棉质地、柔软的服装，便于完成健美操的动作。②要美观、色泽鲜艳。穿着漂亮、舒适得体的服装进行健美操锻炼，能使练习者心情愉快，增强表现力及自信心；颜色艳丽的服装，更能增添健美操的活力，美化健身环境。③服装要整齐、干净。整洁的服装不仅代表个人形象，给人留下美的回忆，同时对个人的健康也很有好处，每次锻炼后，应及时清洗服装，使其保持干爽、柔软。

2. 运动鞋袜

健美操锻炼鞋子的选用应为大小合适、轻松柔软、具有一定弹性及通透性能好的运动旅游鞋。切忌穿高跟鞋、厚底鞋、体操鞋进行健美操运动。运动时鞋带的松紧度要适宜,过紧影响脚的血液循环,对健康不利,过松影响运动。同时,要保持鞋内的清洁干爽，如果来不及清洗，可放到通风、阳光充足的地方进行晾晒。

袜子的穿着应以纯棉为好,大小应合适。如果出汗较多、出汗时间较长、发硬就不要穿了,以免造成脚的疾患。不要穿尼龙或尼龙丝袜子跳健美操。

3. 清洁皮肤

健美操锻炼前,应将面部进行清洁,保持皮肤的通透性,便于排汗。健美操锻炼后应及时清洁皮肤,将汗水擦干,以免受凉感冒。有条件的最好能洗个热水澡,既能清洁皮肤,又能减轻和消除疲劳,但不宜时间过长,以免身体消耗过多。

4. 发型与装饰

在健美操锻炼时,头发最好不要披散,以免蓬乱遮挡视线,分散注意力。最好是系上发带，可防止前额上的汗水流到眼睛里,还可以给人以美感。在锻炼时,不要戴手表、手镯、项链、戒指、假发等,以免损伤皮肤或丢失等。

(二)环境卫生

自然而优美的环境是进行健美操锻炼最理想的场所，它可以使锻炼者心情舒畅,产生锻炼的欲望。如果是在室内锻炼,应注意保持光线明亮,最好是自然光。室内通风要好,并保持一定的温度和湿度。地面平整洁净，没有灰尘泥污，应使人感觉非常舒爽、清新。若是在室外自然环境中进行健美操锻炼，最好选择绿色植物较多、没有污染、噪声小的地方，不宜在水泥地或柏油场地中进行。

第五章

大众健美操

大众健美操是学校健美操、竞技健美操的基础。通过近十几年来健美操在我国的兴起与发展,实践证明,它是实现体育基本目的、使身心得到全面发展的基本手段,是大众十分喜爱的一项基本运动。

第一节　大众健美操在我国的发展

根据大众健美操的特点及自身价值,结合我国国情,笔者认为,大众健美操在我国有着极大的发展潜力。

一、适合我国文化现状

大众健美操是一种普及性体育锻炼项目，对练习者的文化修养和各方面的素质要求都不高。然而,文化层次与参加锻炼的动机有很大的关系。就我国目前文化层次而言，参加锻炼者中以“健身”和“欣赏”为动机的较多，所以群众性健美操的欣赏性和健身性非常适合我国老百姓的锻炼动机。这种自娱色彩较浓的群众性健美操也就容易引起不同文化层次人的兴趣而被接受。

二、适合我国体育投资少的现状

从我国目前的经济状况分析，大致分为：小部分家庭率先进入小康水平，大部分家庭达到温饱水平，还有一部分家庭未解决温饱问题。这就意味着我国公民个人体育投资不会太大，并且在短期内不会有较大的变化。群众性健美操是社会和个人都投资较少的体育项目，只需一块几平方米的地方，在音乐的伴奏下，可以个人或集体进行练习，具有投资少、收益大的特点，适合在我国广大地区开展。

三、适合我国体育设施现状

我国现有的体育设施比较陈旧和不足，不适应全民健身运动的广泛开展。而群众性健美操的广泛开展可以在一定程度上弥补我国体育场地的不足。群众性健美操对体育设施的要求并不高，它可以在公园、广场、室内室外甚至只需一块小场地和一台录音机就可以进行。在有条件的地方，若有大的场地，也可以使几十人甚至上百人一起练习。无论什么地点，无论什么时间，也无论人数多少都能够收到良好的健身效果。

四、适合我国人口特征现状

本世纪初我国将成为世界人口老龄化国家之一。据统计，我国60岁以上的人口参加体育锻炼的动机中“弥补运动不足”和“提高修养”的比较多。群众性健美操对人体全面锻炼和提高修养的功能正适合老年人的身体状况和锻炼动机。因此,群众性健美操在全民健身运动中起着重要的作用，也更有利于推广和普及。

五、适合我国国民能量摄入现状

我国绝大部分人的生活水平处于温饱阶段,且以素食为主,目前,总体上还不太存在能量过剩现象。而群众性健美操一般情况下的能量消耗并不大,又可全面锻炼身体。同时对于能量过剩的练习者,只在要练习中适当增加次数、强度、幅度和力度即可收到锻炼的效果。

第二节　大众健美操的时代特点及自身价值

一、大众健美操的时代特点

近些年来随着经济的发展,物质的极大丰富以及在《全民健身计划纲要》的推广与宣传下，人们越来越重视健康，健康意识和消费观念明显转变，花钱买健康已成为一种时尚和人们追求的目标,健身已成为国民议论的一大热门话题。同时随着社会步入科学化、信息化时代,人们繁重的劳动将减少,工作时间缩短,休闲时间增多,丰富多样的体育活动,必然成为人们提高生活质量、满足自我需要的高级精神享受和追求。而伴随着社会的不断发展，人们对体育的内容、手段和方法也提出了多样化的要求，即要娱乐中运动，从而达到更好的完善自身、改造自我、适应社会需要的目的。正是在这样的时代背景下，一项深受大众喜爱的健身活动——大众健美操，从20世纪80年代开始风靡全世界。大众健美操运动以其热情奔放、节奏明快、动作舒展、优美有力，给人以蓬勃向上、精神振奋、尽情自我挥洒的驱动力，使运动者和观赏者都能感受到健与美结合的美妙境界，它以不可阻挡的魅力征服了世界。在法国，有4000万人平均每人以335美元报名参加健美操活动中心。仅巴黎就有一万多个健美操中心。著名的巴黎健身俱乐部老板里克·西米安说："以前有些体育锻炼项目比较枯燥乏味，但今天的健身舞其乐无穷。"如今在我国大中城市的健身俱乐部和健美操中心如雨后春笋般地涌现。大众健美操的蓬勃发展就在于它能够充分体现当代人们对自我完善、个性发展和身心舒畅的共同追求。

二、大众健美操的自身价值

（一）大众健美操的身体锻炼价值

1. 健身的全面、均衡性是大众健美操的突出优点。健美操动作的编排从上到下，从左到右，小到指关节，大到髋关节都体现了动作均衡性和对称性。因此，完成一套健美操动作就是做了一次彻底的全身运动，使身体各部位得到全面、均衡的锻炼。

2. 健美操强调节奏和力度结合。随着音乐的节拍，对动作所牵涉到的肌肉群、关节和骨骼进行有节奏的自身负荷锻炼，其频率和强度的变化对一般人来说是非常适宜的。经常进行健美操活动，可以改善身体各部位肌肉纤维组织和关节组织的耐力、速度和灵活性，并能提高骨骼的抗折断、抗弯曲和扭转的能力。

3. 健美操编排的运动负荷严格遵循人体运动的生理规律。运动负荷的由小到大,动作由简到繁,强度由弱到强,逐步增加身体负荷。当达到和保持一定运动负荷后再逐渐减少,使运动者的心率变化由低到高,波浪形逐步上升,然后再逐渐恢复到平静状态。从而使心血管系统、呼吸系统、消化系统和内脏器官的机能得到改善和提高。

4. 大众健美操可以针对不同对象和不同锻炼者的目的进行灵活地编排。在我国已形成了具有自己特色的健美操系列,可以满足不同年龄、性别、身体状况的锻炼者的需要。并且在全面健身的基础上可以有所侧重,如减肥、增重、健胸、强腰等方面,使它具备了极具针对性的身体锻炼价值。

(二)大众健美操的心理保健价值

现代社会生产越是发达,现代化程度越是提高,社会生活的节奏就越快,社会成员间的竞争也就越激烈,而由此产生的心理压力也就越大。因此,在现代社会里,人们常常利用体育运动来培养社会成员之间的人际关系和心理行为。经常从事体育活动的人容易建立起积极的人生观和世界观。通过健美操的锻炼对形成人们的健康心理是十分有益的。

1. 健美操具有不可替代的心理调整和疏导作用。作为群众性健美操的锻炼者,不存在激烈的竞争和压力,它使人感到的是一种痛快淋漓地自由伸展及活动后的振奋和愉快,让人的整个身心情不自禁地融入那欢快有力的节奏之中,而忘却一切烦恼和忧郁,从而,最大限度地调动人们的热情和活力,使疲惫的心神得到有效的放松。

2. 健美操可以通过增强人们的体质，改善身体形态来提高人的自信心，改变精神面貌。古人曾经说过：“形须神以主，神需形以存。”就是说，人的身体和精神是相互依存、相互影响的，缺一不可。实践证明，健康的身体、充沛的活力和充分的自信是人们通往成功之路的内在物质条件和精神基础，而健美操恰恰是一种具有创造这种条件和基础的运动形式。

3. 健美操能够陶冶情操，净化心灵，提高人的精神面貌，给人们以美的熏陶。健美操是一项融体育、音乐、舞蹈为一体，并将三者有机地结合起来的具有综合性特点的体育项目。健美操强筋骨、健体魄乃“健”之所在；形体姿态、动作、精神乃“美”之所求。音乐和动作是健美操的两个不可分割的部分，音乐不仅是动作的节奏和力度的号召，而且能使锻炼者产生情感联想，感觉到美的诱惑。在锻炼者之间，在相互帮助、相互交流的过程中还可以增加情感交流，使人们更加热爱生活，对未来充满信心。健美操在塑造人们外在美的同时还潜移默化影响着人们的情操，使人胸怀豁达，乐观进取，而这正是人们所要追求的一种境界。对精神美的追求也是健美操的最高境界。

第三节　大众健美操的锻炼形式

一、个人锻炼

主要是指个人和家庭体育。随着《全民健身计划纲要》的颁布，全民健身的热潮正在全国各地相继涌起。但由于中间大多数妇女属职业女性，工作与家务的繁忙，使得她们没有充足的时间去健身场所锻炼。只能在家中伴随着电视定时播放的健美操或录像带、VCD翩翩起舞，汗流浃背，达到个人锻炼的目的。

个人锻炼是一种灵活性、随意性较大，既经济又实惠的锻炼方式。但是由于个人锻炼缺少必要的教练指导及特有环境与锻炼气氛，往往达不到科学的循序渐进的和持之以恒的锻炼。

二、集体锻炼

这种健美操的锻炼形式一般是由健美操爱好者自发组织的一种健身活动，以老年人及无业人员为主。它不受场地、人数、性别、动作的限制，在音乐的伴奏下，无拘无束地模仿练习，这种形式目前拥有我国参加健美操锻炼最庞大的人群。

三、健美操健身中心和健美操俱乐部

这是一种文明程度较高的健美操锻炼形式。它有各种不同的健身器械、健身指导员、健美操教练员及医务监督，有固定的课表及丰富的教学内容，同时也是一种消费较高的锻炼形式，主要是为一些高薪阶层及经济条件较好的人群提供的集健美、娱乐于一体的活动场所。随着《全民健身计划纲要》的宣传贯彻和国家的高度重视，这种形式将逐渐成为大众健美操的基本形式。

第四节 大众健美操常用的基本动作与组合

大众健美操常用的基本动作是指健美操中最具有典型性、代表性的动作。基本动作是健美操动作创新的基础，它是大众健

美操教学的重要内容。

健美操基本动作的正确与否，直接影响着锻炼者的健身效果。因此，通过基本动作练习，不仅可以使肌肉得到均衡、全面的发展，改善关节的灵活性，培养动作的协调性，增强身体的平衡控制能力，还可以使动作达到优美、准确，养成正确的身体姿势及优雅的体态。在进行基本动作练习时，配以音乐伴奏，能更有效地提高练习者的节奏感和表现力。

大众健美操教学，应在练习者正确、熟练地掌握基本动作的基础上，不断地增加动作的复杂性与难度以及组合动作的练习，可采用改变动作速度、动作幅度、动作节奏、动作方向及动作的开始姿势、结束姿势等方法进行练习。这样，不仅使动作更加新颖多样，而且对身体的锻炼效果也更加明显。因此，在健美操教学中，必须重视和加强基本动作练习，以达到健身美体、娱乐身心的目的。

我国的大众健美操是以原地动作为主，然后配合身体其他各部位而进行的练习；而国外大众健美操(以美国为代表)，则注重基本步伐的变化与组合练习，身体其他各部位的配合较少，主要体现健美操的动感及活力，强调动作的自然性和随意性，目前，我国大众健美操的练习也正在逐渐地朝着这个方向发展。

一、头颈动作练习

(一)方向

头部动作的方向主要是前、后、左、右四个方向；但左前、左后、右后、右前及左上方、右上方也经常用到。

(二)基本动作

动作要求:做头颈运动时,动作应缓慢,颈部肌肉充分伸展,身体保持正直姿势。

1. 屈(前屈、侧屈和后屈)

动作做法:

预备姿势:开立、两臂置于体侧。

前屈:下颌回收,低头下看(图 5-1)。

后屈:下颌朝上,头后仰(图 5-1)。

侧屈:头向一侧屈,一耳对肩部,一耳朝上(图 5-1)。

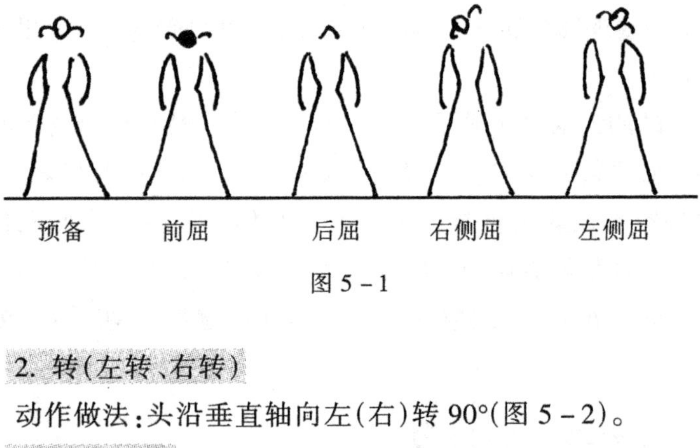

图 5-1

2. 转(左转、右转)

动作做法:头沿垂直轴向左(右)转 90°(图 5-2)。

3. 绕和绕环

动作做法:

绕:头从左侧上方经前屈绕至右侧上方或动作相反(图 5-3)。

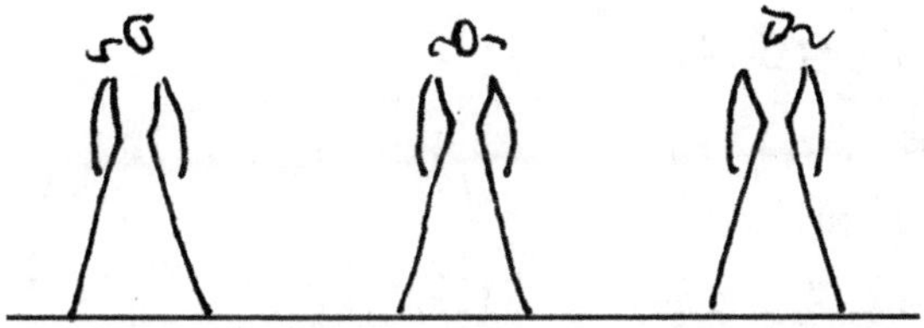

图 5－2

图 5－3

绕环：头从一侧屈经前向另一侧经后屈经还原的 360°绕旋动作(图 5－3)。

4. 振(前、后、左、后振)

动作做法：头连续地向一个方向做有弹性的摆动（图 5－4)。

图 5－4

(三)配合练习

配合一

振与绕的配合

预备姿势　分腿开立,两手叉腰。

第一个八拍(图 5－5)

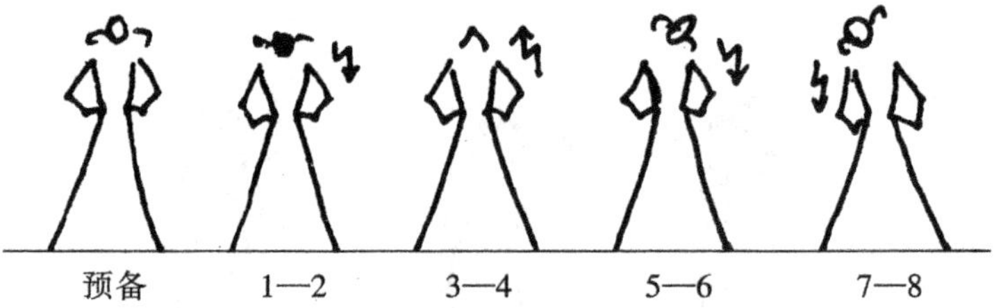

图 5－5

1－2 拍头前屈振两次。

3－4 拍头后屈振两次。

5－6 拍头左侧屈振两次。

7－8 拍头右侧屈振两次。

第二个八拍(图 5－6)

1－2 拍头左转振两次。

图 5－6

3－4 拍头右转振两次。

5－6 拍头经前屈绕至左前上方。

7－8 拍头经前屈绕至右前上方。

配合二

屈伸与绕环的配合

预备姿势　直立，两手叉腰

第一个八拍（图 5－7）

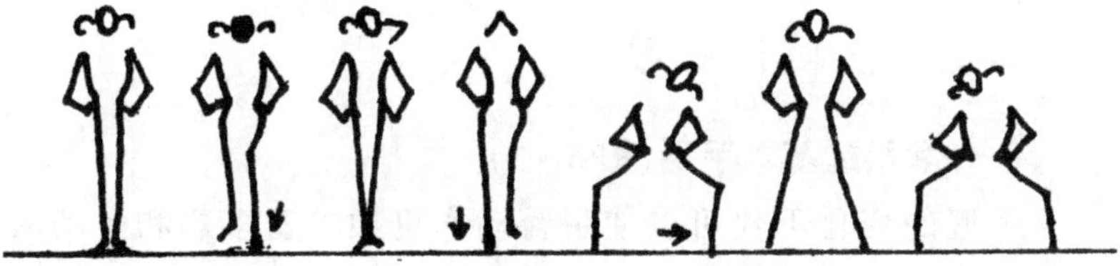

预备　1　2、4　3　5　6、8　7

图 5－7

1 拍左腿屈膝，脚尖前点地，同时头前屈。

2 拍还原成预备姿势。

3－4 拍同 1－2 拍，方向相反。

5 拍左脚侧出一步成蹲姿，同时头左侧屈。

6 拍两腿伸直成开立，同时头还原。

7 拍两腿屈膝成蹲姿，同时头右侧屈。

8 拍同 6 拍。

8 拍两腿伸直成开立，同时头还原。

第二个八拍（图 5－8）

1－4 拍头经前屈向左绕旋一周。

5－8 拍头向右绕旋一周。

图 5－8

二、上肢动作练习

（一）常用的基本手型（图 5－9）

手型的变化不仅可以使手臂动作更加丰富多彩和生动活泼，表现出美感；而且有助于加强动作的力量性。常用的手型有以下几种（图 5－9）

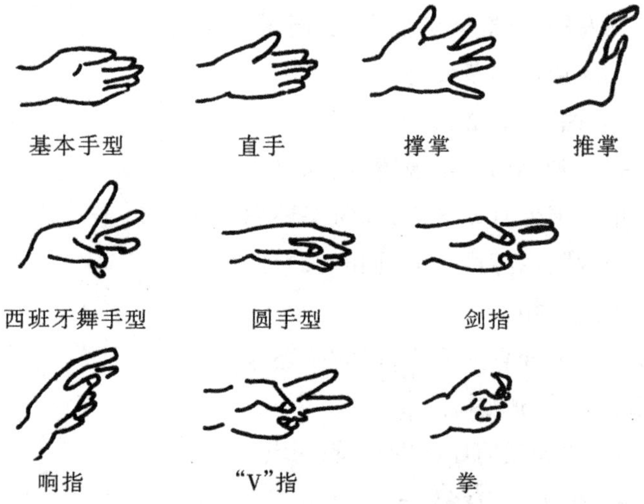

图 5－9

1. 基本手型：拇指指关节弯曲内扣，其余四指并拢伸直。

2. 直手：五指伸直并互相并拢。

3. 撑掌：五指用力分开并伸直。

4. 推掌：手掌用力上屈，五指自然弯曲。

5. 西班牙舞手型：五指分开，小指内旋，拇指稍内收。

6. 圆手型：拇指与中指靠拢，食指稍分开，无名指和小指向中指靠拢并稍向内扣成弧形。

7. 剑指：拇指与无名指、小指相叠，中指、食指并拢伸直。

8. 响指：无名指与小指屈握，拇指与中指、食指摩擦后，中指击打大鱼际处产生响声。

9. “V”指：拇指与小指、无名指相叠，食指与中指伸直并尽力分开。

10. 拳：拇指握四指。

(二)上肢动作

1. 肩部动作

(1)提肩、沉肩(图 5－10)

预备姿势：分腿开立，两臂自然下垂。

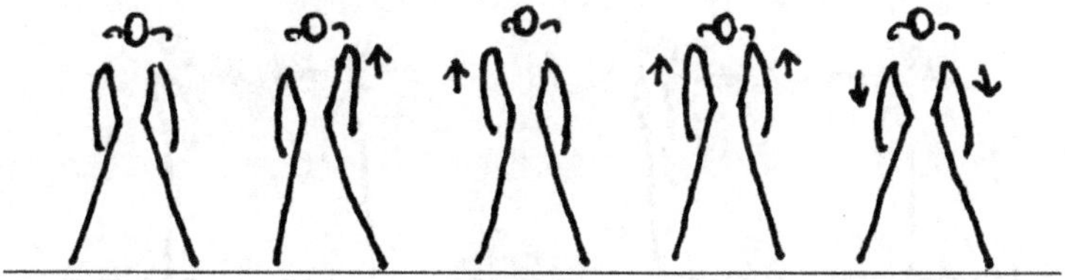

图 5－10

动作做法：肩关节沿垂直轴做上、下运动。

(2)绕及绕环(图 5－11)

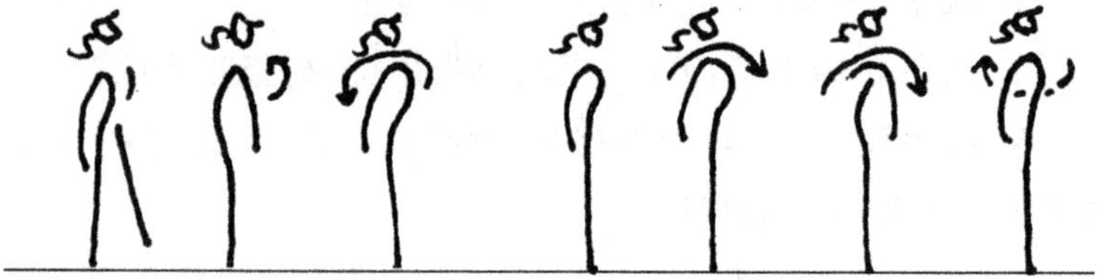

图 5－11

预备姿势：分腿开立，两肩自然下垂。

动作做法：

绕：肩关节在矢状面内向前或向后做小于 360°圆周运动。

绕环：肩关节在矢状面内向前或向后做大于或等于 360°的圆周运动。

(3)振肩(图 5－12)

预备姿势：分腿并立，两臂自然下垂。

动作做法：两肩做由内收到外展的连续弹性动作。

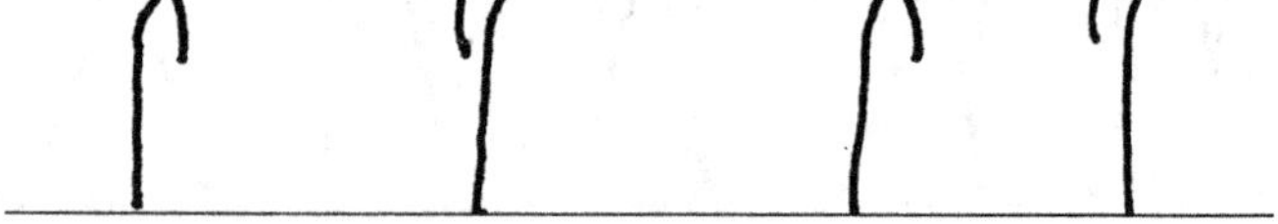

图 5－12

(4)收肩、展肩(图 5－13)

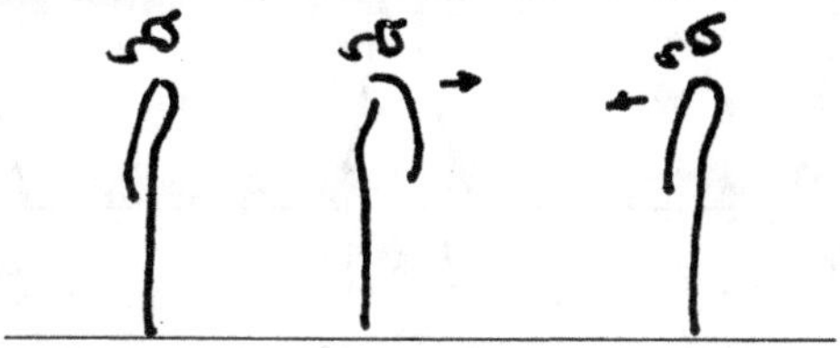

图 5－13

预备姿势:分腿开立,两臂自然下垂。

动作做法:单肩或双肩向内收,含胸,然后向外展,挺胸。

(5)旋肩(图 5－14)

图 5－14

预备姿势:分腿开立,两臂侧举,掌心向下。

动作做法:肩关节以冠状轴为轴做前旋或后旋的动作。

(6)伸肩(图 5－15)

预备姿势:分腿开立,两臂侧举,掌心向下。

动作做法:两肩分别向左右做伸拉肩动作。

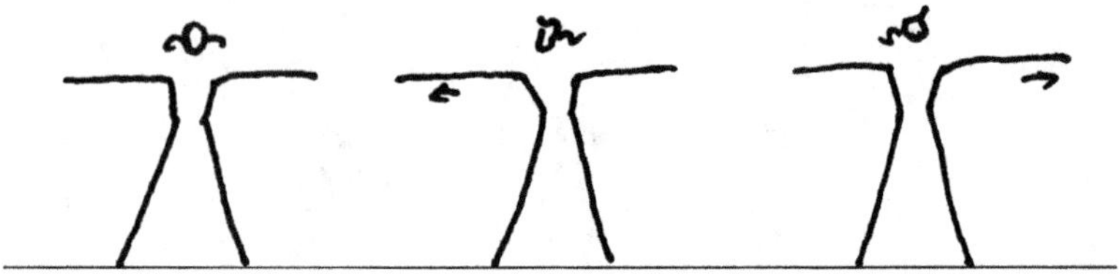

预备　　右侧伸　　左侧伸

图 5－15

配合一

提、沉、绕、振的配合

预备姿势：分腿开立，两臂自然下垂。

第一个八拍（图 5－16）

1 拍上半拍两腿自然弯曲，同时两肩下沉。

预备　——　1　2　3

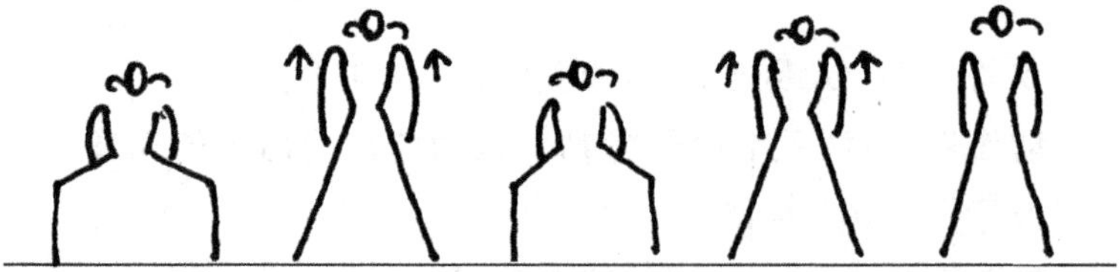

4　5　6　7　8

图 5－16

1 拍下半拍两腿蹬直，重心移至右腿，同时提左肩。

2 拍同 1 拍的上半拍动作。

3 拍同 1 拍的下半拍动作，方向相反。

4 拍同 2 拍动作。

5 拍两腿蹬直同时两肩上提。

6 拍同 2 拍动作。

7 拍同 5 拍动作。

8 拍还原成预备姿势。

第二个八拍(图 5－17)

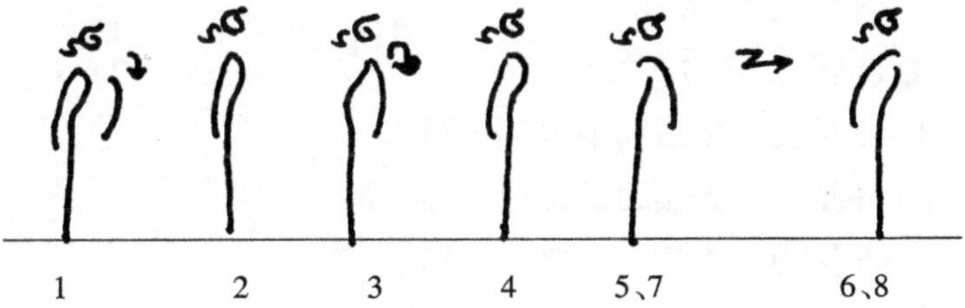

图 5－17

1 拍左肩向前绕。

2 拍左肩向后绕。

3－4 拍同 1－2 拍，换右肩做。

5－8 拍前后振肩。

配合二

收、展肩与绕环的配合。

预备姿势：分腿开立，两臂自然下垂。

第一个八拍(图 5－18)

图 5－18

1－2 拍向前收肩含胸。

3－4 拍向后展肩挺胸。

5－8 拍同 1—4 拍。

第二个八拍(图 5－19)

1－2 拍两肩由后向前绕环一周。

3－4 拍两肩继续由后向前绕环一周。

5－6 拍两肩由后向前绕环一周。

7－8 拍两肩继续由后向前绕环一周。

配合三:

伸、振、旋的配合。

预备姿势:分腿开立,两臂侧举,掌心向下。

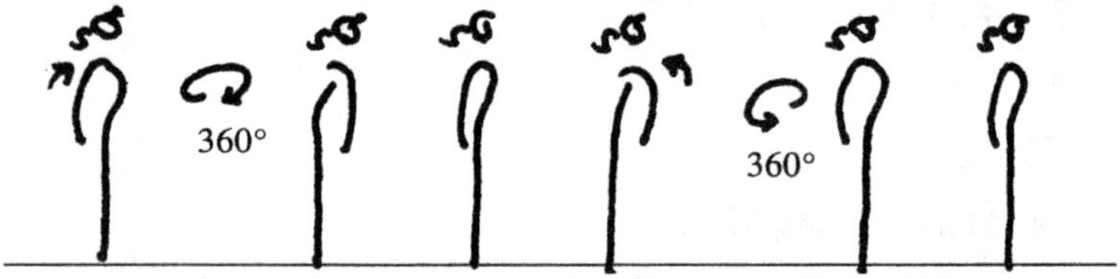

图 5－19

第一个八拍(图 5－20)

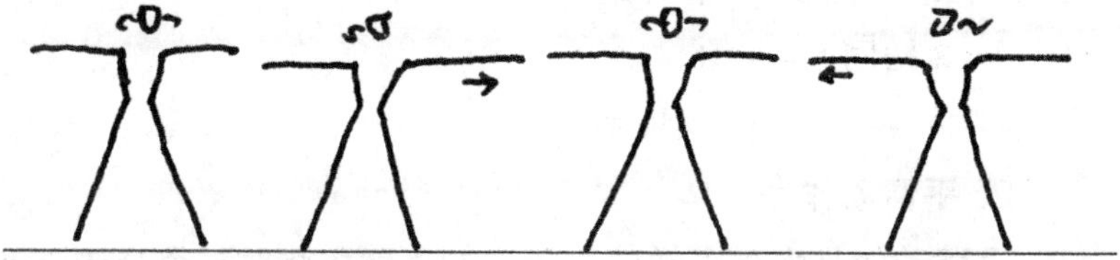

图 5－20

1 拍左肩向左伸。

2 拍还原成预备姿势。

3－4 拍同 1－2 拍,方向相反。

5 拍左肩向左伸。

6 拍右肩向右伸。

7－8 拍同 5－6 拍。

第二个八拍(图 5－21)

图 5－21

1 拍左肩外旋,右肩内旋。

2 拍还原成预备姿势。

3－4 拍同 1－2 拍,方向相反。

5 拍左肩外旋，右肩内旋。

6 拍左肩内旋，右肩外旋。

7－8 拍同 5－6 拍。

2. 手臂动作

手臂动作是多种多样的，正确的手臂姿势对整个身体姿态的完善及动作的艺术风格起着重要的作用。

手臂动作是由举、屈伸、摆、绕、绕环振等动作组成。

(1)手臂基本动作

动作要求：部位准确，路线清晰，手型变化明显。

①举：包括前举、上举、前上举、前下举、侧举、下举、侧下举、侧上举、后下举(图 5－22)。

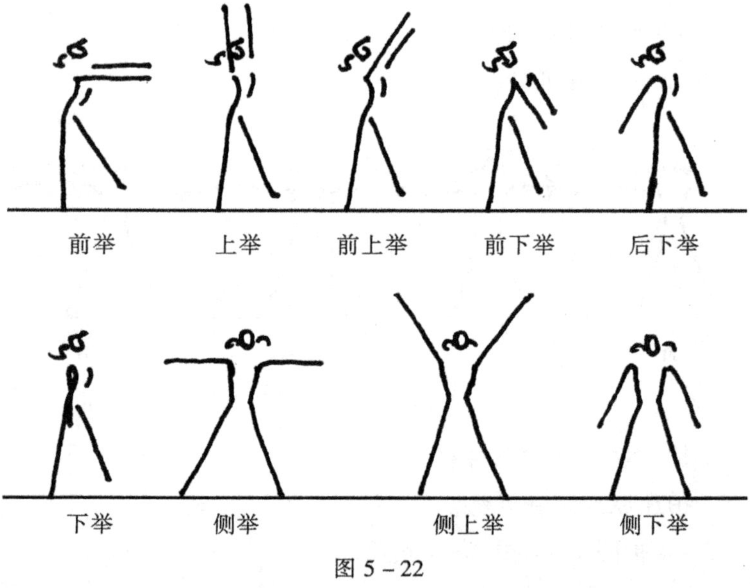

图 5－22

动作做法：以肩为轴，臂的活动范围不超过180°并停止在某一部位。

②屈伸：包括胸前屈、胸前平屈、肩侧屈、肩侧上屈、肩侧下屈、胸前上屈、腰侧屈、头后屈(图 5－23)。

动作做法：关节由弯到伸直或由伸直到弯曲的动作。

胸前屈：两臂胸前屈，前臂与地面垂直，握拳，拳心向内，两臂可做前、后、左、右、上、下方向的伸。

胸前平屈：两臂胸前屈，前臂与地面平行，掌心向下。两臂可做前、左、右、上、下方向的伸。

肩侧屈：两臂侧屈，肘自然下垂，指尖触肩。两臂可做前、侧、上、下方向的伸。

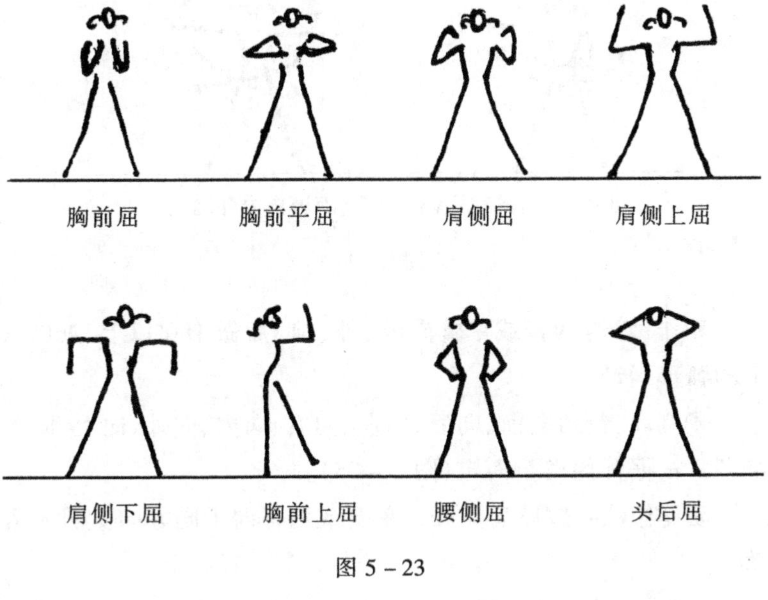

图 5－23

肩侧上屈：两臂肩侧屈，肘抬起正对侧方向，上、前臂成90°，掌心相对，指尖向上。两臂可做前、侧、上方向的伸。

肩侧下屈：同肩侧上屈，惟指尖方向相反。两臂可做侧、下方向的伸。

胸前上屈：两臂前举，掌心朝上，肘弯曲，指尖向上。

腰侧屈：两手叉腰，四指并拢在前，拇指在后。

头后屈：两臂肩侧上屈，两手扶头，中指相触或两手重叠。

③绕：包括向左、向右、向内、向外绕。可相同方向、不同方向、同时或依次做、轮流做（图5－24）。

单臂向左右绕　　双臂向内外绕

图5－24

动作做法：两臂或单臂向内、外、前、后做180°以上、360°以下的弧形运动。

④绕环：包括向前、向后、向左、向右、向内、向外、向上、向下绕环。根据开始姿势而定（图5－25）。

动作做法：臂以肩为轴，单臂或双臂向不同方向做圆形运动。

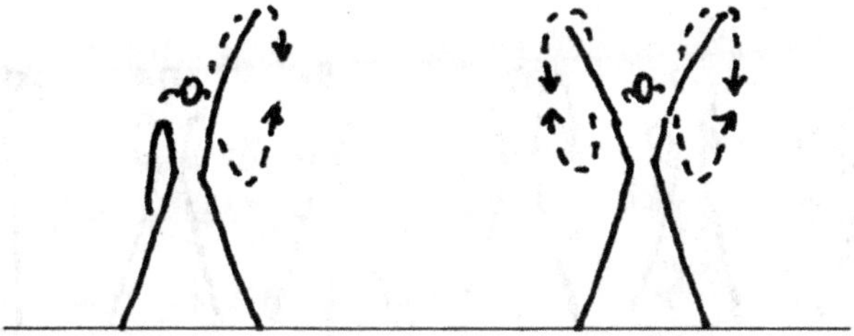

单臂前后绕环　　双臂前后绕环

图 5－25

⑤振：包括上举后振、下举后振、侧举后振(图 5－26)。

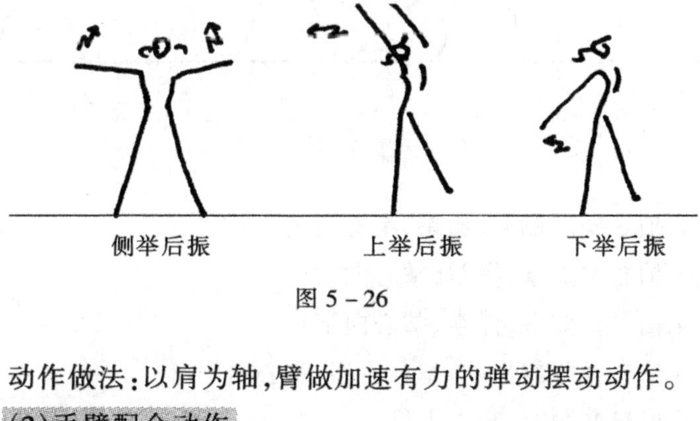

侧举后振　　上举后振　　下举后振

图 5－26

动作做法：以肩为轴，臂做加速有力的弹动摆动动作。

(2)手臂配合动作

①单臂手臂配合

配合一：

预备姿势：分腿开立，左手叉腰，右臂下举(图 5－27)。

1 拍右臂胸前屈，撑掌，掌心向内。

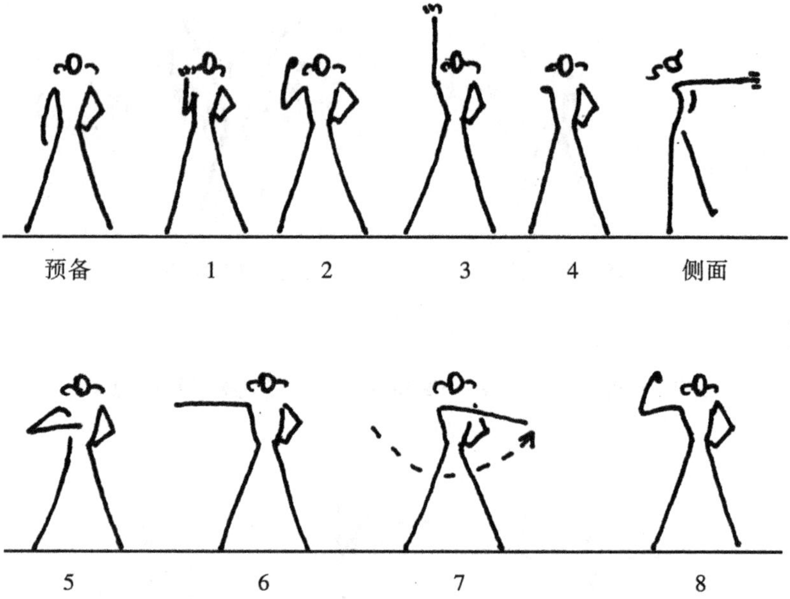

图 5－27

2 拍右臂肩侧屈,握拳,拳心向内。

3 拍右臂上举,撑掌,掌心向前。

4 拍右臂前举,撑掌,掌心向下。

5 拍右臂胸前平屈,基本手型,掌心向下。

6 拍右臂侧伸,基本手型。

7 拍右臂向左绕至左侧举,掌心向内。

8 拍右臂绕至肩上侧屈,握拳,拳心向内。

配合二:

预备姿势:分腿开立,左手叉腰,右臂肩侧屈,指尖触肩(图

5－28)。

1 拍上半拍两腿屈膝成蹲姿,手臂保持不动。

1 拍下半拍两腿蹬直,重心移至左腿,右脚尖点地,同时右臂上伸,直手。

2 拍同 1 拍上半拍。

3 拍两腿蹬直,重心移至右腿,左脚尖点地,同时右臂侧伸,掌心向下。

4 拍重心移至两腿,手臂动作保持不动。

5 拍重心移至左腿,右脚尖点地,同时右臂上举,掌心向前。

6－8 拍右臂经左向下绕至右侧举, 掌心向下, 同时重心移至右腿,左脚尖点地。

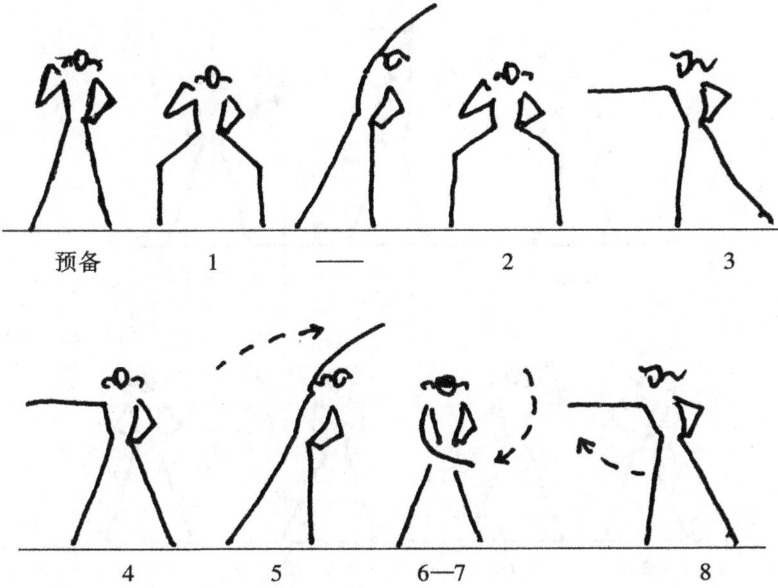

图 5－28

配合三：

预备姿势：分腿开立，左手叉腰，右臂自然下垂(图 5－29)。

1－2 拍右臂上举后振，撑掌，掌心向前。

3－4 拍右臂肩上屈后振，撑掌，掌心向前。

5 拍右手变拳，向左下方冲拳，拳心向内。

6 拍右臂肩上侧屈，握拳，拳心向内。

7 拍右手扶左肩。

8 拍右手腰侧屈。

②双臂手臂配合

健美操主要是以双臂进行动作的，概括起来有四种形式的双臂动作：对称的同时动作、非对称的同时动作、对称的依次动

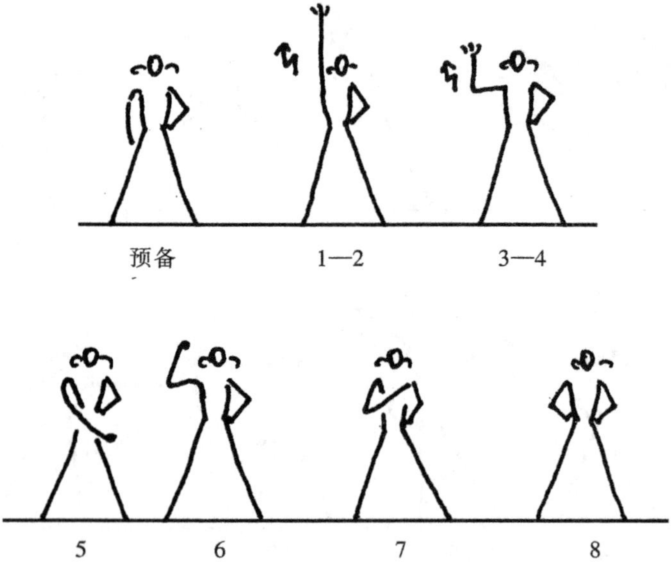

图 5－29

作、非对称的依次动作。

A. 两臂对称的同时动作

两臂对称的同时动作是最基础的动作形式，容易掌握。例如：

动作一：两个动作在一个八拍中重复完成(图 5－30)。

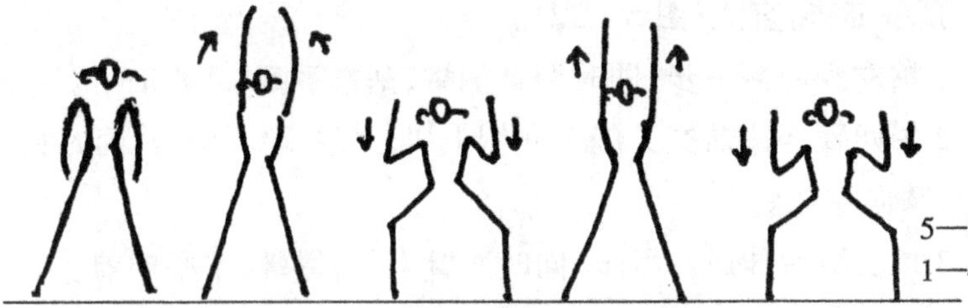

5—8 同 1—4。

预备　1　2　3　4

图 5－30

预备姿势：分腿开立，两臂自然下垂。

1 拍两臂经侧上举，基本手型，手腕稍内扣。

2 拍屈膝半蹲，同时两臂肩侧屈，直手型。

3－8 拍重复 1－2 拍动作。

动作二：四个动作在一个八拍完成。

预备姿势：分腿开立，两臂自然下垂(图 5－31)。

5—8 同 1—4。

预备　1　2　3　4

图 5－31

1 拍屈膝半蹲,同时两臂肩侧上屈,握拳,拳心相对。

2 拍两腿蹬直,同时两臂体前交叉冲拳,拳心向内。

3 拍屈膝半蹲,同时两臂内旋交叉,掌心相对。

4 拍两腿蹬直,同时两臂后摆,基本手型,掌心相对。

动作三:八个动作在一个八拍完成。

预备姿势:直立(图 5－32)。

1 拍左脚向侧一步,同时两臂侧举,基本手型,掌心向下。

2 拍两臂经体前交叉绕至肩侧上屈,握拳,拳心向内,同时吸右腿,膝向左转。

3 拍右腿后伸成左弓步,同时两臂上伸,撑掌,掌心向前。

图 5－32

4 拍向右转体 90°成屈膝半蹲，同时两臂胸前屈交叉，手指触肩。

5 拍右腿蹬直，高吸左腿，膝向右转，同时两臂侧举，基本手型，掌心向下。

6 拍向左转体 90°成屈膝半蹲，低头，同时两臂头后屈，手指扶头后。

7 拍腿保持不动，同时抬头，两臂上举，撑掌，掌心向前。

8 拍两腿伸直，同时两臂侧举，撑掌，掌心向前。

B. 两臂非对称的同时动作

对练习者有一定的协调性要求，能更好地提高肌肉控制能力。例如：

动作一：四个动作在一个八拍中完成。

预备姿势：分腿开立(图 5－33)。

1 拍右臂胸前上举，拳心向后，左臂侧举，拳心向下，同时屈膝半蹲。

2 拍右臂成肩侧屈，撑掌，掌心向后，左臂摆至上举，撑掌，掌心向前，同时两腿伸直。

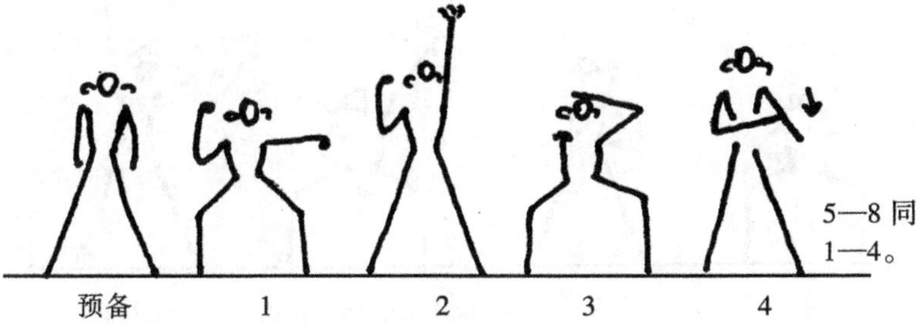

图 5－33

3 拍右臂前伸至前举，撑掌，掌心向下；左臂头后屈，撑掌，掌心向前扶头，同时屈膝半蹲。

4 拍右臂前臂内摆成手托左肘，左臂向下砍至前举，撑掌，掌心向内，同时腿伸直。

5－8 拍动作同 1－4 拍，方向相反。

动作二：八个动作在一个八拍中完成。

预备姿势：分腿开立(图 5－34)。

1 拍屈膝半蹲，同时右臂左上冲拳，拳心向内；左臂右下伸臂，基本手型，掌心向下。

2 拍两腿伸直，同时右臂摆至侧下举，掌心向下，基本手型；

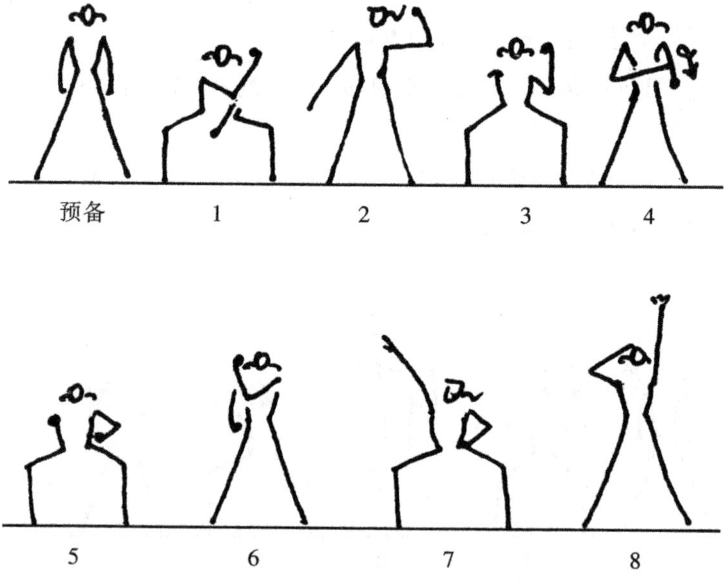

图 5－34

左臂肩侧上屈,拳心向下。

3 拍屈膝半蹲,同时右臂摆至前举,掌心向下;左臂摆至胸前上屈,拳心向后。

4 拍两腿伸直,同时右臂屈肘内摆至手背托左肘,左臂以肘为轴内绕冲拳,拳心向下。

5 拍两腿屈膝成蹲姿,同时右臂向前冲拳,左臂收于腰际,拳心向上。

6 拍两腿伸直,同时右臂收于髋侧,左臂右上冲拳,拳心向内。

7 拍两腿屈膝成蹲姿,同时右臂摆至侧上举,掌心向下,右臂后摆至体后屈,手背扶腰。

8 拍两腿伸直,同时右臂摆至肩侧上屈,撑掌扶头后,左臂上伸或上举,撑掌,掌心向前。

C. 两臂对称的依次动作

类似单臂动作,动作也较容易完成。采用时多与两臂同时动作衔接。例如:

动作一:

预备姿势:分腿开立,两臂自然下垂。

第一个八拍(图 5-35)

1 拍左臂侧举,基本手型,掌心向下。

2 拍右臂侧举,基本手型,掌心向下。

3 拍左臂肩侧下屈,掌心向后。

4 拍右臂肩侧下屈,掌心向后。

5 拍左臂右侧下伸,掌心向内。

6 拍右臂左侧下伸,掌心向内。

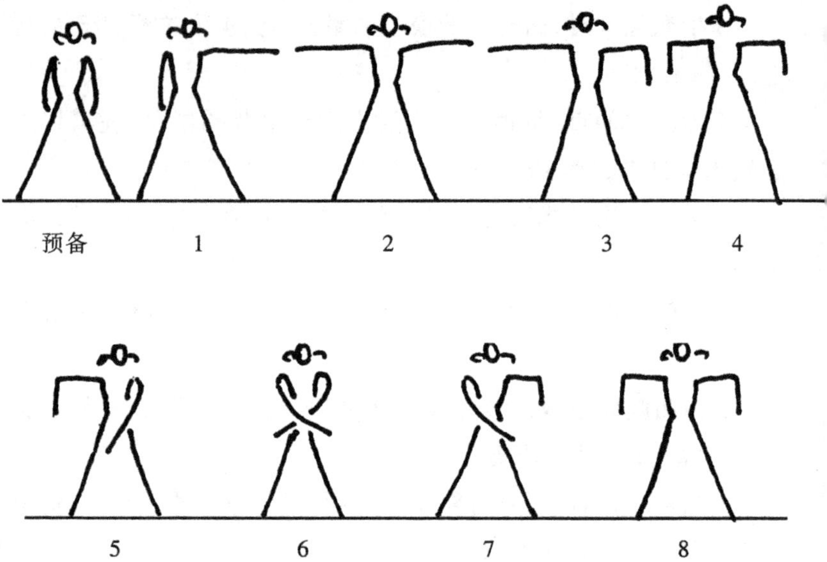

图 5－35

7 拍左臂上提成肩侧下屈，掌心向后。

8 拍右臂上提成肩侧下屈，掌心向后。

第二个八拍(图 5－36)

1 拍左臂肩侧上屈，掌心向前。

2 拍右臂肩侧上屈，掌心向前。

3 拍左臂头上屈，掌心向前。

4 拍右臂头上屈，掌心向前。

5 拍左臂肩侧上屈，掌心向前。

6 拍右臂肩侧上屈，掌心向前。

7 拍左臂侧举，掌心向前。

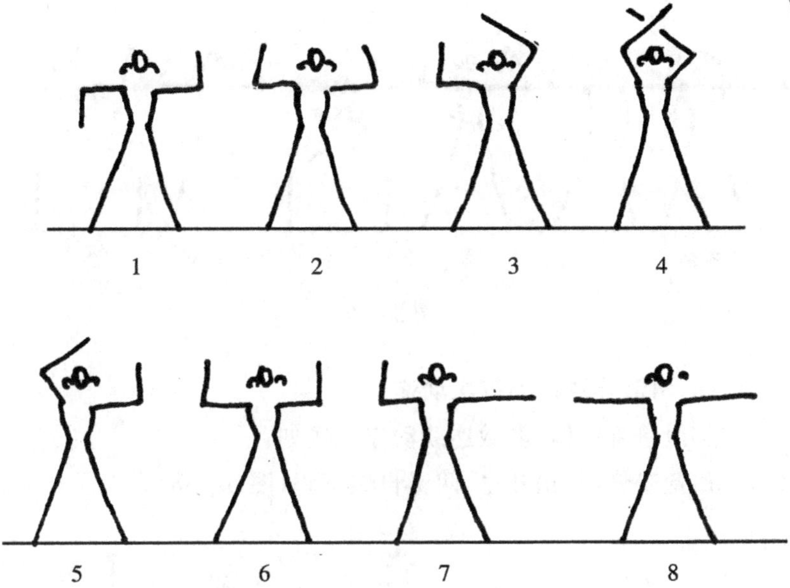

图 5－36

8 拍右臂侧举，掌心向前。

动作二：

预备姿势：分腿开立，两臂自然下垂(图 5－37)。

1－2 拍左臂向右绕至肩侧上屈，握拳，拳心向内。

3－4 拍右臂向左绕至肩侧上屈，握拳，拳心向内。

5 拍屈膝半蹲，同时两臂胸前屈，拳心向内。

6 拍两腿伸直，同时两臂向侧展开成肩上侧屈，拳心相对。

7 拍屈膝半蹲，同时两臂上举，拳心向外。

8 拍同 6 拍动作。

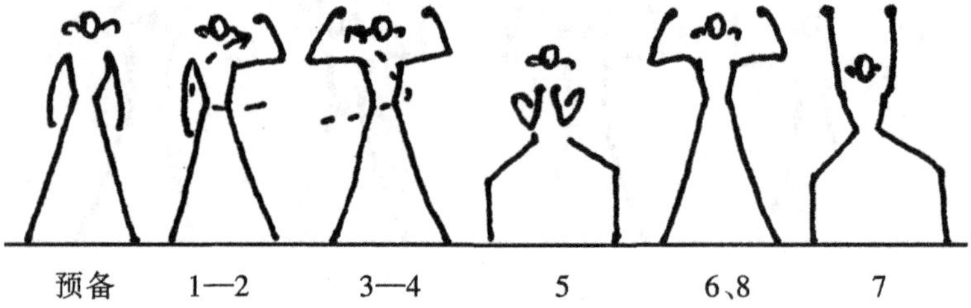

图 5－37

D. 两臂非对称的依次动作

类似单臂动作，多做连续动作。例如：

预备姿势：分腿开立，两臂自然下垂(图 5－38)。

图 5－38

1 拍两腿屈膝成半蹲，同时左臂肩侧上屈，拳触肩，拳心向内，右臂向左前方冲拳，拳心向下。

2 拍两腿伸直，同时左臂向上伸直成上举，拳心向内，右臂腰侧屈，拳心向上。

3 拍吸右腿，右膝向左，同时左臂肩上屈握拳，拳心向内触肩，右臂侧举，基本手型，掌心向下。

4 拍右脚回落成开立，同时左臂下举，撑掌，掌心向后，右臂上举，撑掌，掌心向前。

5 拍两腿屈膝成半蹲，同时左臂侧上举，基本手型，掌心向外，右臂侧下举，基本手型，掌心向下。

6 拍两腿伸直，左臂侧举，撑掌，掌心向下，右臂头上屈，撑掌，掌心向前。

7 拍两腿屈膝成蹲姿，同时左臂胸前平屈，撑掌，掌心向内，右臂立掌前砍成前举，撑掌，掌心向内。

8 拍两腿伸直，同时左臂上举撑掌，掌心向前，右臂胸前平屈，撑掌，掌心向内。

手位操

预备姿势：分腿开立，两臂自然下垂。

第一节

第一个八拍(图 5－39)

1－2 拍两臂前举，基本手型，掌心相对，同时屈膝半蹲。

3－4 拍两臂上举，直立。

5－6 拍两臂侧举，屈膝半蹲。

7－8 拍手臂下举，直立。

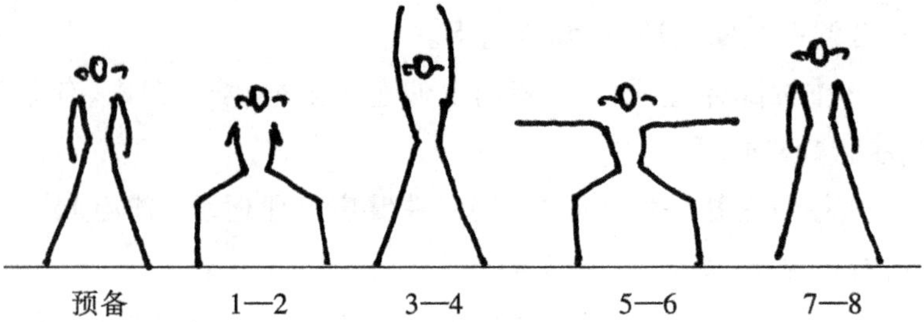

图 5 - 39

第二个八拍(图 5 - 40)

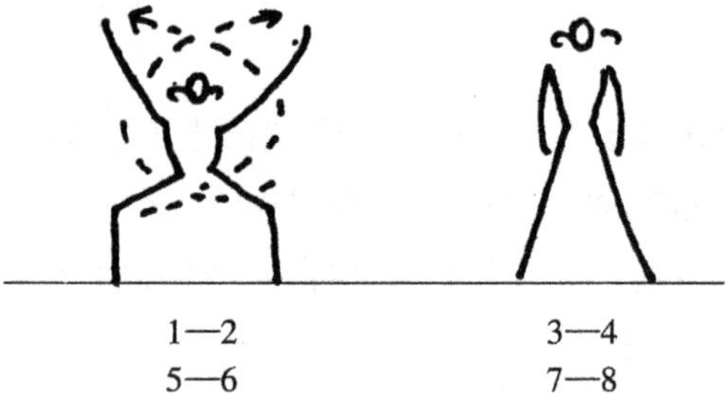

图 5 - 40

1 - 2 拍两臂经体前交叉绕至侧上举，掌心相对，同时屈膝半蹲。

3 - 4 拍两臂体侧下垂,成分腿直立。

5 - 6 拍重复 1 - 2 拍动作。

7 - 8 拍重复 3 - 4 拍动作。

第三个八拍

重复第一、二个八拍的动作,动作速度加快一倍。

第四个八拍动作同第三个八拍动作。

第二节

第一个八拍(图 5－41)

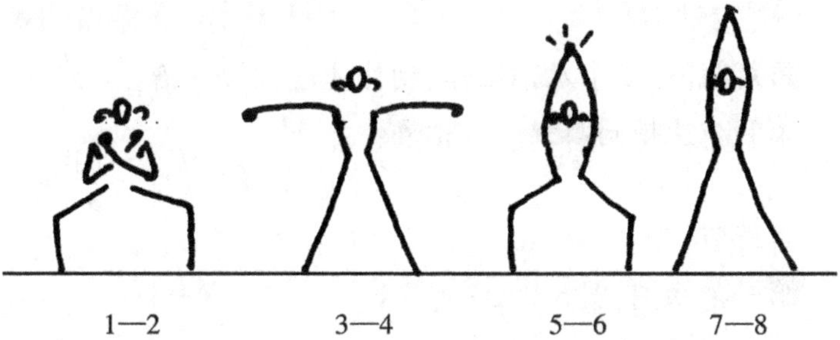

图 5－41

1－2 拍两臂胸前屈交叉,拳心向后,左臂在外,同时屈膝半蹲。

3－4 拍两臂侧举,成分腿直立。

5－6 拍两臂摆至上举击掌互握手,同时屈膝半蹲。

7－8 拍两臂保持上举互握,两腿伸直成开立。

第二个八拍(图 5－42)

1－2 拍两肘后拉至腰侧屈,拳心向上,同时屈膝半蹲。

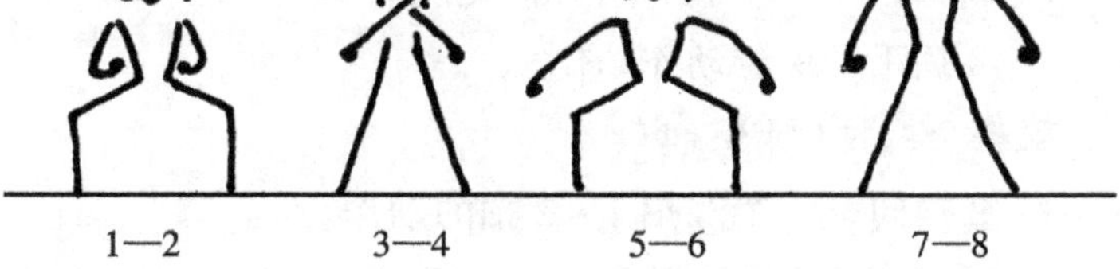

图 5－42

3－4 拍两臂前举交叉，左臂在上，拳心向下，同时两腿伸直成开立。

5－6 拍两臂侧下举，拳心向内，同时屈膝半蹲。

7－8 拍两臂保持 5－6 拍动作，两腿伸直成开立。

第三个八拍

重复第一、二个八拍动作，动作速度加快一倍。

第四个八拍同第三个八拍动作。

第三节

第一个八拍(图 5－43)

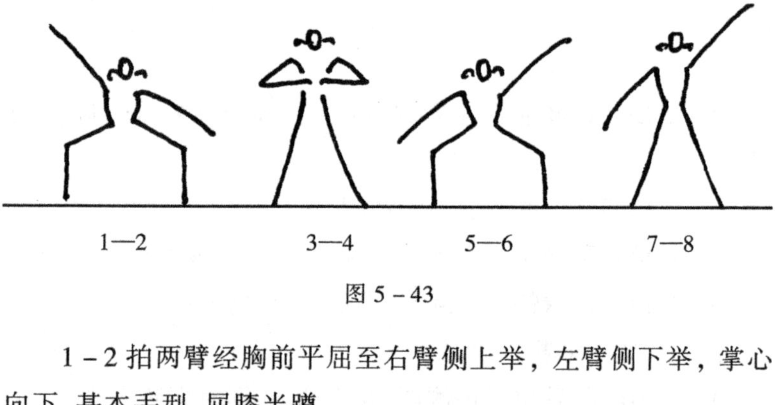

图 5－43

1－2 拍两臂经胸前平屈至右臂侧上举，左臂侧下举，掌心向下，基本手型，屈膝半蹲。

3－4 拍两臂摆至胸前平屈，掌心向下，直立。

5－6 拍同 1－2 拍动作，方向相反。

7－8 拍手臂保持动作，直立。

第二个八拍(图 5－44)

1－2 拍同第一个八拍 1－2 拍的动作。

3－4 拍两臂摆至右臂侧下举，左臂侧上举，掌心向下，直

图 5-44

立。

5-6 拍两臂胸前屈击掌互握，屈膝半蹲。

7-8 拍两臂体侧下垂，直立。

第三个八拍

重复第一、二个八拍动作，动作速度加快一倍。

第四个八拍同第三个八拍动作。

第四节

第一个八拍(图 5-45)

1-2 拍右臂肩侧上屈，握拳，屈膝半蹲。

3-4 拍右臂保持，左臂同 1-2 拍右臂动作，直立。

5-6 拍两臂由上至下向内交叉绕环一周，屈膝半蹲。

7-8 拍手臂同 3-4 拍动作，直立。

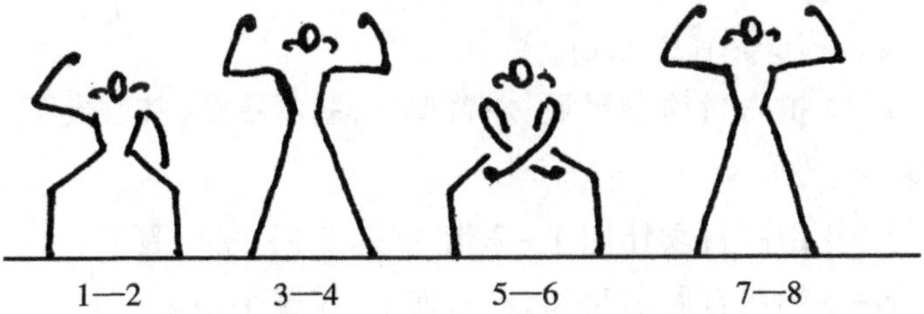

图 5-45

第二个八拍(图 5－46)

图 5－46

1－2 拍左臂不动，右臂成肩侧下屈，拳心向内，屈膝半蹲。

3－4 拍左、右臂动作互换，直立。

5－6 拍右臂微屈肘，拳置髋侧，左臂向右上方冲拳，拳心向后，屈膝半蹲。

7－8 拍还原成预备姿势。

第三个八拍

重复第一、二个八拍动作，动作速度加快一倍。

第四个八拍同第三个八拍动作。

第五节

第一个八拍(图 5－47)

1－2 拍右臂胸前平屈，左臂侧举，基本手型，掌心向下，屈膝半蹲。

3－4 拍两臂动作同 1－2 拍动作，方向相反，直立。

5－6 拍两臂胸前交叉，掌心向下，屈膝半蹲。

1—2　3—4　5—6　7—8

图 5－47

7－8 拍手臂同 1－2 拍动作，直立。

第二个八拍(图 5－48)

1－2 拍右臂体侧下垂，左臂成军礼姿态，基本手型，屈膝半蹲。

3－4 拍右臂不动，左臂伸至斜前上举，直立。

5－6 拍左臂不动，右臂屈肘，前臂屈肘，前臂胸前侧举，屈膝半蹲。

7－8 拍右臂侧后下举，左臂屈肘前臂胸前呈侧下举，直立。

第三个八拍

重复第一、二个八拍动作，动作速度快一倍。

第四个八拍同第三个八拍动作。

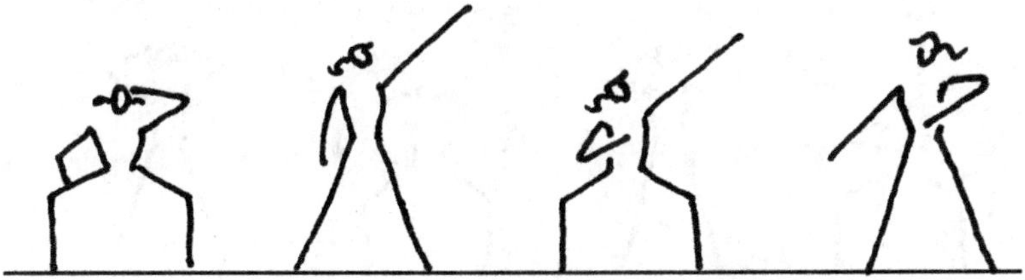

1—2　3—4　5—6　7—8

图 5－48

第六节

第一个八拍(图 5－49)

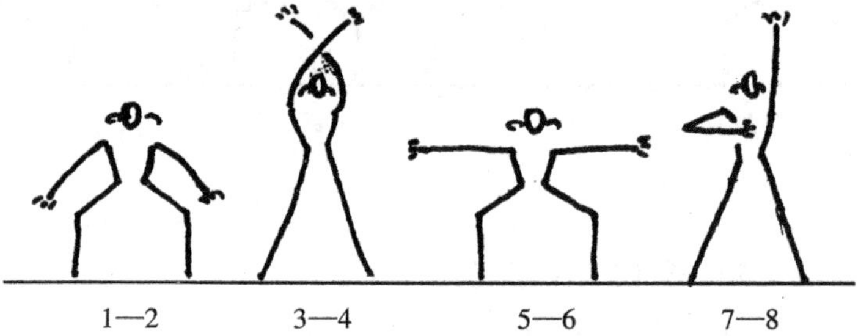

图 5－49

1－2 拍两臂侧下举,撑掌,掌心向前,屈膝半蹲。

3－4 拍两臂摆至头上直臂交叉,掌心向前,直立。

5－6 拍两臂侧举,撑掌,掌心向前,屈膝半蹲。

7－8 拍左臂上举,掌心向前,右臂胸前平屈,掌心向后,直立。

第二个八拍(图 5－50)

1－2 拍右臂上举,左臂胸前平屈,撑掌屈膝半蹲。

3－4 拍两臂前举,撑掌,掌心向下,直立。

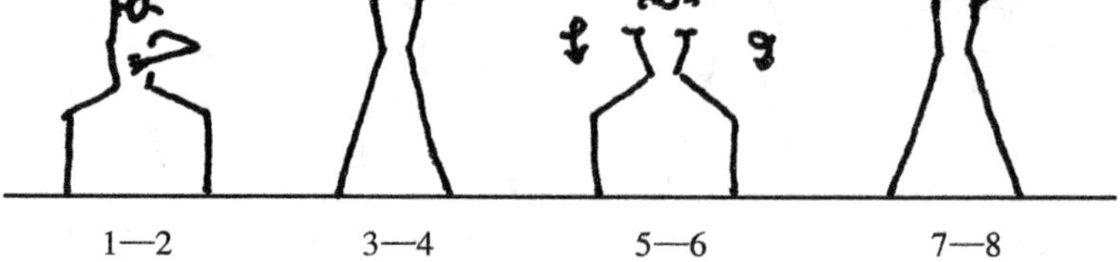

图 5－50

5－6 拍前臂向内绕至两臂前举，掌心向上，屈膝半蹲。

7－8 拍两臂肩侧上屈，两手撑掌置于头前，掌心向前，直立。

第三个八拍

重复第一、二个八拍的动作,动作速度加快一倍。

第四个八拍同第三个八拍动作。

第七节

第一个八拍(图 5－51)

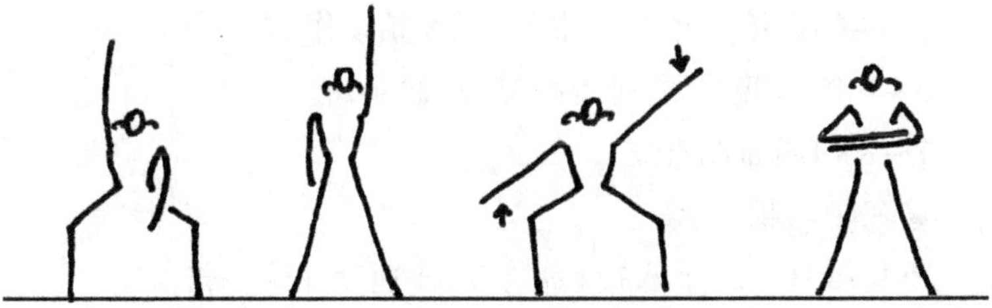

图 5－51

1－2 拍两臂经体前摆至右臂上举,左臂下举,基本手型,掌心相对,屈膝半蹲。

3－4 拍两臂交换位置,直立。

5－6 拍右臂上绕,左臂下绕,屈膝半蹲。

7－8 拍两臂胸前平屈,前臂重叠,右臂在上,基本手型,直立。

第二个八拍(图 5－52)

图 5－52

1－2 拍上臂不动,两前臂交叉上摆至手背相击,直手型,屈膝半蹲。

3－4 拍同第一个八拍中的 7－8 拍动作。

5－6 拍两臂侧举,基本手型,屈膝半蹲。

7－8 拍还原成直立。

第三个八拍

重复第一、二个八拍动作，动作速度加快一倍。

第四个八拍同第三个八拍动作。

第八节

第一个八拍(图 5－53)

1－2 拍右臂肩侧上屈,肘外展,指尖指向头,撑掌,掌心向前,左臂侧举,撑掌,掌心向前,屈膝半蹲。

3－4 拍两臂动作同 1－2 拍动作,换臂做,直立。

5－6 拍右臂上举,撑掌,掌心向前,左臂肩上屈,撑掌,扶头后,屈膝半蹲。

7－8 拍手臂动作同 1－2 拍,直立。

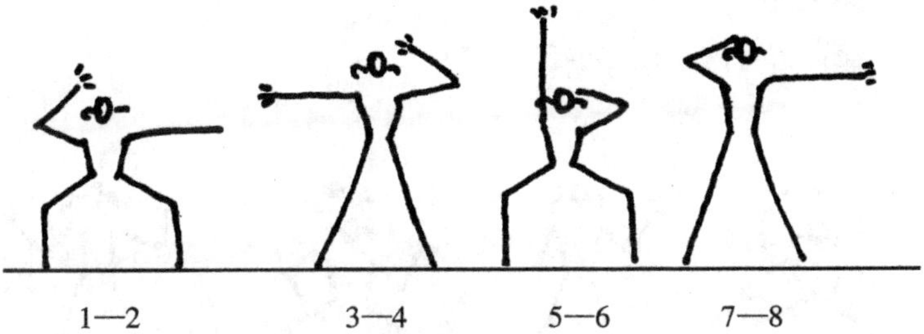

图 5－53

第二个八拍(图 5－54)

1－2 拍右臂不动，左臂胸前平屈，掌心向后，撑掌，屈膝半蹲。

3－4 拍左臂不动，右臂前举，撑掌，掌心向内，直立。

5－6 拍左臂侧举，掌心向前，右臂胸前侧下屈，掌心向后，屈膝半蹲。

7－8 拍两臂动作同 5－6 拍，换方向做，直立。

第三个八拍

重复第一、二个八拍动作，动作速度加快一倍。

第四个八拍同第三个八拍动作。

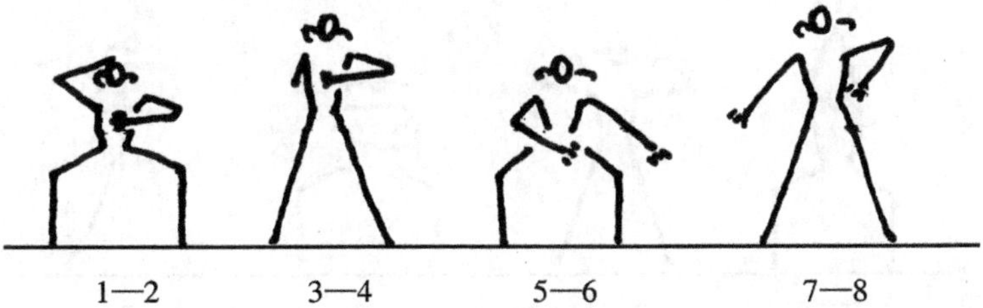

图 5－54

第九节

第一个八拍(图 5－55)

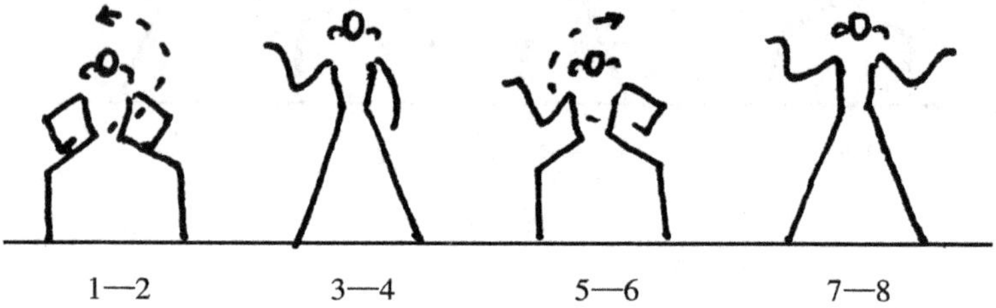

图 5－55

1－2 拍右臂由右侧下方经前向左侧绕至腰侧屈，直手仰腕,屈膝半蹲。

3－4 拍右臂成肩侧上屈,腕外伸,直手,手心向上,直立。

5－6 拍手臂不动,左臂重复右臂动作,屈膝半蹲。

7－8 拍右臂不动,左臂同 3－4 拍右臂动作,直立。

第二个八拍(图 5－56)

1－2 拍两臂头上击掌,直手,屈膝半蹲。

3－4 拍两臂肩侧上屈,指尖触肩,直立。

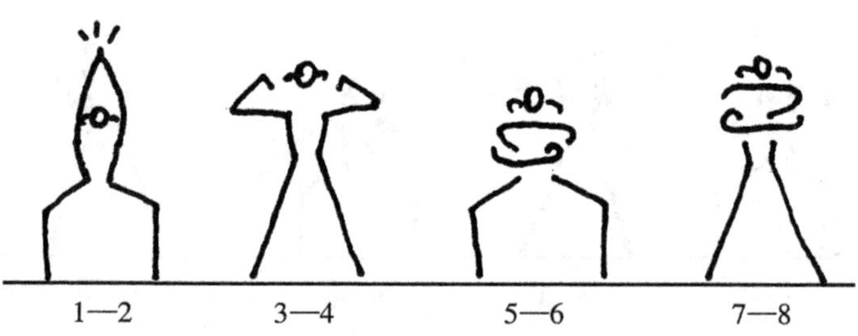

图 5－56

5－6拍右臂胸前平屈，腕下屈，指尖触左肘，左臂胸前平屈，腕上屈，指尖触右肘，屈膝半蹲。

7－8拍两臂交换位置，动作相反，直立。

第三个八拍

重复第一、二个八拍动作，动作速度加快一倍。

第四个八拍同第三个八拍动作。

第十节

第一个八拍(图5－57)

图5－57

1－2拍右臂摆至肩上侧屈，拳心向内，左臂摆至侧举，拳心向下，屈膝半蹲。

3－4拍两臂内摆成右臂胸前上屈，左臂前举，两肘相靠，握拳，直立。

5－6拍右臂侧下举，拳心向内，左臂肩侧上屈，拳心向内，屈膝半蹲。

7－8拍左臂不动，右臂摆至左侧下举，拳心向外，直立。

第二个八拍(图5－58)

1－2拍左臂侧下举，右臂肩上侧屈，屈膝半蹲。

3－4拍同第一个八拍中的7－8拍，但方向相反。

图 5－58

5－6 拍右臂伸直下绕，左臂上绕在体前成交叉举，左臂在上，拳心向下，屈膝半蹲。

7－8 拍两肘后振成胸前平屈，拳心向下，直立。

第三个八拍

重复第一、二个八拍动作，动作速度加快一倍。

第四个八拍同第三个八拍动作。

第十一节

第一个八拍(图 5－59)

1－2 拍两臂胸前屈交叉，直手，手背相对，屈膝半蹲。

3－4 拍两臂肩侧上屈，指尖触肩，直立。

5－6 拍左臂不动，右臂由右侧下方经左向右侧绕，直手，屈

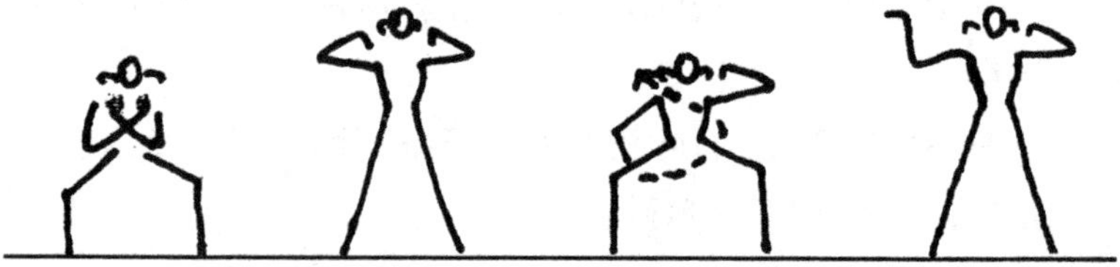

图 5－59

膝半蹲。

7－8 拍左臂不动，右臂成肩侧上屈，仰腕，直手，手心向上，直立。

第二个八拍(图 5－60)

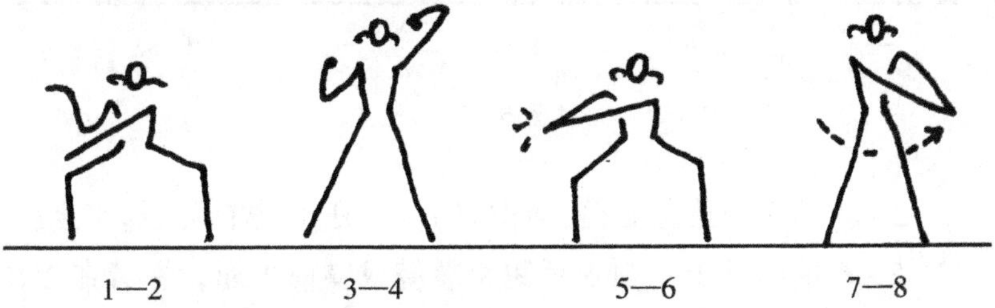

图 5－60

1－2 拍右臂动作不变，左臂伸至右下举，基本手型，掌心向下，屈膝半蹲。

3－4 拍右臂成肩侧屈，肘垂直地面，拳心向内，左臂拉至肩侧上屈，拳心向内，直立。

5－6 拍右臂稍前移，左臂右侧击右掌并互握，屈膝半蹲。

7－8 拍两臂同时摆至左侧下举。

第三个八拍

同第一、二个八拍，动作速度加快一倍。

第四个八拍同第三个八拍动作。

第十二节

第一个八拍(图 5－61)

1－2 拍两臂左侧下举，左臂稍屈，直手，两手腕后屈并相靠，右臂在下，屈膝半蹲。

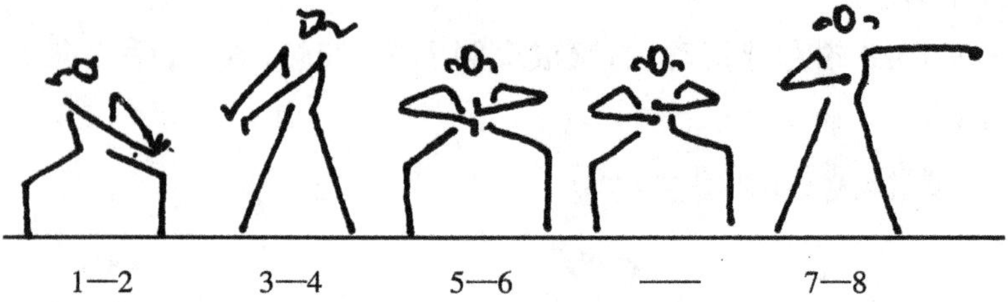

图 5－61

3－4 拍两臂摆至右侧,动作同 1－2 拍,但方向相反,直立。

5－6 拍两臂于胸前由手腕相靠绕成胸前平屈，左臂在上，拳心向下,屈膝半蹲。

7－8 拍右臂拉肘至肩侧平屈,左臂侧举,直立。

第二个八拍(图 5－62)

1－2 拍右臂不动,左臂经上向右绕环一周握拳,屈膝半蹲。

3－4 拍右臂下举,撑掌,掌心向后,左臂绕至上举,撑掌,掌心向前,直立。

5－6 拍两臂前举,左臂在上,自腕关节外交叉,同时左腕由下屈变上屈,右腕由上屈变下屈,直手,屈膝半蹲。

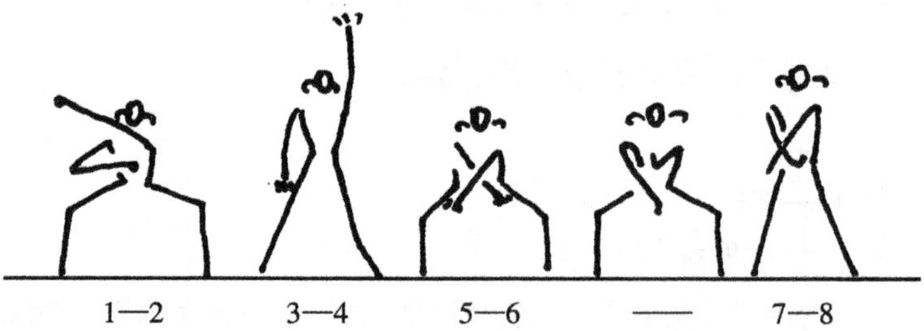

图 5－62

7－8拍重复屈腕一次同5拍动作，直立。

第三个八拍

同第一、二个八拍，动作速度加快一倍。

第四个八拍同第三个八拍动作。

第十三节

第一个八拍(图5－63)

图5－63

1－2拍右臂前冲拳，拳心向下，左臂握拳收至腰侧，拳心向上，屈膝半蹲。

3－4拍两臂动作同1－2拍动作，但方向相反，直立。

5－6拍两臂握拳胸前平屈并向内绕环一周，拳心向下，屈膝半蹲。

7－8拍左臂胸前屈，拳心向后，右臂胸前平屈，拳心向下，拳背触左肘，直立。

第二个八拍(图5－64)

1－2拍右臂不动，左前臂右下摆并握拳击右肘一次，屈膝半蹲。

3－4拍右臂不动，左前臂上摆成肩上前屈，手呈“V”字指，

图 5-64

手心向后，直立。

5-6 拍两臂前举，右臂在上，左臂在下，屈腕，掌心相对，指尖相触，屈膝半蹲。

7-8 拍两臂动作同 5-6 拍，但方向相反，直立。

第三个八拍

重复第一、二个八拍，动作速度加快一倍。

第四个八拍同第三个八拍动作。

结束动作(图 5-65)

1-2 拍两臂由下经侧绕至上举，握拳，拳心向下，直立。

3-4 拍两臂向下拉臂至腹前，拳心向上。

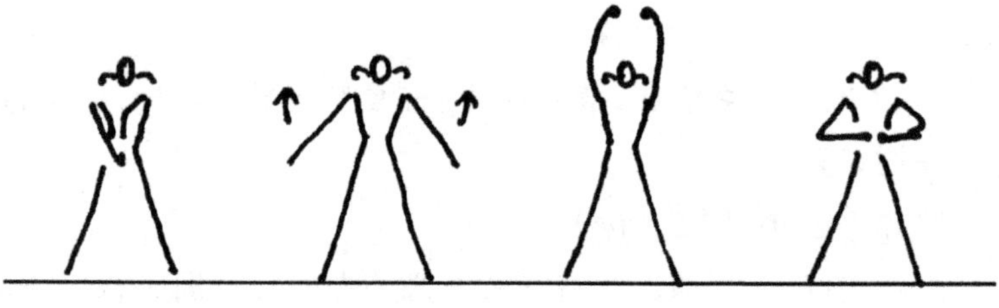

图 5-65

三、下肢动作练习

(一)脚的姿态要求

下肢动作完成的质量直接受到脚的姿态的影响,因此,在完成健美操时要求:

1. 凡是脚离地面并做一定暂短停留的动作(大踢腿除外),均要求绷脚尖。

2. 踢腿时,脚呈自然状态,踝关节放松。

(二)脚与腿的基本位置(图 5-66、67)

1. 脚与腿的基本位置包括直立、开立、点地立、提踵立、弓步、蹲、跪等。

(1)直立:两脚并拢,头颈、躯干和脚的纵轴保持在一条直线上。

(2)开立:两脚左右分开与肩同宽或宽于肩。

(3)点地立:一腿支撑,另一脚向各个方向伸直,脚尖点地,

图 5-66

图 5－67

包括前点地、侧点地、后点地。

(4)提踵立：两脚跟提起离地，用前脚掌站立。

(5)弓步：两腿前后或左右开立，一腿屈膝，另一腿绷直，屈腿的膝部与脚尖垂直，包括前弓步、侧弓步、后弓步。

(6)蹲：站立，膝关节弯曲。包括半蹲、全蹲。半蹲时大小腿形成夹角，全蹲时大小腿折叠(图 5－68)。

(7)跪：膝和脚支撑身体。包括跪坐、跪立。跪坐时，大小腿折叠，臀部坐在脚上；跪立时，髋关节伸展。

图 5－68

2. 配合练习

配合一：

预备姿势：直立，两臂自然下垂(图 5－69)。

图 5－69

1－2 拍成右腿屈膝、左脚前点地的后弓步，同时两臂前举，圆手型，掌心相对。

3－4 拍右脚支撑提踵，侧吸左腿，同时两臂上举，圆手型，掌心相对。

5－6 拍左脚后伸成右腿在前的弓步，同时左臂前举，右臂后举，圆手型，掌心向下。

7－8 拍右腿伸直支撑，左脚后点地，同时左臂上举，圆手型，掌心向内，右臂侧举，圆手型，掌心向下。

配合二：

预备姿势：直立，两臂腰侧屈，握拳，拳心向上(图 5－70)。

1 拍右脚提踵前吸左腿，同时右臂向前冲拳，拳心向下。

2 拍左腿侧伸脚尖点地，成右腿屈膝的侧弓步，同时右臂

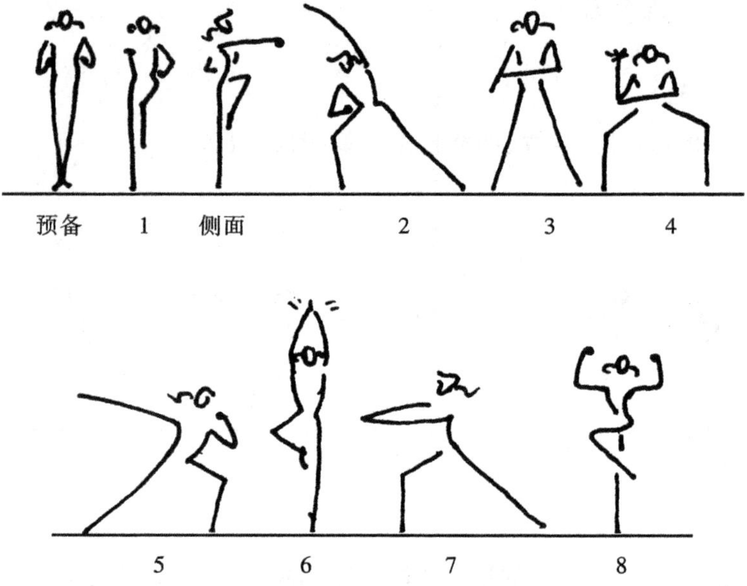

图 5－70

提于腰际，握拳，拳心向上；右臂向右上方伸，圆手型，掌心向内。

3 拍重心移至两腿成开立，同时右臂前伸撑掌，掌心向上，左臂屈肘手扶右臂。

4 拍两腿屈膝成蹲，右臂上屈撑掌，掌心向后，左臂不动。

5 拍重心移至左腿，右腿伸直，成左腿屈的侧弓步，同时左臂肩侧屈，握拳，拳心向内，右臂侧举，基本手型，掌心向下。

6 拍左腿支撑提踵，侧吸右腿，同时两臂经侧摆至头上击掌。

7 拍右腿侧落成大开立，向右转体 90°成右腿在前屈膝的前弓步，同时两臂前举，两手相握，两食指、拇指伸直（开枪动作）。

8拍右腿蹬直前吸左腿，膝向右转，同时两臂摆至肩侧上屈，握拳，拳心相对。

(三)腿的基本动作

1. 腿的基本动作包括屈伸、抬腿、踢腿等。

(1)屈伸：膝关节由直成屈再由屈成直的动作。

动作做法(图5-71)：

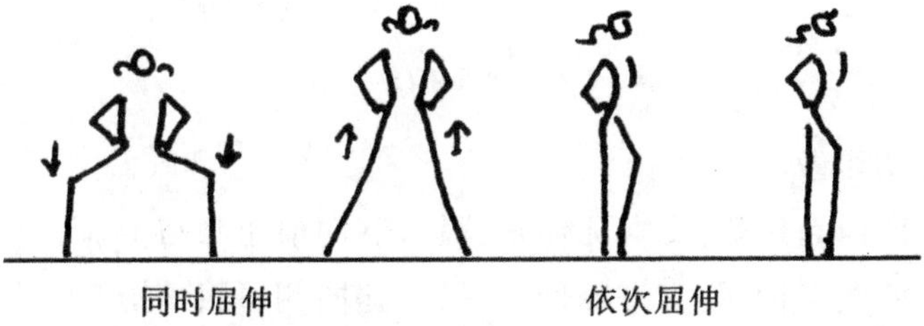

图5-71

同时屈伸：两腿同时弯曲，同时伸直。

依次屈伸：两腿轮换屈伸。

移动屈伸：两腿同时弯曲，伸直时重心移到一腿，另一腿举起或点地。一般包括屈膝左右移动，屈膝前后移动(图5-72)。

图5-72

(2)抬腿:一腿支撑,一腿屈膝高抬包括向前高抬腿、向侧高抬腿、屈膝高抬腿、吸腿等(图 5 – 73)。

图 5 – 73

动作做法:

向前高抬腿:支撑腿伸直,另一腿向前屈膝高抬。

向侧高抬腿:支撑腿伸直,另一腿向侧屈膝高抬。

屈膝高抬腿:支撑腿屈膝,另一腿向前或侧屈膝高抬。

吸腿:一腿支撑,另一腿屈膝高抬,脚侧贴于膝处。

(3) 踢腿:一腿支撑,另一腿向各个方向做由下至上的加速摆动作。包括直腿踢、弹踢、屈膝踢。

动作做法:

直踢腿:踢腿时两腿伸直。有前踢、侧踢、后踢等(图 5 – 74)。

弹踢:一腿支撑,另一腿经屈膝向各个方向做踢伸的动作。包括向前弹踢、向侧弹踢、向后弹踢(图 5 – 75)。

屈膝踢:踢腿时,一腿或两腿屈的踢腿动作。包括屈膝后踢、屈膝侧踢。

动作做法:

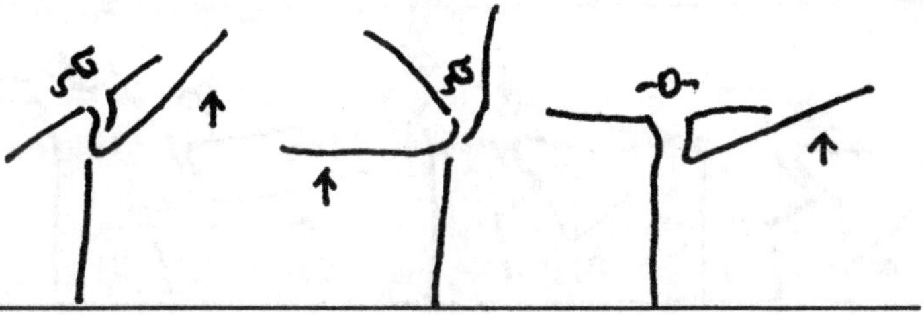

前踢　　后踢　　侧踢

图 5－74

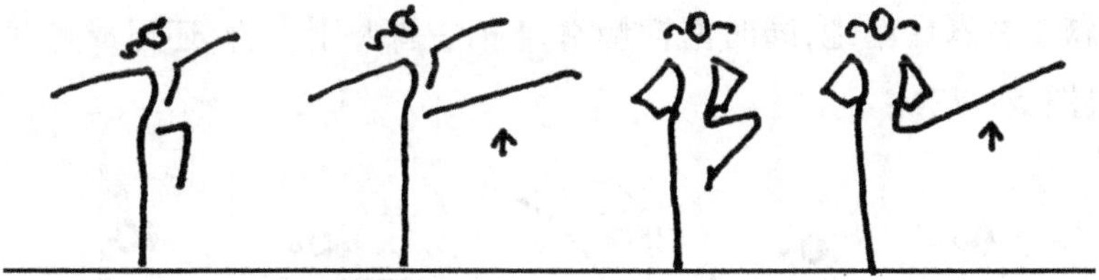

向前弹踢　　向侧弹踢

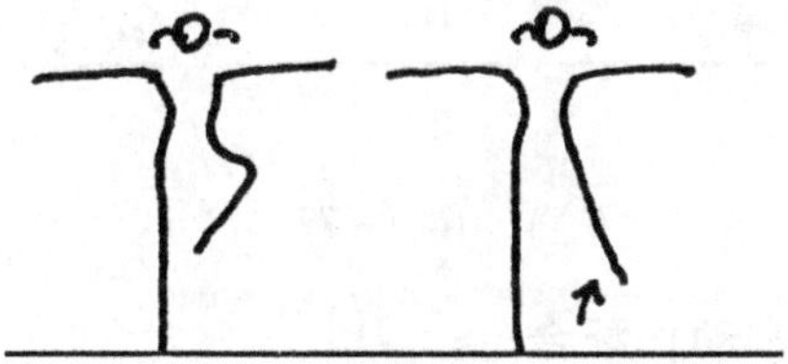

向后弹踢

图 5－75

屈膝后踢：一腿屈膝支撑，另一腿屈膝或伸直后踢（图 5－76）。

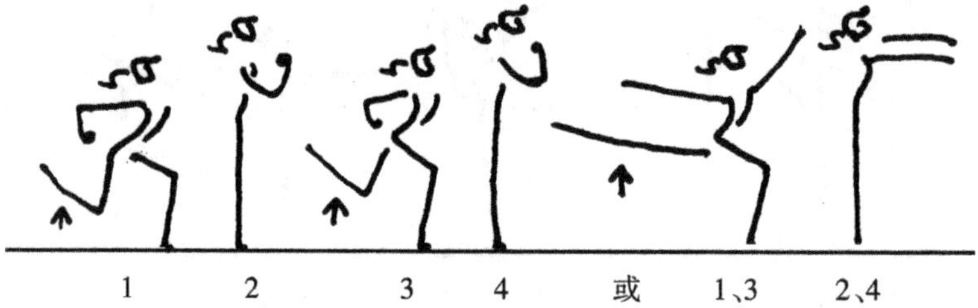

图 5－76

屈膝侧踢：1 拍右脚向左前迈一步，同时两臂侧举，2 拍右腿屈膝支撑，同时左腿屈膝向侧高踢，同时两臂向左侧摆，3 拍左脚在右脚后落地，同时两臂侧举，4 拍右脚并于左脚，还原成直立（图 5－77）。

图 5－77

2. 腿的基本动作配合

配合一

预备姿势：分腿开立，两臂自然下垂。

第一个八拍(图 5－78)

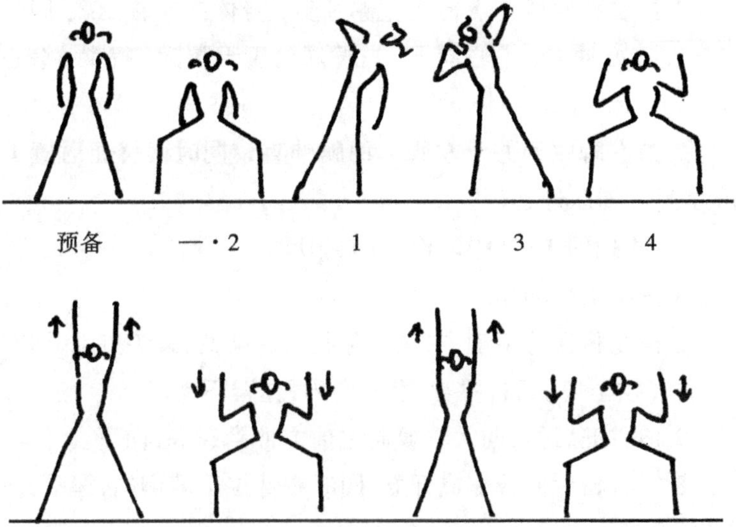

图 5－78

1 拍上半拍两腿屈膝成蹲,两臂不动。

1 拍下半拍两腿伸直,重心移至左腿,右脚侧点地,同时右臂经侧摆至肩侧上屈,指尖触肩。

2 拍同 1 拍上半拍。

3 拍同 1 拍的下半拍动作,方向相反。

4 拍两腿屈膝成蹲,同时两臂肩侧屈,基本手型,掌心相对。

5 拍两腿蹬直,同时两臂上伸成举。

6 拍同 4 拍动作。

7 拍同 5 拍动作。

8 拍同 4 拍动作。

第二个八拍(图 5－79)

1 拍右腿向侧伸点地成左侧弓步，身体向左转 90°，同时右臂向左前方冲拳，拳心向下，右臂屈肘置于腰际，握拳，拳心向上。

2 拍右脚收回并于左脚，两腿伸直，同时两臂屈肘置于腰际，握拳，拳心向上。

3－4 拍同 1－2 拍动作，方向相反。

5 拍同 1 拍动作。

6 拍左腿保持不动，右腿屈膝收于左腿侧，脚尖点地，同时立腰，右臂拉至肩侧屈，握拳，拳心向内，左臂不动。

7 拍右腿后伸，同时右臂向左前方冲拳，拳心向下。

8 拍右腿后伸转体成开立，同时右臂拉至肩侧屈，握拳，拳心向内，左臂不动。

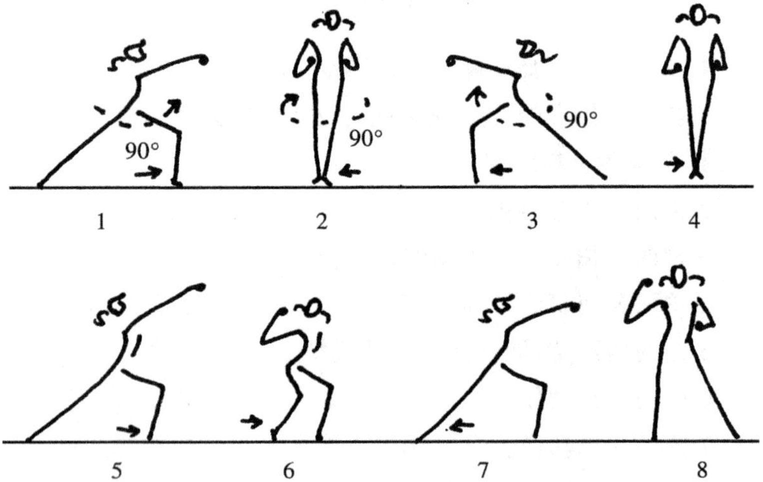

图 5－79

配合二:

预备姿势:直立,两手握拳置于腰际(图 5－80)。

1 拍左脚向前一步,同时左手提于腰际,握拳,拳心向上,右臂向前冲拳,拳心向下。

2 拍吸右腿向前弹踢，同时左臂向前冲拳，右臂提于腰际，拳心向上。

3 拍右脚向后迈一步，左腿屈成前弓步，同时左臂下举握拳,拳心向内,右臂上举握拳,拳心向内。

4 拍左脚向侧迈一步,脚尖点地,右腿屈膝成右侧弓步,同时左臂向右下方冲拳,右臂肩上侧屈,握拳,拳心向内。

5 拍右脚蹬地直膝,侧踢左腿,同时右臂上举,撑掌,掌心向

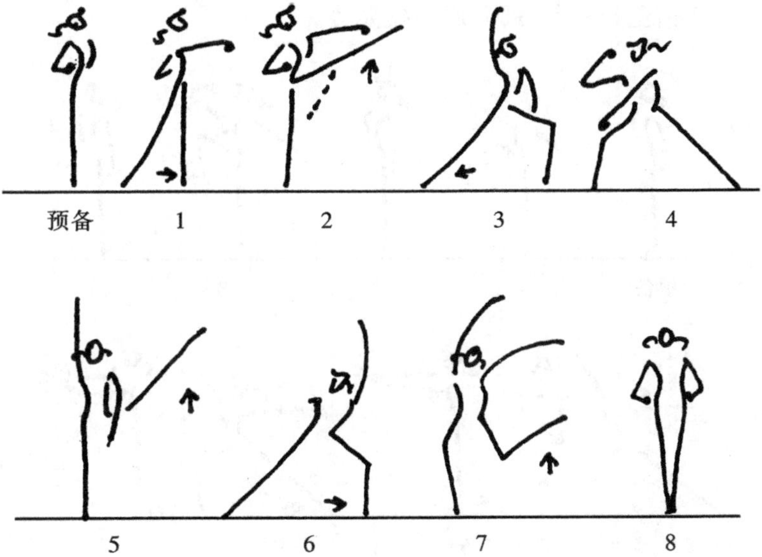

图 5－80

前，左臂前下举，撑掌，掌心向内。

6 拍左脚向侧一大步，重心移至左腿成左侧弓步，同时左臂上举，基本手型，右臂前举，撑掌，掌心向下。

7 拍左脚蹬地，重心移至右腿屈膝，左腿屈膝侧踢，同时两臂经上向左侧摆。

8 拍左脚并于右脚成直立，同时两臂还原成预备姿势。

配合三：

预备姿势：直立，两臂自然下垂。

第一个八拍(图 5－81)

1 拍向前高抬左腿，同时左臂后摆，基本手型，右臂胸前上屈，握拳，拳心向内。

2 拍左脚并于右脚，成预备姿势。

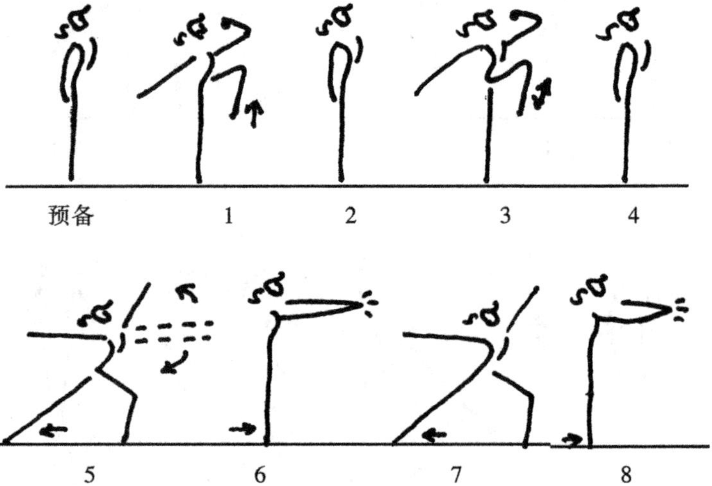

图 5－81

3－4 拍同 1－2 拍，方向相反。

5 拍上半拍同 1－2 拍动作，方向相反。

5 拍下半拍左腿后伸成右腿屈膝的前弓步，同时两臂向侧后振，基本手型，掌心向前。

6 拍左脚并于右脚成直立。同时两臂前举击掌。

7－8 拍同 5－6 拍，换腿做。

第二个八拍（图 5－82）

1 拍左腿向侧伸成右腿屈膝的侧弓步，同时右手扶膝，左臂经肩侧屈上伸，基本手型，掌心向外。

2 拍重心移至两腿成半蹲，同时两手提于腰际，握拳，拳心向上。

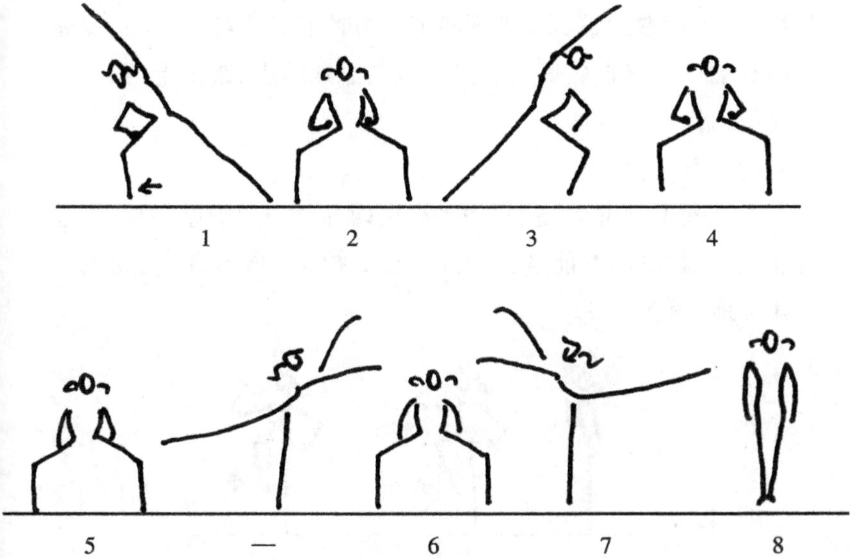

图 5－82

3－4 拍同 1－2 拍，方向相反。

5 拍上半拍腿保持不动，两臂成一位手。

5 拍下半拍两腿蹬直，重心移至左腿，右腿侧举，同时左臂前上举，右臂前举，掌心向下。

6 拍同 5 拍上半拍动作。

7－8 拍同 5－6 拍，方向相反。

（四）脚的基本步伐

1. 脚的基本步伐包括踏步、踏点步、弓步、并步、交叉步、前后步、V 字步、十字交叉步等。

（1）踏步

与队列踏步动作相同，惟要求脚落地时膝关节自然弯曲、有弹性，由前脚掌过渡到全脚掌落地，同时躯干伸直，身体其他部位随其动作节奏自然摆动。踏步包括原地踏步、踏步走、踏步走点地等动作。

动作方法：

原地踏步：1 拍左腿自然抬起，同时左臂屈肘握拳后摆，拳心向前，右臂屈肘握拳前摆，拳心向内。2 拍同 1 拍动作，换腿做。以此类推（图 5－83）。

图 5－83

行进踏步：动作同原地踏步，惟向不同方向行进（图 5 - 84）。

预备·8　1·7　2·6　3·5　4

图 5 - 84

踏步走点地：一般四拍完成一个动作。1 - 3 拍踏步(原地或行进),4 拍做向任意方向的踏点动作(图 5 - 85)。

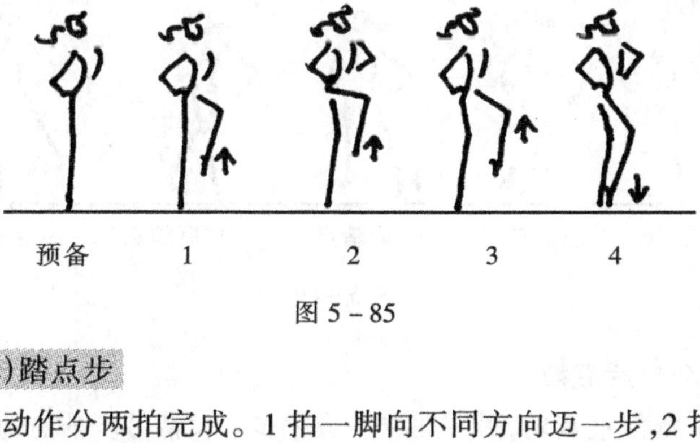

预备　1　2　3　4

图 5 - 85

(2)踏点步

此动作分两拍完成。1 拍一脚向不同方向迈一步,2 拍另一脚向任意方向做踏点动作。包括并踏点、前踏点、后踏点、侧踏点、左前踏点、右前踏点、左后踏点、右后踏点等。

动作做法：

并踏点：

1 拍左脚向侧迈一步,同时左臂屈肘握拳后摆,右臂屈肘握拳前摆,拳心向内。

2 拍右脚在左脚旁并踏点,同时左臂屈肘握拳前摆,拳心向上,右臂屈肘握拳后摆。以此类推,可做不同方向的踏点(图 5－86)。

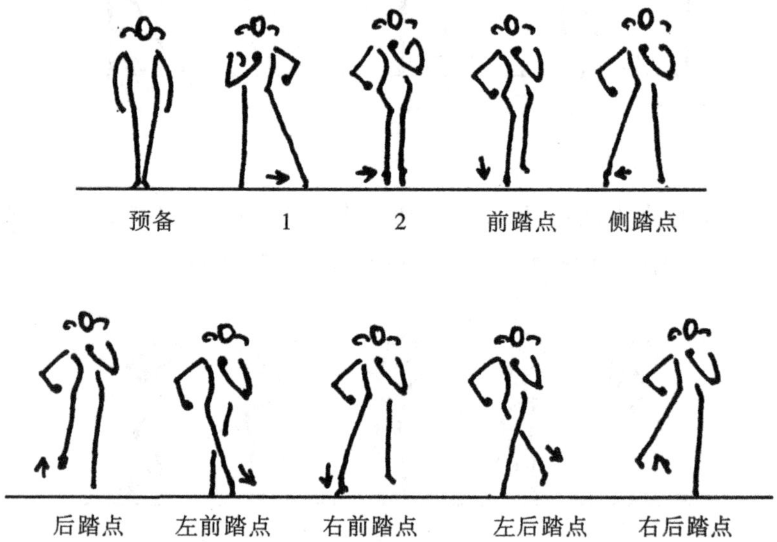

图 5－86

(3)弓步点地

一腿伸直点地,另一腿屈膝成弓步。包括弓步前点地、弓步侧点地、弓步后点地、转体侧弓步点地、连续弓步点地等。

动作做法:

弓步前点地:1 拍左腿前伸脚跟点地,同时右腿屈膝成后弓步点地。2 拍右腿伸直,左脚并于右脚。3－4 拍同 1－2 拍,惟换腿做(图 5－87)。

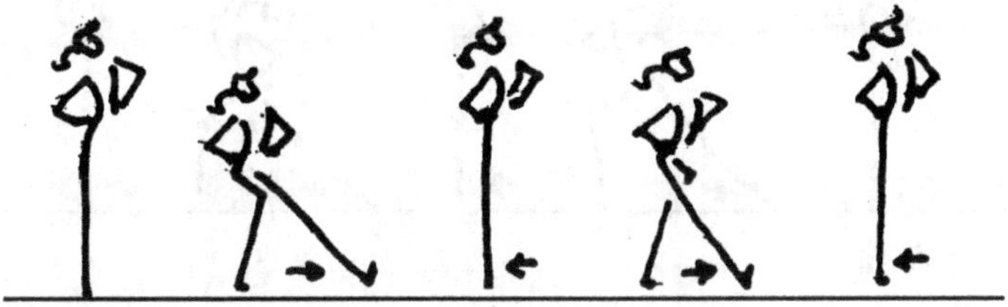

图 5－87

侧弓步点地：1 拍左腿侧伸，脚尖点地，同时右腿屈膝成侧弓步点地。2 拍右腿伸直，左脚并于右脚。3－4 拍同 1－2 拍，惟换腿做（图 5－88）。

图 5－88

弓步后点地：1 拍左腿屈膝，右腿后伸点地。2 拍右脚并于左脚，两腿伸直。3－4 拍同 1－2 拍，换腿做（图 5－89）。

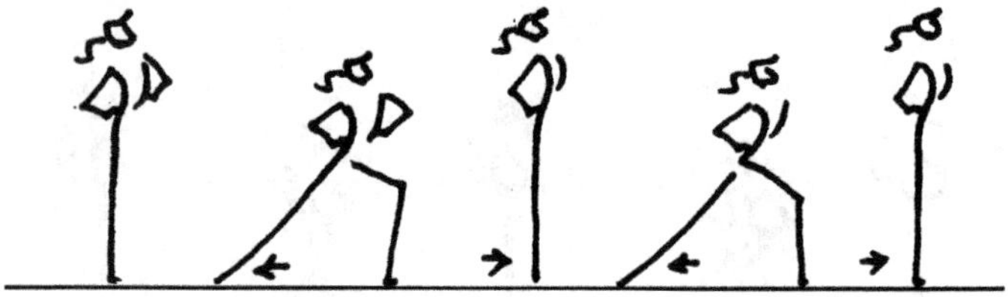

图 5－89

转体侧弓步点地：动作同侧弓步点地，惟上体向屈膝腿方向转动(图 5－90)。

图 5－90

连续弓步点地(以连续弓步后点地为例)：1 拍左腿屈膝，右腿后伸点地，2 拍左膝保持屈膝不动，右腿屈膝收回，脚尖点地。3－4 拍同 1－2 拍动作(图 5－91)。

(4)并步

两拍完成动作。1 拍一脚向不同方向出一步，2 拍另一脚并于此脚，同时两腿自然有弹性弯曲。包括侧并步、前并步、后并步、“L”形并步、并两步等。

图 5－91

动作做法：

侧并步：1 拍左脚向侧出一步。

2 拍重心移至左腿，同时右脚并于左脚旁，两腿有弹性弯曲。

3 拍两腿蹬直，同时右腿向侧迈一步，重心右侧移。

4 拍重心移至右腿，同时左脚并于右脚旁，两腿有弹性弯曲。

5－8 拍同 1－4 拍（图 5－92）。

图 5－92

前并步、后并步同侧并步，惟 1 拍出脚方向不同（图 5－93）。

图 5－93

“L”并步：由两个侧并步组成。第二个侧并步转体 90°（图 5－94）。

预备动作：直立，两手叉腰。

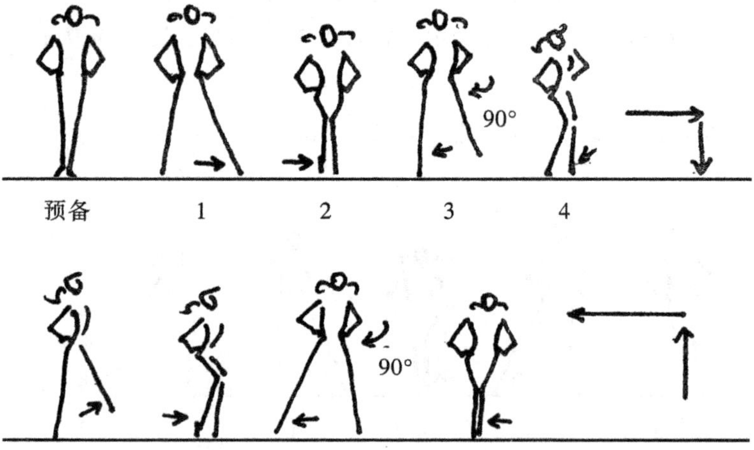

图 5－94

1－2 拍向左侧并一次。

3 拍以左脚为轴向左转体 90°，同时右脚向侧迈一步。

4 拍左脚并于右脚，两腿自然有弹性屈伸。

5－6 拍向左侧并步一次。

7 拍以左脚为轴，向右转体 90°，同时右脚向侧迈一步。

8 拍左脚并于右脚，两腿自然有弹性屈伸。

并两步：动作同侧并步，惟连续做两次。可做侧并两步、前并两步、"L"侧并两步等（图 5－95）。

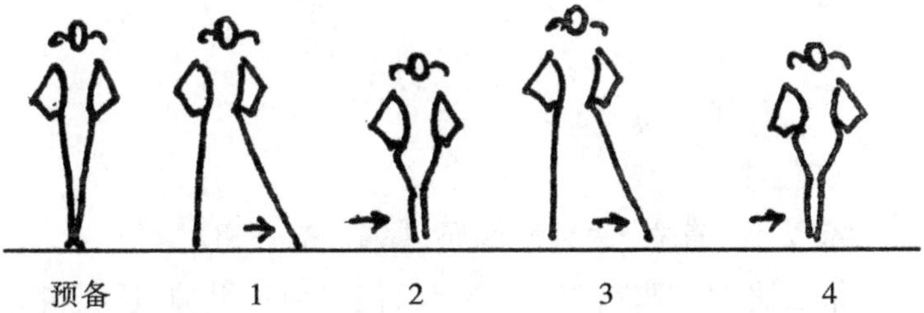

图 5－95

(5) 交叉步

一脚向另一脚前或后交叉行进。包括连续交叉步、四步一交叉、"L"交叉步（图 5－96）。

图 5－96

连续交叉步：包括连续前交叉步、连续后交叉步、依次前后交叉步(图 5－97)。

图 5－97

动作做法：

预备姿势：直立，两臂肩侧屈，握拳，拳心相对。

1 拍右脚向左脚前迈一步交叉，同时两臂上伸，拳心相对。

2 拍左脚向侧步成开立，同时两臂肩侧屈，拳心相对。

3 拍同 1 拍动作。

4 拍左脚并于右脚，同时两臂肩侧屈，拳心相对。

5－8 拍同 1－4 拍，方向相反。

连续后交叉步同连续前交叉步，惟向后迈步。

依次前后交叉步，同前后交叉步，惟一前一后。

四步一交叉：四步完成一个交叉步(图 5－98)。

动作做法：

预备姿势：直立，两臂自然下垂。

1 拍左脚向侧一步，同时两臂侧举，握拳，拳心相对。

2 拍右脚在左脚后交叉，同时两臂体前交叉，撑掌，掌心向

图 5－98

内。

3 拍同 1 拍动作。

4 拍右脚并于左脚，同时两臂体前交叉，撑掌，掌心向内。

5－8 拍同 1－4 拍，方向相反。

“L”交叉步，同“L”并步动作方法。

(6)前后步

一脚向前迈，然后前脚再向后迈(图 5－99)。

动作做法：

预备姿势：直立，两臂自然下垂。

1 拍左脚向前一步屈膝，重心移至左腿，右腿屈膝后踢，同时两手叉腰。

2 拍右脚下落蹬地。

图 5－99

3 拍左脚向后迈一步,重心后移。

4 拍左腿支撑,右脚前点地。

5－8 拍重复 1－4 拍动作。

若换腿做,4 拍时应并腿。

(7)“V”字步

四拍完成一个“V”字形步伐(图 5－100)。

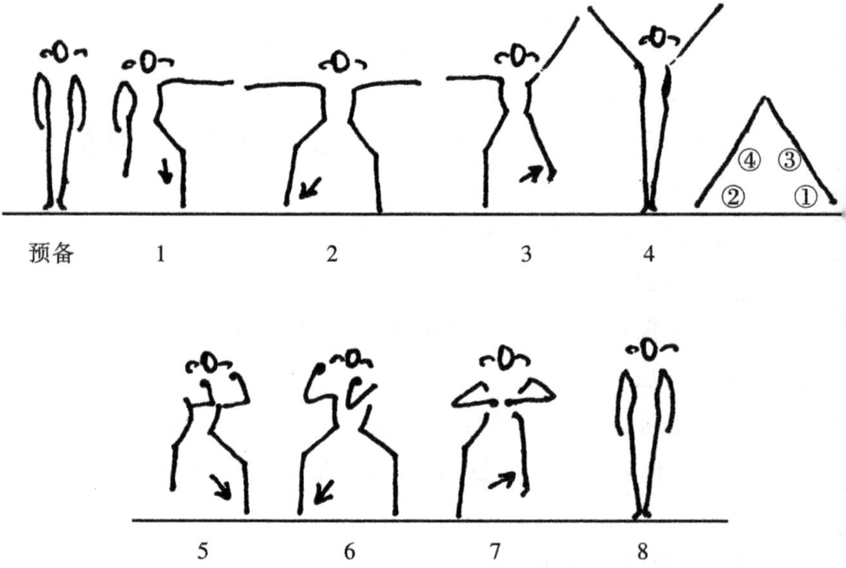

图 5－100

动作做法:

预备姿势:直立,两臂自然下垂。

1 拍左脚向左前侧迈一步,同时左臂侧举,基本手型,掌心向下。

2 拍右脚向右前方迈一步,同时右臂侧举。

3 拍左脚后退一步至预备位置，同时左臂侧上举，掌心向内。

4 拍右脚并于左脚，完成一个"V"字形步，同时右臂侧上举，掌心相对。

5 拍左脚向左前方迈一步，同时两臂胸前屈握拳，向左摆，拳心向内。

6 拍右脚向右前方摆一步，同时两臂胸前屈握拳，向右摆，拳心向内。

7 拍左脚后退一步至预备脚位，同时两臂胸前平屈握拳。

8 拍还原成直立。

(8) 十字交叉步

前交叉两步，后退两步(图 5 – 101)。

动作做法：

预备姿势：直立，两手叉腰。

1 拍左脚向右前方迈一步，重心前移。

2 拍右脚向左前方迈一步，重心前移。

3 拍左脚向后迈一步，重心后移。

4 拍右脚向后迈一步，成开立。

5 – 8 拍重复 1 – 4 拍动作。

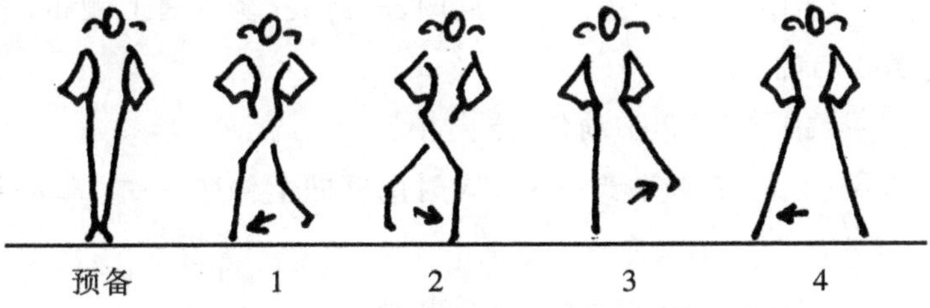

图 5 – 101

2. 脚的基本步伐配合

配合一：

预备姿势：开立，两臂自然下垂。

第一个八拍(图 5－102)

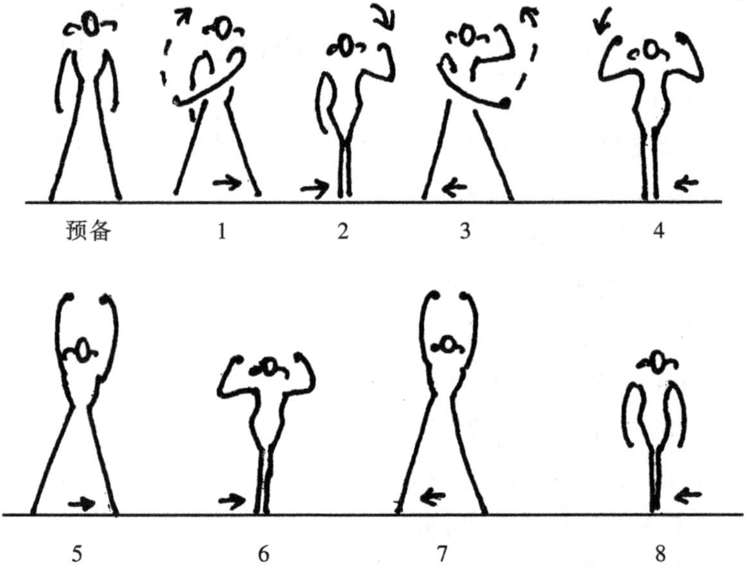

图 5－102

1－2 拍向左侧并步一次，同时左臂向左绕至肩上侧屈，握拳，拳心向内。

3－4 拍同 1－2 拍动作，方向相反。

5－6 拍向左侧并步一次，同时两臂向上伸屈一次，拳心相对。

7－8 拍同 5－6 拍动作，方向相反。

第二个八拍(图 5－103)

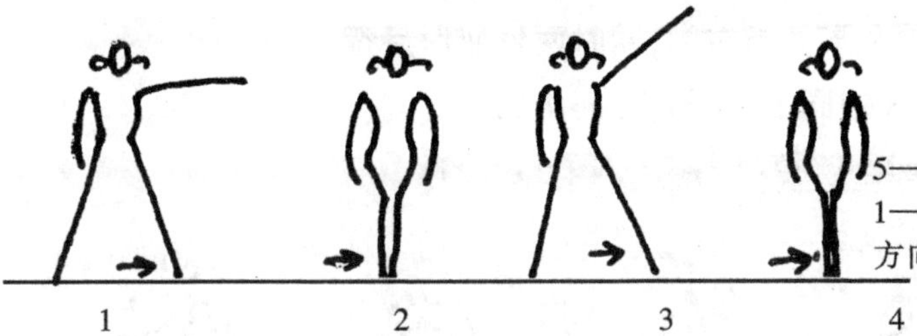

图 5－103

1 拍左脚向左侧一步，同时左臂摆至侧举，基本手型，掌心向下。

2 拍右脚并于左脚，同时左臂下举。

3 拍左脚向左侧一步，同时左臂摆至侧上举，掌心向外。

4 拍同 2 拍动作。

5－8 拍同 1－4 拍，方向相反。

第三个八拍(L 并步)(图 5－104)

1 拍左脚向侧一步，同时两臂屈肘握拳前摆，拳心向内。

2 拍右脚并于左脚，同时两臂屈肘后摆。

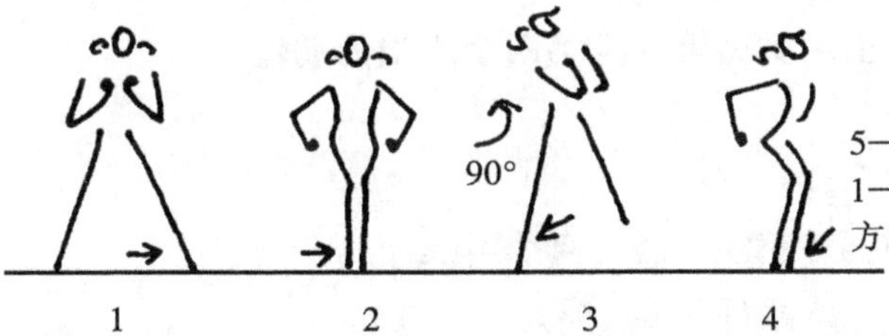

图 5－104

3 拍向左转体 90°,右脚向右侧一步,同时两臂屈肘前摆,握拳,拳心向内。

4 拍左脚并于右脚,同时两臂屈肘后摆。

5－8 拍同 1－4 拍,方向相反。

第四个八拍(V 字步)(图 5－105)

图 5－105

1 拍左脚向左前方迈一步,同时两臂屈肘握拳向左摆,拳心向内。

2 拍右脚向右前方迈一步,同时两臂向右摆。

3 拍左脚向后退一步,同时两臂屈肘,胸前击掌一次。

4 拍右脚并于左脚成直立,同时胸前屈臂击掌一次。

5－8 拍同 1－4 拍动作。

第五至第八个八拍

换先出右脚做第一至第四个八拍的动作。

配合二:

预备姿势:直立,两臂自然下垂。

第一个八拍(图 5－106)

1 拍左脚向侧一步,同时两臂胸前交叉握拳,拳心向内。

预备　1　2　3　4

5　6　7　8

图 5－106

2 拍右脚在左脚前点地，同时两臂向侧摆至侧举，握拳，拳心向下。

3－4 拍同 1－2 拍动作，方向相反。

5 拍左脚向侧一步，同时两臂肩侧屈，指尖触肩。

6 拍右脚在左脚后侧点地，同时两臂左侧伸，基本手型，掌心向下。

7－8 拍同 5－6 拍，方向相反。

第二个八拍（图 5－107）

1－3 拍左脚开始踏步走三次，同时两臂屈肘握拳，前后自然摆动，拳心向上。

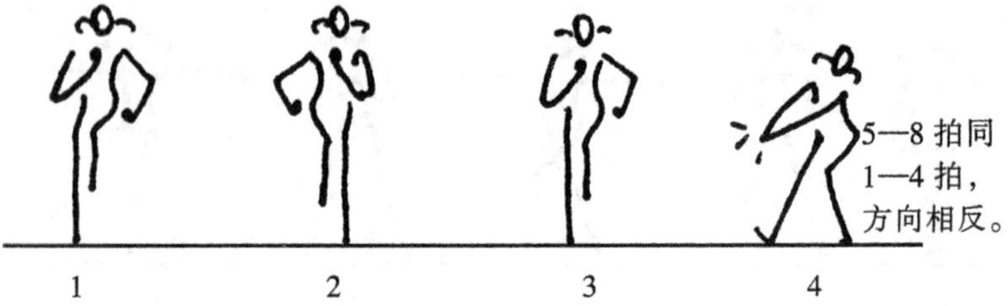

图 5－107

4 拍左腿弯曲，右腿向前侧方向伸出，脚跟点地，同时两臂体前击掌。

5－8 拍同 1－4 拍，方向相反。

第三个八拍(图 5－108)

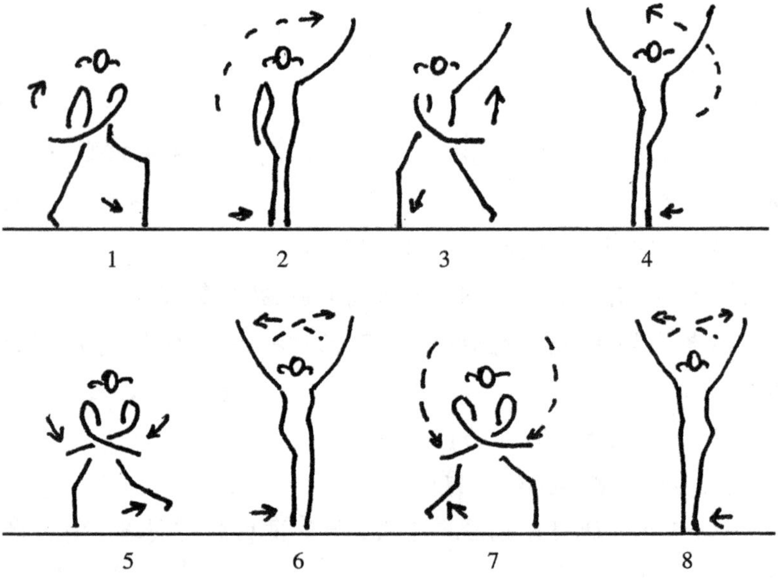

图 5－108

1－2 拍左脚向前并步一次，同时左臂向右经上绕至侧上举，圆手型，掌心向内。

3－4 拍同 1－2 拍，换右脚做。

5－6 拍左脚向后并步一次，同时两臂向侧经体前交叉绕环一周至侧上举，掌心相对。

7－8 拍同 5－6 拍动作，换右脚做。

第四个八拍（十字交叉步）（图 5－109）。

1 拍左脚向右前方迈一步，同时两臂头上向左摆，圆手型，掌心向前。

2 拍右脚向左前方迈一步，同时两臂头上向右摆，手型向上。

3 拍左脚向右前方迈一步，同时左臂向左侧摆至侧举，圆手型，右臂肩上侧屈，掌心向内。

4 拍右脚向左前方迈一步，同时左臂摆至肩上侧屈，掌心向内，右臂摆至侧屈，掌心向下。

5－8 拍同 1－4 拍动作。

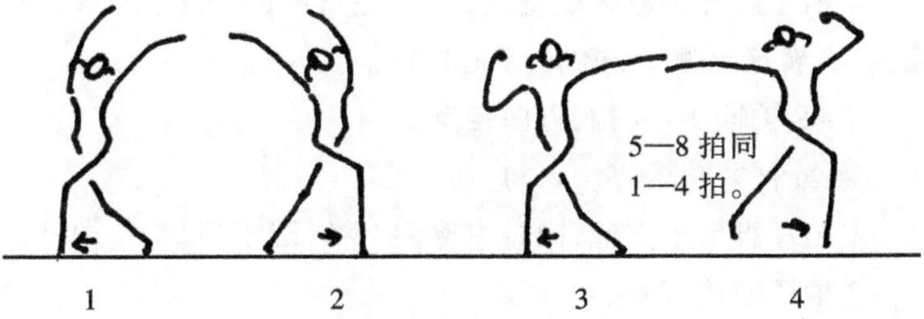

图 5－109

配合三：

预备姿势：直立，两臂自然下垂。

第一个八拍(图 5 – 110)

图 5 – 110

1 拍上半拍两腿自然弯曲，手臂保持不动。

1 拍下半拍右腿蹬直支撑，左脚前点地，同时两臂自然前后摆动，右臂在前，左臂在后，握拳，拳心向内。

2 拍同 1 拍动作，惟后点地。

3 拍右腿弯曲，左脚侧点地成右侧弓步，同时右臂胸前平屈，撑掌，掌心向内，左臂摆至侧举，撑掌，掌心向前。

4 拍左脚并于右脚成直立，同时左臂胸前平屈，撑掌，掌心向内，右臂摆至侧举，撑掌，掌心向前。

5 – 8 拍同 1 – 4 拍，方向相反。

第二个八拍(图 5 – 111)

1 拍左脚侧出点地，同时左臂侧上举，圆手型，掌心向外。

2 拍还原成直立。

3 – 4 拍同 1 – 2 拍动作，方向相反。

5 拍两腿屈膝弹动，同时两臂体前击掌。

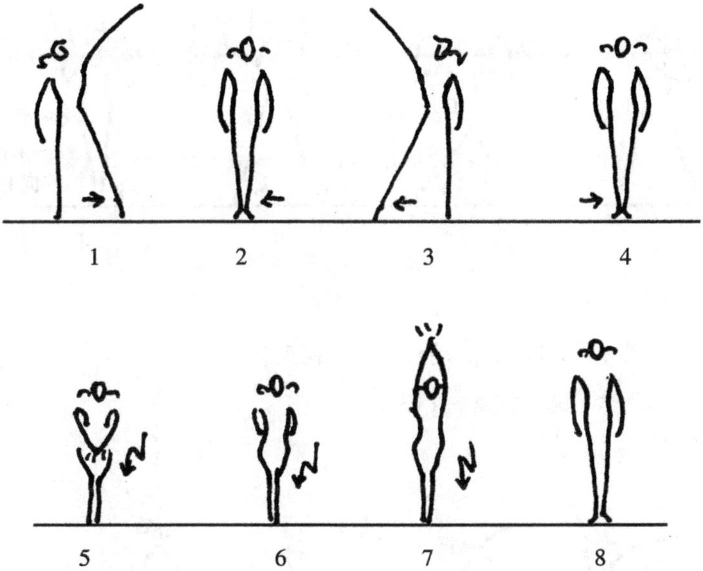

图 5－111

6 拍屈膝弹动一次，同时两臂体后击掌。

7 拍屈膝弹动一次，同时头上直臂击掌。

8 拍还原成直立。

第三个八拍（图 5－112）

1 拍左脚向侧出一步，同时两臂胸前交叉，握拳，拳心向内。

2 拍右脚在左脚后交叉一步，同时两臂摆至肩上侧屈，拳心相对。

3 拍左脚向侧一步，同时两臂上举，拳心相对。

4 拍右脚并于左脚成直立，同时两臂肩侧屈，拳心相对。

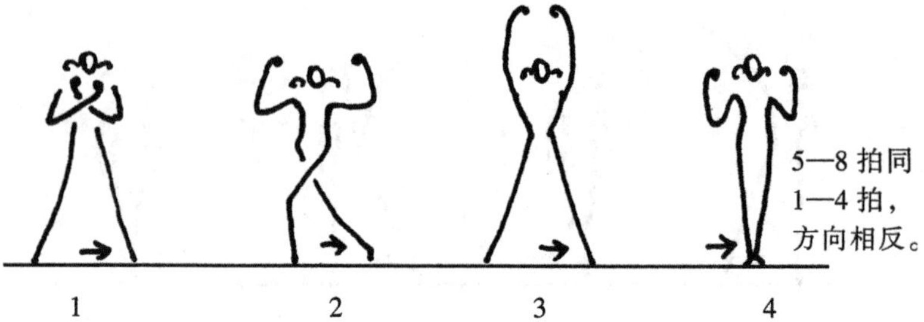

图 5－112

5－8 拍同 1－4 拍动作，方向相反。

第四个八拍(图 5－113)

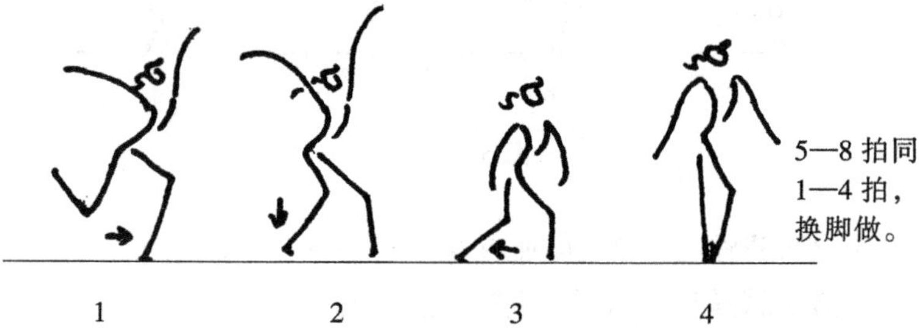

图 5－113

1 拍左脚向前迈一步屈膝，重心前移，右腿屈膝后踢，同时两臂经前摆至侧上举，基本手型，掌心相对。

2 拍右脚落地，重心后移，同时两臂放松前摆。

3 拍左脚向后迈一步，重心后移，同时两臂摆至体侧。

4 拍右脚在左脚内侧踏点，同时两臂自然后摆。

5－8 拍同 1－4 拍动作，换脚做。

步伐变换操：

预备姿势：直立，手臂自然下垂。

第一串动作：

第一个八拍(图 5－114)

图 5－114

1 拍左臂开始向左前方走三步（左、右、左），两臂屈肘前后自然摆动，握拳，拳心向上。

4 拍重心移至左腿，右脚在左脚旁踏点，同时两臂向右摆击掌。

5－7 拍同 1－3 拍，惟向后走，先迈右脚。

8 拍重心移至右腿支撑，左脚在右脚旁踏点，同时两臂向左摆击掌。

第二个八拍

同第一个八拍动作，惟向右前方迈步，呈“〈”形。

第三个八拍(图 5－115)

1 拍左脚向前一步，同时两臂经肩侧屈上伸至上举，拳心向内。

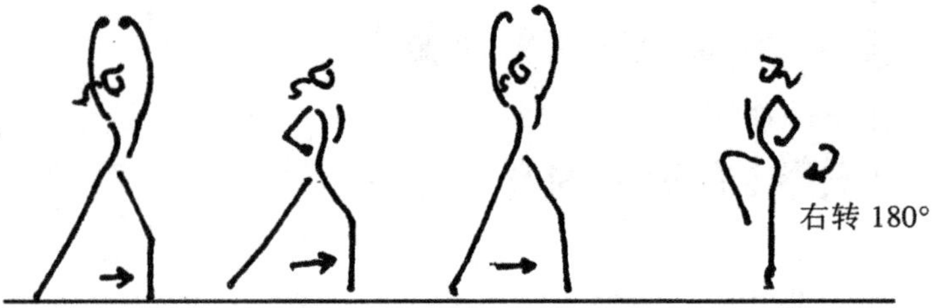

图 5 - 115

2 拍右脚向前迈一步,同时两臂拉至腰侧,拳心向上。

3 拍同 1 拍动作。

4 拍重心前移,以左脚为轴,提踵向右转体 180°,两臂动作同 2 拍动作。

5 - 8 拍同 1 - 4 拍动作。

第四个八拍(图 5 - 116)

1 拍左脚向左前迈一步,重心下降,同时右臂胸前屈,直掌,扶左肩,左臂自然下垂。

2 拍右脚向前一步,重心下降,同时左臂胸前屈,直掌,扶右肩,右臂不动。

3 拍左脚向后迈一步,重心下降,同时左臂向左侧上伸成上举,掌心向外,右臂不动。

4 拍右脚向后迈一步并于左脚(四拍),成“V”字步,同时右臂向侧上伸成侧上举,掌心向外。

5 拍左脚向前侧方迈一步,同时两臂经侧绕至体前交叉,直掌,左臂在前。

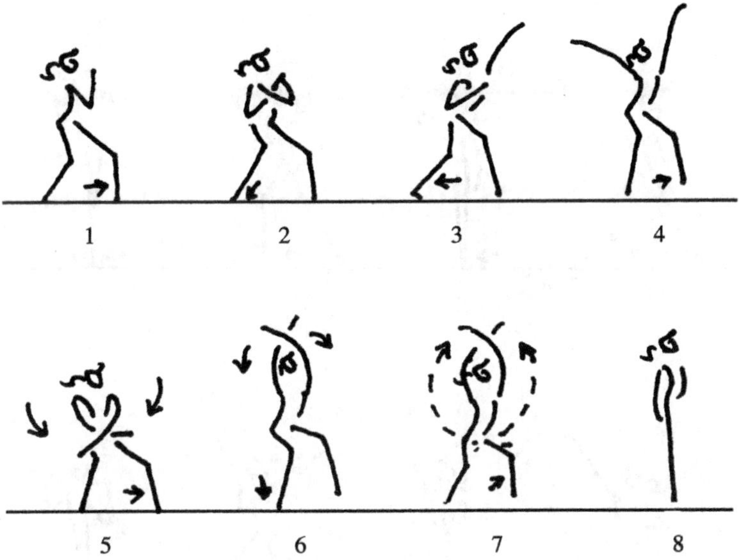

图 5－116

6 拍右臂向右前迈一步，同时两臂向内绕至头上交叉，直掌，左臂在前。

7 拍左脚向后迈一步，同时两臂经体前交叉绕至上举。

8 拍右脚并于左脚（四拍）成“V”字步，同时两臂经侧绕至下举。

第二串动作：

第一个八拍（图 5－117）

1 拍左脚向前迈一步，同时提左肘至胸前平屈，直掌，掌心向下。

2 拍右脚并于左脚，手臂保持不动。

图 5－117

3－4 拍动作同 1－2 拍，但相反。

5 拍左脚向前一步，同时左臂侧上伸至侧上举，掌心向外。

6 拍右脚并左脚，手臂保持不动。

7－8 拍同 5－6 拍动作，但相反。

第二个八拍(图 5－118)

1 拍左脚向侧一步，同时两臂上伸成上举，拳心相对。

2 拍右脚经左脚后向左侧迈一步，重心下降，同时两臂拉至

图 5－118

肩侧屈,拳心相对。

3 拍同 1 拍动作。

4 拍右脚并于左脚成直立，同时两臂拉至肩侧屈，拳心相对。

5－8 拍同 1－4 拍动作,方向相反。

第三个八拍

同第一个八拍动作,但向后并步做。

第四个八拍同第二个八拍动作。

第三串动作：

第一个八拍(图 5－119)

1 拍左脚向前伸，脚跟点地，右腿屈膝支撑，同时两臂向前摆,立掌,掌心向外。

2 拍还原成直立。

3－4 拍同 1－2 拍动作,但相反。

5 拍腿的动作同 1 拍,同时两臂向左摆,圆手型,掌心向下。

6 拍同 2 拍动作。

7－8 拍同 5－6 拍动作,但相反。

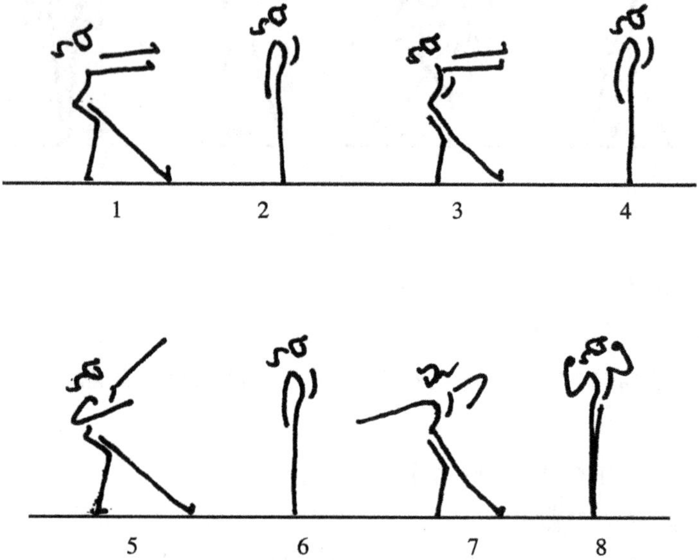

图 5－119

第二个八拍(图 5－120)

1 拍左脚向侧点地，右腿屈膝支撑，同时两臂经肩侧屈向左上伸成侧上举，撑掌，掌心向外。

2 拍左脚并于右脚成直立，同时两臂肩侧屈，握拳，拳心向外。

3 拍同 1 拍动作，但相反。

4 拍右脚并于左脚成直立，同时两臂体前交叉，撑掌，掌心向内。

5 拍左脚侧点地，右腿屈膝支撑，同时两臂摆至侧下举，撑

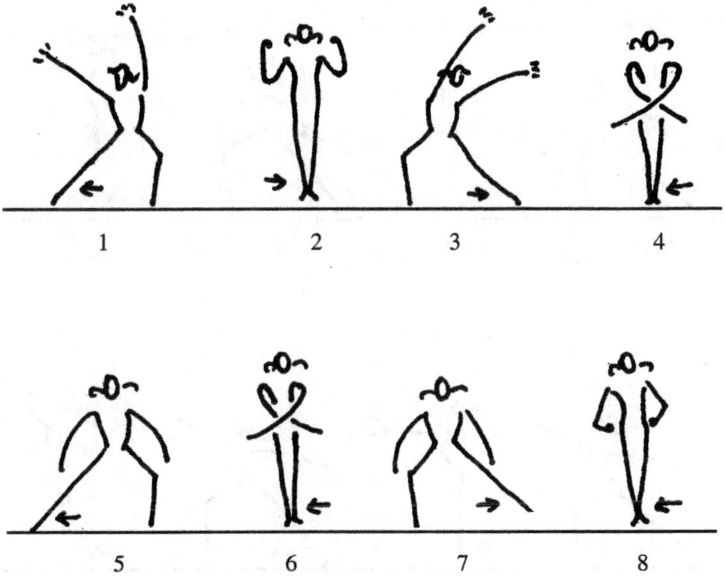

图 5－120

掌，掌心向内。

6 拍左脚并于右脚，手臂同 4 拍动作。

7 拍同 5 拍动作，但相反。

8 拍右脚并于左脚成直立，两臂拉至腰际，握拳，拳心向上。

第三个八拍(图 5－121)

1 拍左脚向后伸点地，右腿屈膝支撑，同时两臂向后伸，拳心向前。

2 拍左脚并于右脚成直立，同时两臂前屈，提于腰际，拳心向上。

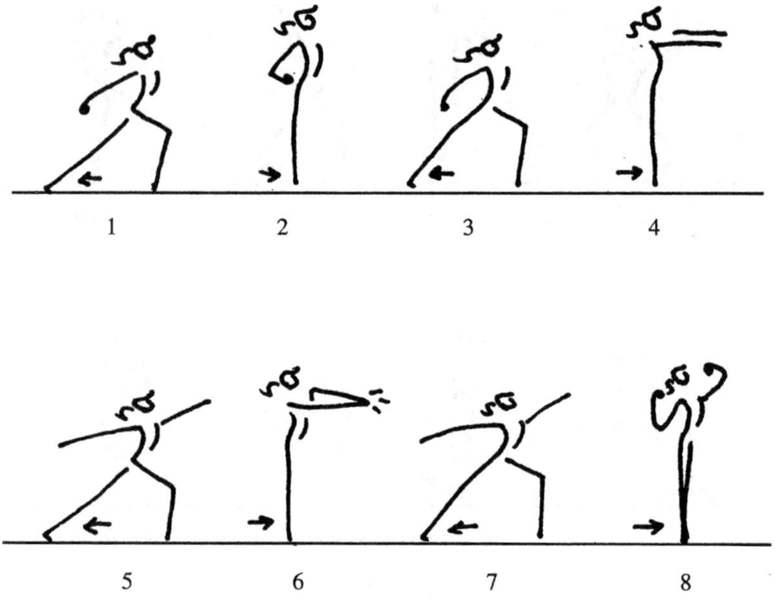

图 5－121

3 拍同 1 拍动作,但相反。

4 拍右脚并于左脚成直立,同时两臂前举,基本手型。

5 拍腿的动作同 1 拍，同时两臂摆至侧举后振，掌心向前。

6 拍左脚并于右脚成直立,同时两臂摆至前举击掌。

7 拍同 5 拍动作,但相反。

8 拍右脚并于左脚成直立,同时两臂拉至肩侧屈,握拳,拳心向前。

第四个八拍(图 5 – 122)

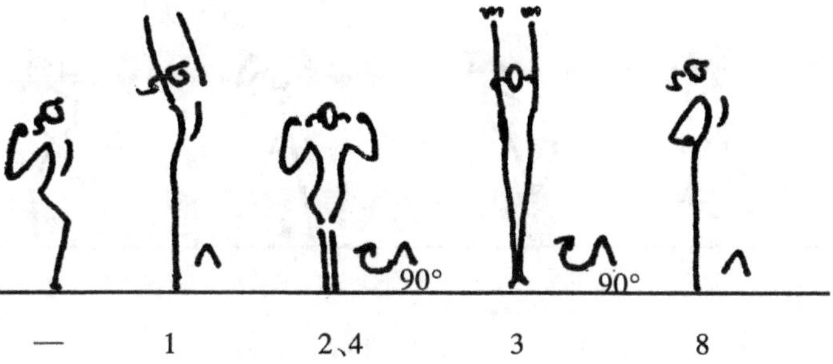

图 5 – 122

1 拍上半拍两腿自然弯曲,手臂保持不动。

1 拍下半拍两腿蹬跳,同时两臂上伸,撑掌,掌心向前。

2 拍同 1 拍上半拍动作,惟向右转体 90°。

3 – 7 拍同 1 – 2 拍动作,共转体 360°。

8 拍跳成直立,同时两臂提于腰际,握拳,拳心向上。

第四串动作:

第一个八拍(图 5 – 123)

1 – 2 拍左脚向侧一个并步, 同时两臂自然弯曲, 前后摆一次,握拳,拳心向上。

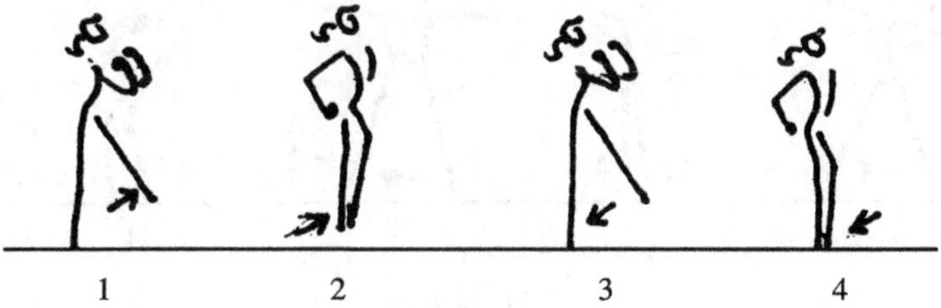

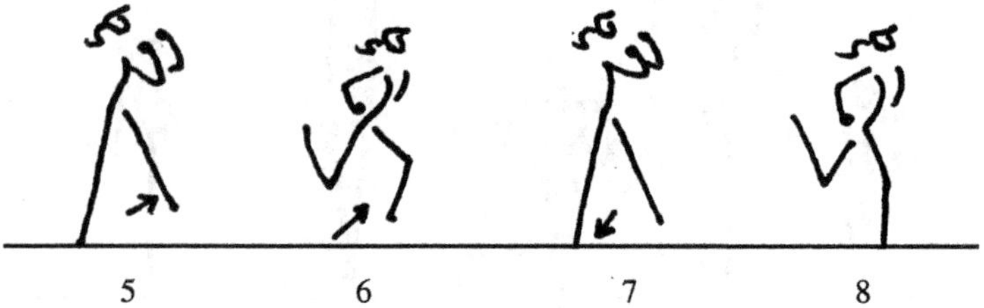

图 5－123

3－4 拍同 1－2 拍动作,方向相反。

5 拍左脚向侧一步,同时两臂屈肘前摆,拳心向内。

6 拍重心移至左腿,重心下降,右腿小腿后踢,同时两臂屈肘后摆,拳心向前。

7－8 拍同 5－6 拍动作。

第二个八拍(图 5－124)

1－2 拍左脚向侧一个并步,同时两臂胸前平屈,直掌,掌心向下。

3 拍以左脚为轴向左转体 90°,右脚向侧一步("L"并步),同时两臂侧举,直掌。

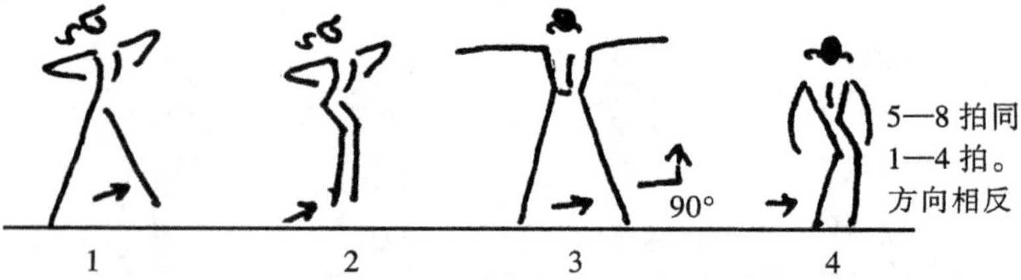

图 5－124

4 拍左脚在右脚旁点踏,重心下降,同时两臂下举。

5－8 拍同 1－4 拍,方向相反。

第三个八拍(图 5－125)

图 5－125

1 拍左脚向左前方一步,同时两臂左侧摆握拳,拳心向下。

2 拍同 1 拍动作,但相反。

3 拍左脚向后迈一步,同时两臂胸前屈,拳心向内。

4 拍右脚并于左脚(四拍)成“V”字步,同时两臂下举。

5－8 拍同 1－4 拍动作。

第四个八拍(图 5－126)

1 拍左脚向前一步,重心前移,右腿小腿后踢,同时两臂经前摆至侧上举,圆手型,掌心相对。

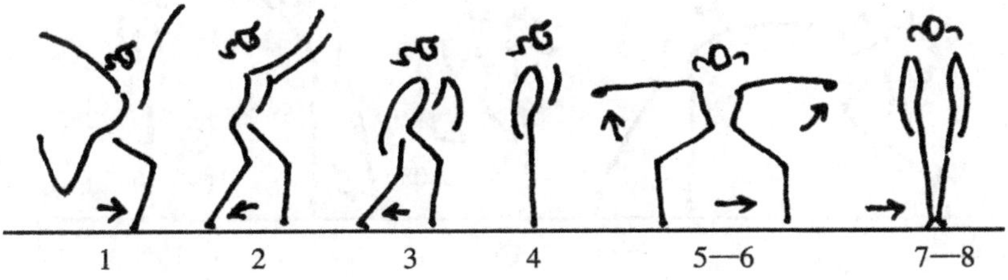

图 5－126

2 拍右腿落地，同时两臂前摆。

3 拍左脚向后迈一步，同时两臂摆至体侧，掌心相对。

4 拍右脚并于左脚成直立，同时两臂下举。

5－6 拍左脚向侧迈一步成马步，同时两臂侧举，握拳，拳心向内。

7－8 拍还原成直立。

第五串动作：

第一个八拍(图 5－127)

1 拍左脚向前一步，同时两臂向前冲拳成前举，拳心向下。

2 拍右脚向前一步，同时两臂拉至腰际，拳心向上。

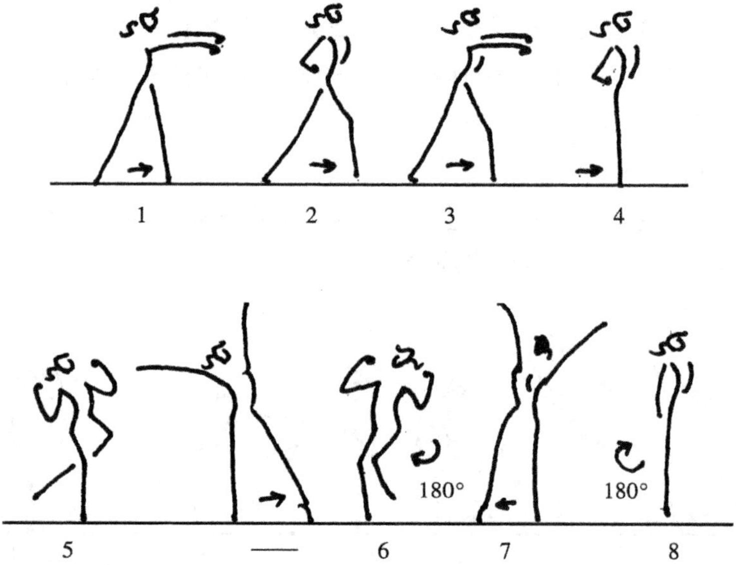

图 5－127

3 拍同 1 拍动作。

4 拍右脚并于左脚,两臂同 2 拍动作。

5 拍上半拍重心下降,左腿屈膝离地,同时两臂拉至肩侧屈,拳心向内。

5 拍下半拍两腿伸直,向前顶髋,同时两臂侧上伸,圆手型,掌心向外。

6 拍同 5 拍上半拍动作,惟以右腿为轴向右转体 180°。

7 拍同 5 拍动作。

8 拍向右转体 180°,左脚并于右脚成直立,同时两臂经侧还原成直立。

第二个八拍(图 5 - 128)

1 拍左脚向侧一步,同时两臂侧举,基本手型。

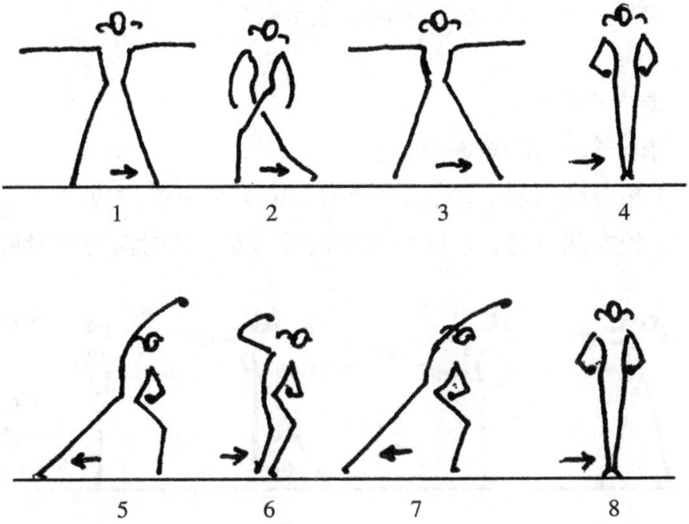

图 5 - 128

2 拍右脚经左脚后向左侧迈一步，同时两臂摆至体侧。

3 拍同 1 拍动作。

4 拍右脚并于左脚成直立，同时两臂屈肘，置于腰际，拳心向上。

5 拍右腿向后伸，左腿屈膝，重心落至左腿，同时右臂经肩侧屈向左前上方伸，拳心向内，左臂保持不动。

6 拍右腿收至左腿旁脚点地，同时右臂拉至肩上侧屈，拳心向前，左臂不动。

7 拍同 5 拍动作。

8 拍还原成直立。

第三个八拍

同第二个八拍，方向相反。

第四个八拍

同第一个八拍，惟右脚向后迈步做。

第六串动作：

第一个八拍（图 5－129）

1 拍左脚向前一步，同时两臂向前交叉冲拳，右臂在上。

2 拍左腿支撑，右腿经屈膝向前弹踢，同时两臂屈肘后拉，

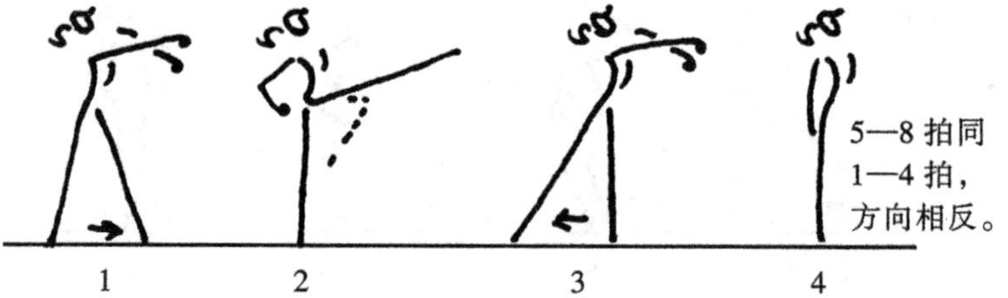

图 5－129

拳心向上。

3 拍同 1 拍动作。

4 拍左脚并于右脚成直立，同时两臂下举。

5－8 拍同 1－4 拍，但相反。

第二个八拍（图 5－130）

图 5－130

1－3 拍左脚开始向左侧前交叉走三步，同时两臂自然屈肘前后摆臂，握拳，拳心向上。

4 拍以左腿为轴向右转体 90°，侧吸右腿，同时左臂上伸成侧上举，撑掌，掌心向前，右臂侧伸成侧举，掌心向前。

5－8 拍同 1－4 拍，但相反。

第三个八拍（图 5－131）

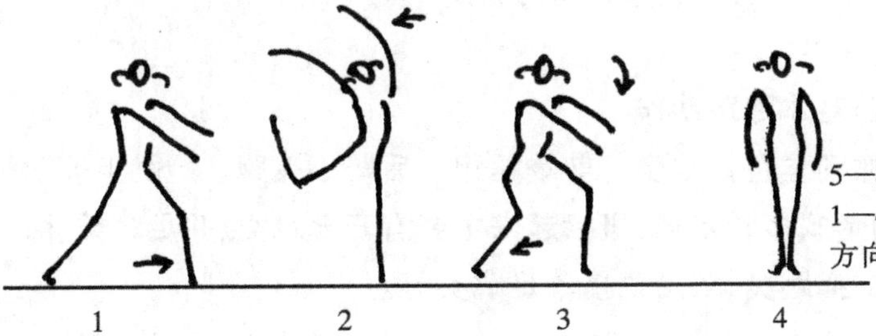

图 5－131

1 拍左脚向前迈一步,同时两臂向左摆。

2 拍重心向前移,右腿侧踢,同时两臂经上向右侧摆。

3 拍右脚向后迈一步,同时两臂经左摆至体前。

4 拍左脚并于右脚成直立,同时两臂下举。

5－8 拍同 1－4 拍,但相反。

第四个八拍(图 5－132)

图 5－132

1 拍左脚向前点踏,重心下降,同时两臂向左摆,圆手型,掌心向下。

2 拍两腿伸直,手臂保持不动。

3－4 拍同 1－2 拍,但相反。

5－8 拍两腿并拢成蹲，同时右手背贴于体后背部，左臂前举立掌,掌心向外,向左转体 360°。

(五)基本跑跳动作

跑的动作包括跑步、前踢腿跑、后踢小腿跑、跑跳步等动作。跳的形式多种多样,概括起来主要有开合跳类、并足跳类、两脚交替支撑跳类、双足跳接单足跳类等。

动作要求:做跳跃练习时,应轻松自如有弹性,落地时膝关节自然屈膝缓冲，脚跟有落地动作，同时上体不能拱背屈体。

1. 跑的动作

(1) 跑步：两脚交替有短暂腾空动作。可原地或行进做（图5－133A）。

(2)跑跳步：两脚交替进行，跑后有支撑阶段。有一次跳的过程(图5－133B)。

(3) 前踢腿跑：两脚交替进行，跑时腿向前上踢（图5－134A）。

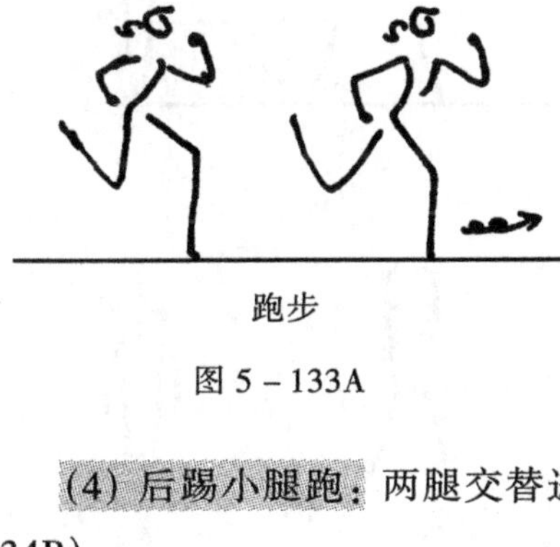

跑步

图5－133A

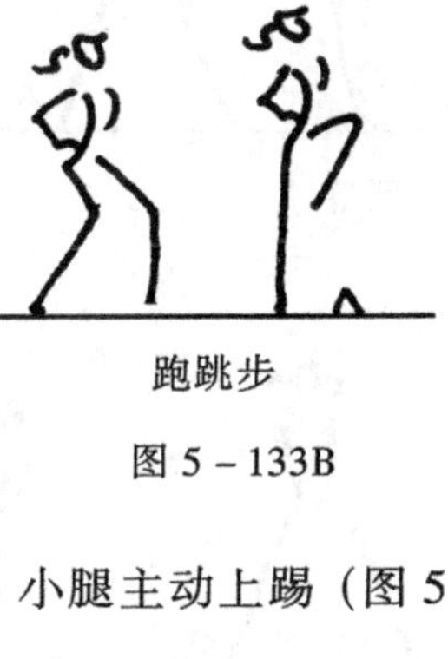

跑跳步

图5－133B

(4) 后踢小腿跑：两腿交替进行跑，小腿主动上踢（图5－134B）。

前踢腿跑

图5－134A

后踢小腿跑

图5－134B

2. 跳的动作

(1) 开合跳类：(屈膝蹬跳成开立，再由开立跳成并立) 包括左右开合跳、前后开合跳、弓步开合跳等。

动作做法：

左右开合跳(图 5－135)

预备姿势：直立，两臂自然下垂。

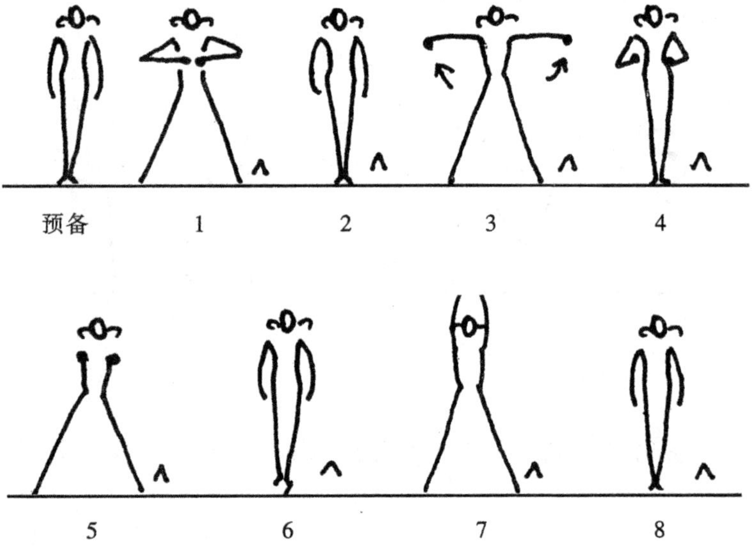

图 5－135

1 拍跳起成开立，同时两臂胸前平屈，握拳，拳心向内。

2 拍跳成并立，同时两臂下举。

3 拍跳成开立，同时两臂侧举，握拳，拳心向下。

4 拍跳成并立，同时两手置于腰际，拳心向上。

5 拍跳起成开立，同时两臂内旋，向前冲拳，拳心向下。

6 拍跳起成并立，同时两臂下举。

7 拍跳起成开立，同时两臂经侧摆至头上击掌。

8 拍跳成并立成预备姿势。

前后开合跳同左右开合跳，惟跳起成前后开立。

弓步开合跳(图 5－136)

预备姿势：直立，两手置于腰侧握拳，拳心向上。

1 拍跳起成左弓步，同时左臂肩上屈握拳，拳心向内，右臂向前冲拳，拳心向下。

2 拍跳起成并立，同时两臂肩上侧屈，握拳，拳心相对。

3－4 拍同 1－2 拍动作，方向相反。

5 拍跳起成左弓步，同时左臂向左侧冲拳，拳心向下，右臂向左上方冲拳，拳心向外。

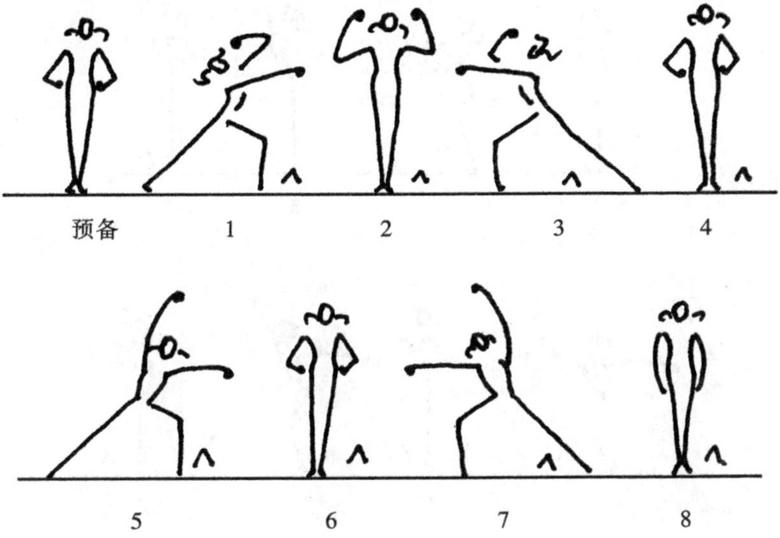

图 5－136

6 拍跳起成并立，同时两手置于腰际，握拳，拳心向上。

7－8 拍同 5－6 拍动作，方向相反。

(2)并足跳类：两脚并拢弹动跳。包括原地并足跳、移动并足跳、摆髋并足跳、并足转体跳。

原地并足跳：(图 5－137)

动作做法

预备姿势：直立，两臂自然下垂。

1－2 拍原地并足跳两次，同时两臂胸前屈，握拳，拳心向内。

3 拍并足跳一次，同时两臂上伸成上举，握拳，拳心相对。

4 拍并足跳一次，同时两臂两侧屈，握拳，拳心向上。

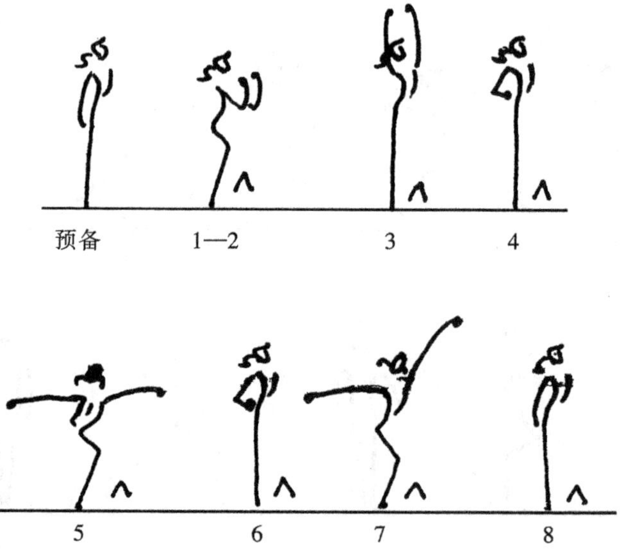

图 5－137

5 拍并足跳一步,同时上体向左转,两臂内旋成前后举,拳心向下。

6 拍同 4 拍动作。

7 拍并足跳一次,同时上体向右转,左臂侧上举,拳心向外,右臂侧举,拳心向下。

8 拍跳成预备姿势。

移动并足跳(图 5 - 138)

预备姿势:直立,两手握拳置于腰际,拳心向上。

1 拍向前并足跳,同时两臂伸臂推掌。

2 拍原地并足跳,同时两臂肩侧屈,立掌,掌心向内。

3 拍向前并足跳,同时两臂内旋,伸前至交叉前举,基本手

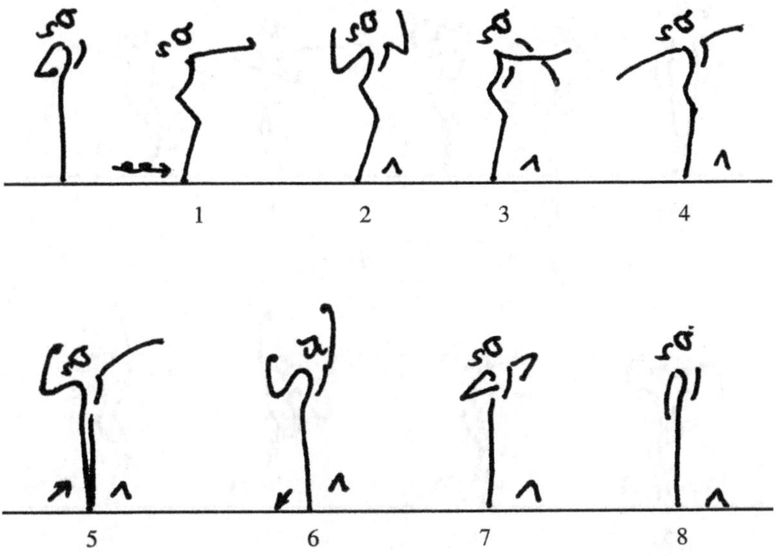

图 5 - 138

型，掌心向下。

4拍原地并足跳，同时两臂摆至侧举。

5拍向左并足跳，同时右臂肩上侧屈，握拳，拳心向内，左臂侧举，掌心向下。

6拍向右并足跳，同时左臂上举握拳，拳心向内，右臂肩侧屈，握拳，拳心向内。

7拍原地并足跳，同时两臂胸前平屈，基本手型，掌心向下。

8拍并足跳成直立，两臂下举。

摆髋并足跳(图5-139)

预备姿势：直立，两臂自然下垂。

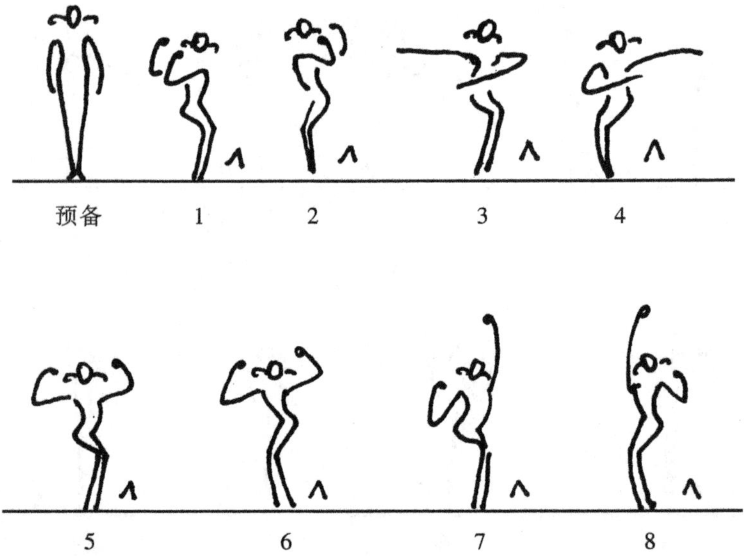

图5-139

1 拍并足跳一次，同时右髋向前扭摆，两臂屈肘向右摆，握拳，拳心向内。

2 拍同 1 拍动作，方向相反。

3 拍并足跳一次，同时右髋向前扭摆，两臂向右侧摆，圆手型，掌心向下。

4 拍同 3 拍，方向相反。

5 拍并足跳一次，同时右髋向前扭摆，两臂肩上侧屈，握拳，拳心向内。

6 拍同 5 拍，方向相反。

7 拍并足跳一次，同时右髋向前扭摆，左臂上举，拳心向内，右臂肩侧屈，握拳，拳心向内。

8 拍同 7 拍，方向相反。

并足转体跳(图 5－140)

1 拍并足跳一次，同时两臂侧举，直掌，掌心向下。

2 拍并足向左跳转 90°，同时两手叉腰。

3—4 拍同 1—2 拍动作，方向相反。

5—8 拍并足向右跳转 360°，同时左臂前举立掌，右手叉腰。

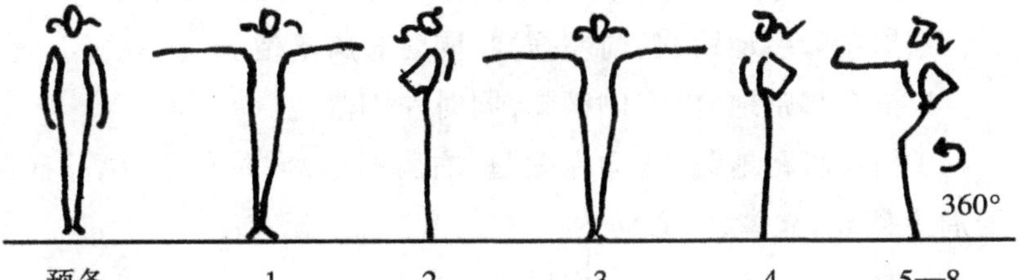

图 5－140

(3) 两脚交替支撑跳类：包括钟摆跳、蹬摆跳、高踢腿跳、弹踢跳。

动作做法：

钟摆跳：两腿交替侧摆(图 141)。

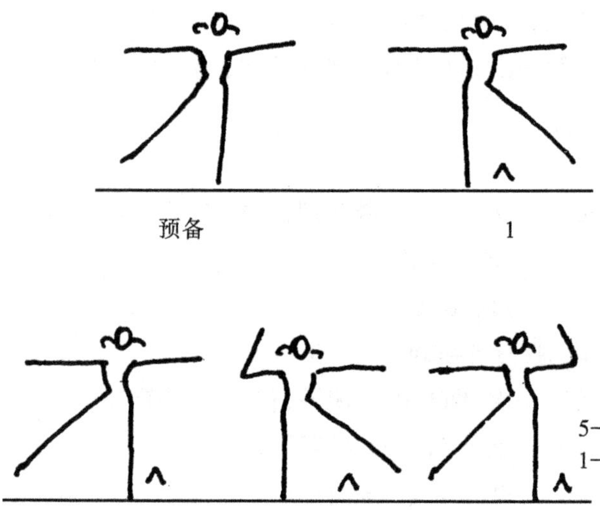

预备　1

2　3　4

5—8 拍同 1—4 拍。

图 5－141

预备姿势：左腿支撑，右腿侧举，两臂侧举，基本手型。

1 拍左脚蹬地跳起，向左摆腿，同时右脚落地。

2 拍右脚蹬地，向右侧摆腿，同时左脚落地。

3 拍左脚蹬地跳起，向左摆腿，右脚落地，同时左臂侧举，右臂肩上侧屈，立掌，掌心向内。

4 拍同 3 拍动作，方向相反。

5—8 拍同 1—4 拍动作。

蹬摆跳(图 5－142)

图 5－142

预备姿势:直立,两臂自然下垂。

1 拍右脚向左脚前迈一步,同时两手叉腰。

2 拍右脚蹬地跳起,同时向左侧摆左腿。

3—4 拍同 1—2 拍,方向相反。

5 拍右脚向前迈一步,重心下降,同时两臂向侧摆,圆手型,掌心向内。

6 拍右脚蹬跳起,左腿后摆,同时两臂摆至侧举。

7 拍左脚向前一步,重心向下,同时两臂摆至体侧。

8 拍左脚蹬跳起,右腿前举,同时两臂经体前交叉绕至侧上举,掌心相对。

高踢腿跳(图 5 – 143)

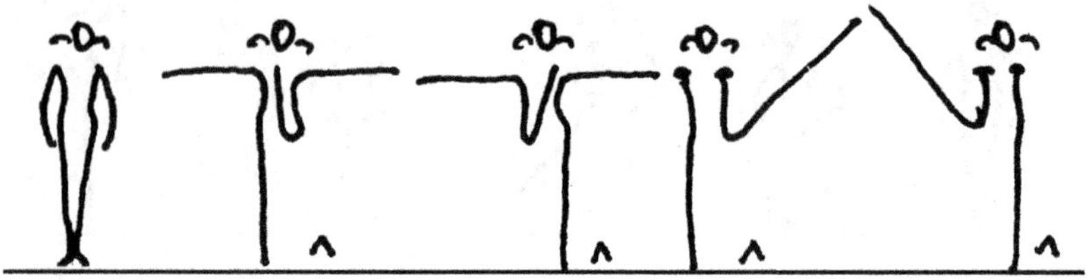

图 5 – 143

预备姿势:直立,两臂自然下垂。

1 拍左脚蹬跳,右腿直膝向前高踢,同时两臂侧举。

2 拍跳成并立,两臂下举。

3—4 拍同 1—2 拍动作,换腿做。

5 拍左脚蹬跳,右腿直膝向侧高踢,同时两臂前举。

6 拍同 2 拍。

7—8 拍同 5—6 拍动作,换腿做。

弹踢跳(图 5 – 144)

预备姿势:直立,两臂自然下垂。

1 拍上半拍右腿微屈吸左腿,同时两臂后摆。

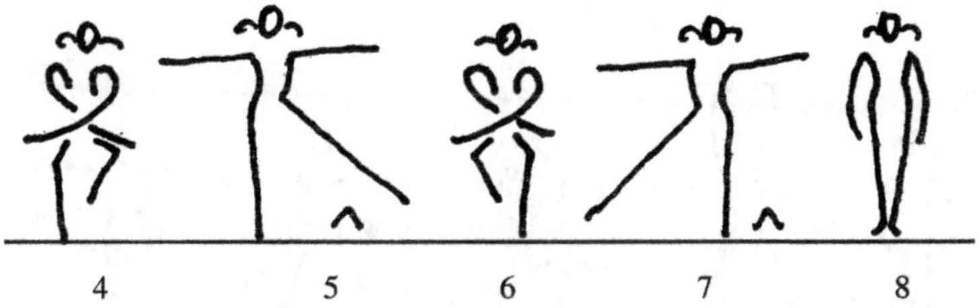

图 5－144

1 拍下半拍右腿蹬跳,左腿向前弹踢,同时两臂前摆,基本手型,掌心向下。

2 拍同 1 拍上半拍动作,惟吸右腿做。

3 拍同 1 拍下半拍动作,惟弹踢右腿。

4 拍右脚落地,腿自然弯曲,侧吸左腿,同时两臂体前交叉,基本手型,掌心向内。

5 拍右腿蹬跳,左腿向侧弹踢,同时两臂侧摆。

6 拍同 4 拍动作,惟左腿支撑吸右腿。

7 拍同 5 拍动作,惟弹跳右腿。

8 拍还原成预备姿势。

(4) 双足跳接单足跳类：双足蹬跳、单足落地接单足蹬跳动作。

动作做法:(图 145)

预备姿势:直立,两臂自然下垂。

1 拍跳成开立，同时两臂经胸前屈至上举，握拳，拳心向内。

2 拍右腿蹬跳,左腿向右侧屈膝后踢,同时两臂肩侧屈,拳心

图 5－145

相对。

3 拍跳起成开立，同时两臂内旋至交叉前举，拳心向下。

4 拍左腿蹬跳，右腿向左侧屈膝后踢，同时两臂侧摆，拳心向下。

5 拍跳成开立，同时两臂上举击掌。

6 拍右腿蹬跳，左腿向右侧屈膝后踢，同时两臂合掌前举。

7 拍跳成开立，同时两臂腰侧屈，拳心向上。

8 拍左腿蹬跳，右腿向左侧屈膝后踢，同时两臂屈肘后摆，拳心向上。

3. 跑跳配合动作

配合一：

预备姿势：直立，两臂自然下垂。

第一个八拍(图 5－146)

1 拍左脚向前跑跳，同时左臂胸前屈，握拳，拳心向内。

2 拍右脚向前跑跳，同时右臂胸前屈，握拳，拳心向内。

3 拍左脚向前跑跳，同时左臂内旋变掌，摆至侧上举，掌心向外。

4 拍同 3 拍动作，方向相反。

5 拍跳成并立，同时头上击掌。

6 拍跳成左侧弓步，同时左臂肩上侧屈，握拳，拳心相对，右

图 5－146

臂侧举,基本手型,掌心向下。

7 拍跳成并立,同时两臂伸直,前举击掌。

8 拍跳成分腿蹲立,同时两手置于腰际,握拳,拳心向上。

第二个八拍(图 5－147)

图 5－147

1 拍跳成并立,同时两臂摆至下举。

2 拍跳成左腿落地成屈, 右腿侧摆, 同时左臂摆至侧上举, 基本手型,掌心向外,左臂侧下举,掌心向下。

3 拍同 1 拍动作。

4 拍跳成右腿落地屈膝, 右腿后摆, 同时左臂后上举, 掌心向下;右臂肩侧屈,握拳,拳心向内。

5—7 拍左脚开始跑跳三步向左转体 360°, 同时两臂置于体侧,圆手型,掌心向内。

8 拍跳成并立,同时两臂自然下垂。

配合二:

预备姿势:直立,两臂自然下垂。

第一个八拍(图 5－148)

1 拍上半拍重心下降,左腿弯曲吸左腿。

图 5－148

1 拍下半拍右腿蹬跳起，左腿向前弹踢，同时左臂侧后举，右臂前举，圆手型，掌心向下。

2 拍同 1 拍上半拍动作，方向相反。

3 拍同 1 拍下半拍动作，方向相反。

4 拍跳成右腿屈膝支撑侧吸左腿，同时两臂置于体侧。

5 拍右腿蹬跳，左腿向侧弹踢，同时两臂摆至侧上举，掌心向外。

6 拍同 4 拍动作，方向相反。

7 拍同 5 拍动作，方向相反。

8 拍跳成蹲立，同时两臂置于体侧。

第二个八拍(图 5－149)

1 拍跳起成前后分腿开立,左腿在前,同时两臂上举,撑掌,掌心向前。

2 拍跳成并腿蹲立,同时两臂肩侧屈,握拳,拳心向内。

3 拍同 1 拍动作,惟右腿在前。

4 拍跳成并立,同时两臂下举。

5 拍跳成开立,同时两臂肩上侧屈,握拳,拳心相对。

6 拍跳成并立,同时两臂胸前屈,拳心向内。

7 拍跳成开立,同时两臂胸前平屈,基本手型,掌心向下。

8 拍跳成并立,同时两臂绕前至侧举。

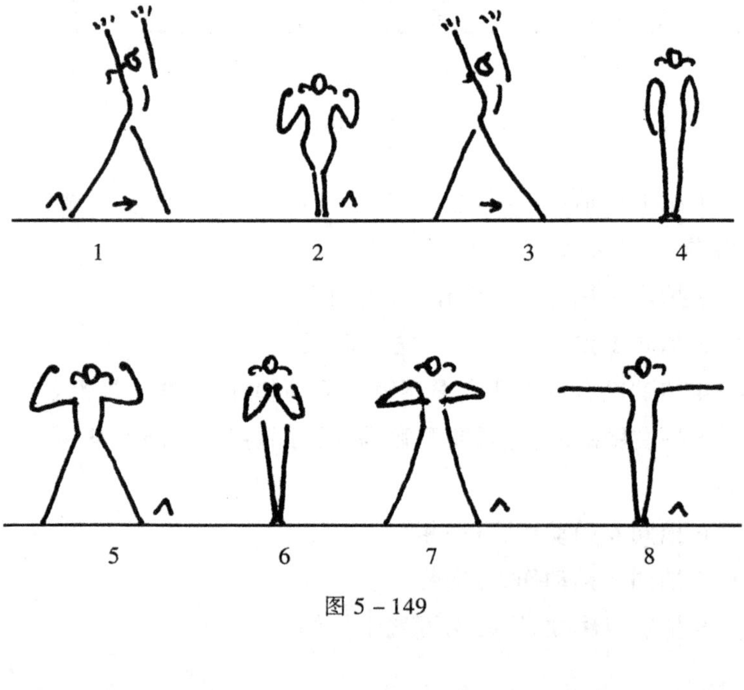

图 5－149

配合三：

预备姿势：直立，两臂上举握拳，拳心向前。

第一个八拍(图 5－150)

1 拍右脚跳起，左腿向前高踢，同时两臂摆至侧举，手由拳变撑掌，掌心向前。

2 拍跳成预备姿势。

3—4 拍同 1—2 拍动作，换腿做。

5 拍跳成左侧弓步，同时左臂肩侧屈握拳，拳心向内，右臂侧上举，基本手型，掌心向下。

6 拍跳成并立，同时两臂胸前交叉握拳，拳心向内。

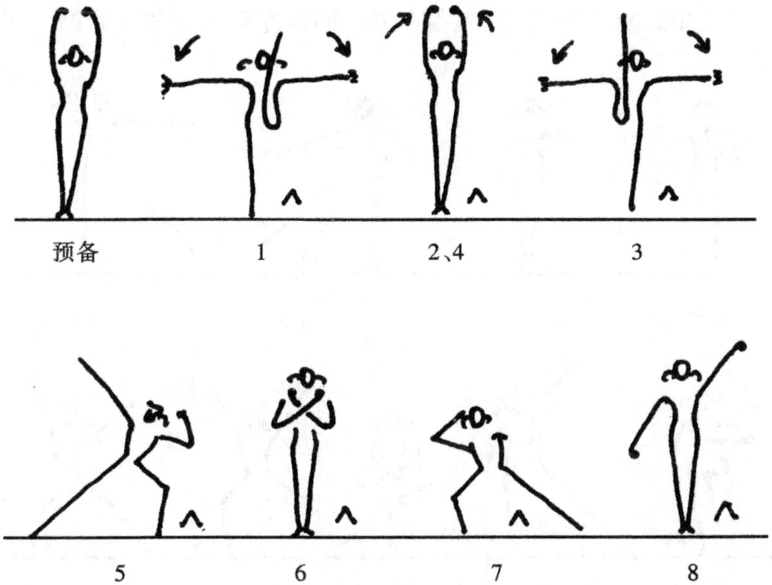

图 5－150

7 拍跳右侧弓步，同时右臂头后屈扶头，左臂前举，撑掌，掌心向下。

8 拍跳成并立，同时左臂侧上举握拳，拳心向外，右臂侧下举，握拳，拳心向内。

第二个八拍(图 5－151)

1 拍右腿蹬跳，左腿高抬，同时右臂胸前屈肘，握拳，拳心向内，左臂后摆握拳，拳心向后。

2 拍跳成并立，同时左臂下举握拳，拳心向内，右臂肩上侧屈，拳心向内。

3 拍右腿蹬跳，左腿侧摆，同时两臂向侧摆，基本手型，掌心向下。

4 拍跳成左腿支撑，右腿侧摆，同时左臂肩上侧屈握拳，拳

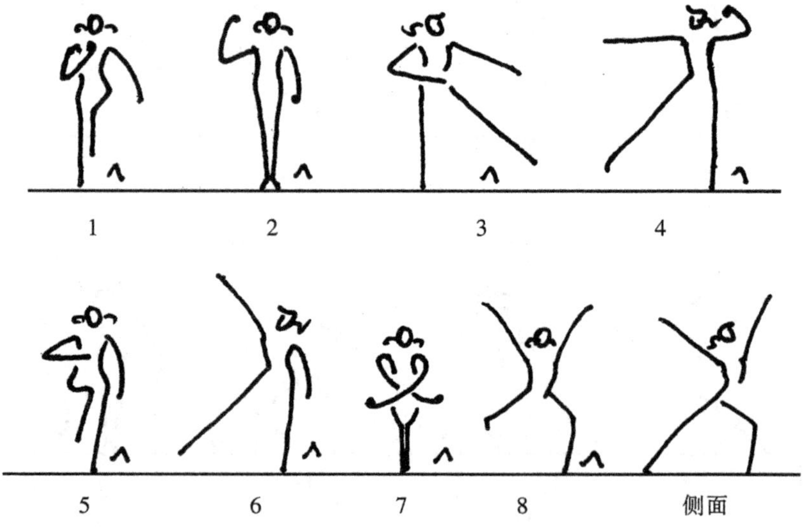

图 5－151

心向内，右臂侧举，基本手型。

5 拍左腿蹬跳一次前吸右腿，同时右臂胸前平屈，掌心向下。

6 拍左腿蹬跳一次，右腿向侧弹踢腿，同时右臂摆至侧上举，掌心向外。

7 拍跳成并蹲立，同时两臂体前交叉握拳，拳心向内。

8 拍跳成左腿在前的弓步，同时向侧摆至侧上举，基本手型，掌心向外。

跑跳操

第一个八拍(图 5－152)

1 拍左脚向前迈，同时两臂侧举，基本手型，掌心向上。

图 5－152

2 拍重心前移至左腿，正吸右腿，同时两肩前旋，掌心向下。

3 拍右脚落至前交叉，同时右臂回落体侧，右臂成肩上侧屈，指尖触肩。

4 拍左腿摆成侧点立，同时左臂摆至侧上举，掌心向外。

5 拍小跳换左腿支撑右脚侧点地弓步，右臂侧举，掌心向下，左臂肩上侧屈，指尖触肩。

6 拍同 5 拍，方向相反。

7 拍左腿提膝成正吸腿，同时两臂成胸前屈，拳心向后。

8 拍还原成预备姿势。

第二个八拍(图 5－153)

1 拍右脚向右前方迈步，两手握拳叉腰。

2 拍重心前移提左膝，手臂不动。

3 拍左腿向左后方伸腿，手臂不动。

4 拍重心后移，右腿向左后方插腿，左腿弓步支撑，手臂不动。

5—8 拍重复 1—4 拍动作。

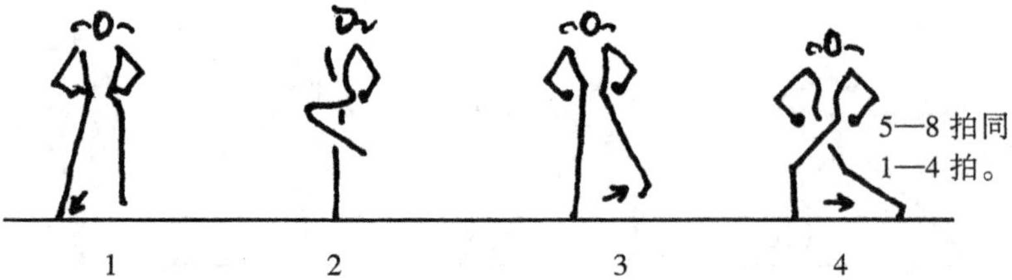

图 5－153

第三个八拍(图 5－154)

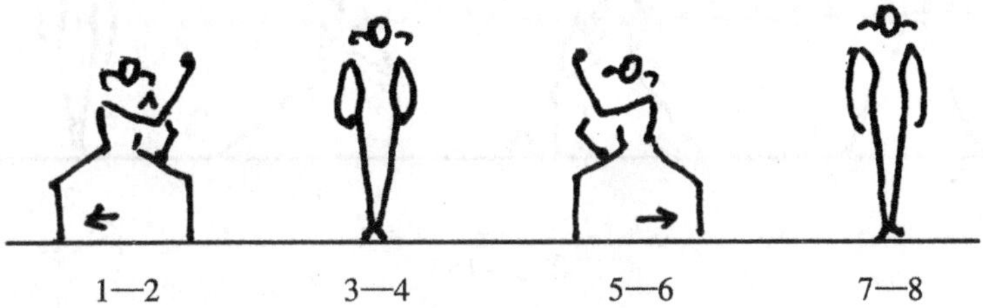

图 5－154

1—2 拍右腿直接侧迈成马步，同时右臂向左冲拳，左臂不动。

1—4 拍右腿收回直立,右臂收至髋侧。

5—8 拍同 1—4 拍动作,方向相反。

第四个八拍(图 5－155)

1 拍小跳成左腿支撑,右腿侧举,同时两臂经体前交叉绕至侧举,掌心向下。

2 拍小跳成左腿支撑，右腿前吸，同时两臂成肩上侧屈，掌心相对。

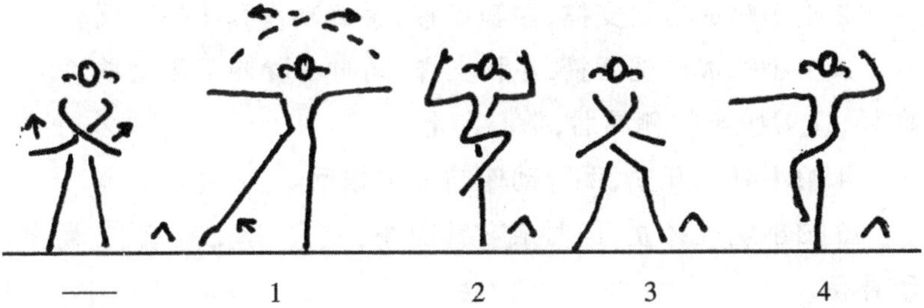

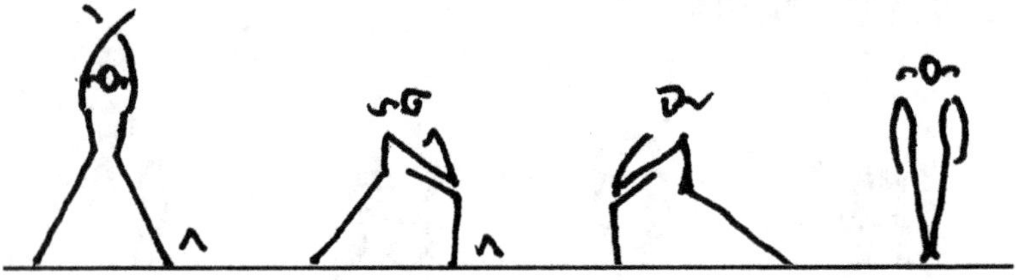

图 5－155

3 拍小跳成右腿在前交叉步，同时两手经胸前向下穿掌成体前交叉臂，掌心向后。

4 拍小跳成右腿支撑，左腿前吸，同时两臂侧摆至右臂侧举，左臂肩上侧屈，掌心向内。

5 拍小跳成开立，同时两臂上伸至头上交叉。

6 拍小跳成向左弓步，两臂同时摆至前下举并保持两手相扶。

7 拍动作同 6 拍，方向相反。

8 拍小跳还原。1—8 拍均为基本手型。

第五个八拍（图 5－156）

1 拍小跳成开立，同时两臂摆至右臂侧举，左臂侧屈，拳心向下。

2 拍小跳成右腿支撑，左腿后掖，手臂动作和 1 拍相反。

3 拍小跳成右腿后掖，左腿支撑，同时右臂伸至侧上举，拳心向外，左臂收至腰侧屈肘，拳心向上。

4 拍小跳成开立，手臂动作与 3 拍相反。

5 拍小跳成并立，同时成右臂前举，立掌，掌心向前，左臂置于体侧。

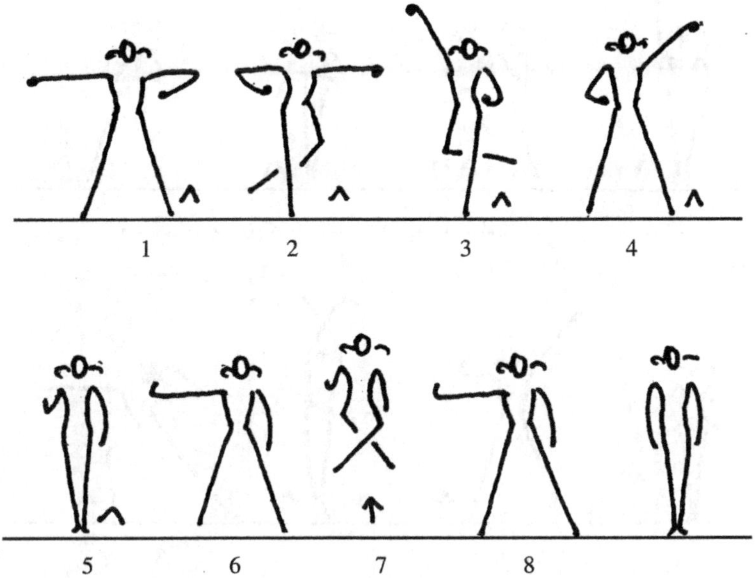

图 5－156

6 拍小跳成开立，同时右臂摆至侧举，立掌，左臂不动。

7 拍跳起，两小腿做剪式跳落地成开立，手臂同 5—6 拍动作，速度加快一倍。

8 拍小跳还原成直立。

第六个八拍(图 5－157)

1 拍小跳成并立，同时右臂体侧下垂，左臂上举，掌心相对。

2 拍小跳成开立，同时右臂成胸前屈，拳心向内，左臂胸前平屈，手置于右肘上，掌心向下。

3 拍小跳成并立，同时左臂成前下举，掌心向后，右臂胸前

1 2 3 4 5 6 7 8

图 5－157

平屈，手背靠左肘。

4 拍小跳成开立，手臂动作和 2 拍动作相反。

5 拍小跳成并立，同时两臂体前下举，手腕处交叉，右手在前，掌心向后。

6 拍小跳成开立，同时右臂成侧上举，掌心向外，左臂肩上屈，前臂与右臂平行，掌心向内。

7 拍小跳成并立，同时两臂头上交叉举，左臂在前，掌心向前。

8 拍小跳成左腿弓步交叉支撑，右腿侧举，同时右臂成肩上侧屈，拳心向内，左臂成侧举，掌心向下。

第七个八拍(图 5－158)

1 拍跳成右侧弓步,同时两臂肩上侧屈,右肩低,拳心相对。

2 拍跳成右腿支撑并转体 180°，侧吸左腿，两臂肩上屈，右肩高,拳心相对。

3 拍小跳成开立,同时两臂成体前交叉,左手握拳,右手基本手型,右臂在前。

4 拍小跳成并立,并左转 180°,同时右臂成侧举,掌心向下,左臂成肩上侧屈,拳心向内。

5 拍小跳成马步,两臂成侧举,掌心向下。

6 拍小跳成并立,两臂以肘为轴向内绕环一周成侧举,掌心向上。

7 拍小跳成斜弓步，右腿在前，同时两手击掌并手指交叉，两臂前举。

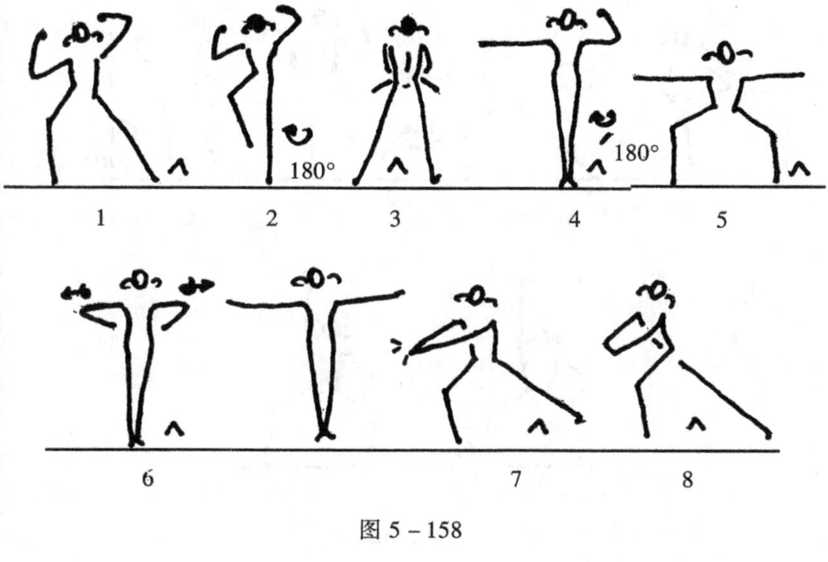

图 5－158

8 拍小跳两腿互换成左腿在前的弓步，两臂向内绕推至两臂前举，十指交叉，掌心向前。

第八个八拍(图 5 - 159)

1—2 拍左腿前收小跳成屈膝并立，两拳收于腰际，拳心向上。

3—4 拍小跳转体 90°落至左腿屈膝支撑，右腿侧伸，同时左臂侧举，右臂上举，撑掌，掌心向前。

5—6 拍左、右脚边走边转体 270°，同时两臂屈臂摆，握拳。

7 拍小跳成马步，同时右臂撑腿，左臂上举，撑掌，掌心向前。

8 拍保持马步，提踵立，右臂不动，左手腕内旋成西班牙手型，下颌微抬。

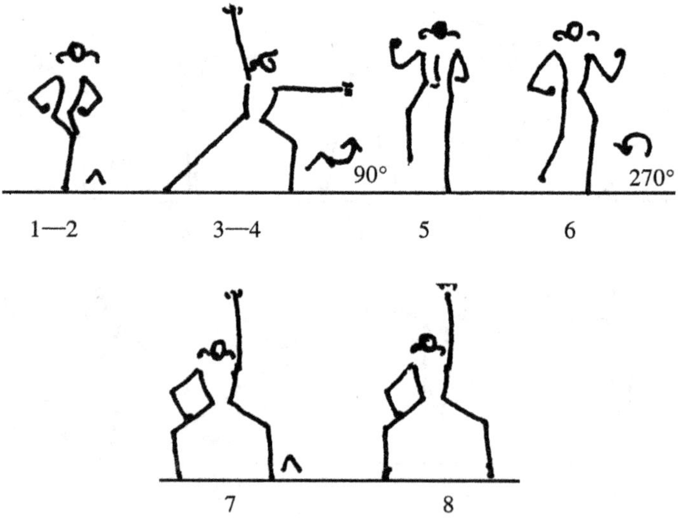

图 5 - 159

四、躯干动作练习

躯干是健美操动作中最富有表现力的部位。躯干是由胸、背、腰、腹、髋、臀几大部分构成。

(一)胸部动作练习

胸部活动范围较小,包括含胸、展胸、捶胸、移胸、振胸等动作。

含胸、展胸(图 5-160)

预备姿势:直立,两臂自然下垂。

1—2 拍屈膝半蹲,低头含胸,同时两臂胸前交叉,握拳,拳心向内。

3—4 拍两腿蹬直,抬头展胸,同时两臂拉至肩上侧屈,拳心相对。

5 拍屈膝半蹲,低头含胸,同时两臂内旋体前交叉,拳心向内。

6 拍左腿侧伸点地勾脚成右腿屈的侧弓步,同时两臂经侧摆至侧上举,圆手型,掌心向外。

图 5-160

7 拍同 5 拍动作。

8 拍同 6 拍动作，方向相反。

移胸（图 5－161）

预备姿势：分腿开立，两臂自然下垂。

1 拍胸向左侧移，手臂保持不动。

2 拍还原成预备姿势。

3—4 拍同 1—2 拍，方向相反。

5 拍向左转体 90°，重心移至左腿，右脚后点地，同时低头含胸，两臂向前摆，手背相对。

6 拍右腿后伸成分腿开立，同时两臂经上向后拉展胸，掌心向前。

7—8 拍同 5—6 拍动作，方向相反。

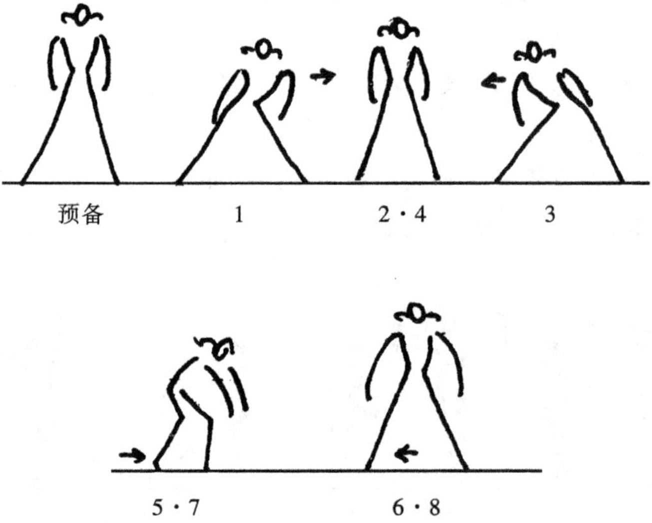

图 5－161

振胸(图 5－162)

图 5－162

预备姿势:直立,两手叉腰。

1 拍左脚向侧迈一步,同时含胸。

2 拍右脚并于左脚成半蹲,同时两肩向后绕,向前展胸。

3—4 拍腿不动,同时挺振胸一次。

5 拍左脚向侧一步,左臂经侧向上绕至头后屈,手扶头。

6 拍右脚在左脚前交叉,向左转体 180°成并腿提踵蹲立,手臂保持不动。

7—8 拍腿不动,振胸两次。

(二)腰部动作练习

包括体侧屈、体前屈、体后屈、绕、绕环、转腰、胸腰波浪等动作。

腰的前屈、侧屈、绕环

预备姿势:直立,两臂自然下垂。

第一个八拍(图 5－163)

1 拍左脚向左出一步成开立,同时两臂侧举,基本手型。

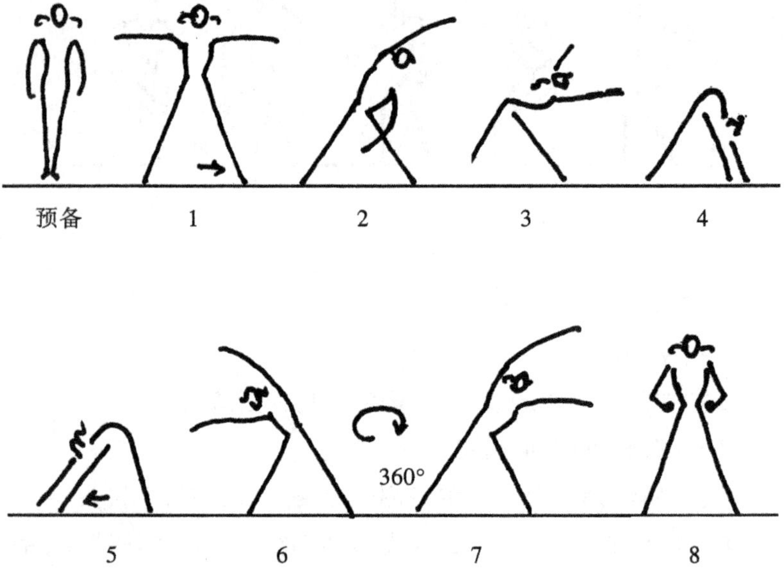

图 5－163

2 拍上体向左侧屈，同时左臂体前右摆，右臂上举左侧摆，掌心相对。

3 拍上体向左转体 90°下压，与地面平行，同时左臂侧举，右臂前举，掌心向下。

4 拍身体左前下屈，同时两臂上举，手掌撑地。

5—8 拍身体经右向后绕环一周，同时两臂随身体绕摆。

第二个八拍(图 5－164)

1 拍上体前屈与地面平行，抬头挺胸，同时两臂前推至上举，立掌，掌心向外。

1　　2·4　　3　　5—6　　7—8

图 5－164

2 拍上体抬起成直立，同时两臂拉至腰际，拳心向上。

3—4 拍同 1—2 拍动作。

5—6 拍上体前屈，同时两臂上举，手掌触地，低头。

7—8 拍上体抬起成直立。

转腰

预备姿势：直立，两臂自然下垂。

第一个八拍（图 5－165）

1—2 拍两腿屈膝半蹲，同时上体向左转体，两臂肩上侧屈握拳，拳心相对。

预备　　1—2　　3—4　　5—6　　7—8

图 5－165

3—4 拍同 1—2 拍,方向相反。

5—6 拍保持蹲立,同时上体向左转体,右臂向前冲拳,拳心向下,左臂不动。

7—8 拍两腿蹬直,同时上体向右转体,左臂向前冲拳,拳心向下,右臂拉至肩上侧屈,拳心向内。

第二个八拍(图 5 - 166)

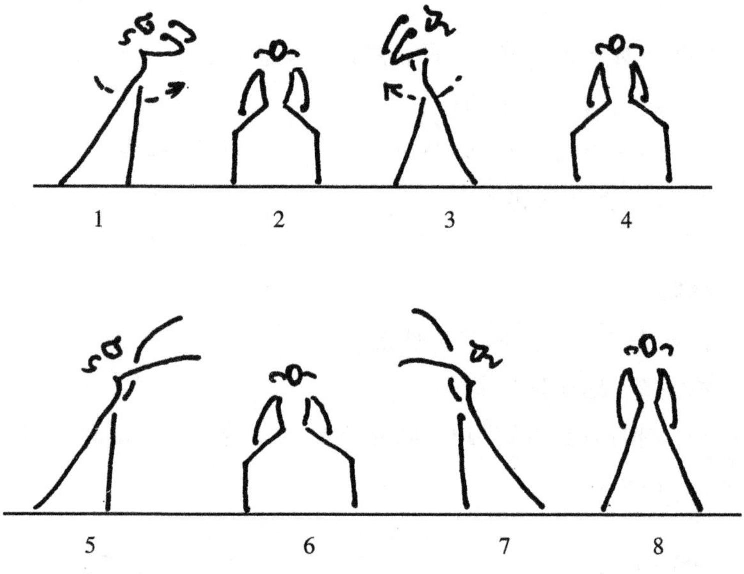

图 5 - 166

1 拍向左转体,重心移至左腿,同时两臂经体前摆至胸前屈,拳心向内。

2 拍重心移至两腿,同时两臂摆至体前。

3—4 拍同 1—2 拍动作,方向相反。

5 拍动作同 1 拍，惟两臂伸直摆至前侧上举，圆手型，掌心向外。

6 拍同 2 拍动作。

7—8 拍同 1—2 拍动作，方向相反。

胸腰波浪

包括侧波浪和前后波浪

预备动作：分腿开立，两臂自然下垂。

第一个八拍(图 5－167)

图 5－167

1 拍重心移至右腿，左脚侧点地，同时两臂自然摆动。

2—3 拍从头开始，颈、胸、腰、髋各关节依次向侧屈伸，像钻越绳索一样，连贯波浪，同时两臂体侧自然摆动。

4 拍重心移至左腿，右脚尖侧点地，两臂自然下垂。

5—8 拍同 1—4 拍动作，方向相反。

第二个八拍(图 5－168)

1 拍左脚前点地，低头含胸，后背向后移，同时两臂肩上屈，手指向前，掌心向下。

图 5－168

2—3 拍从头开始，颈、胸、腰、髋各关节依次向前屈伸，像钻越绳索一样，连贯波浪，同时两臂沿体侧向下压掌。

4 拍重心移至左腿，右脚后点地。

（三）髋部动作

主要包括顶、提、摆、绕、绕环等。

顶髋：

一侧腿支撑并伸直，另一侧腿屈膝内扣，上体保持正直，用力将髋顶出（图 5－169）。

预备姿势：开立，两臂自然下垂。

1—2 拍向左顶髋，同时左臂侧举，撑掌，掌心向前。

3—4 拍同 1—2 拍，方向相反。

5 拍向左顶髋，同时两臂向内绕至体前交叉，右臂在前，掌心向内。

6 拍向右顶髋，同时两臂绕至头上交叉，掌心向外。

7 拍向左顶髋，同时两臂绕至侧屈，掌心向前。

8 拍向右顶髋，同时两臂绕至体侧，掌心相对。

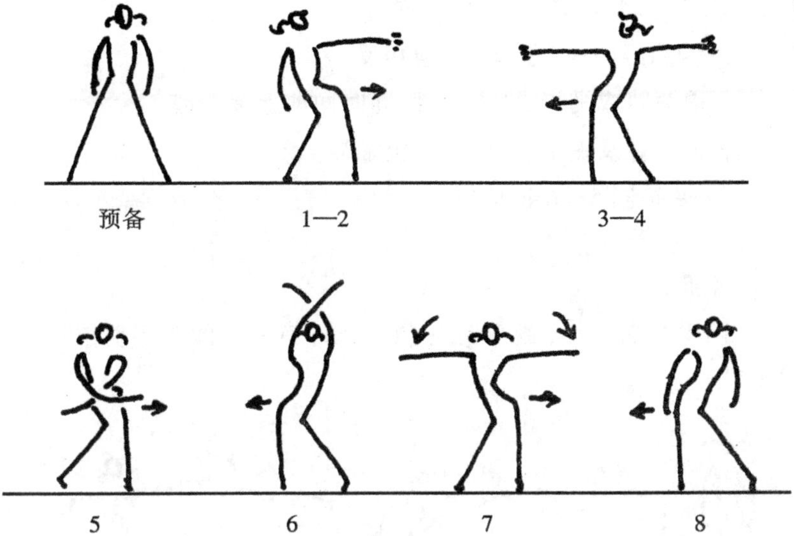

图 5－169

提髋：

髋向上提翻的动作(图 5－170)

预备姿势:直立,两臂自然下垂。

1—2 拍左髋向前侧上提，同时向左前方迈一步，左臂经前

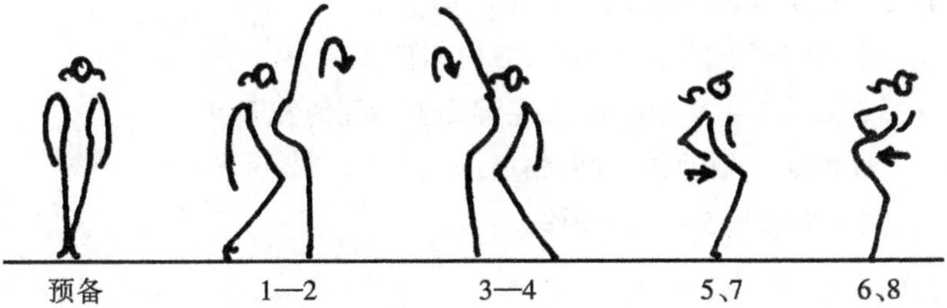

图 5－170

向上绕环一周,基本手型,掌心向外。

3—4 拍同 1—2 拍动作,但相反。

5 拍两腿成马步,两手叉腰,同时向前上提翻髋。

6 拍手臂及腿不动,向后上提翻髋。

7—8 拍同 5—6 拍动作。

摆髋:

两腿微屈并拢,髋部向左、右摆动,有一定的腰部动作配合(图 5-171)。

图 5-171

预备姿势:直立,两臂自然下垂。

1-2 拍两腿自然弯曲左转,同时髋向前转,左臂侧举上屈,托掌,右臂侧下举自然弯曲,掌心向后。

3-4 拍同 1-2 拍动作,方向相反。

5 拍同 1-2 拍动作,惟左臂侧上举屈肘托掌。

6 拍同 5 拍动作,方向相反。

7-8 拍同 5-6 拍动作。

髋绕环(图 5-172):

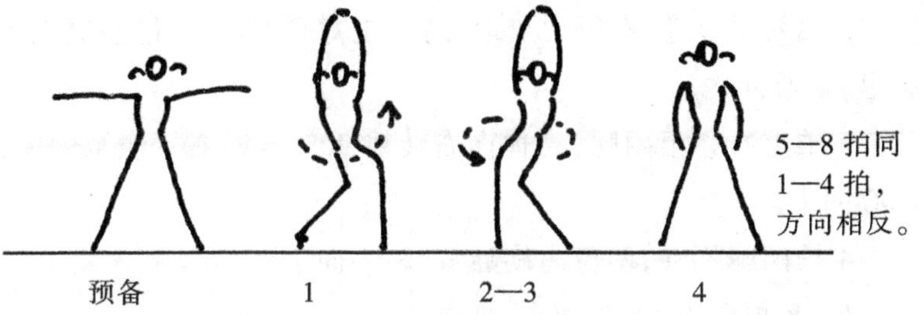

图 5－172

预备姿势：分腿开立，两臂侧举。

1－4 拍两臂上举相握，同时髋部从左向后绕环一周。

5－8 拍同 1－4 拍动作，方向相反。

躯干变化操

预备姿势：分腿开立，两臂自然下垂。

第一节

第一个八拍(图 5－173)

1 拍身体向左转体 90°，重心移至左腿，右脚后点地，同时低头含胸，两臂左侧摆，圆手型，手背相对。

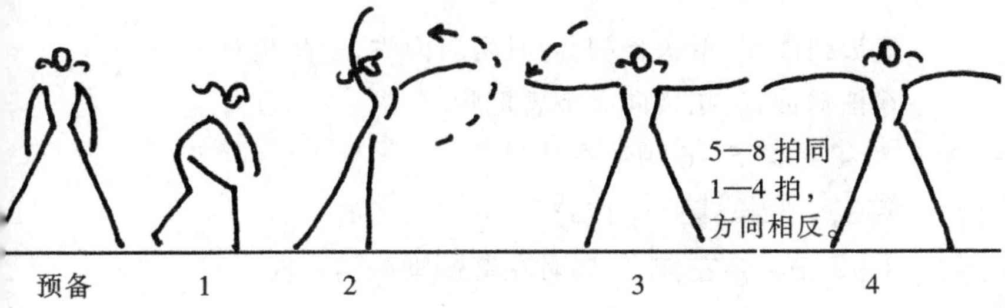

图 5－173

2 拍两腿伸直，右脚后点地，同时左臂侧举，右臂经左侧绕至头上，掌心向内。

3 拍重心移至两腿，身体向右转体 90°，同时右臂绕至侧举，掌心向上。

4 拍两腿不动，两臂内旋翻掌，掌心向下。

5－8 拍同 1－4 拍动作，方向相反。

第二个八拍（图 5－174）

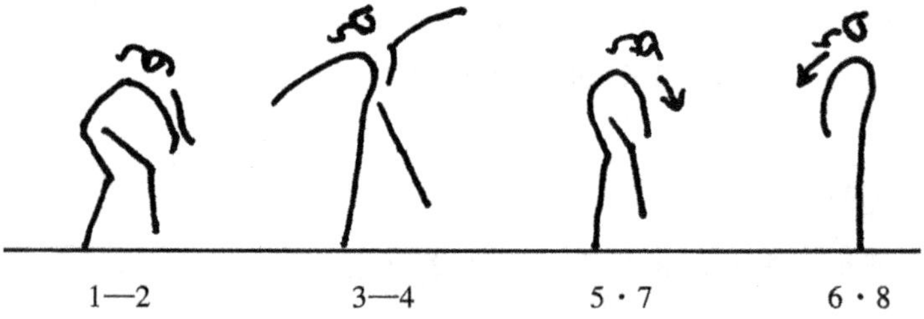

图 5－174

1－2 拍两腿屈膝，低头含胸，同时两臂摆至前举，手背相对。

3－4 拍两腿伸直，同时展胸抬头，掌心向外，两臂拉至侧举。

5 拍腿微屈，低头含胸，同时两肩内收，手腕相对。

6 拍腿伸直，拍头向后绕肩挺胸。

7－8 拍同 5－6 拍动作。

第三个八拍（图 5－175）

1－2 拍上体左侧屈，同时左臂侧举振胸一次。

3－4 拍上体还原，手臂保持不动。

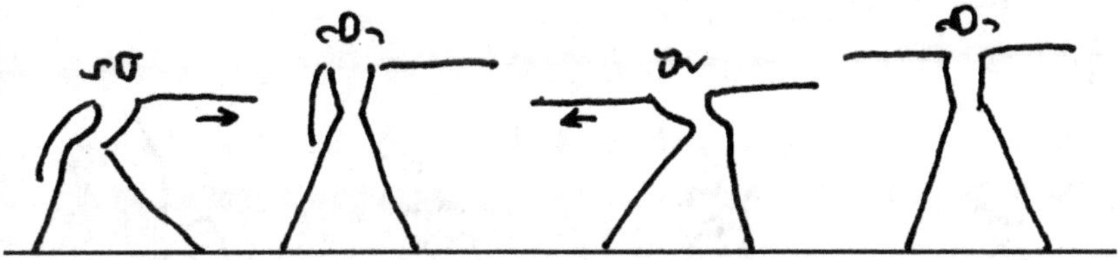

1—2　　3—4　　5—6　　7—8

图 5－175

5－8 拍同 1－4 拍动作，方向相反。

第四个八拍(图 5－176)

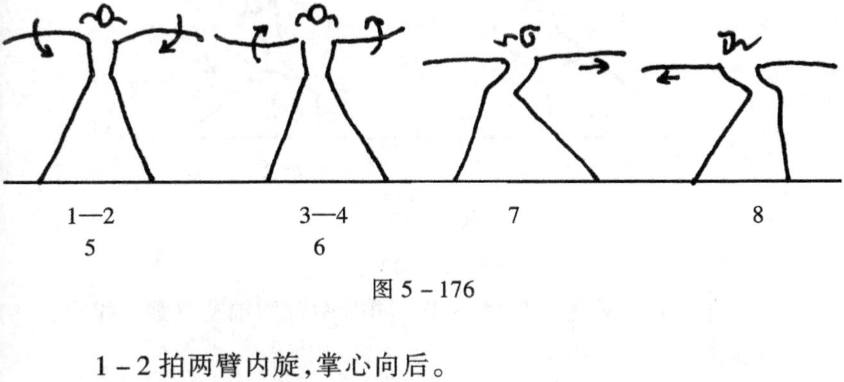

1—2　　3—4　　7　　8

5　　6

图 5－176

1－2 拍两臂内旋，掌心向后。

3－4 拍两臂外旋，掌心向上。

5 拍同 1－2 拍动作。

6 拍同 3－4 拍动作。

7 拍身体左侧屈，同时两臂内旋，掌心向下。

8 拍同 7 拍，方向相反。

第二节

第一个八拍(图 5－177)

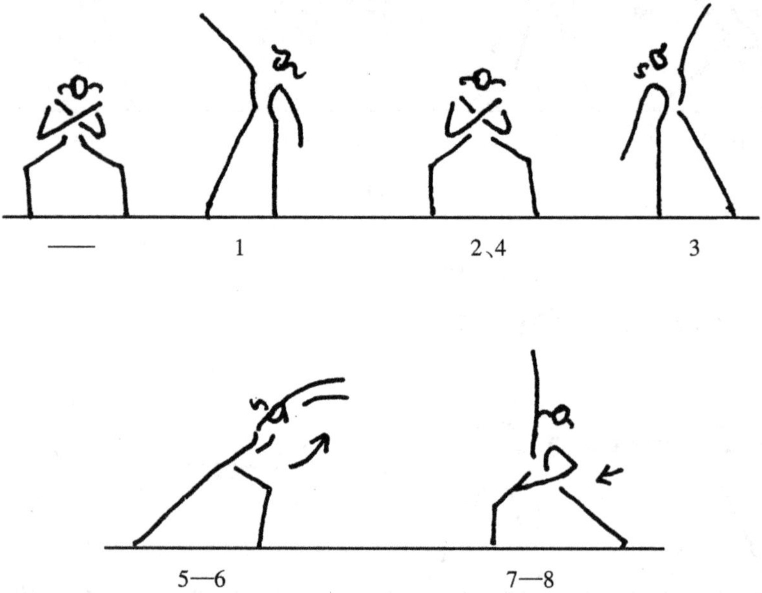

图 5－177

1 拍上半拍两腿屈膝成马步，同时两臂胸前交叉屈，撑掌，掌心向内。

1 拍下半拍两腿伸直，重心移至左腿，右脚点地，同时左臂侧下举，基本手型，掌心向内，右臂侧上举，掌心向外。

2 拍同 1 拍上半拍动作。

3 拍同 1 拍下半拍动作，方向相反。

4 拍同 2 拍动作。

5－6 拍重心移至左腿成左侧弓步，身体向左转体 90°，同时低头含胸，两臂经体前摆至前上举，掌心向下。

7－8 拍身体向右转体 90°，重心移至右腿成右腿屈侧弓步，同时右臂侧上举，左手扶右膝。

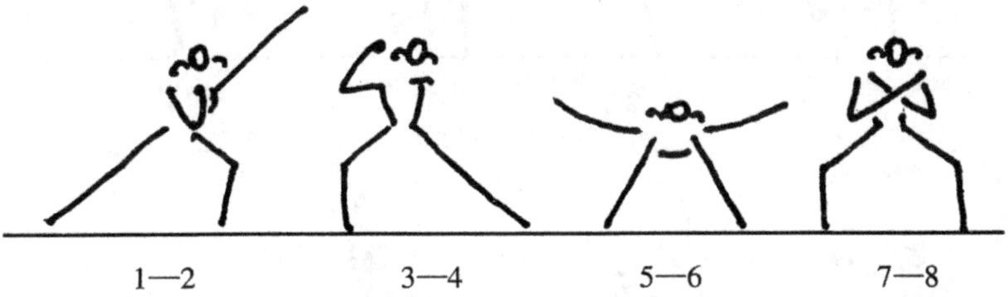

图 5－178

第二个八拍(图 5－178)

1－2 拍重心移至左腿成左侧弓步，同时左臂侧上举，右臂胸前屈，握拳，拳心向内。

3－4 拍重心移至右腿成右侧弓步，同时右臂肩上侧屈握拳，拳心向内，左臂前伸，撑掌，掌心向下。

5－6 拍重心移至两腿，同时上体前屈，两臂侧举，基本手型，掌心向下。

7－8 拍上体抬起成马步，同时两臂胸前交叉屈，撑掌，掌心向内。

第三个八拍同第一个八拍动作。

第四个八拍同第二个八拍动作。

第三节

第一个八拍(图 5－179)

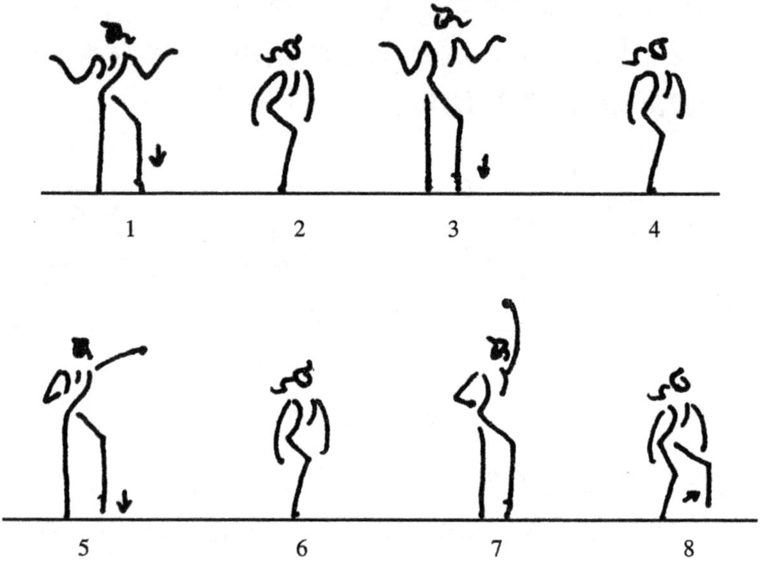

图 5－179

1 拍左脚前点地，同时上体向左转体 90°，两臂侧屈，掌心向上。

2 拍左脚收回并于右脚旁，两腿微屈，同时两臂自然摆至体侧。

3－4 拍同 1－2 拍动作，方向相反。

5 拍左脚前点地，同时上体向左转体 90°，左臂提于腰际，握拳，拳心向上，右臂经腰侧向左前方冲拳，拳心向下。

6 拍同 2 拍动作。

7 拍右脚前点地，同时上体向右转体 90°，右臂提于腰际，握拳，拳心向上，左臂向上冲拳，拳心向内。

8 拍右脚向右侧迈一步成马步，同时两臂自然摆至体前。

第二个八拍（图 5－180）

1 拍两腿伸直，重心移至左腿，右脚后点地，身体向左转，同时两臂摆至左臂侧上举，右臂前上举。

2 拍上体向右转，同时重心移至两腿，两臂摆至体前。

3－4 拍同 1－2 拍，方向相反。

5 拍两腿屈膝半蹲，同时上体向左转体 90°，两手握拳，向左看。

6 拍两腿伸直，同时向右转体 90°。

7 拍腿同 5 拍动作，同时上体向右转体 90°，右手握拳，置于

图 5－180

腰侧，右臂肩上侧屈，基本手型，掌贴于头后。

8拍腿不动，上体向左转体90°，同时两臂上举握拳，拳心相对。

第三个八拍(图5－181)

1拍两腿伸直成开立，同时两臂向前伸至前举，拳变撑掌。

2拍两腿屈膝成马步，同时两臂下举。

3拍两腿伸直，同时两臂经侧摆至头上击掌。

4拍两臂经侧还原成下举，腿不动。

5拍重心移至左腿，同时右臂上举，圆手型，掌心向外。

6拍右腿后伸，左腿弯曲，同时手臂向左绕。

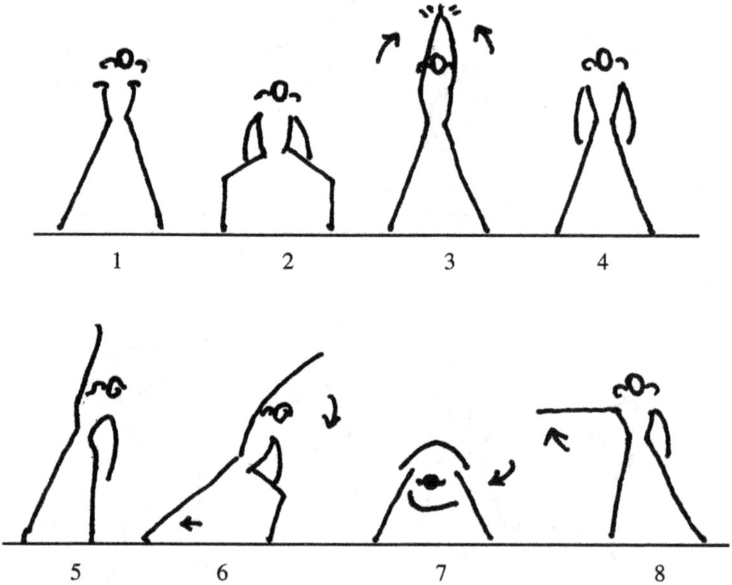

图5－181

7 拍重心移至两腿，同时上体前屈，右臂随之绕至体前。

8 拍上体向右侧绕至直立,同时右臂绕至侧举。

第四个八拍

同第三个八拍,方向相反。

第四节

第一个八拍(图 5－182)

图 5－182

1－2 拍重心移至左腿,右脚尖侧点地,同时上体右侧屈,右臂胸前屈,握拳,向左摆,左臂自然下垂。

3－4 拍重心移至右腿侧吸左腿,同时两臂经下绕至左侧上举,圆手型,掌心相对。

5 拍左脚侧点地立，右腿支撑，髋右侧顶，同时两臂继续绕至体侧。

6－7 拍重心向左侧移,同时胸腰向左做侧波浪。

8 拍重心移至左腿,右脚侧点地,两臂置于体侧。

第二个八拍

同第一个八拍,方向相反。

第三个八拍(图 5－183)

图 5－183

1－2 拍左腿高抬前吸,同时两臂前举,圆手型。

3－4 拍左腿高踢,右脚高提踵,同时两臂上举。

5－6 拍重心前移,左脚前落成前弓步,同时抬头挺胸,两臂向后绕,掌心向外。

7 拍重心移至左腿,右腿屈膝后点地,同时两臂经后绕至前下举,低头含胸。

8 拍左腿并于右腿,两腿伸直,同时两臂摆至体侧。

第四个八拍

同第三个八拍,但相反。

第五节

第一个八拍(图 5－184)

1 拍左脚侧出一步成弓步,同时左臂肩侧屈,握拳,拳心向内,右臂下举。

2 拍重心移至两腿伸直,同时两臂上举,撑掌,掌心向前。

3 拍上体前屈,同时抬头挺胸,两臂侧举,圆手型,掌心向

图 5－184

下。

4 拍上体抬起成马步，同时两臂胸前交叉屈，握拳，拳心向内。

5 拍两臂内旋前伸，掌心相对，同时上体前屈，抬头挺胸。

6 拍上体抬起，同时两腿伸直，两臂胸前交叉屈，握拳，拳心向内。

7 拍重心右侧移，左脚跟点地，同时两臂向左侧上伸，撑掌，掌心向前。

8 拍重心移至两腿，同时两臂经侧还原成下举。

第二个八拍

同第一个八拍，方向相反。

第三个八拍(图 5－185)

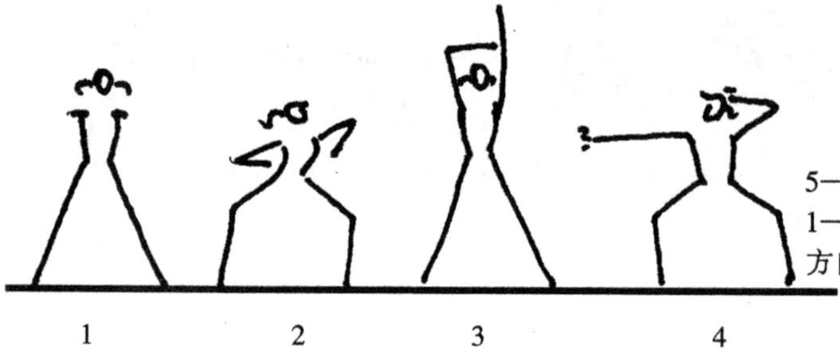

图 5－185

1 拍两臂前举，基本手型，掌心向下。

2 拍两腿弯曲成马步，同时上体向左转体 90°，两臂胸前平屈后振。

3 拍两腿伸直，同时左臂上举，撑掌，右臂肩上屈，手扶左肘。

4 拍两腿蹲成马步，同时左臂肩上屈扶头，右臂侧举，撑掌，掌心向前。

5－8 拍同 1－4 拍，方向相反。

第四个八拍(图 5－186)

1 拍右腿高抬前吸，同时左臂摆至胸前屈，握拳，拳心向内，右臂侧摆。

2 拍右脚向侧迈一步成开立，同时两臂下举。

3 拍同 1 拍，方向相反。

4 拍左脚并于右脚成直立，同时两臂下举。

5 拍屈膝半蹲，同时右髋向前摆，两臂侧举，右臂外旋，掌心

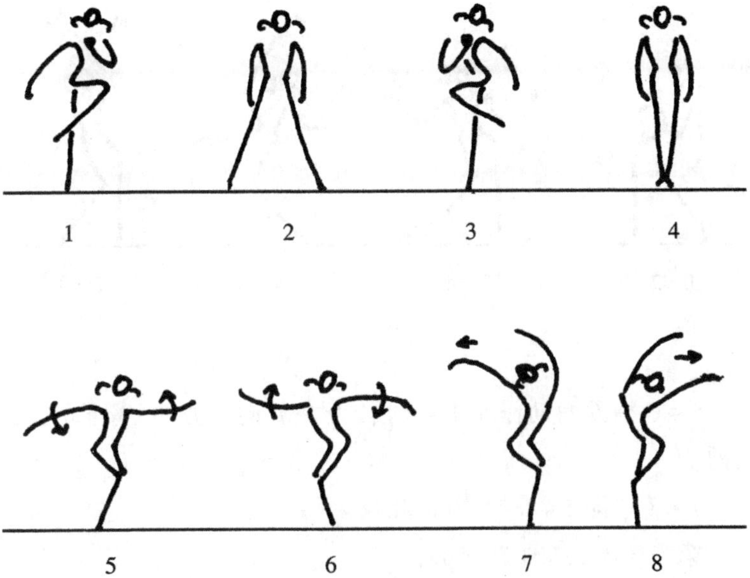

图 5－186

向上，右臂内旋，掌心向后。

6 拍同 5 拍动作，方向相反。

7 拍同 5 拍动作，惟两臂上举向右侧摆，圆手型，掌心向前。

8 拍同 7 拍动作，方向相反。

第六节

第一个八拍（图 5－187）

1－2 拍右膝向内顶左髋，左髋顶振两次，同时左前臂上屈，撑掌，掌心向前。

3－4 拍同 1－2 拍，方向相反。

图 5 - 187

5 - 6 拍髋的动作同 1 - 2 拍，惟左臂向上方伸，撑掌，掌心向前。

7 - 8 拍同 5 - 6 拍，方向相反。

第二个八拍(图 5 - 188)

1 拍右膝向内顶左髋，左髋顶振一次，同时两臂下拉至肩上侧屈，撑掌，掌心向前。

2 拍髋的动作同 1 拍，方向相反，两臂以肘为轴前臂经前摆至肩下侧举，撑掌，掌心向后。

3 拍髋同 1 拍动作，同时两臂体前交叉侧下伸，撑掌，掌心向后。

4 拍向右侧顶肩，同时两肘上拉至肩下侧屈，掌心向后。

5 拍向左顶髋，同时两臂以肘为轴前臂经肩上摆至肩上侧屈，撑掌，掌心向前。

6 拍向右顶髋，同时两臂头上交叉侧上伸，撑掌，掌心向前。

7 拍向左顶髋，同时两臂拉至肩上侧举，掌心向前。

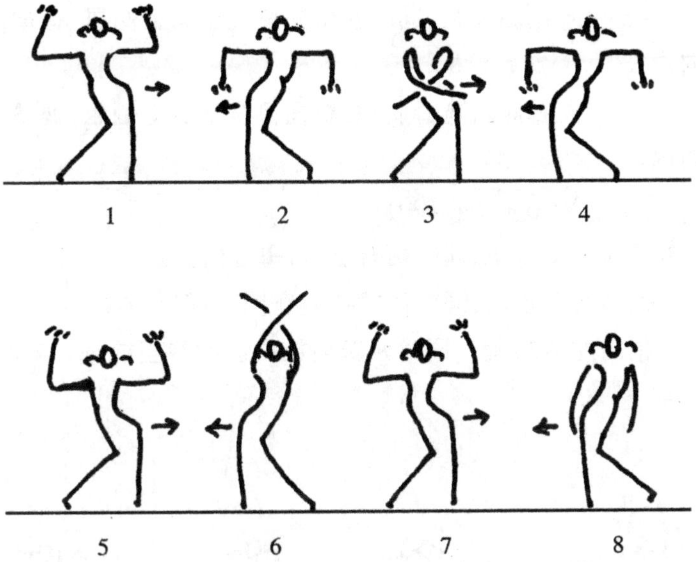

图 5－188

8 拍向右顶髋，同时两肩经侧举还原成下举。

第三个八拍（图 5－189）

1－2 拍向左侧顶髋，同时左臂胸前屈，握拳，拳心向内。

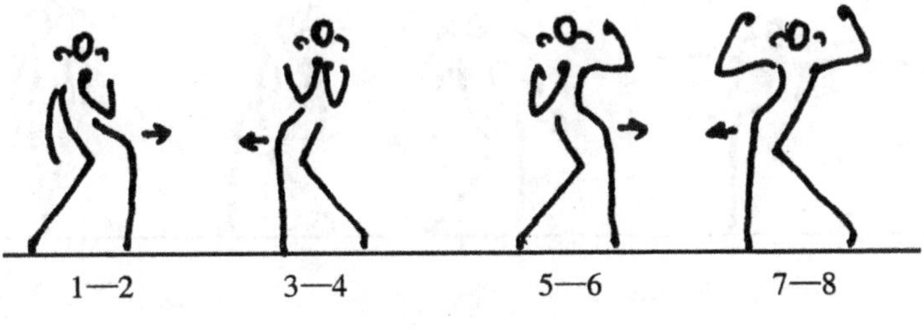

图 5－189

3－4 拍向右侧顶髋，同时右臂胸前屈，握拳，拳心向内。

5－6 拍向左侧顶髋，同时左臂向侧绕至肩上侧屈，握拳，拳心向内。

7－8 拍向右侧顶髋，同时右臂向侧绕至肩上侧屈，握拳，拳心向内。

第四个八拍(图 5－190)

1 拍向左侧顶髋，同时两臂上举，拳心向内。

2 拍向右侧顶髋，同时两臂拉至肩侧屈，拳心向内。

3 拍向左侧顶髋，同时两臂内旋向前冲拳至前举，拳心向下。

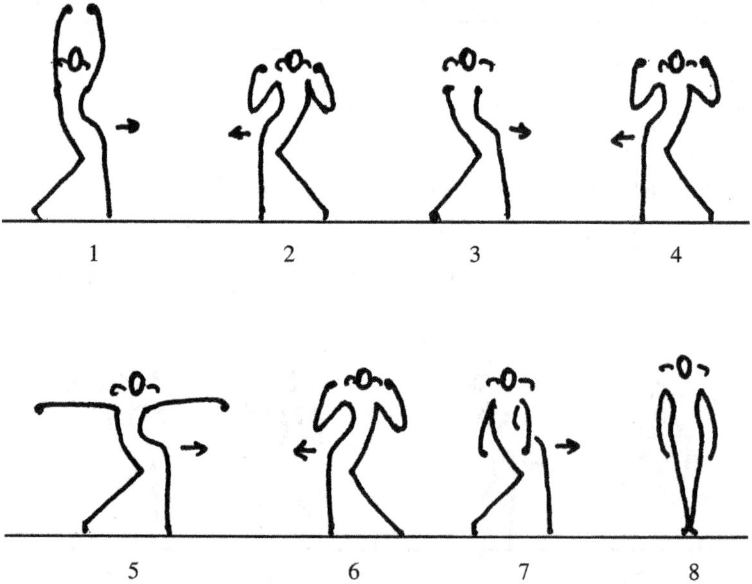

图 5－190

4 拍同 2 拍动作。

5 拍两臂内旋向侧伸至侧举,拳心向下。

6 拍同 2 拍动作。

7 拍向左顶髋,同时两臂下举至体前,拳心向前。

8 拍两腿伸直,左脚并于右脚,同时两臂还原成自然下垂。

第五节　哑铃健美操

哑铃健美操是在徒手健美操基础上，手持哑铃进行身体练习的一种体育锻炼形式。哑铃又称手铃,一般分为木制、铁制(图 5－191)和健美操用的外有软包装护带把(图 5－192)或不带护把的三种。其重量由其质地的不同而不同。一般根据练习者的上肢力量情况选择 1 磅、2 磅和 3 磅重的不等。握把长度为 10～12 厘米，直径 3 厘米左右，铃头直径为 5～7 厘米，圆形或圆柱形，护把的半径为 4 厘米左右。哑铃属短双器械，两手各握一哑铃，动作灵活，不受器械的限制。由于哑铃本身有一定的重量，所以对发展上肢各部位关节的柔韧性、灵活性和完成动作时肌肉的控制能力有较强的作用。同时利用音乐配合哑铃健美操锻炼能够提高练习者的兴趣，降低疲劳感，提高身体的协调性。

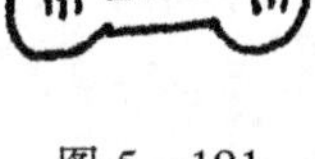

图 5－191

图 5－192

1. 握铃方法

四指并拢环握握把，拇指握压在食指第一指关节上(图 5－193)，有护把的四指应从半圆形护把中穿过，使护把套在手背处，然后握握把(图 5－194)。

图 5－193

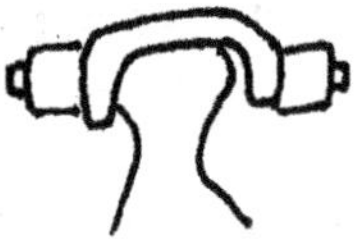

图 5－194

2. 哑铃健美操基本动作

哑铃健美操是以发展上肢肌肉力量和身体的协调性为主的练习，因此，基本动作同徒手健美操基本动作。但应加强上下肢的配合和单双臂的交替配合，避免造成肌肉的过度疲劳及紧张。

一、定位哑铃操

第一节

预备姿势：分腿开立，两手握哑铃置于体侧。

第一个八拍(图 5－195)

1 拍两腿屈膝成半蹲，同时左臂胸前屈，拳心向内，右臂不动。

2 拍腿不动，右臂胸前屈，拳心向内。

3 拍两腿伸直成开立，同时左臂内旋侧伸至侧举。

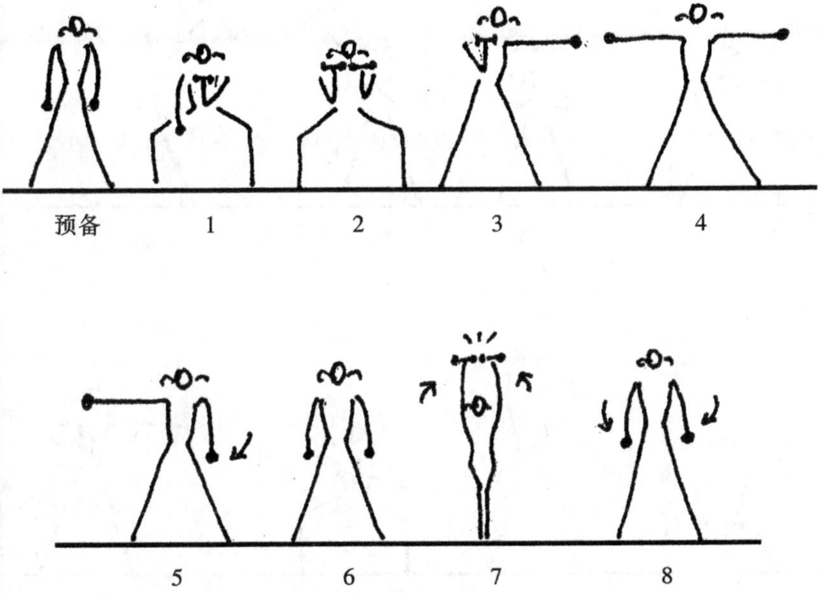

图 5－195

4 拍同 3 拍动作，但相反。

5 拍左臂下举，腿不动。

6 拍同 5 拍动作。

7 拍左腿并于右腿成蹲立，同时两臂经侧至上举，头上击铃一次。

8 拍左脚侧出一步成开立，同时两臂经侧还原至下举。

第二个八拍(图 5－196)

1 拍左臂胸前屈，手贴右肩。

2 拍右臂胸前交叉屈，拳心向内。

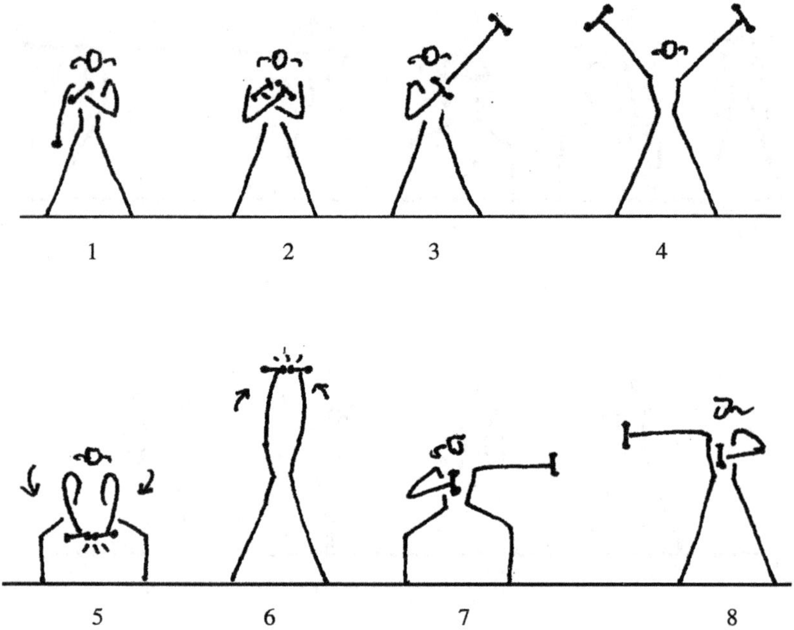

图 5－196

3 拍左臂内旋至侧上举,拳心向前。

4 拍右臂内旋至侧上举,拳心向前。

5 拍两臂经侧至下举,击铃一次,同时屈膝成半蹲。

6 拍两腿伸直,同时两臂经侧至上举,击铃一次。

7 拍两腿屈膝成半蹲,同时左臂侧举,掌心向前,右臂胸前平屈,拳心向内。

8 拍两腿伸直成开立,同时右臂经前摆至侧举,拳心向前,左臂胸前半屈,拳心向内。

第三个八拍(图 5－197)

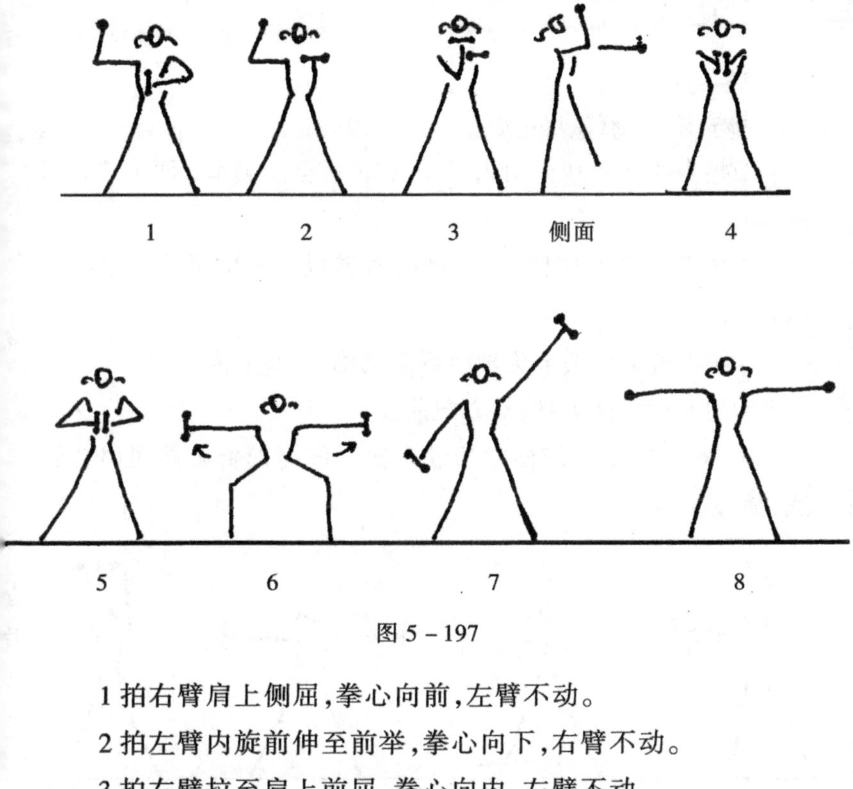

图 5－197

1 拍右臂肩上侧屈,拳心向前,左臂不动。

2 拍左臂内旋前伸至前举,拳心向下,右臂不动。

3 拍右臂拉至肩上前屈,拳心向内,左臂不动。

4 拍左臂肩上前屈,两肘相对。

5 拍两肘上提至胸前平屈。

6 拍两腿屈膝成半蹲,同时两臂以肘为轴向侧摆至侧举。

7 拍两腿伸直成开立,同时左臂侧上举,拳心向外,右臂摆至侧下举,拳心向下。

8 拍侧臂向下摆至侧举,右臂向上摆至侧举,两拳心向下。

第四个八拍

同第三个八拍,方向相反。

第二节

第一个八拍(图 5-198)

1 拍身体向左转体 90°, 同时右臂摆至左侧举, 两手掌心相对。

2 拍身体向右转体 90°, 同时右臂拉至胸前平屈, 拳心向内。

3 拍右臂以肘关节为轴向侧摆至侧举,拳心向前。

4 拍两臂摆至上举,拳心向前。

5—6 拍右膝内旋向左顶髋两次, 同时两臂胸前屈向右侧摆,拳心向内。

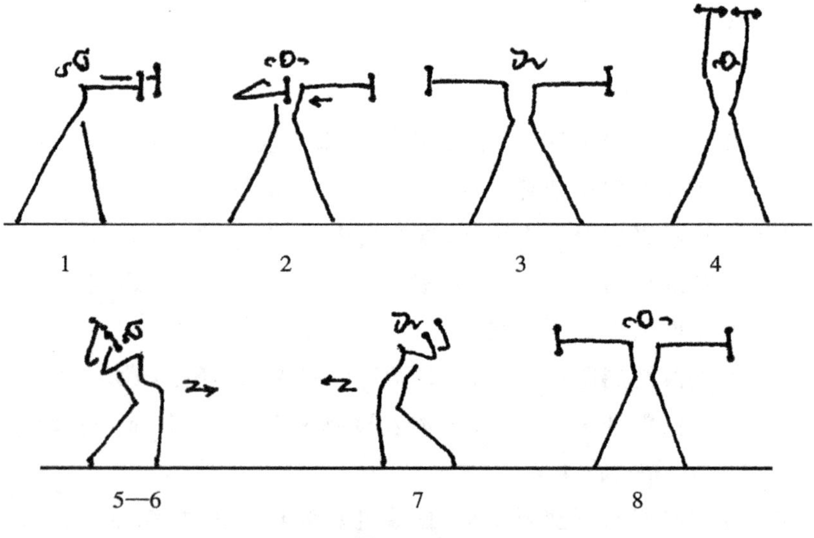

图 5-198

7 拍同 5—6 拍动作，方向相反，顶髋一次。

8 拍还原成开立，同时两臂侧举，拳心向前。

第二个八拍

同第一个八拍，方向相反。

第三个八拍(图 5－199)

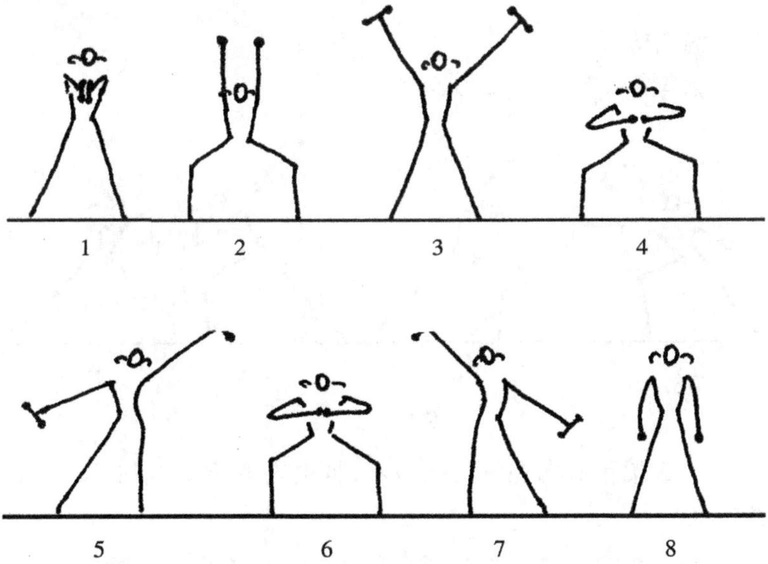

图 5－199

1 拍两臂前举，拳心相对。

2 拍两臂摆至上举。

3 拍两臂侧上举，拳心向前。

4 拍两腿屈膝成半蹲，同时两臂经侧绕至胸前平屈。

5 拍两腿伸直，重心移至左腿，右脚侧点地，同时左臂摆至侧上举，拳心向外，右臂摆至侧下举，拳心向下。

6 拍同 4 拍动作。

7 拍同 5 拍动作,但相反。

8 拍重心移至两腿成开立,同时两臂摆至下举。

第四个八拍

同第三个八拍动作。

第三节

第一个八拍(图 5－200)

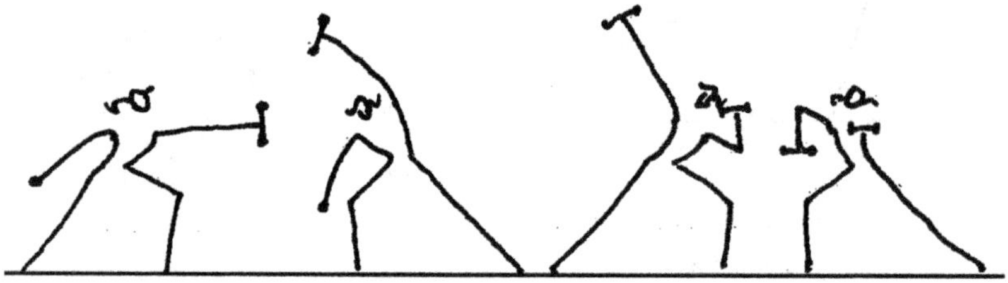

图 5－200

1—2 拍重心向左移至侧弓步,同时左臂侧举,拳心向下,右臂不动。

3—4 拍重心移至右腿成侧弓步,同时左臂经上摆至上举,拳心向外,上体右侧倾,右臂不动。

5—6 拍重心移至左腿成侧弓步,同时左臂拉至肩上侧屈,拳心向外,右臂摆至侧上举,拳心向外,上体左侧倾。

7—8 拍重心移至右腿成侧弓步,同时右臂摆至胸前平屈,左臂内旋前伸至前举,拳心向下。

第二个八拍(图 5－201)

1—2 拍重心移至左腿成侧弓步,同时两臂前举,掌心相

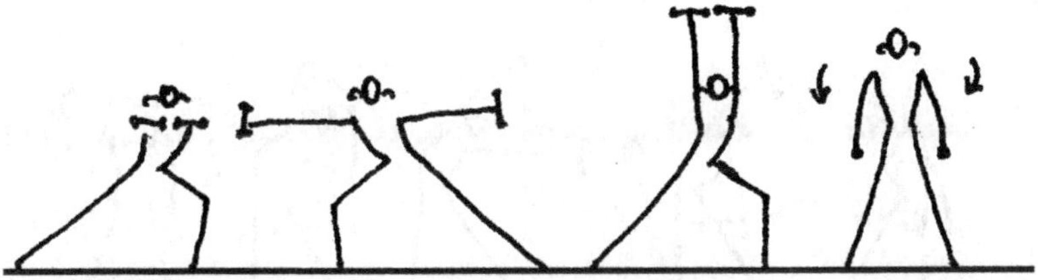

图 5－201

对。

3—4 拍重心移至右腿成侧弓步，同时两臂外旋侧摆振胸一次至侧拳,拳心向前。

5—6 拍重心移至左腿成侧弓步，同时两臂向上摆至上举，拳心向前。

7—8 拍重心移至两腿成分腿开立，同时两臂经侧还原至下举。

第三个八拍

同第一个八拍,方向相反。

第四个八拍

同第二个八拍,方向相反。

第四节

第一个八拍(图 5－202)

1—2 拍重心移至右腿，左脚侧点地，同时左臂肩上前屈向右侧上方摆,身体左侧屈,右臂不动。

3—4 拍重心移至左腿，右脚侧点地，同时左臂伸直经下绕

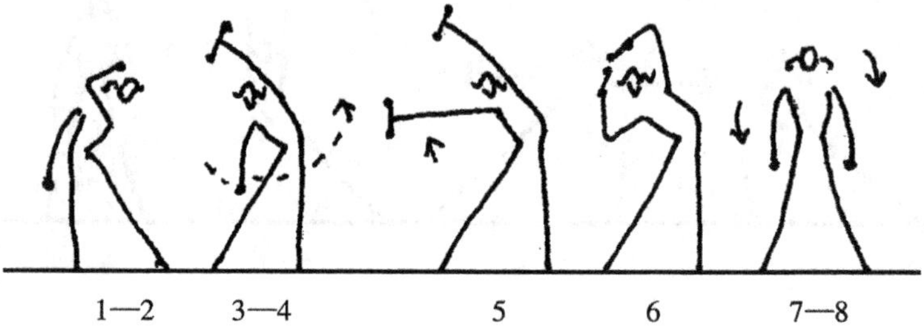

图 5－202

至上举，拳心向内，上体右侧屈，左臂不动。

5 拍身体不动，右臂侧举，拳心向前。

6 拍身体不动，两臂头上屈，击铃一次。

7—8 拍上体还原成开立，同时两臂经侧还原成下举。

第二个八拍同第一个八拍，方向相反。

第三个八拍（图 5－203）

1 拍两腿屈膝成半蹲，同时左臂向右绕至肩上侧屈，拳心向内。

2 拍两腿伸直成开立，同时向右转体 90°，左臂向前冲拳，拳心向下，右臂不动。

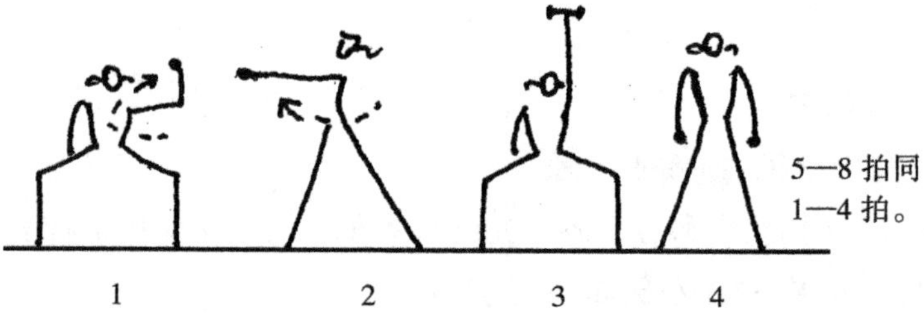

图 5－203

3 拍向右转体 90°，同时两腿屈膝成半蹲，左臂向上摆至上举,拳心向前。

4 拍两腿伸直,同时左臂经侧还原成下举。

5—8 拍同 1—4 拍动作,方向相反。

第四个八拍(图 5－204)

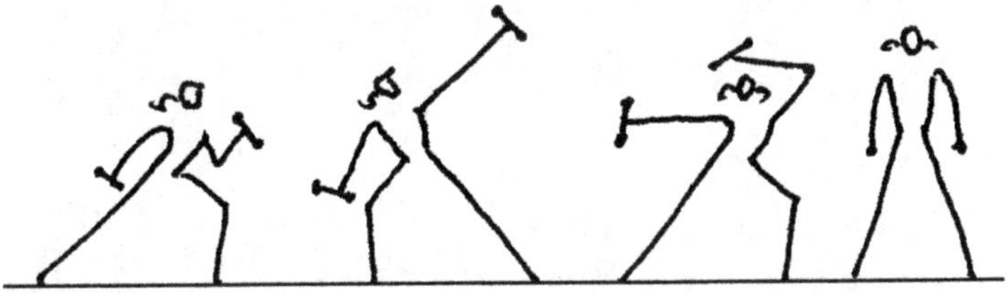

图 5－204

1 拍重心移至左腿成侧弓步，同时左臂肩侧举，拳心向内。

2 拍重心移至右腿成侧弓步,同时左臂伸至侧上举,拳心向外,上体右侧屈。

3 拍重心移至左腿成弓步,同时左臂头后屈,拳心向内,右臂侧举,拳心向前。

4 拍重心移至两腿成开立,同时两臂经侧还原至下举。

5—8 拍同 1—4 拍动作,方向相反。

第五节

第一个八拍(图 5－205)

1 拍重心移至左腿成侧弓步，同时左臂肩上侧屈，拳心向

图 5－205

内,右臂摆至左前下举,拳心向内。

2 拍重心移至两腿成开立,同时右臂拉至肩上侧屈,拳心相对。

3—4 拍同 1—2 拍动作,方向相反。

5 拍上体前屈,同时两臂伸至侧举,拳心向下,抬头挺胸。

6 拍上体抬起,同时两臂摆至体前交叉,拳心向内。

7 拍同 5 拍动作。

8 拍还原成开立,同时两臂下举。

第二个八拍(图 5－206)

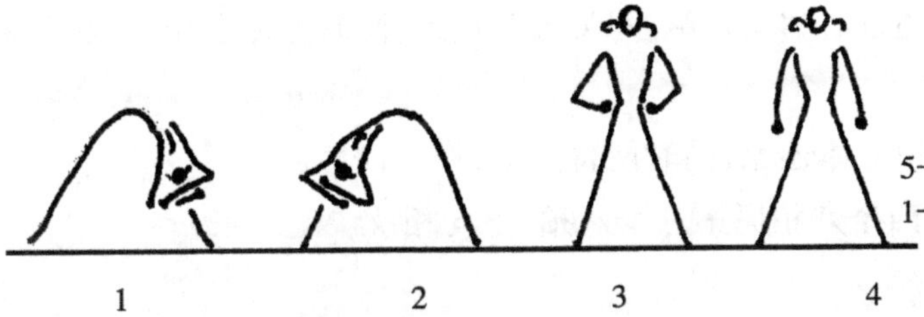

5—8 拍同 1—4 拍。

图 5－206

1 拍上体左前侧屈，同时两臂上举屈臂，拳心向下。

2 拍上体移至右前侧屈，手臂动作同 1 拍。

3 拍上体抬起，同时两臂腰侧屈，拳心向上。

4 拍同预备姿势。

5—8 拍同 1—4 拍动作。

第三个八拍（图 5－207）

1—2 拍两臂侧举，拳心向前。

3—4 拍两臂上举交叉，右臂在前。

5—6 拍重心移至右腿，左脚尖侧点地，同时上体左侧屈，手

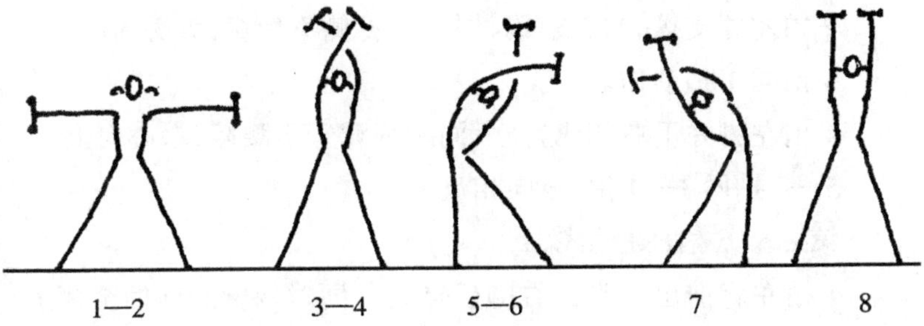

图 5－207

臂保持不动。

7 拍重心移至左腿，左脚尖侧点地，同时上体右侧屈，手臂保持不动。

8 拍上体还原，同时两臂上举，拳心向前。

第四个八拍同第三个八拍，方向相反。

第六节

第一个八拍(图 5－208)

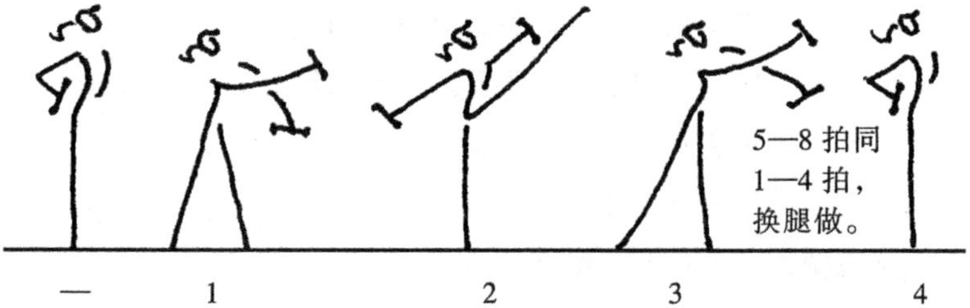

图 5－208

1 拍左脚向前一步，右脚后点地，同时两臂向前冲拳至交叉前举，右臂在上，拳心向下。

2 拍左腿支撑，右腿前踢，同时两臂侧举后振，掌心向前。

3 拍同 1 拍动作。

4 拍左脚并于右脚成直立，同时两臂置于腰际，拳心向上。

5—8 拍同 1—4 拍，方向相反。

第三个八拍(图 5－209)

1 拍左脚前出一步，右脚后点地，同时两臂经前摆至侧上举，拳心向内。

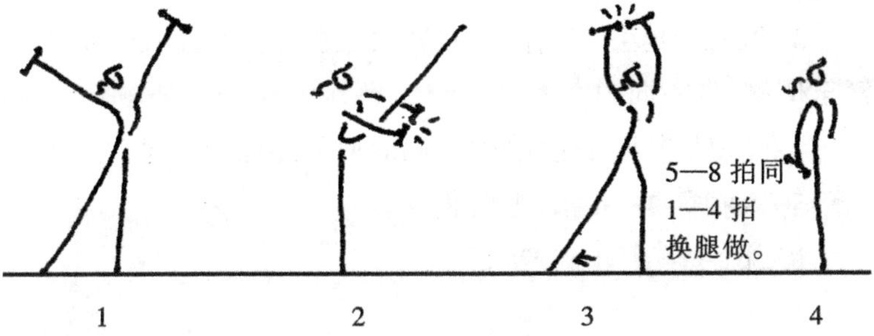

图 5－209

2 拍左腿支撑，前踢右腿，同时两臂摆至前下举，腿下击铃。

3 拍右腿后迈一步，同时两臂经侧摆至上举，击铃一次。

4 拍左腿并于右腿成并立，同时两臂经侧还原至下举。

5—8 拍同 1—4 拍动作，方向相反。

第三个八拍（图 5－210）

1 拍左脚侧出一步成开立，同时两臂前举，拳心相对。

2 拍右腿向侧踢，同时左臂上举，拳心向前，右臂下举，拳心

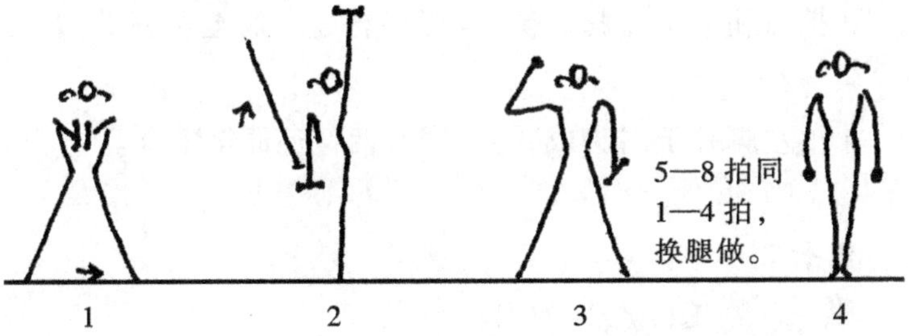

图 5－210

向内。

3 拍右腿侧迈一步,同时右臂肩上侧屈,拳心向前,左臂经前摆至体侧,拳心向内。

4 拍左腿并于右腿成并立,同时两臂还原成下举。

5—8 拍同 1—4 拍,方向相反。

第四个八拍(图 5－211)

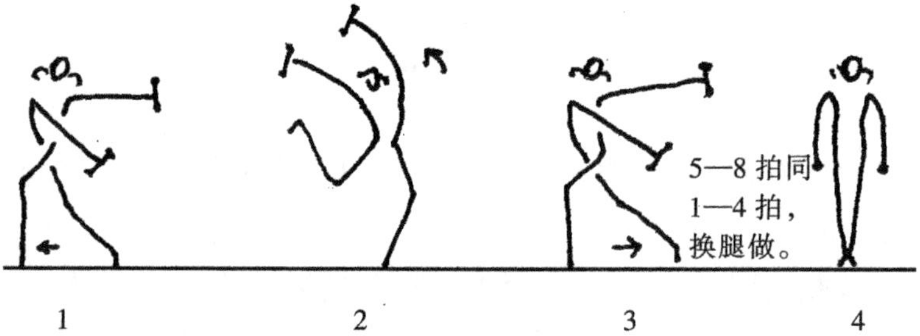

图 5－211

1 拍左脚向右脚前迈一步, 同时两臂向左侧摆, 拳心向后。

2 拍左腿支撑,右腿屈膝向右侧踢,同时两臂经上向右侧摆臂,拳心向前。

3 拍右腿落于左腿后侧,同时两臂经上摆至左侧举,拳心向前。

4 拍左脚并于右脚成并立,同时两臂还原至下举。

第七节

第一个八拍(图 5－212)

1—2 拍左脚向侧一步, 同时右腿向右屈扣顶左髋, 弹振两

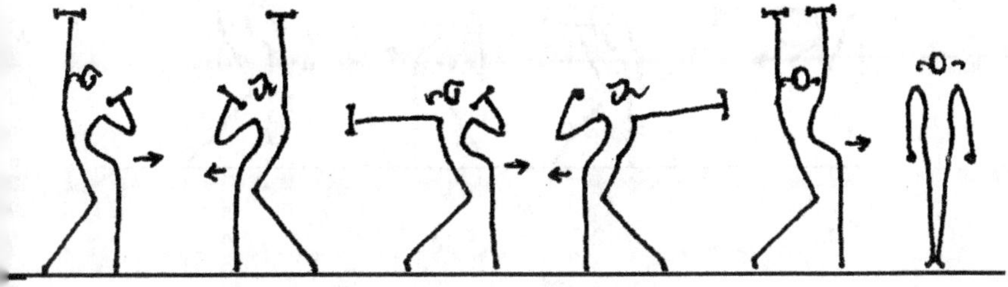

图 5-212

次,左臂肩侧屈,拳心向内,右臂伸至上举,拳心向内。

3—4 拍同 1—2 拍,但相反。

5 拍同 1-2 拍动作,惟右臂摆至侧举,拳心向前。

6 拍同 5 拍动作,但相反。

7 拍向左顶髋,同时两臂上举,拳心向前。

8 拍左脚并于右脚成并立,同时两臂经侧摆至下举。

第二个八拍同第一个八拍。

第三个八拍(图 5-213)

1 拍左脚向侧一步,向左顶髋,同时左臂侧举,拳心向前。

2 拍向右顶髋,同时左臂摆至胸前平屈,拳心向内。

3 拍向左顶髋,同时左臂上举,拳心向前。

4 拍向右顶髋,同时左臂侧举,拳心向前。

5 拍向左顶髋,同时左臂头后屈,拳心向前。

6 拍向右顶髋,同时左臂伸直上举,拳心向前。

7 拍向左顶髋,同时两臂前举,拳心向下。

8 拍重心移至两腿成开立,同时左臂摆至上举。

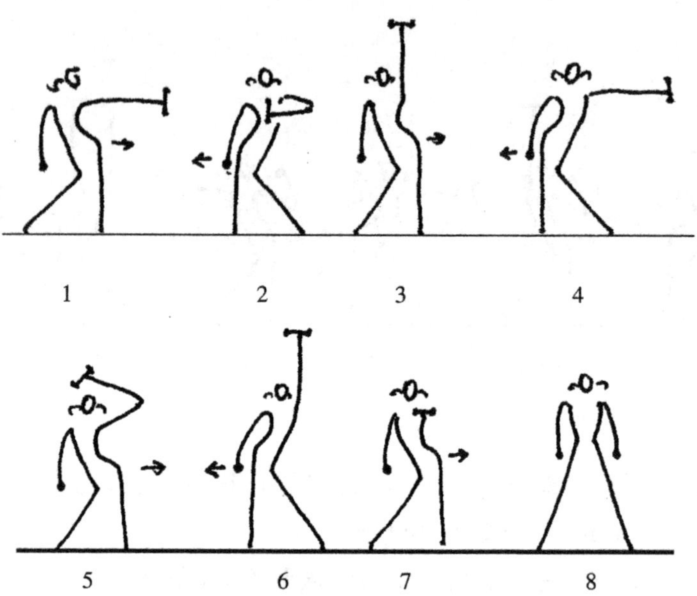

图 5-213

二、跑跳哑铃操

第一节

预备姿势:直立,两臂屈肘置于腰际,拳心相对。

第一个八拍(图 5-214)

1—3 拍左臂开始原地走三步,手臂保持不动。

4 拍右脚并于左脚成预备姿势。

5 拍左脚侧伸,脚跟点地成右腿屈侧弓步,同时两臂经侧摆至上举击铃一次。

6 拍右腿伸直,左脚并于右脚成并立,同时两臂经侧还原成

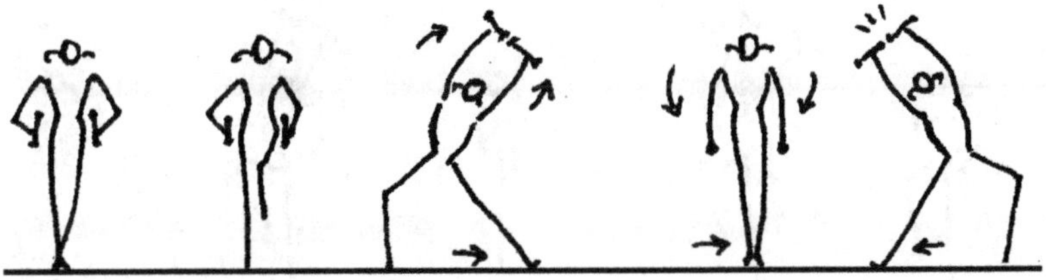

预备 1—4 5 6、8 7

图 5－214

下举。

7—8 拍同 5—6 拍动作，但相反。

第二个八拍(图 5－215)

1—4 拍左脚开始原地走四步，同时两臂保持预备姿势。

5 拍左腿后伸，脚尖点地，成右腿屈前弓步，同时两臂以肘为轴伸至后举，拳心相对。

6 拍左脚并于右脚成并立，同时两臂以肘为轴拉至腰侧屈，拳心相对。

7—8 拍同 1—2 拍动作，但相反。

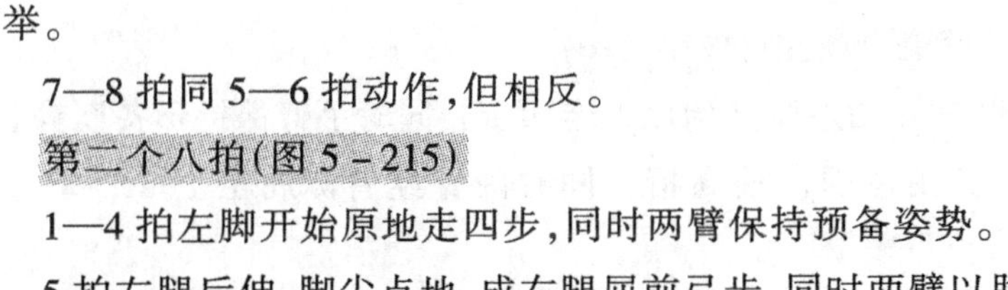

1—4 5 6、8 7

图 5－215

图 5－216

第三个八拍(图 5－216)

1—4 拍左脚开始原地走四步，同时手臂保持预备姿势。

5 拍左腿向前高抬，同时两臂经肩侧屈至上举，拳心相对。

6 拍左腿还原成并立,同时两臂拉至腰侧屈,拳心相对。

7—8 拍同 5—6 拍动作,但相反。

第四个八拍(图 5－217)

1—4 拍左脚开始原地走四步,同时手臂保持预备姿势。

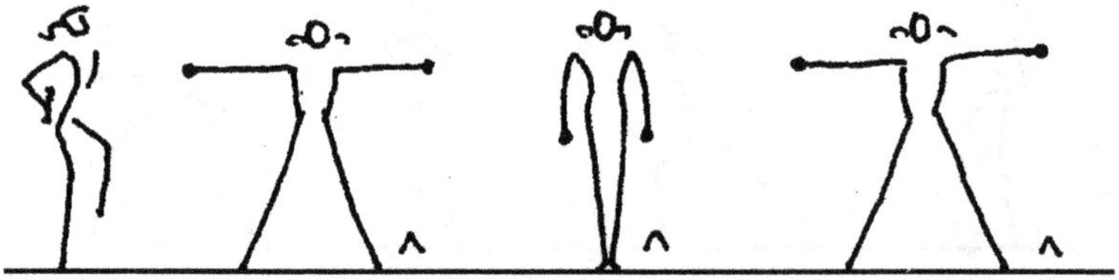

图 5－217

5 拍跳成分腿开立,同时两臂摆至侧举,拳心向下。

6 拍跳成并立,同时两臂摆至体侧成下举。

7—8 拍同 5—6 拍动作。

第二节

第一个八拍(图 5－218)

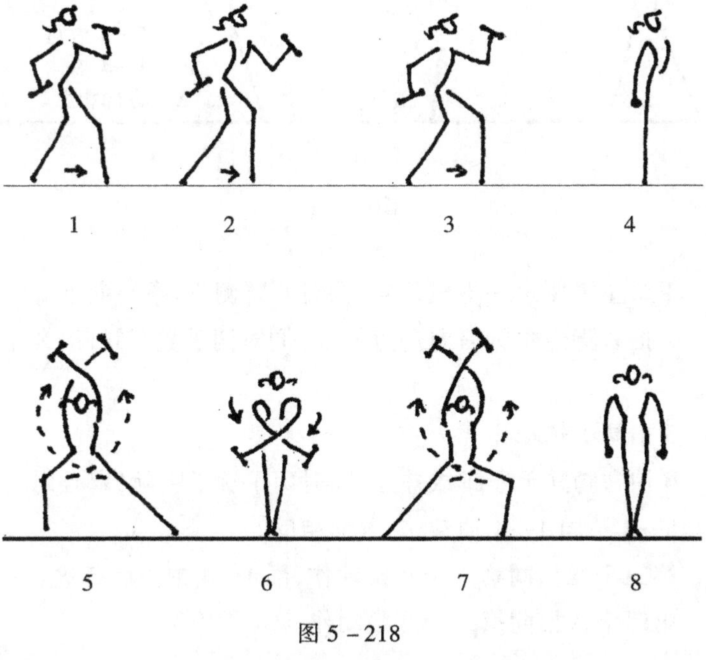

图 5－218

1—3 拍左脚开始向前走三步,同时两臂前后自然摆。

4 拍右脚并于左脚成并立,同时两臂伸直置于体侧。

5 拍右腿屈膝,左腿侧伸脚尖点地成侧弓步,同时两臂经体前交叉绕至上举，头上交叉，左臂在前，拳心向前。

6 拍左脚并于右脚成并立，同时两臂经侧绕至体前交叉，右臂在前，拳心向内。

7—8 拍同 5—6 拍动作，但相反。

第二个八拍(图 5－219)

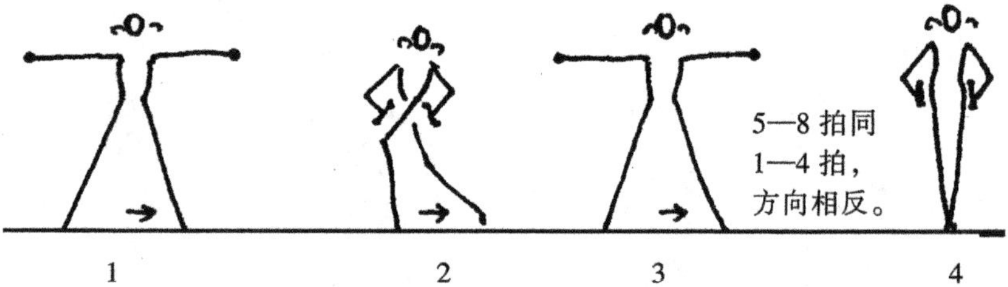

图 5－219

1 拍左脚侧出一步成开立，同时两臂侧举，拳心向下。

2 拍右脚经左脚后向左迈一步，同时两手置于腰际，拳心向上。

3 拍同 1 拍动作。

4 拍右脚并于左脚成并立，同时两手置于腰际，拳心向上。

5—8 拍同 1—4 拍动作，方向相反。

第三个八拍同第一个八拍动作，惟 1—4 拍向后行进。

第四个八拍同第二个八拍动作。

第三节

预备姿势：直立，两臂屈肘置于腰际，拳心相对。

第一个八拍(图 5－220)

图 5－220

1 拍跳起成分腿蹲立，同时左臂内旋向前冲拳至前举，拳心向下。

2 拍跳起成并立，同时左臂外旋拉至腰际，同预备姿势。

3 拍同 1 拍动作，但相反。

4 拍同 2 拍动作。

5—7 拍跳起左脚向右迈跑三步，向左转体 360°，同时两臂前后自然摆臂。

8 拍跳成并立，同预备姿势。

第二个八拍同第一个八拍，惟 5—8 拍时向右转体 360°。

第三个八拍(图 5－221)

1 拍跳成分腿开立，同时两臂侧举，拳心向下。

图 5－221

2 拍跳成并立,同时两臂摆至体侧成下举。

3 拍跳成左弓步,同时两臂摆至左侧上举,拳心向下。

4 拍同 2 拍动作。

5—8 拍同 1—4 拍动作,但相反。

第四个八拍(图 5－222)

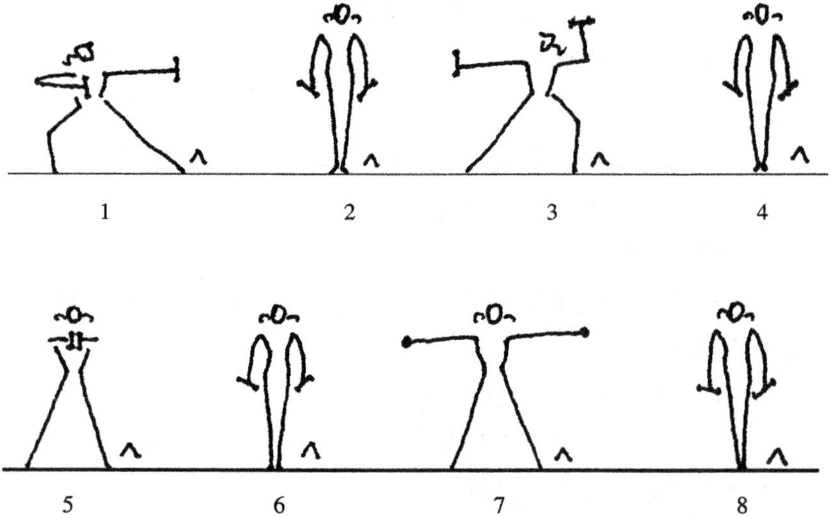

图 5－222

1 拍跳起成右侧弓步,同时两臂经前拉至左臂侧举,拳心向前,右臂胸前平屈,拳心向内。

2 拍跳起成并立,同时两臂摆至体侧成下举。

3 拍跳起成左侧弓步,同时两臂经前摆至左臂肩上侧屈,拳心向前,右臂侧举,掌心向前。

4 拍同 2 拍动作,两臂经侧还原。

5 拍跳起成分腿开立,同时两臂摆至前举,拳心向下。

6 拍跳起成并立,同时两臂摆至体侧成下举。

7 拍跳起成分腿开立,同时两臂摆至侧举,拳心向下。

8 拍同 2 拍动作。

第四节

第一个八拍(图 5－223)

图 5－223

1 拍上半拍右腿微屈，前吸左腿，同时两臂保持下举动作。

1 拍下半拍右腿蹬直跳起,同时左腿向前弹踢。

2 拍左脚落地腿微屈,同时前吸右腿。

3 拍同 1 拍下半拍动作,但弹踢右腿。

4 拍同 2 拍动作,但相反。

5 拍同 1 拍动作。

6 拍跳成屈膝并立,同时向右转体 90°。

7 拍左腿蹬直跳起,同时向右转体 90°,右腿向前弹踢。

8 拍同 4 拍动作。

第二个八拍同第一个八拍动作，两个八拍共转体360°。

第三个八拍（图5－224）

1拍上半拍右腿微屈，侧吸左腿，同时两臂右侧摆。

1拍下半拍右脚蹬直跳起，同时左腿向侧弹踢，两臂向左侧摆，拳心向内。

2拍左腿落地微屈，侧吸右腿，同时两臂自然下摆。

3—4拍同1—2拍动作，方向相反。

5拍同1拍动作，惟左臂位下摆至侧举，拳心向下，右臂经侧摆至肩上侧屈，拳心向内。

6拍同2拍动作。

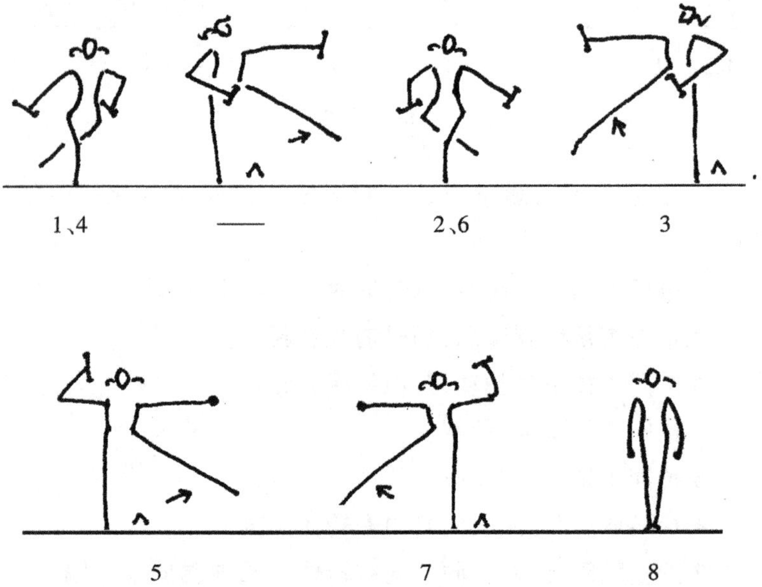

图5－224

7—8 拍同 5—6 拍动作,方向相反。

第四个八拍(图 5－225)

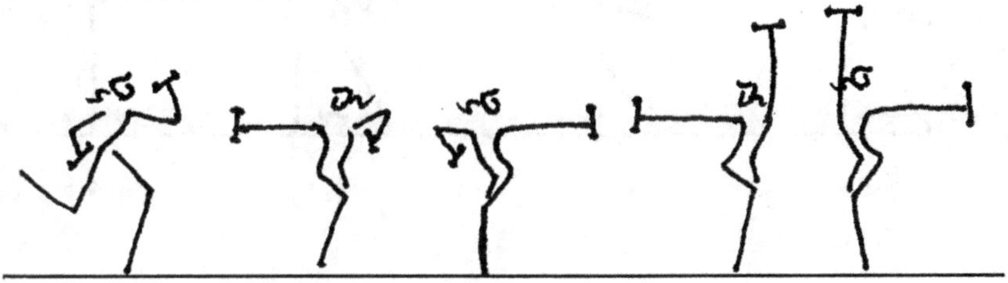

1—4　　5　　6　　7　　8

图 5－225

1—4 拍左脚开始原地跑三次，同时两臂前后自然摆动。

5 拍并腿屈膝成半蹲，右髋向前摆，同时左臂摆至胸前平屈,拳心向内,右臂摆至侧举,拳心向前。

6 拍同 5 拍动作,但相反,

7 拍同 5 拍动作，惟左臂摆至上举，右臂摆至侧举，拳心向前。

8 拍同 7 拍动作,但相反。

第五节

第一个八拍(图 5－226)

1—3 拍左脚开始向前走三步，同时两臂前后自然摆臂。

4 拍右脚并于左脚成直立，同时两臂置于腰际，拳心相对。

5 拍左腿前伸,脚跟点地成右腿屈后弓步,同时两臂向前上冲拳至交叉前上举,拳心向外。

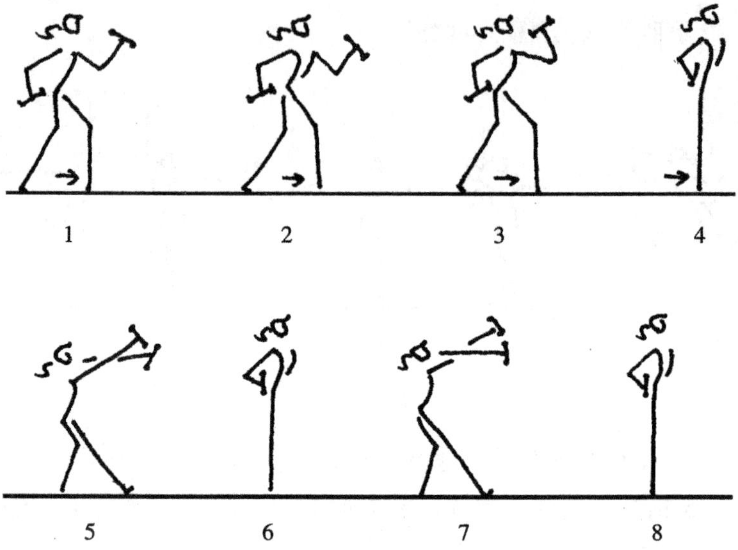

图 5－226

6 拍左脚并于右脚成并立，同时两手置于腰际，拳心相对。

7—8 拍同 5—6 拍动作，但相反。

第二个八拍（图 5－227）

1 拍左脚向侧出一步成开立，同时两臂摆至侧举，拳心向下。

2 拍右脚经左脚后向左侧迈一步，同时两臂摆至体侧。

3 拍同 1 拍动作。

4 拍向左转体 90°，左腿屈，右腿在左脚旁点地，同时两手置于腰际，拳心相对。

5 拍左腿保持不动，右腿后伸点地，同时左臂向左上方冲拳，拳心向外。

图 5－227

6 拍左腿保持不动，右腿收至左脚旁点地，同时右臂拉至肩上侧屈。

7 拍同 5 拍动作。

8 拍向右转体 90°，同时右脚并于左脚成并立，两臂摆至体侧成下举。

第三个八拍同第二个八拍，方向相反。

第四个八拍同第一个八拍，惟 1—4 拍向后行进。

第六节

第一个八拍(图 5－228)

1 拍跳起成分腿开立，同时两臂摆至胸前平屈，拳心向下。

2 拍跳起成并立,同时两臂经体前摆至下举。

3 拍跳起成开立,同时两臂经侧摆至上举,击铃一次。

4 拍跳起成开立,同时两臂摆至胸前平屈,拳心向下。

5 拍跳起向左转体 90°成前弓步,同时左臂摆至侧举,拳心向下,右臂摆至侧上举,拳心向外。

6 拍跳成并立,同时两臂摆至胸前平屈,拳心向下。

7 拍同 5 拍,方向相反。

8 拍跳成并立,同时两臂摆至下举。

图 5－228

第二个八拍(图 5－229)

1 拍跳起成开立,同时两臂经侧摆至上举,拳心向前。

2 拍跳起成右腿支撑，左腿后掖腿，同时两臂拉至肩侧屈，前臂外张,拳心向外。

3—4 拍同 1—2 拍动作,但相反。

5 拍跳成分腿开立,同时两臂内旋,向侧下方冲拳至体前交叉举,拳心向内。

6 拍跳成并立,同时两手置于腰际,拳心相对。

7 拍跳起成分腿开立，同时两臂内旋，向前冲拳至前举，拳心向下。

8 拍跳成并立,同时两臂摆至体侧成下举。

图 5－229

第三个八拍(图 5－230)

1 拍上半拍两膝微屈。

1 拍下半拍跳起成分腿开立，同时左臂摆至侧上举，拳心向前，右臂摆至侧下举，拳心向后。

2 拍跳成并腿蹲立，同时两臂经侧摆至下举。

3 拍同 1 拍动作，但相反。

4 拍同 2 拍动作。

5 拍跳起向左转体 90°，右腿后举，同时左臂摆至前上举，拳心向内，右臂摆至侧举，拳心向后。

6 拍跳起向右转体 90°成并腿蹲立，同时两臂经侧摆至体侧

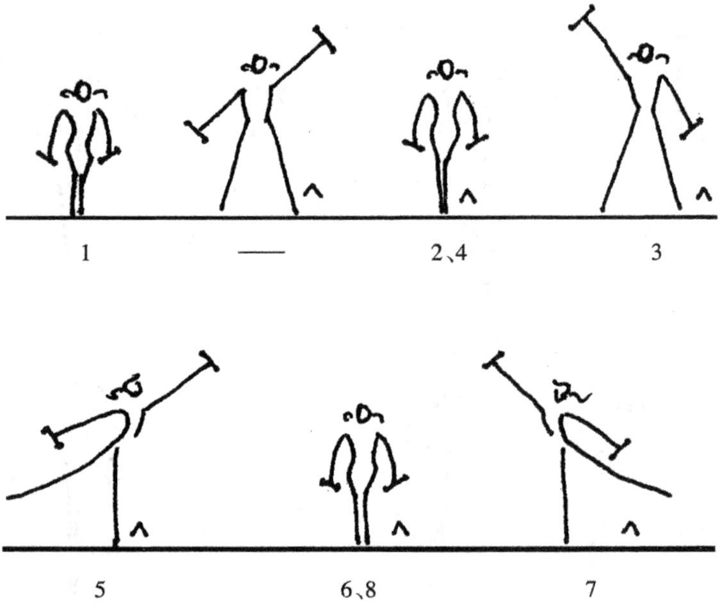

图 5－230

成下举。

7—8 拍同 5—6 拍,方向相反。

第四个八拍(图 5-231)

1 拍跳起成分腿开立,同时两臂胸前交叉屈,拳心向内。

2 拍跳起成并立,同时两臂摆至体侧成侧下举。

3 拍跳起成分腿开立,同时两臂经侧摆至上举,拳心向前。

4 拍跳成并立,同时两臂经侧还原至下举。

5 拍跳起前吸右腿,同时两臂经侧摆至侧上举,拳心向外。

6 拍跳起成并立,同时两臂经侧摆至体前交叉,拳心向后。

7 拍同 5 拍动作,但相反。

8 拍跳起成并立,同时两臂经侧摆至下举。

图 5-231

第六节 踏板健美操

踏板健美操是从徒手健美操中派生出来的一种特有的专门器械健美操。它是在一块长100厘米、宽45厘米、高10厘米(可调节高度，每加一块垫增高10厘米)的踏板上进行锻炼的有氧运动。通过踏板练习,可以提高锻炼强度,增强心肺功能,发展腿部肌肉力量，培养动作的协调性，同时配合各种手臂练习，可以使身体得到全面发展。

踏板健美操是在音乐伴奏下进行的身体练习,通过上板、下板的各种脚步动作变化及变换不同的踏板高度，可以丰富教学内容,提高练习者的学习兴趣,达到良好的锻炼效果。踏板的高度及动作的速度应根据练习者的不同情况来确定。一般初学者尽量用低板，动作速度不宜过快，手臂变化也不要太多，当练习者体能及熟练程度提高后,再逐渐增加板的高度、动作的变化及动作速度。

一、基本动作

踏板健美操包括横板和纵板的练习。动作方向有前后左右。其方向应根据身体方向的变化而确定。一般来说胸的方向为前,背的方向为后,自身的左为左侧,右为右侧。当动作发生方向变化时,应按照变化后胸的方向重新确定。

踏板健美操基本动作包括上板、下板、过板三个部分。

(一)上板、下板

上板:一脚蹬地,另一脚踏板,重心移至板上。

下板:重心由板上移到地上支撑腿。

上板、下板组成踏板健美操的最基本动作。一般包括左脚上板、左脚下板;右脚上板、右脚下板。

1. 左脚上板左脚下板:包括前后上下板、左右上下板、“L”形上下板。

前后上下板(横板)(图 5-232)

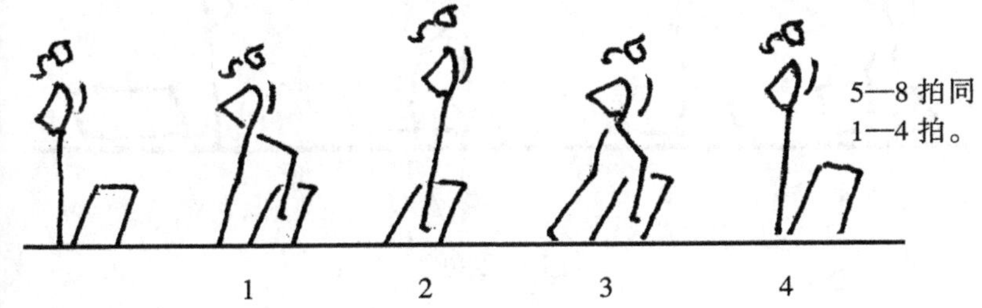

图 5-232

预备姿势:面对横板直立,两手叉腰。

1 拍右脚蹬地,左脚踏上板。

2 拍右脚上板并于左脚。

3 拍左脚下板。

4 拍右脚下板并于左脚。

5—8 拍同 1—4 拍。

左右上下板(纵板)(图 5－233)

图 5－233

预备姿势:面对纵板站立,两手叉腰。

1 拍左脚踏上板。

2 拍右脚上板并于左脚。

3 拍左脚侧跨下板。

4 拍右脚侧跨下板。

5 拍右脚蹬地,左脚上板。

6 拍右脚上板并于左脚。

7 拍左脚向后迈步下板。

8 拍右脚下板并于左脚。

"L"形上下板(横板)(图 5－234)

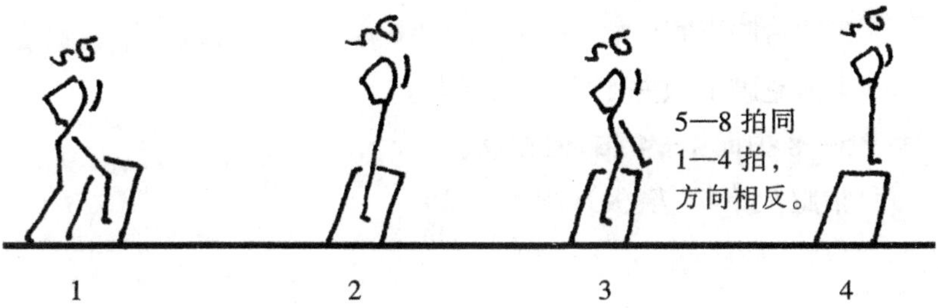

图 5－234

预备姿势:面对横板站立,两手叉腰。

1 拍左脚踏上板。

2 拍右脚上板并于左脚。

3 拍左脚向左跨下板(板端)。

4 拍右脚下板并于左脚。

5—8 拍同 1—4 拍动作,右脚先上板按原路线返回。

2. 左脚上板右脚下板:包括踏在上下板,抬腿或踢腿上下板。

踏在上下板(横板)(图 5－235)

预备姿势:面对横板站立,两手叉腰。

图 5－235

1 拍左脚踏上板。

2 拍右脚上板在左脚旁点地。

3 拍右脚下板。

4 拍左脚下板并于右脚成直立。

5—8 拍同 1—4 拍,但相反。

抬腿上下板(横板)(图 5－236)

图 5－236

预备姿势:面对横板站立,两手叉腰。

1 拍左脚踏上板。

2 拍左脚蹬板跳起,同时向前高抬右腿。

3 拍右脚下板。

4 拍左脚并于右脚成直立。

5—8 拍同 1—4 拍动作。

(二)过板

从板的一端通过板上到板的另一端。包括并步过板、并跳过板、转体过板等基本动作。横纵板动作相同。

1. 并步过板(图 5－237)

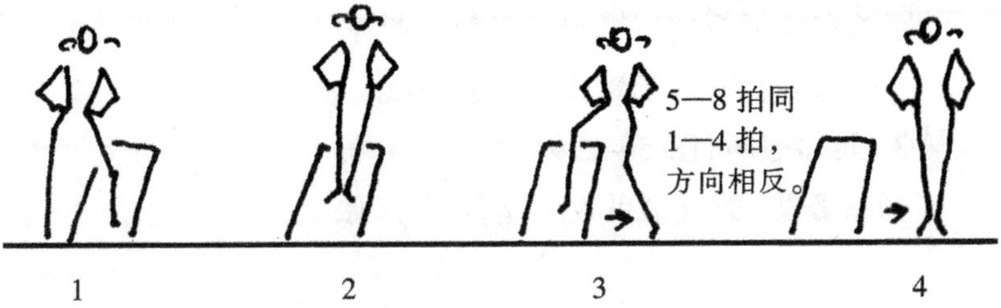

图 5－237

预备姿势:左肩侧对板站立,两手叉腰。

1 拍左脚踏上板。

2 拍右脚上板并于左脚。

3 拍左脚向左迈下板。

4 拍右脚下板并于左脚成右肩侧对板站立。

5—8 拍同 1—4 拍动作,方向相反。

2. 并跳过板(图 5－238)

预备姿势:左肩侧对板站立,两手叉腰。

1 拍左脚踏上板。

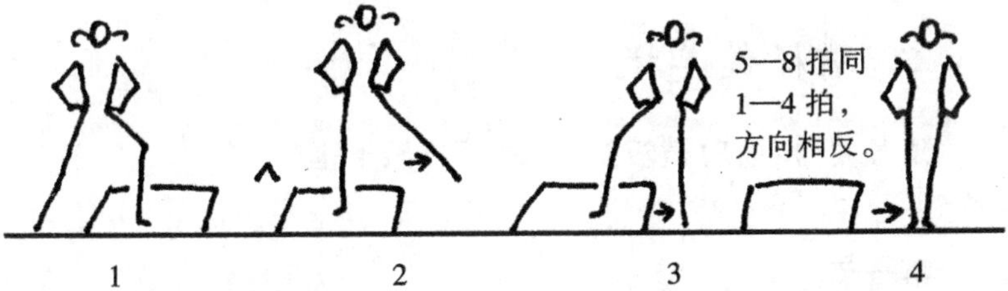

图 5－238

2 拍两脚下蹬，右脚跳上板并同时左脚左腿侧摆。

3 拍左脚向左迈下板。

4 拍右脚下板并左脚成右肩侧对板站立。

5—8 拍同 1—4 拍动作，方向相反。

3. 转体过板(图 5－239)

预备姿势：面对踏纵板站立，两手叉腰。

图 5－239

1 拍左脚踏上板。

2 拍右脚上板同时向左转体 90°成分腿开立。

3 拍向左转体 180°，同时左脚向右后方下板。

4 拍右脚下板并于左脚成右肩侧对板站立。

5—8 拍同 1—4 拍动作，但相反。

二、踏板健美操

预备姿势：面对横板站立，两臂自然下垂。

第一节

第一个八拍(图 5－240)

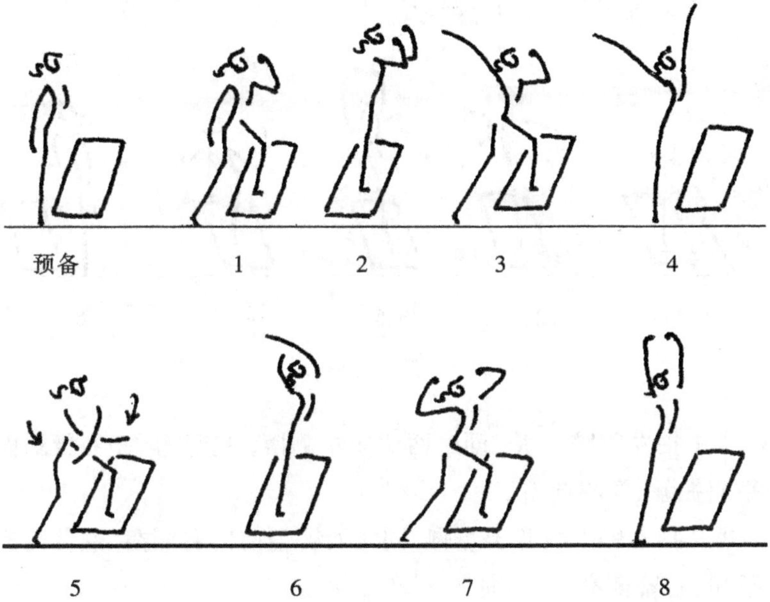

图 5－240

1 拍左脚上板,同时左臂胸前屈,握拳,拳心向内。

2 拍右脚上板并于左脚,同时右臂胸前屈,握拳,拳心向内。

3 拍左脚下板,同时右臂内旋摆至侧上举,基本手型,掌心向外。

4 拍同 3 拍动作,方向相反。

5 拍左脚上板, 同时两臂绕至体前交叉, 左臂在前, 基本手型,掌心向内。

6 拍右脚上板并于左脚,同时两臂经前绕至头上交叉。

7 拍左脚下板,同时两臂绕至肩上侧屈,握拳,拳心向内。

8 拍右脚下板并于左脚成直立,同时两臂上举,拳心相对。

第二个八拍(图 5－241)

1、7　　2、6　　3、5　　4　　8

图 5－241

1 拍左脚踏上板，同时两臂向左侧摆，左臂侧举，右臂胸前平屈握拳，拳心向下。

2 拍右脚上板并于左脚，同时两臂经前向右侧摆，左臂胸前平屈，右臂侧举，拳心向下。

3 拍左脚向侧迈一步下板，同时两臂上举，拳心相对。

4 拍左腿屈膝，右脚踏点板，同时向右转体 90°面向板，两臂肩侧屈，撑掌，掌心向前。

5 拍同 3 拍动作。

6 拍同 2 拍动作。

7 拍同 1 拍动作。

8 拍还原成直立。

第三个八拍同第一个八拍动作，第四个八拍同第二个八拍动作。

第二节

第一个八拍(图 5－242)

图 5－242

1 拍左脚踏上板，同时右臂提肘于腰际，拳心向上，左臂经腰侧向前冲拳，拳心向下。

2 拍重心移至左腿，右腿向前弹踢，同时左臂向前冲拳，右臂屈肘后摆，拳心向上。

3 拍同 1 拍动作。

4 拍左脚下板并于右脚，同时两手置于腰际。

5 拍右脚踏上板，同时重心下降，两臂屈肘后摆，拳心向上。

6 拍重心移至右腿，同时向左侧弹踢左腿，两臂上伸，拳心相对。

7 拍同 5 拍动作。

8 拍右脚下板并于左脚,同时两臂摆至体侧成下举。

第二个八拍(图 5－243)

图 5－243

1 拍左脚踏上板,同时两臂胸前平屈,握拳,拳心向下。

2 拍重心移至左腿，右腿后举，同时两臂经前摆至侧举后振。

3 拍同 1 拍动作。

4 拍左脚并于右脚,同时两臂屈肘置于腰际。

5 拍右脚踏上板,同时两臂上举握拳,拳心相对。

6 拍重心移至右腿，左腿屈膝后踢，同时两臂经前屈肘后摆,拳心向上。

7 拍同 5 拍动作。

8 拍右脚并于左脚,同时屈肘置于腰际。

第三个八拍同第一个八拍,第四个八拍同第二个八拍。

第三节

第一个八拍(图 5－244)

1 拍左脚踏上板,同时两臂胸前交叉屈,握拳,拳心向内。

2 拍右脚上板向左转体 90°成分腿开立,同时两臂内旋摆至

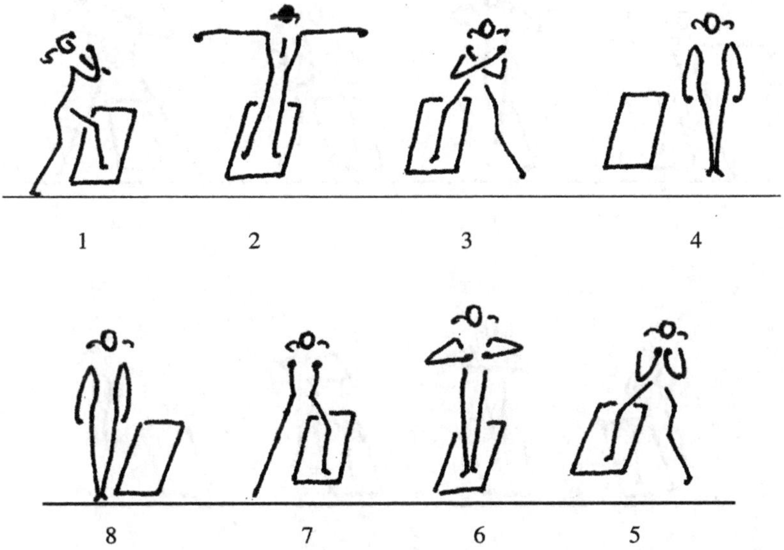

图 5－244

侧举,拳心向后。

3 拍向左转体 180°,同时左脚向侧后迈一步下板,两臂胸前交叉屈,拳心向内。

4 拍右脚下板并于左脚,同时两臂下举。

5—8 拍同 1—4 拍动作,方向相反。

第二个八拍(图 5 - 245)

1 拍左脚侧踏上板,同时两臂侧举,基本手型。

2 拍右脚上板并于左脚,同时两臂肩侧上屈,指尖触肩。

3 拍左脚向左迈下板,同时两臂伸直经侧绕至体前交叉,左臂在前。

图 5 - 245

4 拍右脚向右迈下板成分腿开立，同时两臂经上绕至肩上侧屈，拳心相对。

5 拍左脚上板，同时两臂摆至胸前屈，拳心向内。

6 拍右脚上板并于左脚，同时两臂胸前平屈，拳心向下。

7 拍左脚下板，同时向右转体 90°，两臂肩上前屈，拳心向内。

8 拍右脚下板并于左脚，同时两臂摆至下举。

第三个八拍同第二个八拍动作，第四个八拍同第一个八拍动作。

第四节

第一个八拍（图 5－246）

1 拍左脚踏上板，同时两臂屈肘后摆，拳心向上。

2 拍重心前移，左脚蹬跳，同时右腿屈膝前抬，两臂经肩侧上推，撑掌，掌心向前。

3 拍同 1 拍动作。

4 拍左腿并右腿，同时两臂屈肘摆至腰际。

5—8 拍同 1—4 拍动作，但相反。

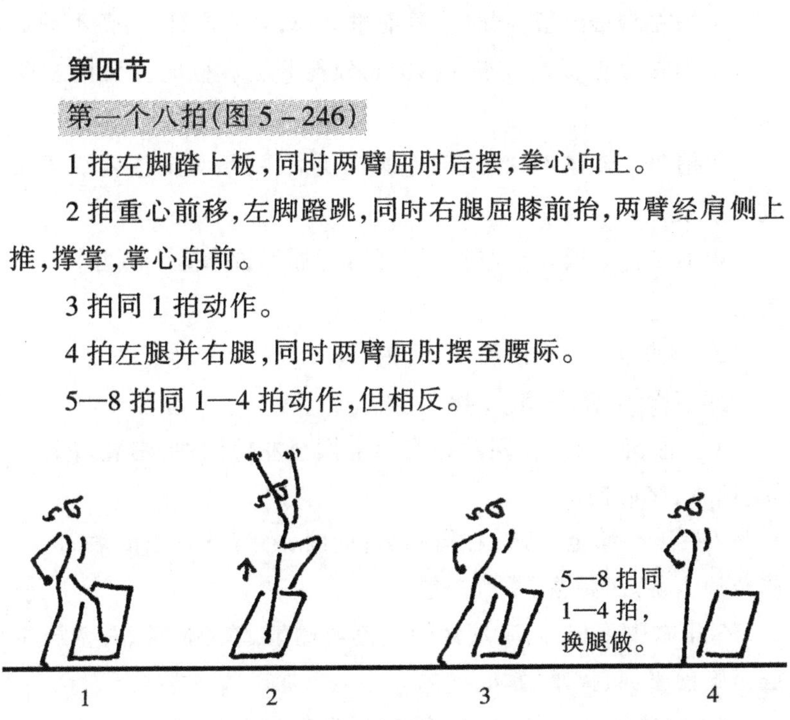

图 5－246

第二个八拍(图 5－247)

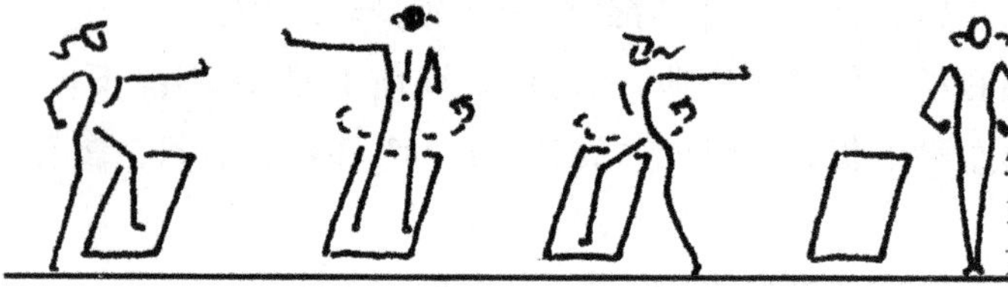

图 5－247

1 拍左脚踏上板，同时左臂前举立撑，掌心向外，右臂不动。

2 拍右脚上板向左转体 90°成分腿开立，同时左臂向左侧摆。

3 拍向左转体 180°，同时左脚向侧后下板，同时左臂继续向左摆至侧举。

4 拍右脚下板并于左脚，同时两臂屈肘握拳置于腰际，拳心向上。

5—8 拍同 1—4 拍动作，但相反。

第三个八拍(图 5－248)

1 拍左脚踏上板，同时经右向上摆至左臂侧举，右臂肩上侧屈，撑掌，掌心向前。

2 拍重心移至左腿，右腿侧摆，同时，右臂伸直至侧举，左臂屈至肩上侧屈，撑掌，掌心向前。

3 拍右脚下板，同时左臂伸直摆至侧举，掌心向前，右臂经前摆至胸前平屈，撑掌，掌心向内。

4 拍左脚下板并于右脚，同时两臂摆至下举。

图 5－248

5 拍左脚踏上板，同时两臂胸前屈，握拳，拳心向内。

6 拍右脚上板并于左脚，同时提肘成胸前平屈，拳心向下。

7 拍左脚下板，同时两臂经前摆至侧举。

8 拍右脚并于左脚，同时两臂摆至下举。

第四个八拍同第三个八拍动作，方向相反。

第五节

第一个八拍（图 5－249）

1 拍左脚踏上板，同时两臂摆至侧举，握拳，拳心向下。

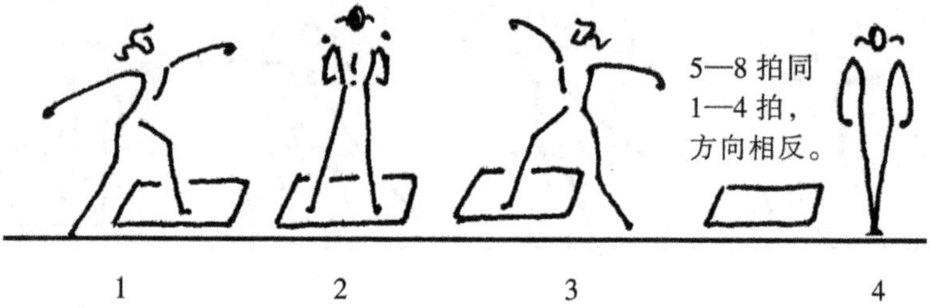

图 5－249

2 拍右脚上板同时向左转体 90°成分腿开立，两臂摆至胸前交叉屈，拳心向内。

3 拍向左转体 180°，同时左脚向侧后下板，两臂摆至侧举。

4 拍右脚下板并于左脚，同时两臂摆至下举。

5—8 拍同 1—4 拍动作，方向相反。

第二个八拍(图 5－250)

1 拍左脚踏上板，同时两臂屈肘握拳后摆，拳心向上。

2 拍右脚蹬跳上板，左腿侧摆，同时两臂前上摆至前上举合掌。

3 拍左脚下板，同时两臂屈肘握拳后摆，拳心向上。

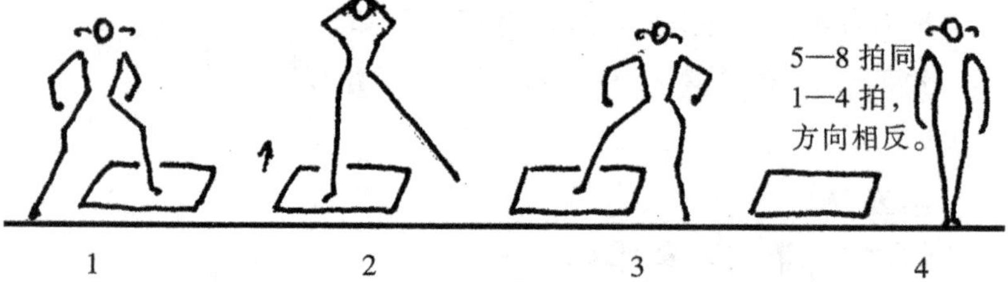

图 5－250

4 拍右脚下板并于左脚，同时两臂摆至下举。

5—8 拍同 1—4 拍动作，方向相反。

第三个八拍(图 5－251)

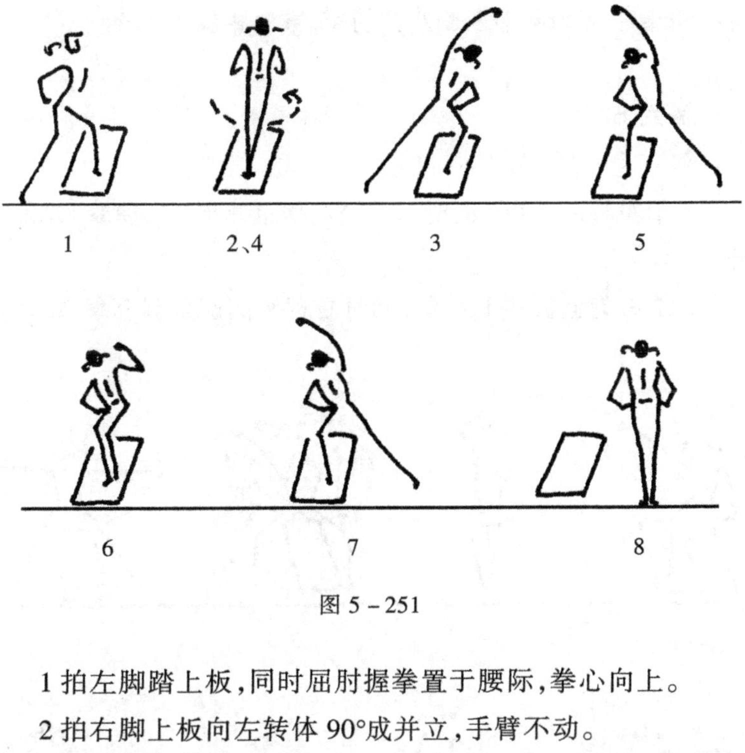

图 5－251

1 拍左脚踏上板，同时屈肘握拳置于腰际，拳心向上。

2 拍右脚上板向左转体 90°成并立，手臂不动。

3 拍左脚点地成右腿屈弓步，同时向右上方冲拳，拳心向前。

4 拍还原成 2 拍动作。

5 拍同 3 拍动作，方向相反。

6 拍左腿保持不动，右腿屈膝板上踏点，同时右臂拉至肩侧屈，拳心向内。

7 拍同 5 拍动作。

8 拍重心移至右腿，左脚下板并于右脚，同时两臂屈肘握拳置于腰际，拳心向上。

第四个八拍同第三个八拍动作，方向相反。

第六节

第一个八拍（图 5－252）

1 拍左脚踏上板，同时左臂经侧摆至侧上举，握拳，拳心向外。

2 拍右脚上板并于左脚，同时右臂经侧摆至侧上举，拳心向

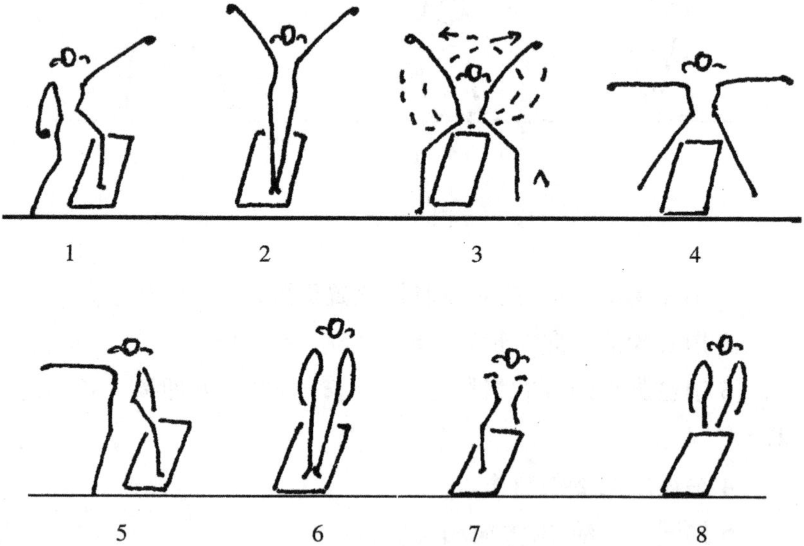

图 5－252

外。

3拍两脚蹬板跳下板成分腿骑板蹲立，同时两臂经侧绕环一周至侧上举,拳心向外。

4拍两膝蹬直成开立,同时两臂摆至侧举,拳心向下。

5拍左脚踏上板,同时左臂摆至下举,基本手型。

6拍右脚上板,同时右臂摆至下举。

7拍左脚向后迈下板,同时两臂摆至前举,掌心向下。

8拍右脚下板并于左脚,同时两臂摆至体侧成下举。

第二个八拍(图5-253)

1拍左脚踏上板,同时左臂摆至侧举,握拳,拳心向下,右臂

图5-253

摆至胸前平屈，拳心向下。

2 拍重心移至左腿，右腿侧摆，同时右臂经前摆至侧举，拳心向下，左臂摆至肩上侧屈，撑掌，掌心扶于头后。

3 拍同 1 拍动作。

4 拍左脚并于右脚，同时两臂摆至侧举。

5 拍左脚踏上板，同时两臂摆至体前下交叉，拳心向内。

6 拍右脚上板成并立，同时拉至肩侧屈，基本手型，掌心向内，右臂不动。

7 拍左脚下板，同时左臂向右下方冲拳，拳心向下，右臂拉至肩侧屈，基本手型，拳心向内。

8 拍右脚并于左脚成直立，同时两臂至下举。

第六章

形体健美操

第一节 形体健美的概念与标准

一、形体健美的概念

形体健美是指一个人外在和内在的整体所表现的美学价值。形体表是一种整体美,它是由多方面因素构成的,如强壮的体魄、健美的体型、良好的姿态、高雅的气质和风度等等,是自然美与社会美的综合表现。

(一)健康是自然美的基础

加里宁曾说过:"没有结实健康的身体就不可能有人体之美。"可见,健康是形体美的首要条件。只有健康均匀的肢体、优美的曲线、丰腴的肌肤、红润的面庞、乌黑的头发、水灵的双眼，才能充发表现出生机勃勃、精力充沛、富有生命力的人体美。这种纯真自然的魅力和风采，只有在健康的基础上，采用利于塑造形体的专门综合练习，才能使体形更加健美。

(二)优美的体形是自然美的重要标志

体形是指人体的外形特征与体形类型。一个人的体形固然与先天遗传因素有关，但是通过后天针对性的锻炼，使之形成正确的身体姿势，也可矫正不良的形体，使身体变得健美匀称。如果一个人生来含胸端肩，通过长期的形体训练，完全可以使其形成优美挺拔、正确的身体姿势，弥补先天的不足。而健美操锻炼可达到塑造良好的体形的目的。

(三)姿态美是人体美的主要特征

形体美不单取决于好的体形，更重要的是使人们从人体的动作姿势中感受到自然美。古人言："站如松，坐如钟，行如风。"这是对形体美的基本要求。又如"亭亭玉立"则是对女性姿态美的生动写照。人们往往从一个人的一举一动和坐、立、行这些基本动作中就可以看一个人的知识水平和文化素质。优美的姿态、潇洒的风度可以为形体美增姿添色，而通过形体健美训练，可以改善体态，培养优美正确的身体姿势。

(四)高雅的气质是形体美的核心

形体健美操训练不仅可以完善体形、体态和仪表，还可以陶冶情操、美化身心。只有在追求形体健美的同时，加强自身的思想修养和艺术修养，注意心灵美、行为美、语言美，真正把体育和美育、外在美和内在美很好地融合在一起，才能形成高雅的气质风度，才能构成形体的完美。而高雅的气质风度又影响着人体的姿态，可以说内在美是形成外在美的核心。

二、形体健美的标准

从古至今人们都执着地追求人体美，但是由于人们所处的时代不同，文化程度、社会经历、职业、性别、年龄、民族等差异，对什么是美却有着不同的看法。

我国体育美学研究人员胡小明综合古今中外美学专家对人体健美的见解，结合我国民族的体质和体形现状，归纳出人体健美的基本标准。

1. 骨骼发育正常，关节不显粗大突出。

2. 肌肉均匀发达，皮下脂肪适当。

3. 五官端正，与头部配合协调。

4. 双肩对称，男宽女圆。

5. 脊柱正视垂直，侧视曲度正常。

6. 胸廓隆起，正背面略呈 V 字型，女性胸廓丰满有明显曲线。

7. 腰细而结实呈圆柱形。

8. 腹部偏平，男子有腹肌垒块隐现。

9. 臀部圆满适度。

10. 腿修长，大腿线条柔和，小腿腓部稍突出。

11. 足弓高。

三、女性形体健美的标准

人体美是健、力、美三者的统一结合，它包含了生长发育健康而又完善的躯体、发达有力的肌肉、优美的人体外形和健康向上的精神气质。

由于女子在身体结构和生理机能等方面既表现出自身特点，又与男子有着明显的区别，因此，女性有自身的形体健美标准。

（一）匀称丰满并具有女性曲线美的体形

达·芬奇说过，美感完全建立在各部分之间的比例关系上。因此，美的体形首先是各部分比例的匀称协调。按照分类，当然应以运动型为佳。女性的体形应该丰满而不肥胖，这样的体形有一种健康的美；或者苗条而不瘦弱，这样的体形则另有一种精干的美。但是不管丰满还是苗条，都应该具有女性特有的曲线美，这样才能真正显现出健康、优美的女子形体美。

丰满而挺拔的胸廓是构成女性曲线美的主要标志。乳房应丰满而富有弹性，并应有适度发达的胸肌作为依托，从而构成胸部优美的曲线，过分肥大松弛或干瘪的乳房都将影响女性的美观。

坚实平坦的腹部和稍微纤细苗条的腰部是曲线美的又一标志。而腰腹周围过多地堆积着的皮下脂肪，无疑会使人显得臃肿难看。

丰满而适中的臀部能构成女子形体又一优美的曲线。臀部过分肥大会显得臃肿，有损于形体美，反之臀部过于瘦小，则表现不出形体的曲线。

修长而有力的四肢也是女子形体美不可缺少的一部分。腿部应略长于躯干,并显得修长而苗条,既不能粗胖,也不能瘦长,而应有结实的肌肉,才能显示出腿部优美的曲线。

(二)适度的肌肉,健康的体魄

由于女性的生理特点，所以女性不可能也没有必要练出像男性那样发达的肌肉,因为那样会失去女性美的特点。女性应有着适度的肌肉,并且皮下应该有着适度的脂肪,从而使身体主要的肌肉群显现出圆润的线条,而不应像男子那样练得青筋暴露,甚至于每条肌肉都很明显。当然健康的体魄、适度的肌肉群仍然是女性美的重要条件,不提倡那种弱不禁风的体形和体态。

(三) 端正而优美的姿态、活泼大方而又稳重善良的性格和气质

端庄优美的姿态可增加女性的风度,使人显得风姿绰绰约、妩媚动人,但又不至于失之于轻浮;活泼大方而又稳重善良的性格和气质,可使人感到女性的内秀之美。要达到这些要求,既与个人的性格气质有关,更要靠提高个人的文化水平和加强思想修养。

总之, 女性美应包括具有适度的肌肉、健康的体魄、匀称丰满而又有曲线的体形、端庄优美的姿态、活泼大方稳重善良的性格和气质。

四、体形肥胖的判定

体形主要反映人体的外部形象，这无疑是构成体形健美的重要因素之一。体形胖瘦的判定一般根据体重来衡量，即先计算出标准体重再看现在体重比标准体重超出了多少，超出10%～20%为超重，超出20%以上为肥胖。标准体重的计算方法有以下几种：

标准体重＝（身高－100）×0.9（公斤）

标准体重＝身高－105（身高165厘米以下者）（公斤）

100（身高165厘米以上者）（公斤）

$$标准体重=身高-100-\frac{身高-150}{4}$$

肥胖分三度：轻度、中度、重度

$$肥胖度\quad \frac{现在体重-标准体重}{标准体重}\times 100\%$$

肥胖度在20%～30%为轻度肥胖；

肥胖度在30%～50%为中度肥胖；

肥胖度大于50%为重度肥胖。

从研究人体美的角度来看，体重是判断体形美中可作参考的指标，衡量肥胖的重要指标还是要看体内脂肪含量的多少，即脂肪占体重百分比的大小。如果一个人体重与脂肪的百分比超过标准值就不算肥胖，健美运动员就是这样。相反，有的人虽然体重没有超过标准，但由于不运动，肌肉松弛而不发达，只是脂肪的堆积，这样的体形也称不上美，所以体形的肥胖并不完全取决于体重的大小。

那么如何测定一个人的脂肪是多少呢？方法很多，较为精确的方法是水下称重法，它需要一定的设备，测量起来也较为复杂。而比较简便的方法是利用人体测量的某种指标，代入公式计算出来体脂百分比。如先测量肩胛下、大腿、髂骨处的皮褶厚度，将测量结果（毫米数）直接代入下列公式，即可得出体脂百分比。

女性体脂百分比＝6.6087×0.4389×肩胛下皮褶＋0.1822×大腿皮褶＋0.4093×髂骨上皮褶，超过30%者即为肥胖。

近年来，衡量肥胖又有了一种新的观点，认为衡量腰围和臀围，才能更准确地反映出肥胖的程度，具体方法是用手指捏皮肉，即用拇指和食指捏起腹部、腰部、大腿、臀部的皮肉，若某一部位皮肉的厚度超过2厘米，就为肥胖。

第二节 形体健美操的作用

（一）改善体形体态，矫正畸形

体形主要是指全身各部位的比例是否匀称、协调、平衡、和谐，以及主要肌肉群是否具有优美的线条。体态主要是指整个身体及各主要部位的姿态是否端正优美。我国自古以来就很重视姿态美，强调一个人要站有站相，坐有坐相。如果长时间不注意体态端正，就可能影响某些骨骼的正常生长和发育，如脊柱的侧屈、含胸驼背、缩脖端肩等，都直接影响体态美。

形体健美操能对身体某些部位的生长发育产生较大的影响，使关节周围的肌肉发达，从而加强了关节的稳固性。同时由于形体健美操有许多的伸展性练习，它可使关节囊、韧带和关节周围肌肉群伸展性增强，可提高关节灵活性。

科学、系统、针对性的形体健美操，可减少肌肉中脂肪含量，达到消脂减肥的目的，从而更有效地改善人体形态，使女性变得体态丰满，线条优美，明朗多姿，秀丽动人。

(二)培养高雅的气质和风度

气质是人表现在活动中的强度、速度和灵活性方面的典型的稳定的心理特征,简而言之它是一个人心理活动的动力性特征。

风度指人的言谈、举止、态度的良好表现,形体健美操不仅可以塑造人的形体,同时还可以塑造美的心灵,只要具备高尚的情操,时刻注意自身的修养,就会逐渐形成一种高雅气质和潇洒的风度。

(三)增强体质,全面提高身体素质

身体素质是指人体肌肉活动中所表现出来的力量、速度、耐力、灵敏及柔韧等基本能力的总称。它是人体各器官系统的功能在肌肉工作中的综合反映。良好的身体素质是体质增强的一个重要表现。为了达到形体健美的目的,通常采用多种综合性的训练手段进行锻炼。这样不仅仅使关节的柔韧性、灵活性、协调性得到发展,同时也可使内脏器官及新陈代谢得到改善,增强心肺功能。由于形体健美操的内容丰富多彩,决定了它对身体影响的全面性,可达到增强体质,全面发展素质的作用。

第三节　形体健美操

组合一

预备姿势:两手叉腰,正步站立。

第一个八拍(图 6 - 1)

1—2 拍头向左转 90°,目视前方。

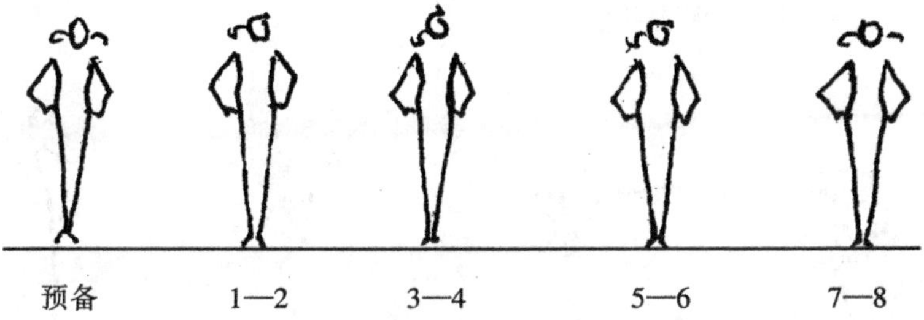

图 6－1

3—4 拍抬头目视左上方。

5—6 拍还原成 1—2 拍动作。

7—8 拍还原成预备姿势。

第二个八拍同第一个八拍，方向相反。

第三个八拍（图 6－2）

1—2 拍屈膝半蹲，同时转体 90°，目视前方。

3—4 拍腿不动，抬头，目视左上方。

5—6 拍腿不动，头还原成 1—2 拍动作。

7—8 拍还原成预备姿势。

第四个八拍同第三个八拍，方向相反。

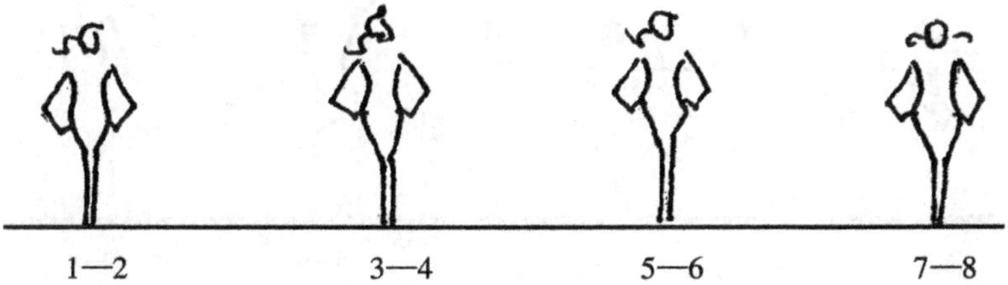

图 6－2

第五个八拍(图 6－3)

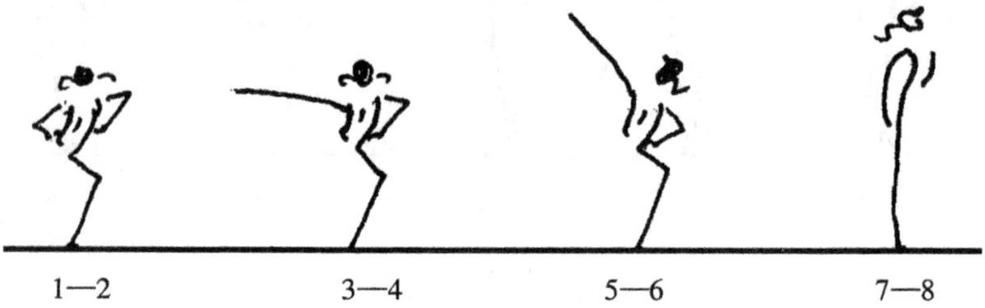

图 6－3

1—2 拍屈膝半蹲,同时上体左转 90°,目视前方。

3—4 拍腿不动,左臂侧举,掌心向下,目视手指远方。

5—6 拍腿不动，左臂侧上举，同时抬头挺胸，目视手指远方。

7—8 拍还原成预备姿势。

第六个八拍同第五个八拍,方向相反。

第七个八拍(图 6－4)

1—2 拍屈膝半蹲,同时两臂前举,掌心向下。

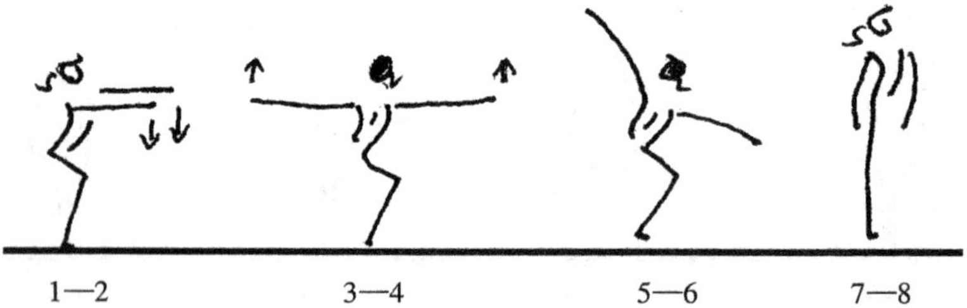

图 6－4

3—4 拍腿不动，翻掌打开两臂成侧举，掌心向上，同时向左转体 90°，目视前方。

5—6 拍腿不动，翻掌成左臂侧上举，掌心向外，右臂侧举，掌心向下，同时抬头挺胸，目视左后上方。

7—8 拍还原成直立。

第八个八拍同第七个八拍，方向相反。

组合二

预备姿势：正步直立，两手体后相握。

第一个八拍(图 6-5)

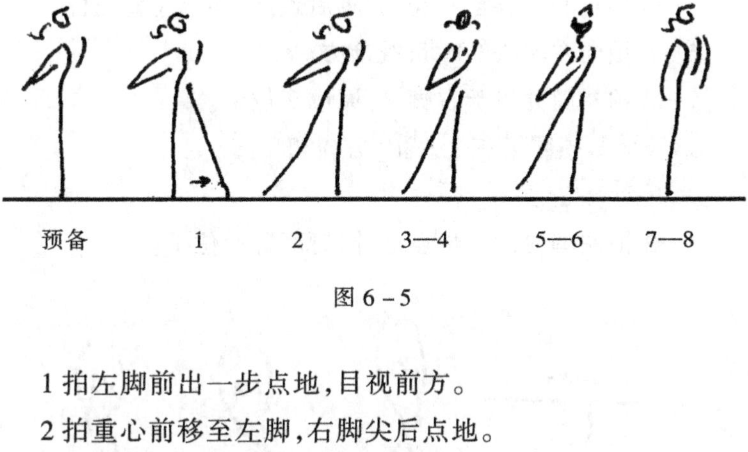

图 6-5

1 拍左脚前出一步点地，目视前方。

2 拍重心前移至左脚，右脚尖后点地。

3—4 拍向左转体 90°，目视左前方。

5—6 拍抬头，目视左上方。

7—8 拍左脚并于右脚成预备姿势。

第二个八拍同第一个八拍，方向相反。

第三个八拍(图 6－6)

图 6－6

1—2 拍左脚前出一步脚尖点地，同时左臂二位手。

3—4 拍重心前移至左脚，右脚后点地，同时左臂三位手。

5—6 拍向左转头 90°，目视前方。

7—8 拍左腿并拢于右脚，还原成一位手。

第四个八拍同第三个八拍，方向相反。

第五个八拍(图 6－7)

1—2 拍左脚向侧一步点地，同时两臂七位手。

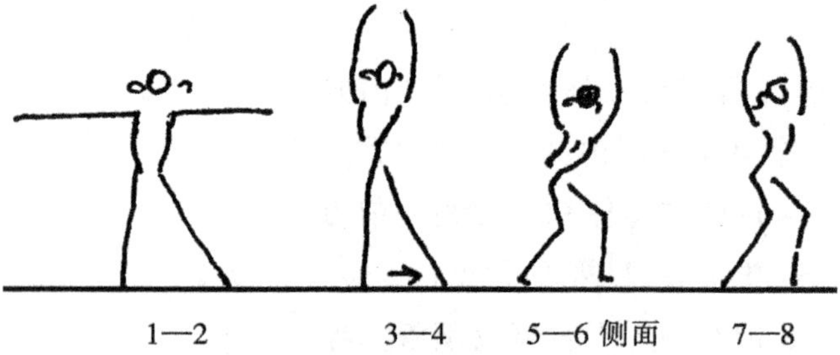

图 6－7

3—4 拍右脚在左脚后侧点地，同时两臂三位手，抬头挺胸，目视左前上方。

5—6 拍屈蹲同时上体向左转 90°，目视左后上方。

7—8 拍腿不动，上体向右转 90°，目视前方。

第六个八拍同第五个八拍，方向相反。

第七个八拍（图 6－8）

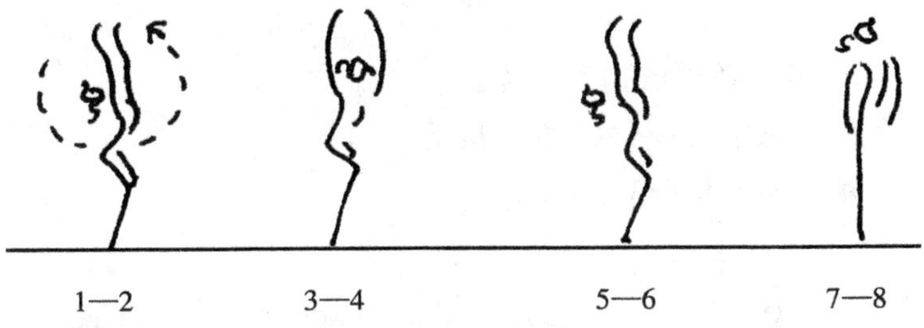

图 6－8

1—2 拍并腿屈膝半蹲，同时两臂经后绕至前上举，抬头挺胸。

3—4 拍腿不动，七位手，同时低头。

5—8 拍腿不动，手臂波浪一次，同时抬头挺胸。

第八个八拍同第七个八拍。

组合三

第一个八拍（图 6－9）

预备姿势：一位手小八字脚站立。

1—2 拍左臂侧波浪摆，眼随手向远看。

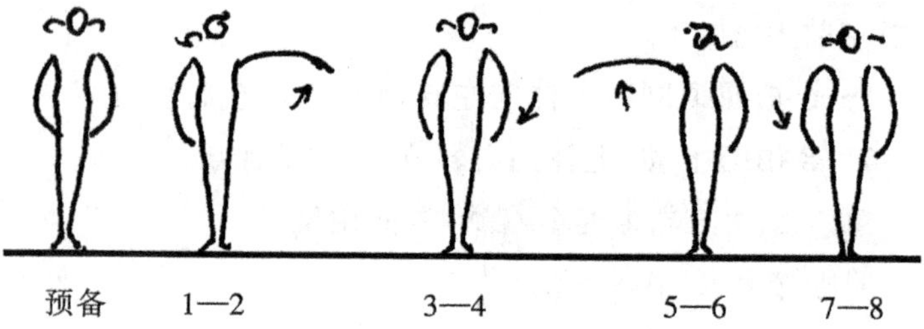

图 6-9

3—4 拍还原成预备姿势。

5—8 拍同 1—4 拍,方向相反。

第二个八拍(图 6-10)

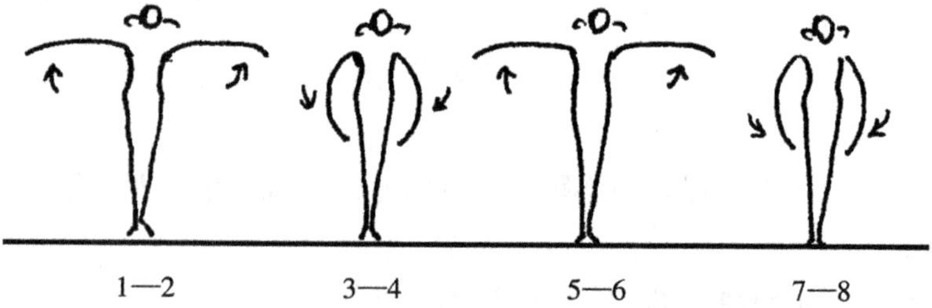

图 6-10

1—2 拍两臂侧波浪摆至七位手。

3—4 拍两臂还原成预备姿势。

5—8 拍同 1—4 拍。

第三个八拍(图 6-11)

1—2 拍右腿弯曲成半蹲,左腿前举，同时手臂成二位。

图 6－11

3—4 拍左脚落地支撑(提踵),右腿后举,同时两臂侧举。

5—7 拍右脚开始屈膝向前走三步, 同时两臂由后经下摆至前举。

8 拍右腿支撑,左脚后点地,同时两臂成三位手,抬头挺胸。

第四个八拍(图 6－12)

1—2 拍左脚向侧出一步成弓步, 同时右臂前摆, 左臂后摆,目视前方。

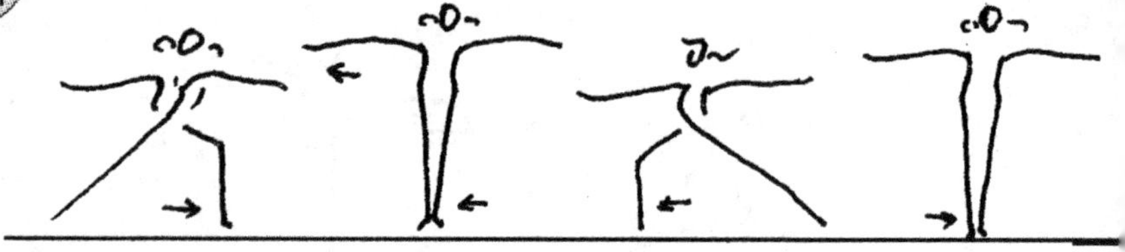

图 6－12

3 拍右脚并于左脚，同时手臂侧拉。

4 拍左脚原地踏一步，成并腿提踵立，同时两臂七位手。

5—8 拍同 1—4 拍，方向相反。

第五个八拍(图 6－13)

1—2 拍屈膝半蹲，同时抬头挺胸，两臂侧上举。

3—6 拍左脚向前一步，重心下降，同时两臂由下摆至前举，低头含胸。

7—8 拍重心移至左腿，右脚后点地，同时两臂摆至前上举，波浪一次。

第六个八拍同第五个八拍，方向相反。

图 6－13

第七个八拍(图 6－14)

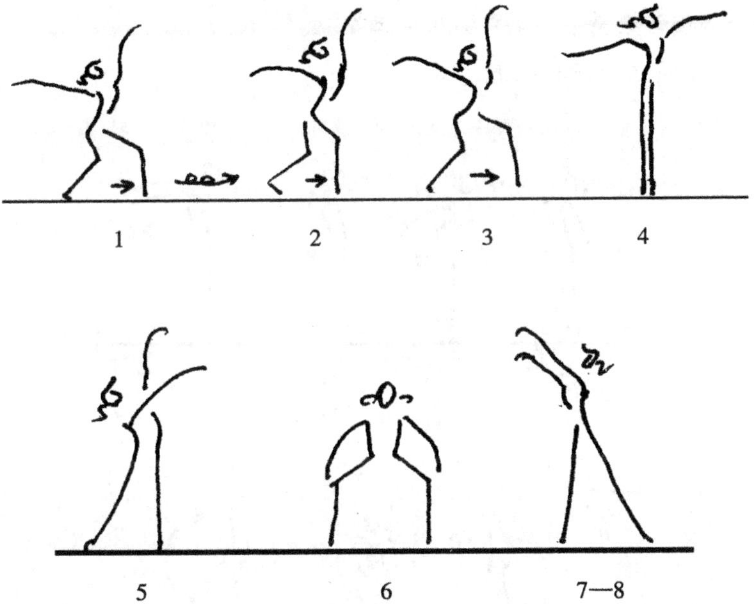

图 6－14

1—3 拍左脚开始向前迎风跑三步（左右左），同时抬头挺胸，两臂侧上举。

4 拍两脚并拢提踵立，同时两臂侧举。

5 拍左脚向侧一步，右脚侧点地，同时左臂侧上举，右臂左侧摆。

6 拍屈膝半蹲，重心移至两腿，同时两臂摆至一位手。

7—8 拍重心移至右腿，左脚侧点地，同时两臂摆至右侧举，波浪一次，抬头挺胸，目视手远方。

组合四

预备姿势:一位手小八字脚站立。

第一个八拍(图 6－15)

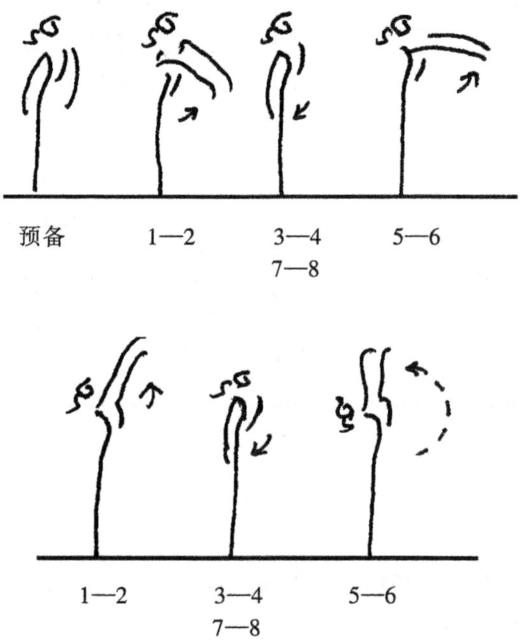

图 6－15

1—2 拍两臂前摆 45°。

3—4 拍还原成预备姿势。

5—6 拍两臂摆至二位手。

7—8 拍还原成预备姿势。

第二个八拍(图 6-16)

1—2 拍两臂前摆至 135°,抬头目视手远方。

3—4 拍还原成预备姿势。

5—6 拍两臂摆至上举,抬头挺胸。

7—8 拍还原成预备姿势。

第三个八拍(图 6-16)

1—2 拍两臂向侧弧形摆至 45°。

3—4 拍还原成预备姿势。

5—6 拍两臂摆至侧举。

7—8 拍还原成预备姿势。

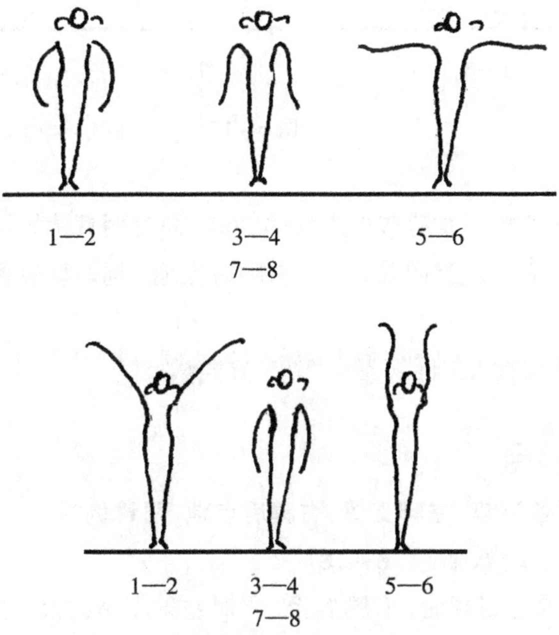

图 6-16

第四个八拍

1—2 拍两臂摆至侧上举,抬头挺胸。

3—4 拍还原成预备姿势。

5—6 拍两臂经侧摆至上举,波浪一次。

7—8 拍还原成预备姿势。

第五个八拍(图 6 - 17)

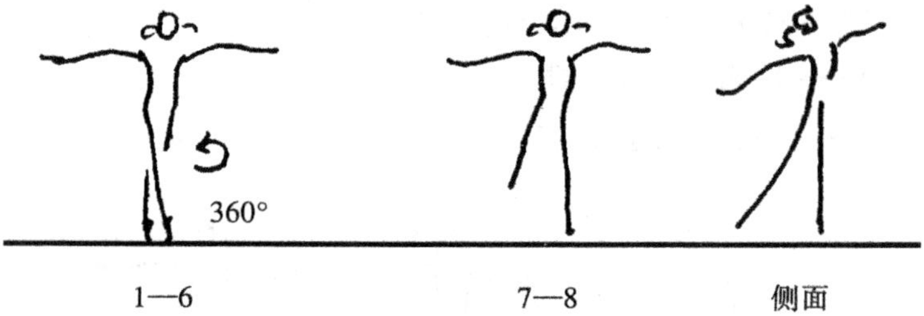

图 6 - 17

1—6 拍提踵碎步向左转体 360°,同时两臂侧举波浪。

7—8 拍左脚向前一步，右脚后点地，同时两臂侧举波浪一次。

第六个八拍同第五个八拍,方向相反。

组合五

预备姿势:左脚支撑,右脚后点地,两臂侧举。

第一个八拍(图 6 - 18)

1 拍左腿弯曲，右腿侧吸，同时左臂下举波浪，右臂上举波浪。

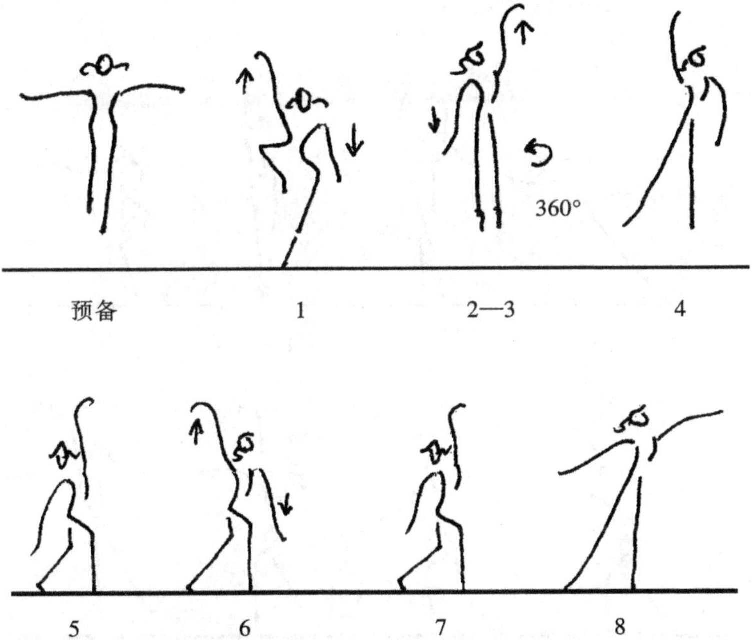

图 6－18

2—3 拍右腿下落碎步向右转体 360°，同时两臂上下波浪一次。

4 拍左腿支撑，右脚后点地，同时左臂一位手，右臂三位手。

5 拍屈膝成半蹲，同时右臂下压波浪，左臂上摆波浪，头右转。

6 拍左臂下压波浪，右臂上摆波浪，头左转。

7 拍右臂下压波浪，左臂上摆波浪，头向右转。

8 拍两腿伸直，左腿支撑，右脚后点地，同时两臂侧波浪一次。

第二个八拍(图 6 – 19)

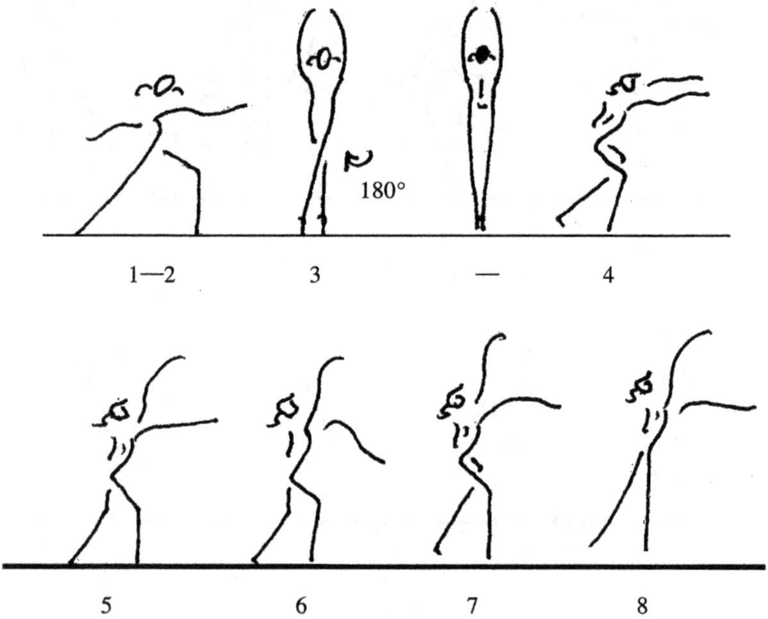

图 6 – 19

1—2 拍左脚侧出一步成弓步，同时右臂左侧摆，左臂右后摆。

3 拍上半拍，重心移至右腿，左脚向右脚前迈一步，同时两臂三位手。

3 拍下半拍，提踵向右转体 180°。

4 拍右脚向侧迈一步成弓步，同时两臂向右侧摆。

5 拍腿不动，右臂下压波浪，左臂上提波浪。

6 拍左臂下压波浪，右臂上提波浪。

7 拍右臂下压波浪，左臂上提波浪。

8 拍右腿伸直，左脚点地，同时右臂上提波浪，左臂下压波浪，抬头挺胸。

第三个八拍(图 6－20)

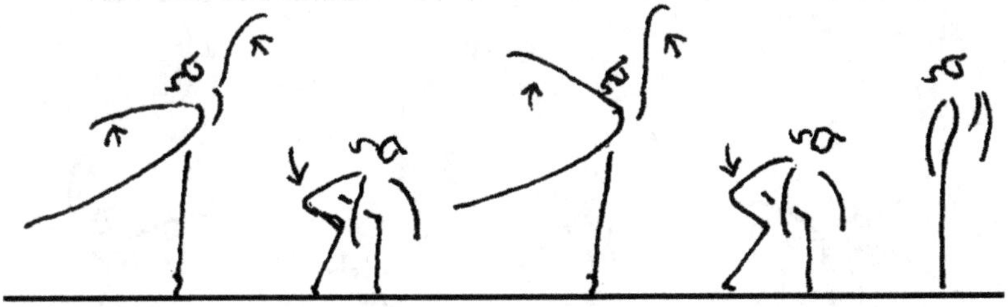

图 6－20

1 拍左脚向前一步提踵，右腿后举，同时两臂波浪侧摆，抬头挺胸。

2 拍右脚向前一步屈膝，同时低头含胸，两臂波浪下摆。

3—4 拍同 1—2 拍。

5—6 拍左脚向前一步提踵，右腿后举，同时两臂侧上举抬头挺胸。

7 拍右脚向前一步屈膝，同时低头含胸，两臂下摆波浪。

8 拍还原成直立。

第四个八拍(图 6－21)

1 拍左腿弯曲，右腿前吸，同时低头含胸，左臂前举；右臂后举。

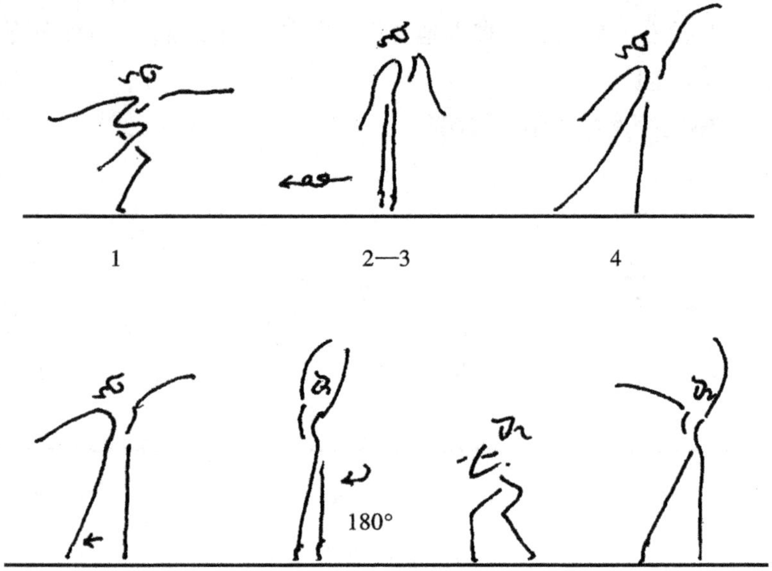

1　　2—3　　4

5　　6　　7　　8

图 6－21

2—3 拍右腿后伸提踵向后碎步，同时两臂小波浪三次。

4 拍左脚支撑，右脚后点地，同时左臂前上波浪，右臂向下波浪，抬头挺胸，目视左手远方。

5 拍右脚向后迈一步，同时两臂侧举。

6 拍左脚向右脚前迈一步，同时提踵向右转体 180°，两臂三位手。

7 拍两腿弯曲，同时低头含胸，两臂胸前交叉。

8 拍重心移至左腿，右脚前点地，同时左臂三位手，右臂七位手，目视右前方。

组合六

预备姿势:一位手小八字站立。

第一个八拍(图 6-22)

1 拍屈膝半蹲,同时左臂在前,右臂在后弧形摆起。

2 拍腿伸直,同时左臂前举,右臂侧后举。

3—4 拍同 1—2 拍,方向相反。

5 拍同 1 拍。

6 拍两腿伸直提踵,同时两臂绕至三位手。

7 拍屈膝半蹲,同时右臂向前,左臂向后继续向下绕至体侧。

8 拍腿伸直,同时左臂前摆,右臂后摆。

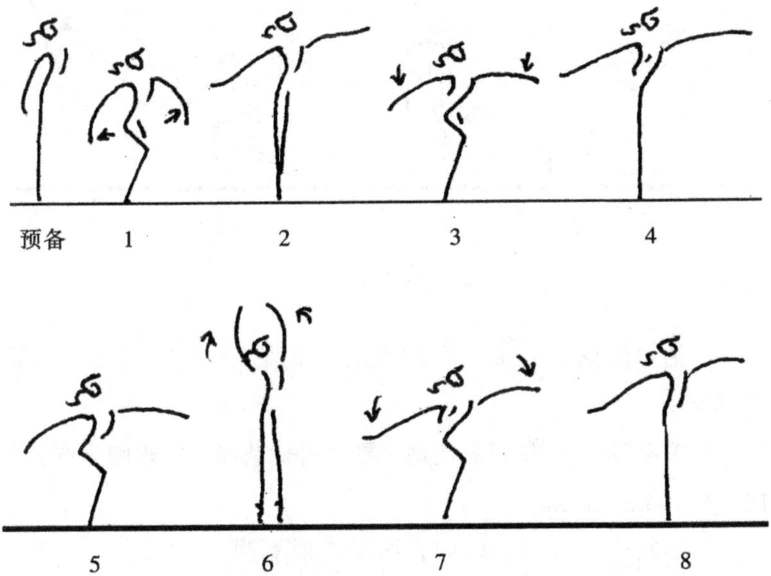

图 6-22

第二个八拍同第一个八拍，方向相反。

第三个八拍(图 6－23)

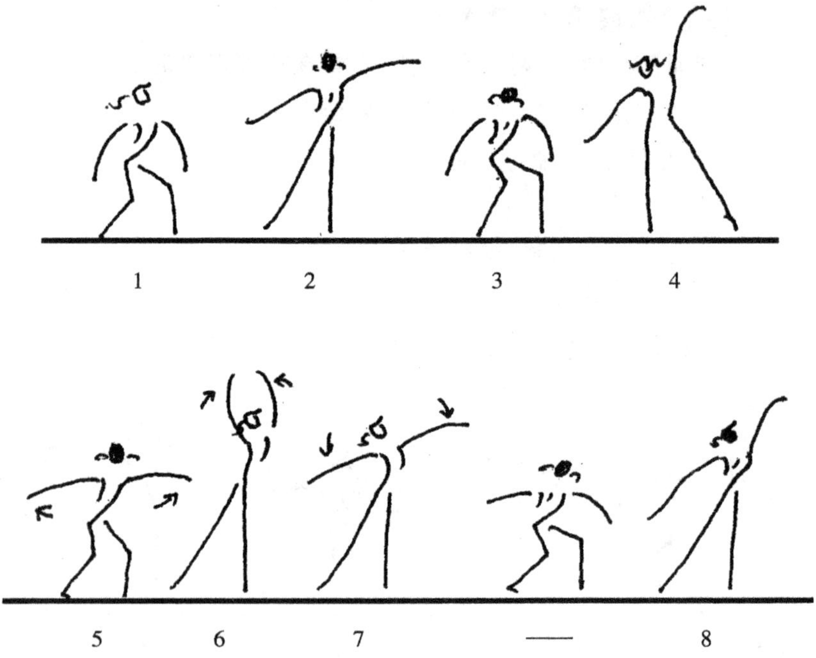

图 6－23

1 拍左脚向前一步，两腿弯曲，同时右臂向前，左臂向后弧形摆起。

2 拍两腿伸直右脚后点地，同时右臂前举，左臂侧后举，头向左转，目视前方。

3 拍屈膝，重心后移，同时两臂弧形下摆。

4 拍重心移至右腿，左脚前点地，同时右臂右下举，左臂前上举,头向右转。

5 拍两腿弯曲,同时右臂弧形前摆,左臂弧形后摆。

6 拍右脚向前一步,左脚后点地,同时两臂上绕至三位手。

7 拍左脚向前一步,同时左臂向前,右臂向后下绕至体侧。

8 拍上半拍,两腿弯曲,右臂在前,左臂在后继续向上。

8 拍下半拍,腿伸直,右脚后点地,同时右臂前上举,左臂后下举。

第四个八拍同第三个八拍,方向相反。

第五个八拍(图 6-24)

1 拍左脚向侧出一步,同时两腿弯曲,两臂前摆。

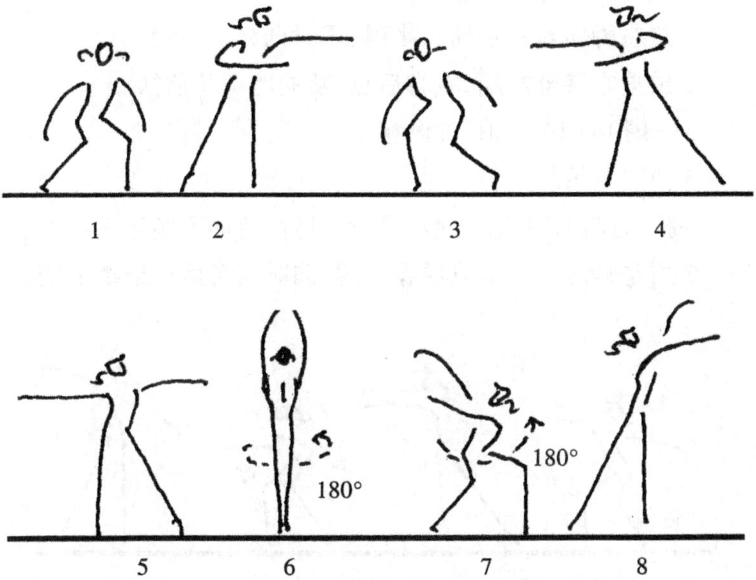

图 6-24

2 拍重心移至左腿，右脚侧点地，同时两臂左侧摆，头向左看。

3—4 拍同 1—2 拍，方向相反。

5 拍左脚向侧一步，转体 90°，同时两臂侧举。

6 拍右脚向左脚前迈一步提踵，同时转体 180°，两臂三位手。

7 拍左脚向左侧一步，两腿弯曲转体 90°，同时两臂右侧上举，头向右看。

8 拍重心移至左腿，右脚侧点地，同时两臂左侧上摆，头向左上方看。

第六个八拍同第五个八拍。

第七个八拍（图 6－25）

1 拍左脚向前一步屈膝半蹲，同时两臂侧后摆。

2 拍重心移至左腿，右脚后点地，同时两臂前摆。

3—4 拍同 1—2 拍，方向相反。

5 拍同 1 拍。

6 拍右脚向前一步提踵，同时两臂由后向下绕至三位手。

7 拍左脚向前一步成屈膝半蹲，同时两臂由后继续前绕。

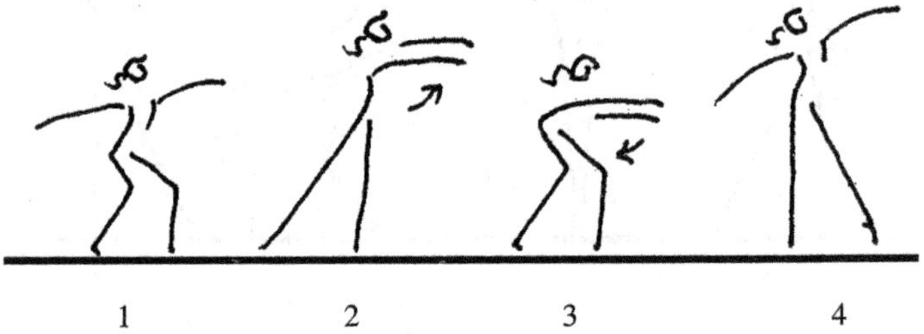

图 6－25

8 拍重心移至左腿，右脚后点地，同时两臂前上举，抬头挺胸。

第八个八拍同第七个八拍，方向相反。

组合七

预备姿势：一位手小八字站立。

第一个八拍(图 6－26)

1—2 拍右腿弯曲半蹲，左脚前擦地，同时两臂二位手。

3—4 拍还原成预备姿势。

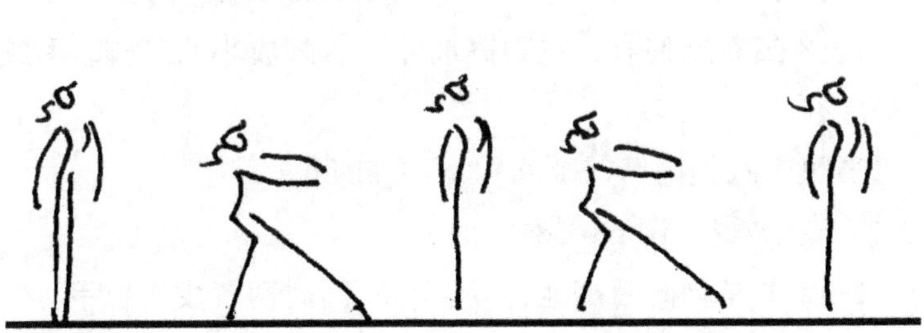

图 6－26

5—8 拍同 1—4 拍。

第二个八拍同第一个八拍，方向相反。

第三个八拍（图 6－27）

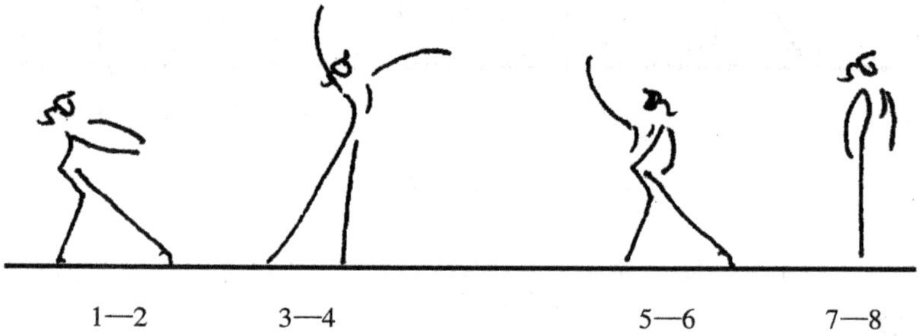

图 6－27

1—2 拍右腿弯曲半蹲，左脚前擦地，同时两臂二位手。

3—4 拍重心前移至左腿，右脚后点地，同时左臂七位手，右臂三位手，头向左转。

5—6 拍重心移至右腿弯曲半蹲，左脚前擦，同时上体左转，左臂三位手，右臂一位手。

7—8 拍右腿伸直，左脚擦地并于右脚成小八字脚，手成一位手。

第四个八拍同第三个八拍，方向相反。

第五个八拍（图 6－28）

1—2 拍左脚向后擦地，右腿弯曲，同时两臂成二位手。

3—4 拍右腿伸直，左脚擦地收于右脚后，手臂成一位手。

5—8 拍同 1—4 拍，方向相反。

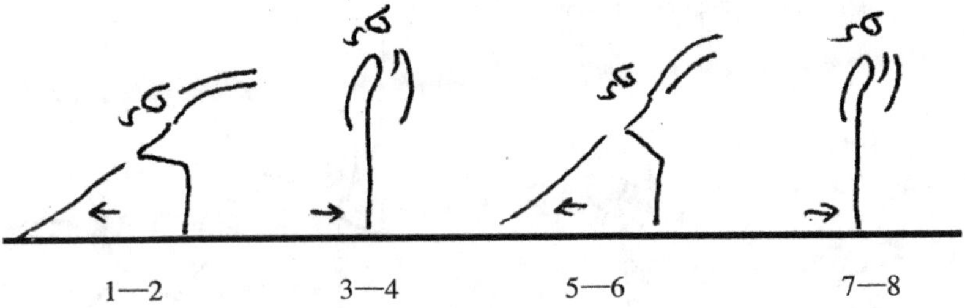

图 6 – 28

第六个八拍同第五个八拍,方向相反。

第七个八拍(图 6 – 29)

1—2 拍左脚向后擦地,右腿弯曲,同时手臂成二位手。

3—4 拍重心移至左腿,右脚前点地,同时左臂三位手,右臂七位手,头右转目视前方。

5—6 拍左腿弯曲半蹲,右脚前擦地,同时左臂一位手,右臂三位手,上体右转头向右开,目视右前方。

7—8 拍右脚后擦地并于左脚,一位手。

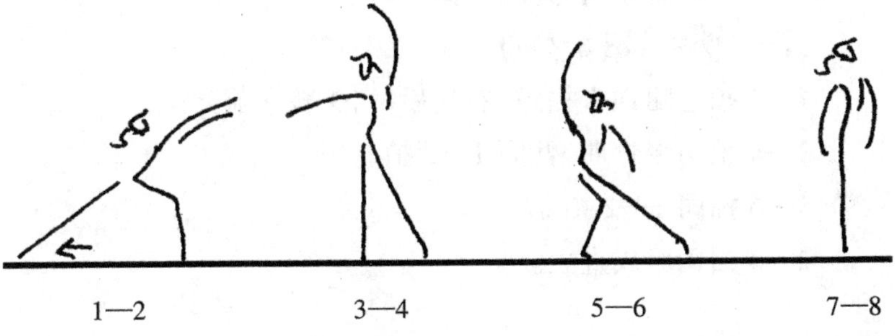

图 6 – 29

第八个八拍同第七个八拍，方向相反。

第九个八拍(图 6－30)

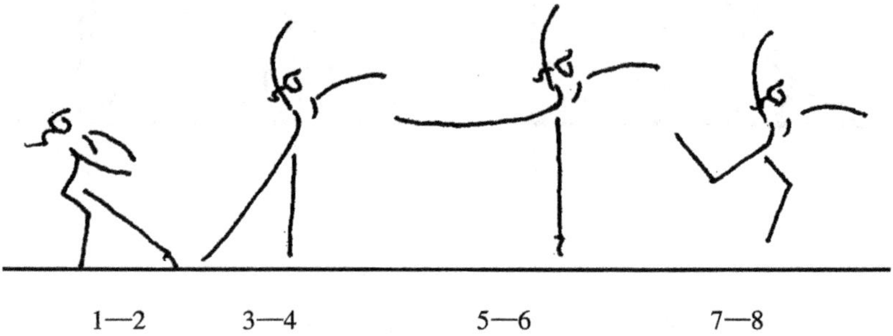

图 6－30

1—2 拍右腿弯曲成半蹲，左脚前擦，同时两臂二位手。

3—4 拍重心移至左腿，右脚后点地，同时左臂七位手，右臂三位手，头向左转。

5—6 拍左脚提踵立，右腿后举，同时右臂七位手，右臂三位手。

7—8 拍两腿同时弯曲，头向左转。

第十个八拍(图 6－31)

1—2 拍左腿伸直提踵，右腿后举，头转向前方。

3—4 拍两腿弯曲，臂同 1—2 拍。

5—6 拍同 1—2 拍。

7—8 拍还原成直立。

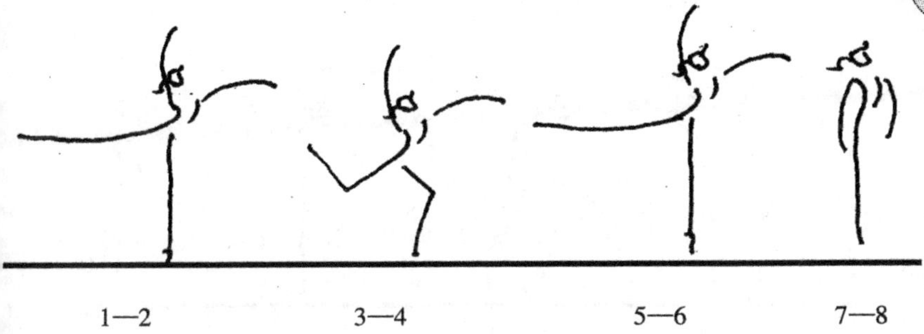

图 6－31

第十一、十二个八拍同第九、第十个八拍，方向相反。

第十三个八拍(图 6－32)

1—2 拍左脚后擦地，右腿弯曲成弓步，同时两臂二位手。

3—4 拍重心移至左脚，右脚前点地，同时左臂三位手，右臂七位手，头向右转。

5—6 拍左脚提踵，右腿前举，手臂同 3—4 拍。

7—8 拍左腿弯曲成半蹲，同时右腿弯曲外开前举，手臂同 3—4 拍。

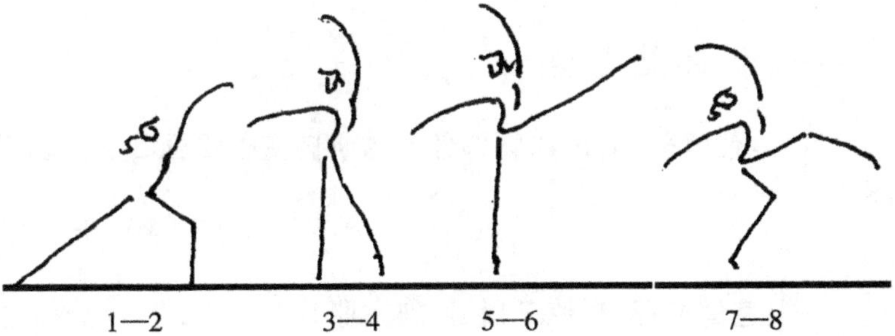

图 6－32

第十四个八拍(图 6-33)

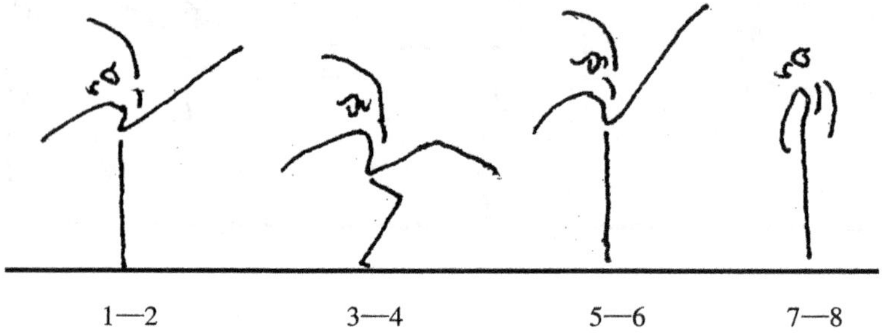

图 6-33

1—2 拍两腿伸直,左脚提踵,右腿前举,左臂三位手,右臂七位手。

3—4 拍同第十三个八拍的 7—8 拍。

5—6 拍同 1—2 拍。

7—8 拍还原成直立。

第十五、十六个八拍同第十三、十四个八拍,方向相反。

第四节 局部健美操

一、臂部健美操

目的:使臂部、肩部和胸部各处的肌肉变得更强壮、优美、柔韧。

(一)直臂绕环(锻炼三角肌、斜方肌)

预备姿势:直立,两脚并拢,挺胸,收腹,收臂,松肩。

1. 两臂侧举，手腕向前绕环八拍，再向后绕环八拍。肩不要耸起，绕环尽量大。

2. 手腕下压，上翘各八拍。

3. 手臂尽量侧伸，五指大分，然后再用力握拳，各 8 次。

(二)松肩(放松三角肌)

预备姿势：直立，两臂自然下垂。

1. 两臂经侧摆至上举。

2. 向下摆臂至身体两侧，同时两腿微微弯曲。

这两个动作各做 8 次，当重复动作 1 时两腿伸直。

呼吸：上摆臂吸气，下摆臂呼气。

(三)伸肘(锻炼肱三头肌)

预备姿势：直立，屈臂肘与肩平，前臂向内，两手握拳，拳心向后。

1. 前臂经下向外伸去，与肩平，尽量保持肩与上臂不动，握拳，拳心向后。

2. 回到预备姿势。如此开合前臂 10 次。

呼吸：前臂伸出时呼气，收回时吸气。

(四)转肩(锻炼三角肌、肱三头肌)

预备姿势：两臂侧举，掌心向上。

1. 从肩部向前转动两臂。

2. 还原放松，转回到预备姿势。

这两个动作各做 16 次。要求除两臂外，其他部位不要动。这个动作虽小，但能使肌肉酸胀，做到酸胀时再停止。

呼吸：两臂向前转动时呼气，放松还原返回时吸气。

（五）松肩（放松三角肌）

预备姿势：两臂弯曲，置于体侧，握拳。

1. 两臂贴着身体两侧迅速向后摆，五指分开，两臂摆到最后时，掌心向后。

2. 两臂向前摆回到预备姿势。

后摆和前摆各做8次。

呼吸：两臂后摆时呼气，向前摆回时吸气。

（六）平背剪（锻炼三角肌、肱三头肌、斜方肌）

1. 向前屈体，脊背平直，两腿伸直。两臂在背后做剪刀式开合动作，右臂在上，左臂在下。

2. 左臂在上，右臂在下，做剪刀开合动作。

要求：使两肘关节不要动，两臂尽量高举，每臂各举16次。

呼吸：平稳呼吸。

（七）高架桥（伸拉三角肌、肱三头肌、斜方肌）

两手在背后紧扣，头和背尽可能向下俯，两臂在头后伸得越远越好，用力拉伸双肩。

呼吸：正常呼吸。

(八)臂后伸(锻炼肱三头肌)

预备姿势:两脚开立稍大于肩,背部平直前屈,屈肘,两臂夹紧,握拳,两拳置于胸侧。

1. 保持两腿伸直,两臂向后上伸,越高越好,手掌伸开,手指和臂部成一直线。

2. 臂弯曲还原成预备姿势。

共做 20 次,做时要求两臂夹紧。

呼吸:向后伸臂时呼气,屈臂时吸气。

(九)拔草(锻炼肱二头肌)

1. 背部平直前屈,直膝,两臂前伸握拳撑地,好像正在拔草。

2. 迅速屈肘拉起两臂至身后,握拳。共重复 10 次。

呼吸:拉臂向上时呼气,伸臂向前时吸气。

(十)剪刀臂(锻炼胸肌)

预备姿势:两脚开立稍宽于肩,体前屈,两臂交叉。

1. 身体由卷曲而逐渐展开,此时两臂做剪刀状开合动作,开始时左臂在外,然后换右臂在外,如此交替。

2. 身体展开直立以后,继续做剪刀动作,同时两臂继续上举。

3. 两臂以剪刀式动作逐渐上举过头,再逐渐放下。

注意使剪刀开合动作不停,使身体保持直立,举臂过程做八拍,放下过程做八拍,在做剪刀动作前,要使两臂交叉幅度尽量大，并保持身体其他部位不动。

这是锻炼胸肌的极好练习，而胸肌又对胸部线条是否优美关系极大。

呼吸：平稳呼吸。

(十一)臂拉伸(放松胸肌)

预备姿势：两臂伸直置于体前，手指腕屈上翘，手腕相对。

1. 右臂向后上方摆，同时左臂向后下方摆，在两臂的斜线拉伸中扩胸。

2. 收回双臂同预备姿势，然后重复1和2动作，换臂做。

呼吸：两臂扩胸时吸气，收回时呼气。

二、腰部健美操

目的：减少腰腹部脂肪，使腰背部肌肉强壮、健美。

(一)侧拉(锻炼肋间肌、腹斜肌)

预备姿势：两腿分开站立，收腹收臂，两手交叉放在胸前，掌心向内，想像你是站在两片玻璃之间，如果身体前倾，就会撞碎玻璃。

1. 身体向右侧屈，左肘弯曲尽量上提，同时右臂向下、向外伸。你应感觉到身体左侧绷紧。头放松向右倾，保持左臂向后，髋平稳。

2. 恢复预备姿势，侧拉手，恢复为一次，向右做40次，然后反方向做。

这是使腰腹减肥、身体苗条的最有效练习方法。但为了收到满意效果,必须使身体真正侧拉,而不要让上身前倾。

呼吸:侧拉时呼气,两次侧拉之间吸气。

(二)大侧拉(锻炼肘间肌、腹斜肌)

1. 身体向右侧屈,左臂上举贴于耳部,右臂弯曲放在体前,振8拍。保持两髋平稳,左肩向后,体重均匀分配在两脚上。

2. 双手在头后托头,向右振体八拍,两肘不要向内合,应尽量向外展。

3. 两臂上举,右手握住左腕,向右侧振体八拍。

4. 上体还原直立,稍屈膝,两臂上举十指交叉,两髋由右向左绕环,用两拍完成一次绕环动作,做八拍,以放松腰背。

反方向向左重复以上四个动作,每个动作做八拍。

呼吸:振体时呼气,两次振体之间放松时吸气。

(三)四方振(锻炼肋间肌、腹斜肌)

1. 身体向右侧屈,左臂上举,右臂弯曲置于体前,向右侧振体两次,每次振体及还原用一拍。

2. 向左重复做两拍。

3. 两臂侧举,上体前屈,背平,直腿,向下振两次。

4. 两臂在两腿内摆过,向后振体两次。

5. 上体抬起两臂屈肘侧开,两膝微屈,向前振髋两次。两次振髋之间在体前拍掌。

全套动作做3遍。

呼吸:平稳呼吸。

(四)腰扭动(锻炼肋间肌、腹斜肌)

预备姿势:两脚分开大于肩,屈膝,抱肘。

1. 保持预备姿势,向右转振体四次,目视右肩。

2. 向左重复做 4 次。

左右转振体各重复 4 次。

3. 保持预备姿势,两臂伸出,向右转振体。

4. 向左转振体,左右交换共做 8 次。

呼吸:平稳呼气。

(五)肘击膝(锻炼肘间肌、腹斜肌)

预备姿势:分腿大开立,两臂侧举。

1. 重心向左移,屈左膝,右腿伸直,同时上体下压左转,用右肘击左膝,左臂上举。

2. 向右重复 1,同时转腰上看。

3. 上体尽力向下俯,用右肘击左踝,左臂向后摆,同时转腰上看。

4. 向右重复 1,左右交换共做 8 次。

呼吸:平稳呼吸。

(六)松髋(放松上股内肌)

预备姿势:屈膝成蹲姿势,两手从两膝之间放置两脚后面,你应感觉到两膝内侧支撑在双肘上,两肘将两腿向外分开。

臀部向下微振十六拍。

呼吸:正常呼吸。

(七)腰拉伸和股内拉伸(锻炼肋间肌、腹斜肌)

预备姿势:分腿坐在地板上,在不至于绷紧股内腱的情况下尽力劈开两腿,脚尖绷直。

1. 向左侧屈,尽力使耳朵靠近大腿,左臂在头上向右伸,右臂自然地在体前弯曲,振体八拍。

2. 向左重复这个动作,振体八拍。

重复动作:左右侧各重复做六拍,再重复做四拍,再重复各做两拍,最后左右交替共做十拍。

注意向一侧屈体时,尽力使另一侧臂部不离地,确保真正侧屈体,上体不要前俯。

呼吸:振体时呼气,放松时吸气。

(八)胸向膝拉伸(锻炼肋间肌、腹斜肌)

1. 将两手放在右腿两侧,上体前俯,尽力使胸靠近右膝,振体八拍。

2. 两手平放在体前地板上,上体前俯拉伸髋部,逐渐转身向左侧,保持躯干尽可能俯向地板。从右侧转至左侧用四拍。

3. 将两手放在左腿两侧,上体前俯,尽力使胸靠近左膝,振体八拍。

4. 上体移至中间,双手按在体前以便支撑,脚尖绷直,上体尽力俯向地板,振体八拍。

5. 再把两腿开大一些,两脚尖勾起,振体八拍。

呼吸:平稳呼吸。

（九）肘侧屈（锻炼肋间肌、腹斜肌）

预备姿势：上体伸直，两臂屈肘侧开手托头。

1. 向右侧屈体，右肘尽力指向右膝，然后上体还原成预备姿势。

2. 向左侧屈体，左肘指向左膝，然后上体还原成预备姿势。

左右交换共做十拍。

呼吸：肘触膝时呼气，上体还原时吸气。

三、腹部健美操

目的：清除腹部脂肪，强壮上腹下腹肌肉，使体形变得更苗条。

要求：在做腹部运动时，必须始终收腹，以免肚子越来越大。

（一）仰卧起坐（锻炼下腹肌）

预备姿势：仰卧屈膝，两脚平放在地板上，两膝两脚平行分开放一脚宽，双手托头，两肘向外开。

1. 用腹肌力量而不是用两臂力量拉起头和上背，保持两肘位置不变。

2. 放低头和上背，但不接触地板。

重复动作 1 和 240 次。

呼吸：拉起时呼气，放下时吸气。

(二)过膝拉伸(锻炼上下腹肌)

预备姿势:两膝、两脚再稍微向外分开,两臂向头上伸出,手背贴地板。

1. 两臂向前摆从两膝中间经过,头和两肩拉起,离地。

2. 放低头和两肩,但不要接触地板,两臂摆至头上举,注意臂不应摆到比两耳更低。

3. 上体离地,两臂过膝,两次拉起之间稍微放松。做30次。

呼吸:拉起时呼气,放低时吸气。

(三)收腹屈膝(放松腹肌)

头和两肩放到地板上,收腿,将两膝紧贴在胸前,保持十拍。

这个姿势具有特别的放松和安慰作用,并有益于女性器官。

呼吸:正常呼吸。

(四)爬绳

1. 屈膝坐,上体与地面呈45°夹角。两脚和两膝平行,使上体离开地面,左臂上举。

2. 右臂上举,同时左臂向下拉。

左右臂交替上举下拉共做20次。

注意:保持上体充分后仰,使腹肌用出最大力量,手向下拉时呼气,另一次向下拉以前吸气。

(五)蹬自行车(锻炼腹斜肌、下腹肌)

1. 两手放在头后,右腿平伸,脚尖绷直,离开地面3~5寸,收左膝使之靠近前胸,抬右肘接触左膝。

2. 换另一侧做。绷直脚尖共做16次,然后再勾起脚尖做16次。

注意:腿要平直,稍离地板。

呼吸:平稳呼吸。

(六)举腿仰卧起坐(锻炼上下腹肌)

1. 两腿伸直上举,脚尖绷直,两手放在头后,两肘向外平展。

2. 用腹肌而不是用两臂拉起头和上背,然后稍微放松,但不要重新接触地板,拉起放松做30次。

3. 拉起幅度更大,伸两臂过腿,然后稍微放松,共做30次。

呼吸:拉起时呼气,放松时吸气。

(七)剪式举腿(锻炼上、下腹肌、股内肌、股四头肌)

预备姿势:两腿伸直上举,脚尖绷直,两脚在身后支撑,手掌平放在地板上。

1. 两腿交叉右腿在前,然后交换,如此边做剪式动作,边放低两腿,做八拍。

2. 两腿离地3~5寸,脚尖勾起,继续做剪刀动作十六拍。

3. 脚尖绷直,继续做剪刀动作十六拍。

呼吸:平稳呼吸。

(八)腹部放松(放松腹肌和后腰肌肉)

1. 两膝摆向右侧,同时两臂摆向左侧。

2. 两膝摆向左侧,同时两臂摆向右侧。

左右侧各1次。

呼吸:正常呼吸。

四、腿、髋部健美操

目的:消除臀部和大腿的脂肪,强健肌肉,使臀部外侧、臀后部、大腿内侧的线条优美。

(一)侧举腿(锻炼臀肌、阔筋膜张肌)

预备姿势:左侧卧,以左肘支撑,两掌平放在地板上,两腿伸直与上体成一条直线。

1. 脚尖绷直,举右腿。

2. 放低右腿,但不要使之接触左腿。

脚尖绷直做15次。

脚尖勾起做15次。

呼吸:腿举起时呼气,放低时吸气。

(二)屈膝举腿(锻炼臀肌、阔筋膜张肌)

1. 屈右腿靠近上体。

2. 右腿伸直,与左腿平行。

3. 右腿直膝上举。

三个动作为一拍,共做十拍。

呼吸：伸腿时呼气，屈膝时吸气。

(三)交叉腿(锻炼臀肌、阔筋膜张肌、四头肌)

1. 左侧卧，左腿屈，力求左大腿与上体成一条直线。用右手抱住右膝，把右膝拉向前胸。

2. 右腿向前伸与身体成直角，脚掌扭转向下，使脚跟高于脚掌。

3. 放低右腿，离地 3～5 寸。

4. 再举起右腿。

把这些动作缓慢地做 15 次，然后再做 30 次。

呼吸：腿放低时呼气，腿举起时吸气。

(四)后举腿(锻炼臀大肌、腿腱)

预备姿势：俯卧，左肘支撑，右臂向体前伸出撑地，两腿平伸，脚尖绷直，右腿放在左腿上。

右腿尽力高举，脚尖绷直，然后放松一点，但不要使右腿降得太低。

这是一个小幅度动作，在较高的位置上再把腿举高，这个动作还能强健背部肌肉。

脚尖绷直做二十拍，勾起做二十拍。

呼吸：举腿时呼气，放松时吸气。

(五)四头肌拉伸(锻炼股四头肌)

1. 左侧卧，左肘屈撑地，右手握住右脚，拉向臀部。

2. 转体仰卧，两臂向两侧拉出，右腿屈膝，右小腿压在体下，右髋被顶起，将这两个动作各保持八拍，应有右大腿前部绷紧的感觉。

呼吸：正常呼吸。

(六)剪刀举腿(锻炼股内肌、大收股、股薄肌、耻骨肌)

预备姿势：左臀着地，并用左肘支撑。

1. 用右手握住右踝，脚尖绷直。

2. 举起左腿与右腿相并，再放低左腿，做 12 次。

呼吸：举腿时呼气，放低时吸气。

(七)股内举(锻炼大收肌、短收肌、长收肌、股薄肌、耻骨肌)

预备姿势：保持左肘支撑，右手握住右腿，并将右脚置于左腿前面，左腿伸直稍离地，脚尖绷直。

1. 举左腿，然后稍微放低，再举左腿，如此脚尖绷直做十五拍。

2. 脚尖勾起，举左腿 15 次。

注意：掌握好左腿伸出的角度，确使股内（大腿内侧）正朝上。

呼吸：举腿时呼气，放低时吸气。

(八)松髋(拉伸臀大肌)

预备姿势：盘腿坐在地板上，右脚放在左脚前面。

上体卷曲前俯，并保持十拍，然后上体舒展直起。

呼吸：正常呼吸。

然后重复做另一侧的腿、髋练习〔练习(一)～(八)〕

（九）侧举腿（锻炼臀肌、阔筋膜张肌、缝匠肌）

预备姿势：两手撑地跪立，体重均匀分布在两手、两膝上，背平，收腹抬头。

1. 向外侧抬起右膝与髋平，大腿与地板平行。

2. 放下右膝，但不接触地板。

重复上述动作共做三十拍。抬膝时尽量不要移动两髋。

呼吸：抬膝时呼气，放下时吸气。

（十）后举腿（锻炼腿肌）

1. 右腿向后伸直，脚尖绷直，腿举得越高越好，然后稍微放松，再上举，做十次。

注意：抬头，背成反弓形。此外这个动作还锻炼臀后部和背部，使其更柔韧，线条更优美。

2. 脚尖勾起做十拍。

3. 弓背，低头，同时将右膝收向胸前。

4. 再将右腿向后上伸出，抬头，背成反弓形。

动作3和4用1拍，共做十拍。

呼吸：举腿时呼气，放松时吸气。

（十一）驴踢腿（锻炼股二头肌）

1. 屈右膝，勾脚，脚跟踢向臀部。

2. 右腿向后伸直，如此重复做二十拍。

注意：保持右膝高于髋部。

呼吸：小腿伸出时呼气，踢向臀部时吸气。

（十二）祈祷势（拉伸臀大肌）

跪坐在两脚跟上，上身前俯，两臂向前伸出，越远越好，保持十拍。

呼吸：正常呼吸。

再重复做左侧腿的腿、髋练习〔练习（九）～（十二）〕

五、臀部健美操

目的：通过这些练习可以使松弛下垂的臀部上提，使臀部（臀肌和股二头肌）变得结实、优美和轻巧。

（一）抬臀

预备姿势：仰卧，屈膝，两脚分开稍宽于肩，并平行踏在地板上，两臂放在身体两侧。

1. 两小腿平行，两肩支撑身体，抬起臀部，然后稍微放下臀部，抬起放下共三十次。

2. 两脚和两膝再向外展（使两腿张开距离加大），做抬臀和放下共三十次。

3. 两膝向内合拢，臀部尽力向上向前推。保持两膝向内合，努力认真地使大腿内外侧和臀部同样受到锻炼，从大腿内侧到膝盖应全部有酸胀感。

4. 重新分开两膝，并稍微放松臀部肌肉。

动作3和4用一拍，共做二十拍。

呼吸：两腿合拢时呼气，放臀时吸气。

5. 迅速合拢然后分开两膝，共做三十拍。

6. 两腿紧紧合拢在一起，抬起放下臀部，做三十拍，动作要有力。

7. 将两踝、两膝并拢，抬起放下臀部二十拍。

（二）髋部放松与拉伸（拉伸腿腱、臀大肌）

1. 仰卧，绷脚，两手握右脚向上拉，拉伸右髋，做四拍。

2. 右腿向上伸直，拉向上体，做四拍。

3. 动作同2，勾脚尖做两次。

换腿做。

（三）放松髋部和大腿（放松股内肌）

1. 仰卧屈膝，用两手用力抱住双膝拉向上体。

2. 两膝分开，指向外侧，拉住两小腿向下压，然后稍微放松，做八拍。

3. 两腿伸直分开，拉住两踝或两小腿向下压，做十六拍。

呼吸：正常呼吸。

六、胸背部健美操

目的：丰满胸部，使背部肌肉更结实，体现曲线美。

（一）

预备姿势：仰卧屈膝，两脚自然放在地板上，双臂自然放在头后。

1. 后腰慢慢地向地板上压，使骨盆稍微向上翘起，后腰下压时呼气，保持四拍，然后放松，做三遍。

2. 再做一遍，后腰向地板上压，然后两脚在地板上慢慢伸直，并努力使后腰一直压向地板，这个动作能放松腰部肌肉。

（二）

预备姿势：仰卧屈膝，两臂放在身体两侧。

1. 缓慢地、一点点地将上体卷起，下颏向胸部。

2. 上体离开地板，上体卷起时呼气，向后放松时吸气。

（三）

预备姿势：上体前屈成跪撑，两膝分开与肩同宽。

1. 慢慢地将背弓起，低头含胸，将下颏指向胸部。

2. 放松腰背部，然后将背部成反弓形，最后头向上抬起，成反弓形时呼气。

做五次伸拉和放松腰背部。

（四）

预备姿势：坐在椅上，两脚平放，两腿分开与肩同宽。

1. 腰向上挺，努力拉伸脊椎，胸向上提，挺腰时呼气。

2. 放松。

做五次。锻炼腰背部，特别是拉长并强健沿脊椎的肌肉，放松腰部，增加柔韧性。

（五）

预备姿势：面向椅子站立，两脚分开稍比肩宽。

1. 向前屈体，两手前伸扶在椅子背上，使背部与地面平行。

2. 保持髋部不动，从腰部到头部逐渐向右扭转，直到看到右臂，转腰时呼气。

3. 从头到腰反方向扭转。

向左转两次，向右转两次，锻炼沿脊椎的肌肉，特别是腰部肌肉。

七、小腿、踝部健美操

目的：消除小腿和踝部脂肪，使小腿健美。

（一）

1. 右手扶椅子、桌子或栏杆，两腿开立，脚尖外开，两脚距离越大，得到的锻炼越充分。屈膝，使臀部比膝盖稍高。

2. 将脚跟提起，越高越好，然后放下。

做这个动作时不要匆忙，髋部不要动，只提脚跟。做到提到不能忍受时，再做三次才停止，弹腿放松，然后再做一次。努力增加所做的次数。

呼吸：脚跟提起时呼气，放下时吸气。

（二）

1. 面向椅子、桌子、墙壁任何能帮你保持平衡的物体，两脚分开约半尺宽，相互平行。

2. 轻扶支持物，尽量高地提起脚跟，同时保持腹平、臀紧、背直。

3. 尽量屈膝下蹲，保持脚跟提起。

4. 起立，保持脚跟提起，使小腿、踝部和大腿受到锻炼，不要依靠支持物把自己撑起。

5. 完全直立,同时将脚跟尽量提起。

6. 放下脚跟。

重复这六个动作。

呼吸:正常呼吸。

(三)

1. 用脚掌站在台阶或木方的边上,手扶支持物。

2. 使脚跟尽可能向下落,越低越好。

呼吸:脚跟落下时呼气,提起时吸气。

八、颈部健美操

目的:减少颈部脂肪,避免双下巴,使颈部更健美。

1. 头尽量后仰,用下唇掩住上唇,慢慢低头至下颏触及胸部,重复五次。

2. 向左右转头各五次,然后急速左右转头八次。

3. 自然向侧转并向上抬头,每侧五次。

4. 向侧转头并低头使下颌贴肩。每侧五次。

5. 头向左右侧倾,用耳触肩,每侧五次。

6. 伸颈向前,上抬下颏,还原成标准位置,将下颏紧贴胸部,做四至六次。

7. 低头,两手十指交叉抱头后部,用力向后仰头,和两手的阻力对抗,做五次。

8. 两肘撑于桌面,两手直掌重叠支撑下颌,两手上推下颌,下颌下压两手,头颈用力,对抗两手阻力。

9. 两肩保持耸肩姿势，先按照顺时针方向缓慢绕旋五次，然后按逆时针绕旋五次。

第五节　形体矫正操

一、驼背矫正操

下列练习有助于矫正非生理性驼背。

(1)双手背后叉握,尽力上提至肩胛骨,用力顶住后背,头后仰。

(2) 仰卧，双臂体侧平放，上体挺起，成枕部与臀部撑地姿势。

(3)跪立,两手抓住脚跟,胸前挺,头后仰。

(4) 俯卧，双手叉握放头后，两脚伸到柜子或其他物体的下面。上体和头尽量向后上方抬起,两肘同时张开上抬。

(5) 坐在椅子上，双手叉握放头后，胸部用力向前挺，头后仰。

(6)仰卧,用头和脚支撑,做桥。

(7)背对墙站立,头后仰,前额触墙。

以上练习每天做 2 ~ 3 次,每节重复 10 ~ 15 次,练习的主要作用是加强背部和肩颈部肌肉力量,从而帮助保持正确姿势。

二、脊柱侧弯矫正操

青少年脊柱侧弯，大多是由于姿势不当引起的，为此，可以做以下运动：

(1) 两脚大开立，腿伸直，一臂自然下垂，一臂侧上举，做体侧屈运动，振幅要逐渐加大。

(2) 两脚大开立，腿伸直，一手叉腰，一臂侧上举，向叉腰一侧做体侧屈运动，振幅要渐加大，也可一手叉腰，一手放于头上，向叉腰侧做体侧屈运动，两手同时推挤。

(3)靠近栏杆(或肋木)侧立，两脚并拢，一手握住栏杆(或肋木)，一臂侧上举，向栏杆做体侧屈运动。

(4)侧卧，两手交叉枕在脑后托头，辅助者按住双脚(或用双脚钩住一固定物)，上身抬起做体侧屈运动。

(5)跪立，甩动两臂，左右回转上体。或两臂侧平举，回转上体。

做以上五节操时，应针对脊柱侧弯的方向来确定动作方向。

三、溜肩矫正操

“溜肩”又叫垂肩，是指肩部与颈部的角度较大。正常男子颈部与肩部的角度在 95°~110°，女子在 100°~120°，如果男子或女子肩部与颈部的角度大于上述角度，就属于溜肩。

溜肩很影响美观，尤其对女性来说会影响形体健美。要矫正溜肩，可做以下锻炼：

(1)耸肩：站立或坐位，上体保持正直，两肩同时尽量上提并坚持一段时间，然后放松。如此重复多次。如双手持一重物练习，效果更好。

(2)两臂侧上举：在耸肩的基础上，两手持适当重物侧上举，重复 10 次，每天早晚做两次。

(3) 臂上举：两脚开立，与肩同宽，两手持适当重物侧上举，如此重复 10 次，每天早晚做两次。

(4) 俯卧撑：俯卧于平地上练习俯卧撑，直到不能做为止，每天早晚练习两次。

此外，练单杠、双杠、吊环，做杠铃、哑铃、壶铃的头后上举，以及爬绳、爬竿，肋木上的悬垂，鞍马上的支撑摆动、游泳、划船、举重、投掷等运动，都有助于溜肩的矫正。

溜肩的人日常生活中也要注意矫治。睡觉时要侧卧，枕头稍加高一点。走、站、坐时不要含胸，肩膀可微微端起。看书、写字用的桌子不能过低，只要自己注意，并坚持矫正锻炼，溜肩会不断有所改变。

四、一肩高一肩低矫正操

有的人一肩高一肩低，非常影响形体美，造成两肩不平的原因多半是平时姿势不正确，如歪着身子写字、看书；长期用一肩背书包；长期一肩负重（如挑担，扛重物）；长期用一手提重物（如提水桶等）；使脊柱肌肉的紧张性不一致，长期下去必然导致脊柱向一侧弯曲，身体也随之向这一侧歪斜，从而出现了两肩不平的情况。

矫正一肩高一肩低可以做以下练习：

(1) 两臂侧平举，向内、向外交替环绕。开始时向外绕小环，然后绕中环，直至绕大环。这项锻炼可增加双肩、双臂肌肉群的力量。

(2) 两臂侧屈、屈肘、向内和向外环绕，开始时绕小环，逐渐加大幅度，然后向前、向上、向后绕，由小渐大。

(3)两肩轮流上提。一肩提两次后再提另一肩两次。如此重复3~4次。这种锻炼主要是增加肩部的血液循环,使肩部肌肉群新陈代谢旺盛,增加肌肉的力量。

五、"O"形腿矫正操

"O"型腿,俗称罗圈腿,是儿童期骨骼发育畸形造成的,矫正起来比较困难。矫正操只能起辅助治疗作用。

(1)直立,两脚并拢,两手扶膝,做蹲下起立的屈伸运动,然后半蹲,左右交替做膝部回转运动。

(2)两脚开立,相距50厘米左右,两手扶膝半蹲,做两膝靠拢运动。

(3)直立,两脚平行,做提脚跟运动(提起、放下)。然后以脚跟为轴,做脚尖外展内收运动,再以脚尖为轴,做脚尖外展内收运动。

(4)跪坐腿上,塌腰。两脚慢慢向外、向前移动,腰部随之渐渐直起。

(5)坐在椅子上,用两脚夹住书本,不使脱落,并尽量坚持一定时间,这是增强两腿内侧韧带弹力的有效方法。如果在用脚夹书时用橡皮带把两膝捆住,效果更好。

六、"X"形腿矫正操

与"O"形腿一样,"X"形腿也是儿童期骨骼发育畸形造成的。矫治起来同样较为困难,矫正健美操可做为一种辅助矫正手段。

(1)坐正,脚掌相合,两手扶膝,轻轻下压。注意脚掌不要分开，膝盖压到不能再压时尽量坚持一段时间。

(2)坐正，两臂身后支撑，用橡皮圈套在脚腕上，两腿伸直抬起，两脚用力向左右分挣。

以上运动每天做 1～2 次，每个动作都要认真准确，务必达到一定的运动量，才能收到较好效果。

七、"八"字脚矫正操

"八"字脚，有外"八"字和内"八"字之分，走路两脚尖向内扣的，称为内"八"字，走路两脚尖向外撇的，称为外"八"字，较常见。一般脚尖内扣或外撇不明显的，不叫"八"字脚。如果脚尖指的方向同前进方向之间的夹角超过 40°，就会影响人体健美，需要矫治。

如何矫正"八"字脚呢?

首先，不要悲观，"八"字脚与"O"形腿或"X"形腿不同，后者属骨骼畸形。而"八"字脚完全是个习惯问题，要想纠正并不难。纠正"八"字脚最根本的一条就是：走路时注意把脚摆正，其辅助练习如下：

(1)走直线。在地上画一直线，沿着线来回走，要求脚跟和脚掌的内沿踏在线上。

(2)纠正男孩的"八"字脚时，可用踢足球作辅助练习。纠正外"八"字脚用脚背外侧踢球，内"八"字脚用脚内侧踢球。

(3)纠正女孩的"八"字脚，可用踢毽子。纠正外"八"字脚时用双脚内侧变换踢，纠正内"八"字脚则用脚外侧踢。

(4)以 15 米为半径划圆，再通过圆心画直径，直径两端各延长 1 米。练习时，站立在直径的延长线上起跑，接弯道加速跑至直径的另一端延长线上，然后沿圆弧线走半圈，如此反复，左脚外撇严重时按顺时针方向跑，右脚外撇严重者跑向相反。这种训练方法比走直线效果快。

纠正“八”字脚要有恒心，因为养成一个好习惯不容易，改正“八”字脚是要与自己几年、十几年甚至几十年的走路习惯做斗争，没有坚持不懈的精神是不行的，所以上述练习要天天做。除去练习外，平时走路也要有意识地让自己按正确方法走，只有随时注意，才有可能养成正确的步态习惯，使走姿更健美。

第七章

健美操与音乐

音乐是健美操的灵魂。音乐使健美操成为有声有色、有情有形的艺术体育项目。音乐给健美操带来生机，使健美操兴旺发达，经久不衰。富有魅力的音乐能给人以启迪，陶冶美的情操，使人奋进、向上。

第一节　健美操音乐的特点和作用

一、健美操音乐的特点

健美操与舞蹈、艺术体操相比更强调动作的力度，因此，它的音乐更趋于节奏鲜明强劲，旋律悦耳动听，热情奔放。健美操音乐多取材于迪斯科、爵士、摇滚等现代音乐和具有上述特点的民族乐曲，使健美操更加体现出一种鲜明的现代韵律感。

成套健美操的音乐讲究韵律的变化要此起彼伏，节奏有强有弱，有快有慢，有抒情、有奔放。好的音乐能给人以感染，能给健美操起到推波助澜、锦上添花的作用。

二、音乐在健美操中的作用

音乐是健美操的灵魂。健美操动作的力度、激情、表现力等都是在接受音乐的刺激之后产生的。旋律优美、节奏感强的音乐，有助于练习者牢固地记忆动作顺序和掌握动作；而欢快、热烈、富有节奏的音乐，能有效地激发练习者的积极性和热情，使练习者闻声自娱，做而入境，欲动不止。

音乐是表达思想感情的一种艺术。健美操的音乐是服务于健美操动作的功能性音乐，用音乐烘托健美操的气氛，表现健美操的特点，二者紧密结合，使健美操有声有色，增强了健美操的感染力。和谐优美、节奏感强的音乐与动作，能增加健美操的表演效果，使人得到健与美的享受。

音乐是“心灵的体操”。优美动人的音乐可以提高练习者的乐感、美感及表现力，丰富练习者的想像力和创造力，从而达到增进健康、培养正确体态、塑造美的形态、陶冶美的情操的目的。

健美操是在音乐伴奏下进行的身体练习。音乐使健美操动作充满青春活力，人们在欢乐的气氛中进行锻炼，心情愉快，不易疲劳，还可以排除精神紧张。使人既得到美的享受，又提高了协调性、节奏感、韵律感和自我表现能力。

第二节　健美操音乐的选配

优美动听的音乐能使人的心情愉快，情绪高昂，精神振奋，积极向上。因此，对健美操的创编者来说，音乐的选择是成功的一半，再加上富有表现力的动作，二者融为一体，可使成套动作大放光彩，充满激情。

一、根据音乐选择动作

音乐是健美操教学中的重要组成部分，起着语言的指挥作用和练习中的口令作用。对精心选择的乐曲，要分析音乐的结构特点。应根据音乐的风格特点、节奏和旋律来设计创编健美操的成套动作。动作的节奏必须与音乐的风格相一致，与节奏相统一，才能达到良好的健美操效果。一般成套动作的音乐应选择节奏明显、旋律优美、结构较完整、具有较强感染力且格调健康的迪斯科、爵士乐、摇滚乐或民族音乐。

二、根据动作制作音乐

当选择的乐曲在时间、速度或风格等方面与动作不相符时，需将音乐重新处理或制作。

首先是音乐的剪接。剪接的形式有两种，一种是同一首乐曲的剪接，另一种是两首或多首乐曲的剪接。无论是哪一种剪接都应注意剪接的部位要放在乐曲有停顿、空拍或乐曲的结尾处效果较好。剪接处前后乐曲的旋律应做到相同或相似，特别是两首或多首乐曲的剪接，其乐曲的速度和旋律要相同或相似，避免在节奏和旋律方面出现不自然的现象。

第二是音乐的速度，乐曲的调速有两种，一种是整首乐曲的调速；另一种是乐曲的部分进行调速。乐曲的部分进行调速在实践制作过程中比较困难。实践证明，乐曲由慢到快听起来很自然，但由快突然放慢听起来就不自然了。在具体操作时，可采用以下方法效果要好一些：将调速后的音乐放完之后稍加停顿(停4拍)，再录制减速的音乐或再调速的音乐剪接有特殊效果的乐曲，如海浪、宇宙间一些自然的声音，但不易过长，不能超过8拍，不然会影响乐曲的完整性。

第三是成套音乐的制作。为提高成套动作完成的效果，培养学生健美操的表现能力，对成套动作的音乐可进行制作。根据成套动作的风格和每节动作的特点及其某个动作的特殊性，进行成套动作音乐的创编和制作。在一些特殊动作中可加一些音乐效果。实践证明：结合动作特点在音乐中加一些特殊效果，能有效地提高学生的表现力和练习的积极性，对培养美感意识等极为有益。制作音乐特殊效果的方法：

在已选择好的乐曲中加特殊效果，也就是将已选择好的乐曲输入电脑，然后和电脑中储存的特殊声音信息进行合成，而后所产生的音乐即是带有特殊效果的乐曲。此方法称做是“Mid”制作，请专家谱写乐曲并进行“Mid”制作，已被越来越多的人所接受，也是今后的发展方向。一套具有科学及锻炼价值的健身健美操，如果没有特殊的音乐进行伴奏，无论从艺术效果上讲，还是从锻炼效果上看，其功效性因素都将会减弱，反之，将会提高学生对健美操的兴趣和成套动作的记忆。“Mid”音乐制作的过程是：

①向“Mid”音乐制作专家介绍每套动作的风格和每节动作的特点及所需乐曲的类型。

②介绍成套动作的节数和每节动作占多少拍，及预备拍是多少拍。

③根据成套动作特点向专家提出在哪节哪拍上加特殊效果。

④在专家谱写好乐曲并制作完“Mid”后要同教师一道把成套乐曲及效果乐曲进行检验，把不适合和没有较好表现此套健美操风格的地方加以不断修改和完善。

第三节　运用音乐时的注意事项

(一)音乐的风格与动作的风格相一致

音乐的选择直接影响着健美操的风格、结构、速度和节奏，音乐选配得好则容易激发编操者的创作灵感和练习者的锻炼激情。因此，在选配健美操音乐时要注意音乐与健美操的风格相一致。竞技健美操应根据运动员的特点选配那些最有个性的音乐；而对于大众健身健美操的音乐选配，则应体现出民族风格，并向着突出时代特征的方向发展。

(二)音乐应体现健美操特点

选配音乐时要注意体现健美操健、力、美的特点，强调美与力的结合，音乐旋律要动听，力求新颖，富于变化，节奏鲜明、强劲、规整，速度适中，音乐应和动作性质一致，音乐衬托动作，动作表现音乐，使动作与音乐水乳交融。

(三)根据年龄特点选择音乐

音乐速度的选择应符合练习者的自身条件（年龄、运动水平、体能等)。健美操与其他项目相比，音乐节奏鲜明，速度较快。因此,在选择音乐时,应考虑对象的年龄特点。一般来说,青年人应选择节奏强烈的迪斯科、摇摆舞、霹雳舞等风格的音乐，使动作快速、有力、活泼;对中老年人,则可以以轻巧、优美、欢乐的音乐为主,而对于少年儿童应选用活泼、轻快、跳跃性、节奏性强的音乐。

(四)音乐速度的选用

健美操的音乐速度通常是以 10 秒钟为单位作为设计动作速度的标准。健身健美操的音乐速度分为慢、中、快三个速度。一般慢速为每 10 秒钟 16 ~ 20 拍;中速为 20 ~ 24 拍;快速为 24 拍以上。竞技健美操为了表现健美操的特点与风格,音乐速度通常能达到每 10 秒钟 26 ~ 30 拍之间。这种音乐节奏具有强劲的感染力，能使运动员在多姿多彩的跳跃中激发情绪，产生兴奋，发挥最大潜能。大众健身健美操的音乐为每 10 秒钟 20 ~ 24 拍,充分体现大众健美操的健身性。

主要参考书目

1.《体操》 全国体院教材编写委员会编 人民体育出版社 1989. 5

2.《运动生理学》 全国体院教材编写委员会编 高等教育出版社 1992. 5

3.《运动保健学》 全国体院教材编写委员会编 高等教育出版社 1992. 5

4.《健美运动》 全国体院教材编写委员会编 人民体育出版社 1991. 6

5.《健美操》 曹锡璜 田赐福编 高等教育出版社 1991. 4

6.《形体健美与健美操》 黄宽柔等编 高等教育出版社 1995. 10

7.《基本体操教程》 沙建国等编 辽宁师范大学出版社 1998. 6

8.《国际体操联合会健美操竞赛规则》体操运动管理中心 1998. 1 出版

9.《大众健美操等级锻炼标准》 国家体操运动管理中心

10.《韵律健美操》 程丹彤编